ÉTUDES ET ESSAIS SUR LA RENAISSANCE
sous la direction de Jean-Charles Monferran
127

Seize études
sur Marguerite de Valois,
ses proches, son œuvre,
son temps, son mythe

Ouvrage publié avec le soutien de l'Institut d'histoire
des représentations et des idées dans les modernités (IHRIM)
de l'université Jean Monnet – Saint-Étienne

Éliane Viennot

Seize études
sur Marguerite de Valois,

ses proches, son œuvre, son temps,
son mythe

PARIS
CLASSIQUES GARNIER
2022

Éliane Viennot est professeuse émérite de littérature française de la Renaissance. Spécialiste des autrices de cette période et éditrice des œuvres de Marguerite de Valois, elle mène des recherches sur l'histoire des relations de pouvoir entre les sexes.

© 2022. Classiques Garnier, Paris.
Reproduction et traduction, même partielles, interdites.
Tous droits réservés pour tous les pays.

ISBN 978-2-406-12600-3 (livre broché)
ISBN 978-2-406-12601-0 (livre relié)
ISSN 2105-8814

ABRÉVIATIONS

BnF	Bibliothèque nationale de France
Cor.	*Correspondance* de Marguerite de Valois (éd. Éliane Viennot)
DRN	*Discours sur la reine de Navarre* de Brantôme (éd. Étienne Vaucheret)
DS	*Le Divorce satyrique* (éd. Eugène Réaume & François de Caussade des *Œuvres complètes* d'Aubigné)
HU	*Histoire universelle* d'Agrippa d'Aubigné (éd. André Thierry)
LRMA	*La Ruelle mal assortie* (éd. Cazaux des *Mémoires* de Marguerite de Valois)
Mém.	*Mémoires et autres écrits* de Marguerite de Valois (éd. Éliane Viennot)
RM	*La Reine Margot* d'Alexandre Dumas (éd. Éliane Viennot)

AVERTISSEMENT

Cet ouvrage réunit des études publiées entre 1994 et 2019 dans un grand nombre de revues et volumes collectifs d'accès parfois difficile. Le détail des publications originales est signalé dans la première note de chaque article.

Le principal changement introduit concerne l'homogénéisation des références, notamment celles des œuvres de Marguerite de Valois, dont l'édition critique est intervenue en cours de route (1998 pour la *Correspondance*, 1999 pour les *Mémoires et autres écrits*).

L'orthographe a également fait l'objet d'une homogénéisation. D'abord celle des sources, qui ont toutes été reproduites en orthographe moderne, hormis deux articles exclusivement consacrés à des lettres de Marguerite écrites de sa main (« Autour d'un démariage célèbre... », avec Henri IV et ses proches ; « Entre amitié et galanterie... », avec la famille Fourquevaux). Ensuite celle de l'ensemble du volume, pour suivre au mieux les rectifications orthographiques de 1990. Enfin, celle des noms propres.

Des modifications très mineures ont été introduites pour tenir compte des évolutions linguistiques et sociétales relatives à l'écriture égalitaire ; on nommait encore les autrices des *auteurs*, à la fin des années 1990, et l'on oubliait volontiers les lectrices quand on parlait des lecteurs.

De rares corrections stylistiques ont été introduites, lorsqu'à la relecture apparaissait une répétition de termes, une phrase trop longue, un propos ambigu.

Quelques notes conséquentes ont été réintroduites dans le corps du texte lorsque le sujet s'y prêtait.

Des intertitres ont été ajoutés dans les articles qui n'en présentaient pas.

Les très rares modifications substantielles sont signalées en notes.

Les autres études que j'ai pu consacrer à Marguerite de Valois peuvent être consultées sur mon site (voir Bibliographie), où elles sont téléchargeables en pdf (aussi bien que celles qui sont reproduites ici – dans leur premier état). On trouvera également sur ce site une rubrique « Marguerite de Valois », qui abrite entre autres une liste des dédicaces des œuvres qui lui ont été adressées (dédicaces souvent consultables), ainsi qu'une Bibliographie qui tente d'être exhaustive, et qui montre que la recherche sur Marguerite de Valois a repris avec vigueur. La connaissance de son œuvre a également progressé, comme en témoignent les rééditions de ses *Mémoires* (Ombres, 1994 ; Publications de l'Université de Saint-Étienne, 2004 ; Gallimard, 2010, Mercure de France, 2010), celles de la *Correspondance* (Classiques Garnier, 2018) et celle de son Discours sur l'excellence des femmes (dans *Mémoires et discours*, Publications de l'Université de Saint-Étienne, 2004 ; dans *Éloges collectifs de femmes de la Renaissance française*, édités par Renée-Claude Breitenstein, *ibid.*, 2021). Son *Album de poésies* a fait l'objet d'une première édition critique, par Colette Winn & François Rouget (Classiques Garnier, 2010). Deux nouveaux colloques lui ont été consacrés : partiellement pour *La Cour de Nérac au temps de Henri de Navarre et de Marguerite de Valois*, publié sous la direction de Véronique Ferrer & Catherine Magnien (*Albineana*, n° 24, 2012) ; en totalité pour *De Marguerite de Valois à la Reine Margot. Autrice, mécène, inspiratrice*, publié sous la direction de Catherine-Magnien & moi-même (Rennes, PUR, 2019). Le présent ouvrage entend faciliter la poursuite de ces retrouvailles de la dernière des Valois avec les publics susceptibles de s'intéresser à elle, à l'histoire de la littérature et à l'histoire de France.

EN GUISE D'INTRODUCTION

Marguerite de Valois (1553-1615)

Dernière fille de Catherine de Médicis et d'Henri II, sœur des derniers Valois, première épouse d'Henri IV, Marguerite de Valois a fait l'objet de discours innombrables jusqu'à aujourd'hui[1]. Les raisons de cette actualité ininterrompue se trouvent d'abord dans sa vie. Membre de la famille royale la plus brillante que la France ait connue, cette princesse catholique née sept ans avant le déclenchement des guerres de religion fut unie le 18 août 1572 à un prince protestant, le roi de Navarre. Huit jours plus tard, les catholiques opposés à cette « entente cordiale » fomentaient le massacre de la Saint-Barthélemy, légitimant l'étiquette de « noces de sang » qu'allait recevoir cette union. Ayant refusé de l'annuler, comme sa mère lui en fit aussitôt la proposition, Marguerite s'engagea dans une existence tumultueuse, au gré des conflits qui opposaient ses deux familles. Emprisonnée plusieurs fois, elle passa une vingtaine d'année en exil, avant de terminer son existence à Paris, en pleine lumière, auprès d'un mari dont elle avait fini par se séparer et qui était devenu roi. Les mécontents du nouveau régime, notamment les protestants furieux que leur chef ait abdiqué sa religion pour monter sur le trône, s'occupèrent dès lors de leur tailler des costumes à la mesure de leur rancœur, à la fois dans quelques pamphlets fielleux, dans leurs Mémoires, et dans des livres d'histoire. Une tradition que leurs descendants s'attachèrent à poursuivre, et que réactiva pour les suivants la révocation de l'Édit de Nantes (1685) par Louis XIV, petit-fils d'Henri IV et de sa seconde épouse.

Marguerite aurait certainement vite pâli dans ces reconstitutions si, treize ans après sa mort, ses *Mémoires* n'étaient venus révéler qui avait été la dernière des Valois. En effet, l'œuvre devint aussitôt un *best-seller*

---

1 Cet article a paru dans Mercedes Boixareu (dir.), *Figures féminines de l'histoire occidentale dans la littérature française*, Paris, H. Champion, 2016, p. 365-378. Sur la pléthore de discours relatifs à cette princesse, voir Viennot, 2005, 2ᵉ partie.

en raison de sa qualité tant littéraire qu'historique ; elle constitua même le premier grand succès éditorial d'un écrit de femme[2]. De quoi alimenter la thèse de l'égale capacité des deux sexes – qu'elle avait du reste défendue en ses dernières années –, dans un contexte où la chose était discutée avec virulence depuis des lustres. Dès lors, elle ne cessa plus d'être enrôlée dans les débats les plus divers et les types d'œuvres les plus variés, en fonction de ce qu'elle représentait pour les femmes et les hommes contemporains de ces réactualisations.

UNE PRINCESSE RELATIVEMENT
LOIN DES FEUX DE LA RAMPE (1553-1605)

Fille de France née dans une période de paix, à une époque où la cour était devenue le centre de la vie politique et culturelle de la monarchie, Marguerite a été chantée jusqu'à son mariage par les poètes courtisans, sans liens avec ses mérites personnels. En revanche, sa culture, son intelligence, son engagement dans la vie des lettres à l'orée des années 1570 (notamment dans le « salon vert » de son amie la maréchale de Retz) lui ont valu des admirations et des amitiés durables – dont celle de Brantôme, qui devait écrire à la fin du siècle le *Discours sur la reine de France et de Navarre, Marguerite* – l'une des principales sources de sa notoriété posthume.

Après la Saint-Barthélemy, elle n'est qu'à peine mentionnée dans les pamphlets qui pullulent contre sa mère et son frère Charles IX. Elle est néanmoins entraînée dans cette tourmente par l'auteur du *Réveille matin des Français* (écrit fin 1573), qui l'accuse d'inceste avec son jeune frère, François, duc d'Alençon, pour illustrer les perversions affectant prétendument toute cette famille. Ce motif fera un jour florès, mais à l'époque il n'a pas d'écho. Aucun des libelles provoqués par la répression du « complot du Mardi gras » (1574) ne s'en prend à elle. La reine s'était pourtant impliquée dans cette tentative de coup d'État destinée à mettre Alençon sur le trône (alors que Charles était mourant et le futur Henri III en Pologne), au point qu'elle rédigea pour son mari, autre chef

---

2   Voir l'introduction aux *Mémoires* (*Mém.*, p. 58 et suiv.).

de la conjuration, le discours de sa défense[3]. Il faut dire que personne alors ne sut qu'elle en était l'autrice.

Au cours des années suivantes, les faits et gestes de Marguerite ne retiennent pas davantage l'attention, malgré des démêlées parfois graves avec le nouveau roi – peu prompt à oublier que ses proches ont voulu l'évincer du trône. Comme son mari et son frère, elle est étroitement surveillée, voire confinée au Louvre, sans que les observateurs le sachent ou s'en émeuvent. La mission diplomatique délicate qu'elle accomplit en 1577 pour le compte d'Alençon, désormais prétendant à la direction de la Flandre, n'est pas commentée. Son double séjour en Gascogne, en 1578-1582 puis 1584-1585, l'est un peu plus, parce qu'il est contemporain de plusieurs épisodes marquants : d'abord la septième guerre de religion, qu'on soupçonne Marguerite d'appuyer alors que son mari ne fait que la berner ; ensuite un aller-retour à Paris, durant lequel les heurts avec la famille royale sont incessants, et qui se termine par un long bras de fer avec Navarre (la reine étant obligée de patienter des mois durant avant de pouvoir remettre un pied à Nérac) ; et enfin le déclenchement de la dernière guerre civile, suite à la mort d'Alençon (juin 1584), qui transforme *de facto* Navarre en prétendant au trône – et en ennemi public numéro un, vue sa religion.

Dans le chaos qui s'ouvre, Marguerite décide d'« abandonner » son mari, comme elle le dira elle-même. S'ouvre pour elle une période de tribulations qui passent à peu près inaperçues, bien qu'elles soient légion. Après quelques mois passés à Agen, puis une petite année à Carlat, dans le Cantal, elle est emprisonnée dans la forteresse d'Usson, en Auvergne, sur ordre de son frère et de sa mère ; mais elle est libérée six mois plus tard sous la pression des Guises, qui dirigent alors l'opposition catholique au roi de Navarre. Son exil ne fait pourtant que commencer, dans le plus grand silence. À peine quelques fidèles se désolent-ils, de temps en temps, que la France soit privée d'elle, émettant même parfois la crainte que « le Béarnais » veuille l'expédier *ad patres* pour épouser l'une de ses maitresses. C'est à Usson que, ayant rapidement opté pour « la vie tranquille » (*Cor.*, lettre 248), comme elle l'écrit à Brantôme en 1591,

---

3   Il s'agit du *Mémoire justificatif pour Henri de Bourbon* (titre donné au texte par Antoine Mongez, 1777), auparavant intitulé *Déposition du roi de Navarre* (Simon Goulart, seconde édition des *Mémoires de l'Estat de France sous Charles Neufviesme*, 1578) et *Déclaration du roi de Navarre* (Jean Le Laboureur, Additions aux *Mémoires de Castelnau*, 1659).

elle écrit ses *Mémoires*, lit jusqu'à point d'heure tout ce qui lui tombe sous la main, fait construire un théâtre, rassemble une « musique », reçoit ses amies et ses amis, négocie son « démariage » avec celui qui est devenu roi de France en 1593.

Lorsque c'est chose faite, en décembre 1599, seuls deux auteurs ont fait d'elle l'héroïne d'une œuvre. Le premier est Brantôme, qui a rédigé son *Discours* au plus fort de la dernière guerre civile, et qui l'a envoyé à sa destinataire fin 1593 ; l'œuvre ne paraîtra que soixante-dix ans plus tard. Le second est Shakespeare, qui s'est vaguement inspiré de la vie à Nérac dans les années 1580 pour écrire ses *Peines d'amour perdues* (*Love's Labour's Lost*) ; cette comédie, qui date vraisemblablement du milieu des années 1590 a dû être jouée en Angleterre sans grand succès. À côté de ces œuvres appelées à une grande postérité, des dizaines de dédicaces ont été adressées à la reine, qui témoignent bien souvent de l'attachement et de l'estime que leurs auteurs éprouvaient pour elle, mais dont aucune n'allait dépasser le premier cercle ni être rééditée[4].

UNE FIGURE SAISIE PAR LA GLOIRE…
ET LA HAINE DES FEMMES FORTES (1605-1715)

En 1605, celle qu'on appelle désormais la « reine Marguerite » (puisque le roi a voulu qu'elle conserve le titre de reine, mais qu'elle n'est plus reine de rien) rentre à Paris, où elle devient l'un des premiers personnages de l'État – en dépit de tous les usages. C'est que la sécurité intérieure est loin d'être rétablie et que les complots alternent avec les tentatives d'assassinat du roi. En l'accueillant dans la capitale, Henri IV veut prouver que l'annulation de leur mariage ne lui a pas été extorquée, que sa seconde union est bien valide, que les enfants nés de Marie de Médicis sont légitimes. Ayant légué toutes ses terres au futur Louis XIII, Marguerite touche une pension confortable. Cela lui permet de faire construire un magnifique palais sur les terrains de l'Université, en face du Louvre, et d'y entretenir une cour où se pressent les poètes, les musiciens, les savants, les

---

4   Voir les dédicaces qui lui ont été adressées, sur https://www.elianeviennot.fr/Marguerite-dedicaces.html (consulté le 15 mai 2021).

magistrats, les femmes de lettres. Marie de Gournay, par exemple, future autrice de *L'Égalité des hommes et des femmes*, est sa bibliothécaire. Une nouvelle œuvre la célèbre alors : l'*Astrée*, qui commence à paraitre en 1607. Elle est en effet l'une des héroïnes de ce roman fleuve de son ami Honoré d'Urfé, dont l'intrigue est située en Auvergne : la princesse Galathée.

Après l'assassinat du roi (1610), Marguerite demeure aux premiers rangs. Ayant apporté son soutien à Marie, elle est parfois chargée de missions importantes, comme la réception des ambassadeurs espagnols venus négocier les mariages du dauphin et de l'une de ses sœurs, en 1612. Cette notoriété lui permet d'intervenir dans les premières frondes du siècle, de même que lors de la tenue des États généraux de 1614, toujours au profit de la régente. La même année, elle laisse paraitre la seule de ses œuvres imprimée de son vivant sous son nom (hormis quelques poésies glissées dans des recueils de ses proches) : un discours sur l'excellence des femmes, intitulé *Discours docte et subtil dicté promptement par la reine Marguerite* par le jésuite qui le publia. Sa mort, l'année suivante, est l'occasion de funérailles grandioses et d'une dernière salve de publications louangeuses. Elle est alors vénérée par la majeure partie du monde des lettres pour le soutien qu'elle lui a apporté, et saluée par le monde politique pour la sagesse de ses engagements aux côtés des Bourbons.

La parution de ses *Mémoires*, en 1628, l'installe dans d'autres sphères : celle des lettres, celle de l'histoire. La vingtaine d'éditions, contrefaçons et traductions repérées durant cette période montre qu'on se passionne pour cette reconstitution de la tumultueuse cour des Valois, du massacre de la Saint-Barthélemy vu de l'intérieur du Louvre, des folles années de jeunesse du fondateur de la dynastie, mais aussi des persécutions infligées à celles et ceux qui avaient osé s'opposer à la couronne... On y trouve, autrement dit, des raisons de se révolter contre un pouvoir de plus en plus absolu.

Marguerite n'est donc pas épargnée dans les discours que Richelieu commandite aux lendemains de la Journée des dupes (1630), coalition fomentée contre lui par Marie de Médicis et sa bru Anne d'Autriche, et dont il est sorti vainqueur. Soucieux de justifier le traitement indigne infligé pour la première fois de l'histoire de France à une reine mère (l'exil et la privation de moyens financiers), le Cardinal fait « travailler tous les écrivains corrompus du royaume de France » (Morgues, 1636, p. 10), dira l'un des partisans de Marie. Et pour « calomnier celle qui lui avait mis en main les moyens d'acquérir de l'honneur », il n'hésite pas à faire « accuser toutes les femmes » (*ibid.*, p. 127). Marguerite est de celles-là, d'autant que l'un de ces écrivains mercenaires, Scipion Dupleix, a été son secrétaire à la fin de sa vie. Faisant taire son admiration pour son ancienne patronne, Dupleix « révèle » donc « toute la vérité » : c'était une femme vindicative, paillarde, animée d'une passion « déréglée » pour son jeune frère, mère d'un enfant adultérin… et Henri IV ne l'estimait nullement. Elle-même n'aimait pas la régente, qu'elle n'avait soutenu qu'en vertu de cette « tendresse qui lie facilement les femmes entre elles, lors mêmement que l'une fait joug aux volontés de l'autre » (Dupleix, 1633, p. 14). Comme Marie et Anne…

Bien que divers contemporains de Marguerite aient fait savoir ce qu'ils pensaient des méthodes du ministre en général et des révélations sur la reine en particulier, ces dernières commencent à inspirer des plumitifs – notamment ceux que fâchent l'apparition d'une nouvelle femme au firmament des lettres. C'est en effet deux ans après la parution très remarquée des *Femmes illustres* de Madeleine de Scudéry (1642) que sort *La Ruelle mal assortie, ou entretien amoureux d'une dame éloquente avec un cavalier gascon plus beau de corps que d'esprit, et qui a autant d'ignorance comme elle a de savoir ; Dialogue vulgairement appelé la Ruelle de la R. M.* Cette pochade met en scène une pédante vieillissante et négligée, qui tente de convertir un jeune imbécile aux arcanes de l'amour néoplatonicien, avant de se résoudre à l'employer pour ses seuls attraits naturels. Inséré dans un *Nouveau recueil des pièces les plus agréables de ce temps*, ce texte n'a aucune postérité immédiate, mais il laisse cependant quelques traces, puisque Tallemant des Réaux l'évoque dans son *Historiette* sur Marguerite, rédigée à la fin du siècle (et restée manuscrite) : « On a une pièce d'elle qu'elle a intitulée : *La Ruelle mal assortie*, où l'on peut voir quel était son style de galanterie » (Tallemant, 1960, p. 60)[5]. À l'évidence, la reine est alors déjà entrée dans la légende.

Un nouveau pas est franchi en 1660, année où Louis XIV se marie avec une princesse espagnole. Un pamphlet jusqu'alors parfaitement inconnu, vraisemblablement rédigé en 1607 par Agrippa d'Aubigné, est imprimé prétendument à Cologne, accompagné d'autres textes hostiles au fondateur de la lignée et à Catherine de Médicis. *Le Divorce Satyrique, ou les amours de la reine Marguerite de Valois* est une confession d'Henri IV, par laquelle il avoue qu'il n'a pas divorcé pour les raisons que l'on croit

---

5   Sur cette attribution, voir ce volume p. 141 et suiv.

(occasion de rappeler son opportunisme), mais à cause de la lubricité de son épouse, qu'il ne supportait plus (après l'avoir exploitée). La reine n'a-t-elle pas été l'amante de ses trois frères, puis de tous les jeunes gens appétissants de la cour, puis de tous les cadets de Gascogne, et enfin de tous les « muletiers et chaudronniers d'Auvergne » ? Sans parler de ses dernières années, où, revenue à Paris, devenue « la plus difforme femme de France » (DS, p. 681), elle se pavanait « avec son ruffian » (ibid., p. 682) jusque dans les églises, « la face plâtrée et couverte de rouge, avec une grande gorge découverte qui ressemblait mieux et plus proprement à un cul que non pas à un sein. » (ibid., p. 676). Réédité une douzaine de fois jusqu'à la fin du siècle, ce pamphlet va constituer le socle de la « légende noire » de la reine[6]. Hors de France également, parait en 1666 la première traduction en français de l'Histoire de Jacques-Auguste de Thou, dont Henri IV et ses successeurs avaient empêché la publication, et où elle était accusée d'un meurtre.

Si la monarchie française contre-attaque en faveur du grand-père du roi, notamment avec l'Histoire de Henry le Grand de Pérefixe (1661), elle abandonne Marguerite à son triste sort. Les historiographes s'emparent donc des motifs désormais sur la place publique en les intégrant dans leurs récits du règne d'Henri IV. Seuls les amateurs et amatrices des Mémoires – des nobles le plus souvent – entretiennent l'autre versant de son image, qui se voit renforcée par la première édition des œuvres de Brantôme. Le Discours sur la reine de Navarre parait en effet en 1665, dans un ensemble qui lui est entièrement dédié, et que ses éditeurs ont doté d'un titre alléchant : Mémoires de Pierre de Bourdeille [...] contenant les Vies des dames illustres de France de son temps. Mais un autre volume parait l'année suivante, intitulé les Vies des dames galantes, où Brantôme parlait à mots couverts des mœurs sexuelles et amoureuses de son milieu, montrant les femmes souvent bien dégourdies... Un épisode des souvenirs de la reine est aussi exploité pour un roman anonyme, Mademoiselle de Tournon (1678) et sa vie pour un autre, Le Duc de Guise (1694). Quant à la dernière édition de ses Mémoires, due aux soins de l'érudit Godefroy en 1713, elle est assortie du discours de Brantôme sur Marguerite et d'un autre sur Bussy, mais aussi de La Fortune de la cour qui se concentrait sur ce dernier. Elle repropose donc à l'imagination du lectorat le couple Marguerite-Bussy, sans pour autant effacer le couple Marguerite-Guise.

---

6   Sur cette œuvre, voir ce volume p. 163 et suiv.

LA TRAVERSÉE DU DÉSERT (1715-1789)

Si l'édition Godefroy est reproduite en 1715, c'est la dernière du siècle ou peu s'en faut : les *Mémoires* ne seront pas republiés avant 1789. Il faut dire qu'un nouveau coup s'est abattu sur la réputation de la reine cette même année 1715 : la dernière édition du *Dictionnaire historique et critique* que Bayle ait revue, qui conteste la véracité des *Mémoires* sur certains points et propose un article « Usson » très dégradant pour elle. Et non seulement la reine est critiquée pour les mœurs qu'on lui prête, mais les condamnations s'assortissent de considérations générales, comme celle-ci : les femmes « qui ont été débauchées pendant leur jeunesse » ne devraient pas « se jeter dans la dévotion lorsqu'elle ne sont plus en état de charmer les hommes » (Bayle, 1734, p. 527). Or ce *Dictionnaire*, régulièrement réédité, sert de Bible à tout ce que la France compte de « philosophes » jusqu'à la parution de l'*Encyclopédie* (années 1750).

Le bruit sur la dernière reine de Navarre cesse donc à partir de cette date, alors que commence à grossir celui fait autour du premier Bourbon – qui sera le héros des temps modernes pour le siècle des Lumières. L'*Histoire* de Péréfixe est en effet rééditée sans discontinuer jusque dans les premières décennies du siècle, et elle se voit puissamment relayée, dès les années 1730, par la *Henriade* de Voltaire. Dans cette épopée au succès faramineux, le roi est non seulement débarrassé de tous ses défauts, mais vainqueur de toutes les femmes qui ont tenté d'entraver sa course ! Les historiens, eux, répètent la leçon mise au point par leurs prédécesseurs, par Bayle et par… Voltaire, dont l'*Essai sur les mœurs et l'esprit des nations* (1756) recycle la leçon de la *Henriade*. Ajoutons que toute cette production est marquée par un effacement grandissant du rôle des femmes, et par l'irruption fréquente de propos justifiant cette absence ou les mesures prises pour les écarter de la scène politique.

Cela n'empêche pas certains érudits d'aller dans l'autre sens, ou de réfléchir aux figures écartées de la « grande histoire ». Marguerite de Valois n'est jamais oubliée dans les « galeries » de femmes célèbres qui maintiennent vaille que vaille le souvenir des exclues du panthéon. L'*Histoire littéraire des femmes françaises* de l'abbé de La Porte (1769), les *Mémoires historiques, critiques et anecdotes des reines et régentes de France* de l'avocat Jean-François Dreux du Radier, l'*Essai sur le caractère, les mœurs et l'esprit des femmes dans les différents siècles* de l'académicien Antoine-Léonard Thomas (1782)... lui sont globalement très favorables, même si le légendaire affleure régulièrement dans ces œuvres. Par ailleurs, le chanoine bibliothécaire Antoine Mongez lui consacre une première biographie en 1777. L'étude attentive de la vie de la reine lui permet de faire un premier tri entre les motifs crédibles et les autres, d'analyser quelques raisons de la haine que lui vouent les historiens, de soupçonner Aubigné derrière le *Divorce Satyrique*, et d'identifier Marguerite comme la rédactrice de la *Déclaration du roi de Navarre* de 1574. Renommant ce texte *Discours justificatif pour Henri de Bourbon*, Mongez le publie en annexe de son ouvrage. L'attribution n'étant pas contestée, c'est sous ce titre que l'œuvre sera désormais reproduite, le plus souvent à la suite des *Mémoires*.

SPLENDEURS ET MISÈRES D'UNE ICÔNE
(1789-1845)

La Révolution vient toutefois rebrasser ces cartes. D'abord en accentuant vertigineusement l'hostilité envers les femmes de la haute aristocratie, toutes plus ou moins emportées dans la haine vouée à la reine Marie-Antoinette depuis une décennie. En témoigne l'introduction donnée aux *Mémoires* de Marguerite dans la gigantesque collection de textes historiques publiée à Londres et à Paris en 1789, où le *Divorce satyrique* semble servir d'unique source au propos historique tenu sur elle. En témoignent, surtout, *Les Crimes des reines de France depuis le commencement de la monarchie jusqu'à Marie-Antoinette*, pamphlet trois fois réimprimé entre 1791 et 1793, et dans lequel Marguerite n'est que l'une des multiples reines débauchées, assassines et malfaisantes de cette galerie monstrueuse. Quelques années plus tard, c'est sur un ton badin que Sylvain Maréchal tire la conclusion qui s'impose, afin de soutenir son *Projet de loi portant défense d'apprendre à lire aux femmes* (1801) : « La première femme de Henri IV aurait été moins galante, si elle n'avait pas su écrire » (Maréchal, 2007, p. 75-76). Du reste, « une femme poète est une petite monstruosité morale et littéraire, de même qu'une femme souverain est une monstruosité politique » (*ibid.*, p. 105).

Un mouvement inverse se fait toutefois jour sous l'Empire. Débarrassés de toute femme politique par des constitutions qui verrouillent l'accès à la citoyenneté, dotés d'un Code civil qui garantit aux hommes l'autorité absolue sur leurs épouses, les Français et les Françaises sont peu à peu saisies d'une nostalgie pour le temps qui n'est plus, voire d'un véritable enthousiasme pour les anciennes reines. L'engouement pour Marguerite se repère dès la fin des années 1810 dans divers recueils de poésie qui la célèbrent, mais surtout dans plusieurs romans et opéras de la décennie suivante. Du côté des fictions littéraires, c'est d'abord la *Chronique du roi Charles IX* de Mérimée (1829) et *Le Rouge et le noir* de Stendhal (1830), où elle campe un personnage secondaire mais important des intrigues. Du côté des œuvres musicales, c'est *Le Pré aux clercs* de Hérold et Planard (1832) et *Les Huguenots* de Meyerbeer et Scribe (1836), où elle est une jeune femme courageuse, qui compatit avec les souffrances des persécutés et les aide de tout son pouvoir.

Diverses rééditions de ses *Mémoires*, entre 1826 et 1842, renoircissent toutefois ces images. Les introductions s'acharnent à répéter que, si l'œuvre est remarquablement écrite, elle est loin d'être fiable ; et que si la femme a été fidèle politiquement, ses mœurs étaient déplorables. Les lecteurs et les lectrices sont invitées à chercher partout derrière le texte le non-dit qu'il cacherait – autant dire la liste toujours plus longue des amants qu'on prête à la reine. Une image renforcée par le succès inédit des *Dames galantes* de Brantôme, dont les éditeurs invitent à voir Marguerite derrière telle ou telle « grande » dévergondée. Et aussi par la première impression des *Historiettes* de Tallemant des Réaux (1834), qui lui attribuait la *Ruelle mal assortie*. Voilà bien la preuve qui manquait ! Si la reine elle-même a avoué son dévergondage, qui sont donc les naïfs et les naïves qui le nieraient ? Seul Anaïs de Raucou (dit Bazin) lui consacre une étude sérieuse et dépourvue de fantasmes, mais qui ne parait qu'en revue (1840).

C'est dans ce contexte que sort – en feuilleton – *La Reine Margot* d'Alexandre Dumas (1844-1845), qui suit le couple royal de la Saint-Barthélemy jusqu'aux lendemains du complot du Mardi Gras. Réapparaissent ici les motifs de la jeunesse livrée aux pires désordres et de la fidélité strictement politique, assortis du thème de la reine mère assoiffée de pouvoir quoique condamnée à échouer devant son gendre, dans un duel incarnant le passé et l'avenir de la nation... Marguerite n'est en revanche créditée d'aucun talent pour l'écriture, si ce n'est celle des billets doux, qu'elle rédige en latin! Comme bien des reconstitutions historiques de l'époque (pensons aux diverses *Marie Stuart, Marie Tudor, Ann Boleyn...*), ce roman tend ainsi à expliquer – de manière évidemment subliminale – pourquoi les femmes ont été privées de la citoyenneté en 1789, et pourquoi elles doivent le rester. La preuve n'a-t-elle pas été faite que, lorsqu'on leur laisse inconsidérément des parcelles de pouvoir, elles n'en usent qu'au gré de leurs passions? Au mieux peuvent-elles servir les hommes qui, eux, savent ce qu'ils font.

LA REINE MARGOT EN ROUE LIBRE
(1845-1970)

L'extraordinaire succès de ce livre explique qu'à peine une décennie plus tard, les historiens et les critiques qui s'imaginent parler de Marguerite de Valois parlent en réalité de la reine Margot. Et livrent à son propos leurs rêveries les moins érudites. Sainte-Beuve propose sur elle en 1852 une *Causerie du lundi*, où les citations erronées le disputent aux théories essentialistes et aux remarques sexistes. À l'heure où les critiques cherchent à parquer les « femmes auteurs » dans une « littérature de femmes pour les femmes », il attribue à Marguerite la création (le mot n'est évidemment pas prononcé) d'un genre littéraire propre à son sexe : elle a « laissé d'agréables pages historiques, et ouvert dans notre littérature cette série gracieuse de Mémoires de femmes qui désormais ne cessera plus, et que continueront plus tard, en se jouant, les Lafayette et les Caylus. » De ces livres, juge-t-il, « faits sans qu'on y pense et qui n'en valent que mieux » (Sainte Beuve, 1853, p. 148). Car lorsque les femmes pensent...

L'éditeur de la volumineuse correspondance de Catherine de Médicis se permet quant à lui de consacrer un livre à *Trois amoureuses au XVIe siècle : Françoise de Rohan, Isabelle de Limeuil, la reine Margot* (1885), dans lequel il affirme : « Ce qui séduisait en elle, c'était la flamme provocante de ses yeux, l'éclat de son teint, la finesse, la transparence de sa peau ; on l'accusait même de coucher dans des draps de satin noir pour en faire ressortir la blancheur [le détail vient du *Divorce*] ; c'était la beauté sensuelle et appétissante qui attire et retient les hommes » (La Ferrière, 1885, p. 164). Tout cela pendant sa jeunesse, bien sûr. Car après, elle s'est « rabattue sur de naïfs adolescents » (*ibid.*, p. 295)…

Autant dire que les rares érudits à vouloir redresser la barre ont du mal. On en trouve pourtant quelques-uns, comme le comte de Saint-Poncy, qui lui consacre une biographie conséquente (1887) ; comme le Belge Kervyn de Lettenhove, qui explore ses relations avec le roi d'Espagne pendant la dernière guerre civile (1891) ; ou comme l'abbé Charles Urbain, qui réédite pour la première fois depuis 1618, le petit discours féministe de la reine (1891). Quelques revues, enfin, fournissent des lettres inédites, parfois présentées avec sérieux et fondées sur des recherches, bien souvent dans la plus grande négligence, voire sans la moindre annotation.

Le XXe siècle voit ces traits s'accentuer. Quelques chercheurs et chercheuses font progresser les connaissances sur la reine jusqu'en 1928, date à laquelle le prestigieux historien Mariéjol signe une biographie assassine, qui met un terme à ce reste de curiosité et de respect pour plus de cinquante ans. L'exhumation des lettres s'arrête. Les *Mémoires* eux-mêmes cessent d'être édités. Des biographies médiocres, répétitives, complaisantes, resservent régulièrement de la reine Margot à un public apparemment toujours friand de grandes héroïnes sulfureuses.

Parallèlement, des romans à trois sous exploitent le filon ouvert par le succès ininterrompu de *La Reine Margot* et des *Dames galantes*, depuis longtemps disponibles en livres de poche. *La Folle Vie de la Reine Margot* (Paul Rival, 1929), *Margot reine sans royaume* (Jeanne Galzy, 1939), *La Reine Margot* (Jacques Castelnau, 1945), *Reines en vacances* (Pierre de Gorse, 1949)… préparent une nouvelle dégradation du personnage. En 1956, enfin, soit après que les Françaises ont (enfin) obtenu le droit de vote, Guy Breton fait de la reine une simple nymphomane – en dentelle bien sûr – dans ses très vulgaires *Histoires d'amour de l'histoire de France*, qui ne paraissent inspirées que par le *Divorce satyrique*. Si les innombrables rééditions de ce livre, qui tient du roman de gare, tarissent l'inspiration des romanciers et romancières, un premier film est tourné par Jean Dreville, qui suit plutôt Dumas (*La Reine Margot*, 1957), mais en profite pour montrer l'actrice Jeanne Moreau pour la première fois nue à l'écran.

DES INFLÉCHISSEMENTS ? (1970-2015)

Si l'irruption d'un nouveau mouvement féministe sur la scène interna-tionale met un coup d'arrêt à cette descente aux enfers, elle met du temps à produire de véritables effets. Les *Mémoires* de la reine paraissent dans une édition méchamment introduite, où le texte est coupé de résumés, suivi de *La Ruelle mal assortie* – attribuée à la reine – et d'un bouquet de lettres pêchées dans une vieille édition, sans que les plus grossières erreurs aient été rectifiées (éd. Cazaux, 1971). De nouvelles biographies suivent, sans apporter de neuf. Des romans et des films continuent d'exploiter la veine graveleuse des *Histoires d'amour de l'Histoire de France*. Et de nouvelles attaques surgissent, notamment, pour la première fois, sur le terrain de l'authenticité des *Mémoires*, à la fin des années 1980[7] – soupçon heureusement vite balayé par la reprise d'études réellement érudites sur la reine et son œuvre.

Depuis le milieu de la décennie suivante, en effet, sa réception est entrée dans une nouvelle phase, marquée par la distinction entre Marguerite de Valois et la reine Margot. La première tend peu à peu à redevenir un sujet de recherche et d'enseignement pour la communauté universitaire, et à devenir pour des intellectuelles féministes un person-nage digne de trouver sa place parmi les modèles inspirant les femmes d'aujourd'hui. La seconde, puissamment remise en selle par le film de Patrice Chéreau (*La Reine Margot*, 1994), continue son chemin, entre biographies médiocres ou hostiles, nouvelles exhumations de *La Ruelle mal assortie*, et bandes dessinées pornographiques. J'ai soutenu en 2005 que « le mythe ne "marche plus" aux yeux du public éclairé, pour qui cette femme-là ne parait plus pouvoir incarner la "mauvaiseté" de ses semblables, ni constituer la preuve qu'elles doivent être mises à l'écart de la scène publique » (Viennot, 2005, p. 531). Je le pense toujours. Mais il est probable que la volonté de nuire à l'une des premières plumes féminines de notre littérature n'a pas dit son dernier mot.

---

7   Sur cet épisode, voir ce volume p. 115 et suiv.

PREMIÈRE PARTIE

HISTOIRE DE FRANCE

AUTOUR D'UN DÉMARIAGE CÉLÈBRE

Dix lettres inédites de Marguerite de Valois

La procédure d'annulation du mariage d'Henri IV et de Marguerite de Valois, entamée au printemps 1593 et conclue en décembre 1599, ne pose pas de problèmes historiques particuliers[1]. Motivée par des considérations strictement politiques (le roi, qui venait de s'emparer du trône après des années de guerre civile et qui n'avait pas eu d'enfants avec sa première épouse, devait se remarier pour installer sur le trône une descendance légitime), elle consista avant tout à trouver un accord où chacune des parties pût trouver son compte, et à construire un dossier juridiquement solide afin que le nouveau mariage fût le moins possible contesté. Est-il pour autant justifié que cet épisode qui touche à l'histoire de France, à celle des institutions, à celle de la littérature (puisque l'une des parties en présence est une grande autrice et que son divorce lui permit de devenir l'une des plus grands mécènes de son temps), est-il justifié, donc, que cet épisode ait si peu excité la curiosité des érudits que l'on se contente depuis plus d'un siècle d'une seule et même étude, inlassablement reprise dans tous les travaux relatifs à cette période : celle que Pierre Féret a consacrée en 1876 à la « Nullité du mariage de Henri IV avec Marguerite de Valois » ?

De fait, si l'affaire est à ce point « entendue », c'est que les images d'Épinal qui en proviennent font partie de notre patrimoine national, et qu'elles jouent encore un rôle dans la société d'aujourd'hui. La « verdeur du Bourbon », comme la « déchéance de Marguerite de France », pour reprendre des expressions empruntées à des travaux récents, sont des mythes auxquels la France n'est pas encore prête à renoncer, et qui sortent tout droit de l'épisode du divorce – ou plus exactement de légendes nées alors (l'idée, notamment, que ce mariage avait toujours été mauvais, l'union toujours bancale, et les époux toujours adultères).

---

1   Cet article a paru dans *RHR / Renaissance, Humanisme et Réforme*, n° 43, déc. 1996, p. 5-24.

Des légendes qu'il fallut bien laisser courir, puisqu'elles légitimaient une procédure en grande partie fondée sur des motifs inventés et des faux témoignages.

Si les deux époux sortirent durablement salis de cette péripétie (souvenons-nous que le *Divorce Satyrique*, l'infâmant pamphlet qui est à la base de la « mauvaise réputation » de la reine, n'épargnait pas davantage le roi[2]), le Bourbon a été depuis longtemps absous du péché de luxure, et son image de grand homme d'État s'en est même vue renforcée au fil des siècles. Il n'en est pas de même pour la dernière des Valois, dont le crédit posthume a connu une destinée inverse (Viennot, 2005), et qui demeure, aujourd'hui encore, prisonnière d'images contradictoires et néanmoins toutes défavorables : on lui aurait imposé ce mariage contre sa volonté, mais elle serait responsable de sa « répudiation[3] » et elle l'aurait bien méritée… L'étude de ses écrits permettrait pourtant de se faire une opinion moins confuse de ce personnage, et d'éclairer sous un jour moins simpliste ce tournant crucial de l'histoire de la monarchie française.

Les lettres qu'on va lire ici ne sont qu'une petite partie de la correspondance de la reine. Adressées à des personnalités de premier plan, elles couvrent la période de la procédure d'annulation et montrent comment Marguerite se saisit de cette opportunité pour redresser sa situation personnelle, très mise à mal par les guerres civiles. De grande valeur historique et littéraire, elles renouvellent à la fois la connaissance de cet épisode particulier et celle des divers talents de leur autrice. Toutes sont sont de sa main. L'orthographe des manuscrits est respectée, à l'exception des *j*, des *v* et des apostrophes qui sont ici restitués, et des [e] toniques finaux qui sont accentués selon l'usage moderne[4]. La ponctuation et les majuscules, le plus souvent inexistantes, suivent également ce dernier. Quelques parenthèses ont été ajoutées, pour faciliter la compréhension des phrases longues. Entre crochets apparaissent soit les termes manquants (en lettres romaines) soit les termes difficiles à déchiffrer (en italiques).

---

2   Voir dans cet ouvrage p. 115 et suiv.

3   Ce terme qui évoque une décision unilatérale et connote la détresse de la personne qui en est l'objet est fréquemment employé depuis le XIXᵉ siècle, malgré le contresens. Les contemporains de la reine, conscients qu'il s'agissait d'un accord bilatéral, n'en usent pas.

4   Marguerite n'a jamais recours à l'apostrophe ni aux accents, et elle utilise systématiquement le *i* et le *u* ; elle possède par ailleurs un système orthographique très sûr, vraisemblablement influencé par les « réformateurs » partisans de la simplification graphique du XVIᵉ siècle (voir Catach, 1968).

MISE EN ROUTE D'UN DIVORCE (1593)

Marguerite et Henri vivaient séparés depuis le printemps 1585. La reine, ayant alors pris le parti de la Ligue, s'était retranchée à Agen, puis à Carlat (Cantal) et enfin dans le château d'Usson (Puy-de-Dôme) où elle vivait depuis 1587, tandis que le roi guerroyait sans relâche pour s'emparer de la Couronne. En avril 1593, près de triompher de ses ennemis, il reprit contact avec son épouse sous la pression de ses conseillers – Duplessis-Mornay notamment – et avec l'objectif d'installer sa nouvelle maitresse, Gabrielle d'Estrées, alors enceinte de César de Vendôme, à la place ainsi libérée. Marguerite, qui observait depuis le début des années 1590 une stricte neutralité politique, donna immédiatement son accord, y voyant l'occasion de sortir de l'impasse où ses choix politiques l'avaient conduite. À Michel Érard, son maitre des requêtes depuis la fin des années 1570 et qui fut chargé des relations entre Paris et Usson du début à la fin de la négociation, elle fit aussitôt rédiger un mémoire où étaient consignées ses exigences en échange de sa collaboration dans le « démariage » : conservation de ses biens et droits, versement d'une pension, règlement de ses dettes, octroi d'une place de sécurité. Exigences minimales, disait-elle :

> Je me suis retranchée et aconmodée autant que j'ai peu a la nesesité ou ce miserable tans reduit nos afaires, desquelles je dessire tant la prosperité que la plus grande afliction, despuis toutes mes aversités, a esté de me connoitre si miserable que je feuse, an cete saison, l'un des obsetacles de vostre establissemant (*Cor.*, lettre 251).

Henri IV était rassuré. En août, elle lui envoya Martin Langlois, maitre des requêtes lui aussi, chef de son conseil de tutelle à Paris et futur Prévôt des Marchands, en qui elle avait toute confiance, pour la mise en place des détails pratiques. Et en novembre arrivait de Paris une lettre du roi, pleine de promesses : « Je n'obmettray rien de ce que je penseroy estre de vostre contentement, tant pour le present que pour l'advenir » (*Cor.*, lettre 255 bis). Les choses semblaient donc prendre une excellente tournure. C'était compter sans l'opposition de Rome. C'était compter, aussi, sans la rouerie des deux anciens époux. Car si le roi comptait s'en sortir avec quelques promesses en l'air, la reine, elle, n'entendait rien lâcher ainsi. Elle espérait même bien parvenir, aux termes de la négociation, au complet rétablissement de sa situation.

LETTRE À ANTOINE DE LOMÉNIE (1594)

Dès novembre 1593, Marguerite ayant reçu diverses assurances et promesses de la part du roi, elle signa une première procuration – on ne sait au profit de qui, mais la reine précise qu'elle était « dressée par le sieur Érart » – afin que la procédure pût commencer. Cependant elle se méfiait et ne l'envoya pas au roi, disant attendre pour ce faire les premières preuves de sa générosité (*Cor.*, lettre 256). En décembre, le roi lui intima l'ordre d'envoyer cette pièce au plus tôt, mais la reine biaisa encore, comme elle le rappelle elle-même dans une missive du 9 mai suivant :

> vous aiant fait antandre, par la response que je fis a celle qui vous pleut m'escrire du 27 desanbre, comme je n'avois ancore resu aucune des expedisions de ce qu'il vous avoit pleu m'acorder, lesqueles j'atans ancores pour, soudin les avoir resues, vous anvoier la procuration de laquele je vous anvoiois la minute, i aiant ajouté les mos qu'il vous pleut me faire escrire par monsieur Erart. Je vous supliois ausi, Monseigneur, comme je fois ancore tres humblemant, me vouloir ordonneur [*sic*] ce qu'il vous plaira que g'i nonme pour procureux (*Cor.*, lettre 260).

Marguerite finit cependant par céder, passant le 29 juillet 1594 à Usson un acte notarié désignant comme ses procureurs Martin Langlois et Édouard Molé – qui allaient continuer de la représenter jusqu'à la fin de la procédure. Pourtant, l'argent promis n'arrivait toujours pas. La lettre à Antoine de Loménie, seigneur de La Ville-aux-Clercs et secrétaire d'État, que la reine connaissait depuis de longues années, est relative à cette question financière. Elle se situe vraisemblablement fin août. Le roi commença en effet à agir dans le sens demandé fin septembre (*Cor.*, lettre 262 bis), ce dont Marguerite le remercia avec effusion le 14 octobre (*Cor*, lettre 263).

> *A Monsieur de Lomenie.*
> Monsieur de Lomenie, l'on m'avoit toujours promis, a l'acte de la procuration, que l'on s'asureroit par verifications ce qui plait au roi m'acorder. Toutefois

a cet heure l'on s'a persuadé le moien contrere ; et bien que je connoise le prejudise que se m'est, voulant conplaire au roi, je pos[t]pose tourjours ce qui est de mon avantage pour le contanter et ne demande [rien] si non que les expedisions et desclarations qui me sont nesesaires pour jouir [de mes biens] l'année prochene, durant laquelle les verificasions ce pouroi[en]t faire quant il plaira a sa magesté. Cete demande est si juste que je m'asure que le roi l'ara [*l'aura*] agreable, a quoi je vous prie me faire ofise d'ami, et me croire comme par esfait [*acte*] je me tesmongneré

Vostre plus afectionnée amie,
Marguerite (*Cor.*, lettre 262).

LETTRES AU DUC
HENRI DE MONTMORENCY-DAMVILLE (1595-1598)

Quatre lettres de Marguerite à ce héros des guerres civiles relatives au divorce royal avaient déjà été publiées par François Guessard (*Cor.*, lettres 306, 316, 320, 350). Les cinq données ici sont de quelques années antérieures et en éclairent la logique : de fait, le Connétable suivit au plus près toute la négociation et s'entremit souvent pour la faire avancer. Mais ce n'est ni en fonction de sa nouvelle dignité, ni en raison des relations anciennes qu'il avait entretenues avec Marguerite[5], qu'il agit ainsi : c'est en tant que beau-père (depuis 1591) de Charles de Valois, fils bâtard de Charles IX et de Marie Touchet, donc neveu de la reine, futur duc d'Angoulême et pour lors comte d'Auvergne. Ce comté qui appartenait à Catherine de Médicis avait en effet, à la mort de celle-ci, été donné par Henri III à Charles, qui l'avait conservé après l'assassinat du roi. Marguerite entendait bien, au cours de la négociation de divorce, récupérer toutes les terres maternelles ; mais le Connétable, de son côté, espérait obliger suffisamment le roi et son épouse durant cette délicate transaction pour obtenir que la situation de son gendre ne soit pas remise en cause... C'est donc à un intéressant jeu du chat et de la souris que nous assistons entre les deux compères : le Connétable multipliant les offres de service, et Marguerite obtenant de lui à peu près tout ce qu'elle

---

5   Les frères Montmorency avaient été parmi les chefs du parti Malcontent dans les années 1570. Henri, gouverneur du Languedoc, n'avait cessé de collaborer avec le roi de Navarre. Par ailleurs Marguerite avait bien connu sa première épouse, Antoinette de La Marck.

désire, jusqu'à la fin de l'année 1603. Ce n'est qu'un an plus tard qu'elle abattra ses cartes, permettant l'arrestation de son « mauvais neveu » (compromis dans la conjuration de Biron) ; et elle récupèrera ses biens en juin 1606, au terme d'un procès retentissant[6].

Les quatre premières lettres sont d'une habileté remarquable. Marguerite s'y confond en remerciements pour la protection offerte par le Connétable, lui répète qu'il vient pour elle en troisième position (après Dieu et le roi) et que, n'ayant rien à lui demander en particulier, elle se contentera de son amitié. Montmorency est donc obligé de renouveler ses offres, mais sans pouvoir, apparemment, en tirer le moindre bénéfice. La reine affecte en effet, quand elle sollicite son aide, de le faire au seul nom du zèle que tout deux ont voué à la bonne marche du royaume : le Connétable n'est, comme elle, qu'un humble sujet au service du roi... Les cajoleries dont elle orne ses propos cachent en fait une détermination sans faille, qu'elle exprimera clairement un peu plus tard dans une lettre à Henri IV : « Monsegneur, a vous seul, comme a mon superieur, a qui je dois tout, j'ai tout cedé. A mes inferieurs, a qui je ne dois rien, je ne cede rien » (Cor., lettre 348). La cinquième missive quant à elle, d'une facture beaucoup moins négligée qu'il n'y parait, rappelle par son style l'esthétique d'autres écrits de la reine. Marguerite s'y offre le luxe de proposer son aide —morale – au Connétable.

La première lettre, de novembre 1595, répond visiblement aux avances liminaires du duc.

> *A mon cousin Monsieur le Connetable.*
> Mon cousin, je ne puis ases resantir l'obligation que je vous ai des asuranses que m'aves voulu donner de vostre amitié par madame de Vermont[7]. Sur elles je fonde, apres Dieu, l'esperanse de mon repos, tenant vostre otorité opres du roi esgale a la bonne voulonté qui vous plait me porte[r], et ases puisante pour me garantir de toutes les traverses que mes annemis m'i peuve[n]t donner. Ausi n'i recherché ge autre apuis, vous supliant me vouloir continuer vos bons ofises, et anbraser la protection de mon repos, an quoi vous conserveres ce qui vous est du tout aquis et dedié, et qui, an honneur, esperanse et res-paict, vous tiendera tourjours comme pere. La mesmoire des vostres, joint o devoir que j'ai de vous honorer, m'aportera ce bien, que je tienderé pour tres grant, que me voulies pour l'avenir tenir ce lieu [*me tenir lieu de père*], ou

---

6   Sur l'imbroglio auvergnat et sa résolution, voir cet ouvrage, p. 63 et suiv.
7   Il s'agit de la Thorigny des *Mémoires*, qui s'était mariée au début des années 1580. À Usson, elle fit fréquemment le lien entre Marguerite, le roi, le Connétable, Charles de Valois, et Jacques de La Fin. Il semble qu'elle ait finalement trahi la reine au profit de Charles.

de mon coté je responderé a cete calité par toux mes esfais [*actes*]. Je ne vous diré point les ofises que je desire de vous, ne pouvant souheter que l'honneur de la continuation de la bonne grase du roi, et l'heur qui [*qu'il*] demeure asuré de la fidelité de mon tres humble servise [et] du reste de ma fortune. Elle despant de la voulonté du roi. N'aiant autre desir ni autre desain, je suis preparé a l'obeisanse de toux ses conmandemans. Nul ne sera james contredit ni restraint de moi. An quelle condision qui lui plaise que je vive, elle me sera tourjours agreable, prouveu [*pourvu*] que ce soit avec l'honneur de sa bonne grase. Vous m'obligeres infinimant de l'an asurer et de croire que rien ne vous sera james voué avec plus de resolution et de desir de vous honorer que l'inmuable amitié de

Vostre tres afectionné et plus fidelle cousine,
Marguerite.
D'Uson ce 7 novanbre 1595 (*Cor.*, lettre 277).

Les deux lettres suivantes n'ont apparemment aucun rapport avec la négociation de divorce – d'autant qu'elle était en panne. D'abord parce qu'avant d'entamer la procédure en cour de Rome, il fallait faire lever l'excommunication qui pesait sur le roi depuis 1585, ce qui ne fut pas fait avant juillet 1595. Ensuite parce qu'entre temps, Gabrielle d'Estrées avait accouché d'un premier fils, et que le roi lui donnait partout le rang de reine ; la perspective de voir monter sur le trône de France cette femme de petite noblesse et de petite vertu, et légitimer son fils (dont on n'était pas sûr qu'il fût du roi), freina bien des enthousiasmes, et notamment celui du Saint Siège, qui fit la sourde oreille. Marguerite n'eut pas part à ces retards – pas qu'on en ait la preuve en tout cas – et l'on peut même supputer que le temps devait lui sembler bien long… On la voit cependant ici utiliser les offres de services que le Connétable lui a faites pour progresser dans la consolidation de ses pouvoirs. La première lettre évoque son droit à nommer les sénéchaux des terres qu'elle avait reçues en dot – privilège non respecté pendant la dernière guerre de religion, et qu'elle tenait à reconquérir.

A mon cousin Monsieur le Connestable.
Mon cousin, desirant que toux mes amis vous voue[n]t autant de servise comme je vous ai d'afection et d'obligation, j'ai conseillé a monsieur de Saint Vinsans[8], personne d'oneur et de mesrite, de ne rechercher, an l'afaire qui

---

8   Jean de Morlhon, baron de Sanvensa, sénéchal de Rouergue de 1589 à 1592, puis à nouveau (soit à la suite de cette demande de Marguerite) de 1596 à sa mort, au début de l'année 1597.

le maine a la court, autre apuis que celui de vostre faveur. La lui despartant, vous obligeres un honneste homme qui a plus de pouvoir et de creanse an sa patrie que tout autre, et moi non moins que lui, qui resantiré infinimant cete obligation, tant pour l'amitié que j'ai vouée a sa maison (pour avoir monsieur de Saint Vinsans son pere et ses freres esté tres afectionnés a feu mon frere) que pour l'intesrest que j'ai a la conservation de cet estast de senechal de Roergue, duquel il la esté prouveu [*pourvu*] de moi. Cet un ofise ordinere, auquel non seulemant moi, mes l'infante de Portugal, qui tenoit ses [*ces*] mesmes terres [auparavant], a tourjours prouvu, et m'est se pouvoir deslaisé avec les terres que je [*j'ai*] eues pour mon dot. Se seroit [autrement] une injustise ou je reseverois une indignité trop grande. Je ne croi point que cela ait esté represanté au roi. Je vous suplie me faire se bon ofise, et croire que ne pranderes james la protection de personne qui vous honore tant et cherise plus l'heur de vostre amitié, que

Vostre tres afectionnée et plus fidelle cousine,
    Marguerite.
D'Uson 30 desanbre 1595 (*Cor.*, lettre 280).

La lettre suivante date de juin 1596, alors que la guerre s'éternise avec l'Espagne et les derniers Grands qui lui sont alliés : la Bretagne est toujours tenue par le duc de Mercœur, Cambrai a été reprise par les Espagnols qui menacent tout l'Artois, mais La Fère vient d'être récupérée par les Français et une entreprise d'envergure est envisagée sur le Nord. Marguerite est inquiète. Au Connétable – qui craint visiblement que les relations ne se distendent trop entre la reine et lui –, elle répond qu'elle n'est pas d'humeur à écrire sans motifs. La longueur de sa première phrase, parfaitement correcte malgré l'accumulation de consécutives (qui renforce l'impression de chagrin dont elle se dit accablée), montre qu'elle écrit au fil de la plume ; toutefois, la désinvolture avec laquelle elle finit par souligner elle-même la lourdeur de son style explicite fermement l'ordre de ses priorités : le souci du roi est seul important, il n'y a pas lieu de s'en faire pour le style – ni donc pour le Connétable. Une fois cet ordre réaffirmé, elle peut glisser dans son second post-scriptum un nouvelle demande de service.

   A mon cousin Monsieur le Connestable.
   Mon cousin, je ne ferois si longue intermision a mes lettres si, comme je le souete infinimant, la Fortune m'ofrait quelque ocasion de vous pouvoir servir ; et serois beaucoup plus pronte a an anbraser le moien qu'a mestre la main a la plume, an saison ou je sai que les afaires du roi vous ocupe[n]t tant, que vos amis doive[n]t avoir cete discresion de se priver du contantemant de vous

escrire pour ne vous divertir des actions plus nesesaires pour cet Estast et le servise du roi, de qui je plains tant le travaill [*la peine*] ou il est, et crains tant le hasart ou il s'expose, que g'i partisipe par hapreansion otant que ceux qui sont dans les dangers et inconmodités de cete trop longue et annuieuse gaire [*guerre*], qui ranplit mon ame de tant d'annui que, ne pouvant cete lettre que s'an resantir, je la finiré, remestant a madame de Vermont a s'aquiter de sa charge ordinere, qui est de vous ramantevoir [*rappeler*], toutes les fois qu'elle a cet heur de vous voir (heur que je lui anvie infinimant), l'inmuable resolution que je nouris an moi de vous onorer, et ne rechercher james opres du roi (d'ou despant, apres Dieu, toute ma felisité) autre apui que le vostre. Veulles le donc continuer comme me l'aves promis et comme g'i espere, et obliges moi tant de croire que vous conserves une personne qui n'a rien d'ingrat an soi, et qui ne se plaira a rien tant qu'a produire les esfais d'une tres fidelle amitié, avec l'afection que deves atandre de se qui prise et onore davantage vostre vertu, et qui raportera plus de soin a se tesmongner

    Vostre tres afectionnée et fidelle cousine,
        Marguerite.
D'Uson ce 21 jeun 1596.

Avec vostre permision je ba[i]seré les belles mains de vostre belle moitié, que je desire qui me reconnoise pour celle du monde qui vous honore le plus et qui veut davantage afectionner ce qui, avec tant de mesrite, a esté adoré de vostre bon jeugemant[9].

Fermant cete lettre, j'ai esté avertie de la vacanse d'un ofise duquel j'ai ballé [*donné*] de longtans la reserve a madame de Vermont. Elle i ara [*aura*] besoin de vostre suport. Je vous an aré non moins d'obligation que pour moi mesme (*Cor.*, lettre 284).

La quatrième lettre doit dater de la fin de l'année 1596. On y voit en effet Marguerite se plaindre de n'avoir rien perçu « cete derniere année » des sommes d'argent que le roi lui a allouées depuis la reprise des relations. Or la même plainte revient dans d'autres lettres de cette époque, notamment dans l'unique missive que l'on connaisse de la reine à Gabrielle d'Estrées, de février 1597, où elle évoque l'« estreme nesesité » qui est la sienne « pour n'avoir rien touché toute l'année passée de ma pansion et de mes asignations, et estre a cete aucasion tourmantée insesamant de mes creansiers » (*Cor.*, lettre 294). Marguerite est ici véritablement en position de demande ; pourtant, elle parvient à neutraliser la soumission qu'implique une telle posture (en faisant de son secrétaire le sujet des verbes exprimant sa requête), voire à inverser la situation (en faisant semblant d'accéder enfin aux demandes du

---

9   Il s'agit de Louise de Budos (1575-1598), seconde épouse du Connétable.

Connétable, lui promettant qu'il cessera de se sentir « importun » en s'acquittant de ses promesses…).

> *A mon cousin Monsieur le Connestable.*
>
> Mon cousin, puisque vous aves voulu que j'aie tant d'heur de vous avoir pour protecteur an mes afaires, je me promes que ne vous santires inportun quant, i aiant besoin de vostre aide, mon segretere, presant porteur, vous an requaira de ma part, l'aiant chargé de ni rechercher autre apui ; an quoi vous n'obligeres james personne qui honore tant le bien de vostre amitié. Il vous suplira de faire que l'on me balle [*donne*] mes asignations an lieu d'ou je les puise retirer, et vous dira la paine que g'i ai eue cete derniere année. Je sai que vous i poures tant vouer ni feres james resantir l'eutilité de vostre pouvoir[10] a neulle qui vous soit plus aquise et desireuse de rechercher toutes les dignes ocasions propres a vous tesmongner que n'aves rien tant a vostre desvotion que
>
> Vostre tres afectionnée et plus fidelle cousine,
> Marguerite (*Cor.*, lettre 289).

La dernière lettre inédite que Marguerite ait adressée au Connétable durant cette période est relative à la mort de sa seconde épouse, Louise de Budos, intervenue brusquement le 26 septembre 1598 à Chantilly. C'est une lettre de condoléances classique, qui a cependant été soigneusement peaufinée par la reine, et qui rappelle d'autres de ses écrits. Comme dans les lettres à Champvallon, on observe ici un vocabulaire emprunté au style noble, des phrases solidement charpentées mais dont la longueur est maitrisée, qui dénotent une certaine affectation[11]. Comme dans bien d'autres lettres également, on retrouve insérée dans le texte une glose en forme d'excuse sur la brièveté de la missive. Le *topos* de l'« envieuse Fortune », lui, rappelle les *Mémoires*, où cette expression est employée plusieurs fois. Quant à la présence discrète de vers blancs et de rimes internes[12], de rythmes ternaires[13]

---

10 « l'utilité de votre pouvoir » est le complément d'objet direct des deux verbes, *vouer* (consacrer) et *faire ressentir*.

11 Voir à ce propos, voir dans cet ouvrage, p. 271 et suiv.

12 Et au lieu de vous consoler (8)… mes larmes a vos larmes (6) et a vos plaintes mes REGRES (8) qui, bien q'extremes, ne SAROI[EN]T (8) esgaler le merite (6) de ses rares perfections (8 avec diérèse), de qui l'anvieuse fortune (*idem*) ne peut faire mourir la gloire (8) pour james an toux CEUX (6) qui, comme moi, l'ont honorée (8). Que si la quantité de CEUX (8) qui vous aconpagnen[n]t an vostre doeill (10)… G'invoqueré donc cete divine BONTÉ (12) : qui lui plaise vous CONPANSER (8)…

13 la paine que j'an suporte / me seroit agreable / pour soulager la vostre (6-6-6, si l'on élide le *e* de *peine*).

et de parallélismes complexes[14], elle est caractéristique du style et de l'esthétique qu'affectionnait Marguerite, et qui se retrouvent dans tous ses textes travaillés.

> *A mon cousin Monsieur le Connetable.*
>
> Mon cousin, le devoir me convie a raporter a vostre consolation tout ce que peut une amie telle que je suis obligé vous estre, mes la douleur d'une si cruelle perte, que je ne resans moins que vous, me prive et de raisons et de paroles. Et au lieu de vous consoler, je ne puis que joindre mes larmes a vos larmes, et a vos plaintes mes regres qui, bien q'extremes, ne saroi[en]t esgaler le merite de ses rares perfections, de qui l'anvieuse Fortune ne peut faire mourir la gloire pour james an toux ceux qui, comme moi, l'ont honorée. [Je vous assure] Que si la quantité de ceux qui vous aconpagnen[n]t an vostre doeill pouvoit diminuer vostre annui, la paine que j'an suporte me seroit agreable pour soulager la vostre. Mes a un tel mal, Dieu seul et vostre prudanse peuve[n]t donner confort. G'invoqueré donc cete divine bonté : qui [*qu'il*] lui plaise vous conpanser se cruel malheur d'autant d'heur et felisité, la vous conservant a longues années, me donnant l'heur de me pouvoir tesmongner an quelque aussi heureuse aucasion que cete si est triste et desplorable,
>
> Vostre tres afectionnée et tres fidelle cousine,
>   Marguerite.
> D'Uson ce 19 octobre 1598 (*Cor.*, lettre 305).

LETTRE À HENRI IV (1597)

Cette lettre sans mention de date peut facilement retrouver sa place : elle fut écrite le 14 février 1597, le même jour que trois autres lettres datées (à Roch de Combettes, à Gabrielle d'Estrées et à Loménie, *Cor.*, lettres 292, 294, 295), dont elle reprend et le propos et des formules entières. Elle est relative à l'état de sénéchal du Rouergue, que Marguerite, après la mort de Sanvensa (voir *supra*, seconde lettre à Montmorency, où elle l'appelle « Saint-Vincent »), venait d'accorder au neveu d'une de ses

---

14 Marguerite répugne à user de parallélismes terme à terme ; on observe ici deux chiasmes subtilement diversifiés : « joindre mes larmes a vos larmes, et a vos plaintes mes regres » : ab-ba pour la syntaxe, 8-8 pour le rythme, aa-aa pour les catégories grammaticales et le champ lexical, mais aa-bc pour le vocabulaire et les sonorités ; « quelque aussi heureuse aucasion que cete si est triste et desplorable » : ab-bcc pour la syntaxe, 8-10 pour le rythme, ab-caa pour les catégories grammaticales, ab-bcc pour le champ lexical.

amies. La négociation de divorce étant au point mort, la pension accordée par Henri IV ne rentrant pas, et les nouvelles du roi étant fort rares, la reine a saisi cette occasion de lui écrire, le 5 février, pour l'avertir de cette nomination, en mettant en avant son obéissance – toute discrétionnaire : « Ancore que les ofises de senechaux soie[n]t ofises ordineres (et auquels l'infante de Portugal, estrangere qui tenoit mes terres avant moi, prouvoioit), je ne vouderois i prouvoir sans an savoir la voulonté de vostre magesté » (*Cor.*, lettre 290). Cependant Antoine de Roquelaure, fidèle d'entre les fidèles d'Henri IV, et que la reine avait bien connu durant ses séjours en Gascogne, désirait cet office, d'où une rapide réaction du roi. La lettre que nous lisons ici montre la satisfaction de Marguerite, non seulement de recevoir une missive de son époux, mais surtout d'être en position d'accéder à sa demande – quasiment de lui accorder une faveur –, satisfaction qu'elle noie sous un déluge d'explications, d'excuses et de remerciements. Et pour ne pas ajouter une fausse note à ce concert, elle évite soigneusement d'aborder la douloureuse question financière, qu'elle détaille vigoureusement dans les lettres parallèles envoyées à Estrées et à Loménie.

> *Au Roy Monsegneur.*
> Monsegneur, je tiens pour l'un des plus heureux jours de ma vie celui auquel je resois quelque conmandemant de vostre magesté. Celui qui lui plait me faire pour monsieur de Roquelaure m'a raporté deux si grans contantemans qu'a james j'an beniré l'ocasion, m'aiant fait resevoir cet honneur d'avoir des lettres de vostre magesté avec l'asuranse de la continuation de sa bonne grase, ma souvereine felisité an ce monde, et m'aiant conmandé an faveur de personne que j'afectionne et estime non moins qu'il l'est de vostre magesté, pour le connoitre tres justemant onoré de sa faveur, et pour estre de mes melleurs et plus ansiens amis. Le jour mesme que monsieur de Saint Vainsan feut mort, Madame du Monastere[15] m'envoia demander cet estat pour le sieur de Castelnau son neveu, me respransant qu'il estoit estimé de vostre magesté pour personne de servise, ne sousiant point que ce feut chose propre a monsieur de Roquelaure et estant personne de qui j'ai resu plusieurs bons ofises. Je lui an ballé [*donnai*] les provisions, et des lettres de reconmandation a vostre magesté. Mes soudin que j'ai resu son conmandemant, j'ai fait faire les provisions de monsieur de Roquelaure, revoquant les autres dudit Castelnau, et l'ai averti de s'an desporter. Je suplieré tres humblemant vostre magesté

---

15 Très vraisemblablement Marie de Monluc, dernière fille du premier mariage de Blaise avec Antoinette Isalguier, dont Marguerite parle plus précisément dans la lettre 282 ; elle était abbesse du couvent du Paravis (près du Port-Sainte-Marie, Lot et Garonne) ; la reine s'était liée d'amitié avec elle lors de son premier séjour à Nérac.

croire que je ne recherche ni souhete rien tant an cete vie que les ocasions de lui randre preuve que je despans du tout de sa voulonté. Je l'ai si souvant escrit par mes lettres, mes il le l'est [*il l'est*] an caracteres beaucoup plus durable an mon ame, et an intantion si conforme a celle de vostre magesté, que si j'avois tant d'heur qu'elle peut [*pût*] lire dans mon ceur, elle jugeroit que je ne veux que se qui lui plait, et qu'esxante [*exempte*] de toute anbision fors que de l'honneur de son amitié, rien ne lui est plus absolumant soumis que la voulonté de

Vostre tres humble et tres obeisante servante, fame et sugete,
Marguerite (*Cor.*, lettre 293).

LETTRE À NICOLAS DE NEUFVILLE, SEIGNEUR DE VILLEROY (1598)

Marguerite connaissait de longue date ce secrétaire d'État en fonction sous Charles IX puis Henri III, et qui le redevint sous Henri IV après être comme elle passé brièvement à la Ligue. Il ne semble pas avoir joué un rôle primordial dans la négociation de divorce : Pierre Féret ne l'évoque pas, et nous n'avons pour toute cette période que cette unique lettre d'elle à lui. Il s'avéra cependant l'un des rares, en ces années-là, à afficher son hostilité à la perspective d'un mariage entre Henri IV et Gabrielle d'Estrées. Aussi, lorsque le roi commença à réellement envisager un autre mariage (mai 1597) et entreprit de relancer la procédure d'annulation (mai 1598), le secrétaire d'État proposa-t-il peut-être de lui-même ses services pour régler des aspects délicats de cette « affaire », comme cette lettre le laisse entendre (« puisque *vous* l'appréhendez »). Quelle affaire ? – Vraisemblablement, un réaménagement des conditions financières faites à Marguerite au lendemain des premiers accords. Il est probable, par ailleurs, que la reine sollicita son aide en quelques autres occasions, puisqu'en mai 1600, soit quelques mois après le démariage, elle lui écrivit :

Monsieur de Vileroi, si durant le besoin de mes aferes, je vous ai quelquefois ramantu [*rappelé*] mon nom par mes lettres, cete inportune aucasion estant se saisé [*ayant cessé*], je ne veux pour cela saiser a vous continuer les asuranses de l'amitié que je vous et [*ai*] vouée, et a quoi vos mesrites et vos bons ofises m'oblige[n]t doublemant (*Cor.*, lettre 330).

Cette lettre est d'une valeur historique exceptionnelle. On y voit la reine évoquer l'un des trois principaux motifs allégués par les deux époux pour faire reconnaitre la nullité de leur mariage : l'absence de dispense papale pour consanguinité. Contrairement aux deux autres motifs (la parenté spirituelle des époux [le père de la mariée aurait été le parrain du marié] et l'absence de consentement de l'épouse [elle n'aurait pas manifesté son approbation du mariage]), l'allégation était véritable : la reine et le roi étant cousins issus de germains, leurs noces auraient dû être célébrées avec l'autorisation de Rome. Mais la Papauté, en désaccord avec ce mariage « mixte », au cérémonial spécialement concocté par l'Eglise française, n'avait pas voulu l'accorder et, cédant à la politique du fait accompli, ne l'avait l'envoyée qu'après coup[16].

Relancer la procédure auprès du Saint-Siège nécessitait d'une part une nouvelle procuration notariée de Marguerite[17], et d'autre part une concordance stricte des versions défendues par le roi et la reine. Dans cette optique, les diplomates chargés du dossier semblent avoir cherché à obtenir des détails précis sur les conditions de la conclusion du mariage. La reine, malheureusement, ne put donner au fidèle Érard beaucoup d'indications sur la dispense, et elle répète ici à Villeroy qu'elle ne se souvient de rien. On peut la croire, car c'est Catherine et Charles qui s'étaient occupés de cette tractation, intervenue vingt-six ans plus tôt. Pour excuser sa mémoire défaillante, elle évoque l'époque troublée de l'après Saint-Barthélemy ; c'est là l'un des autres intérêts majeurs de cette lettre, car la reine n'évoque le massacre qu'une seule autre fois dans ses écrits (dans les *Mémoires*), et elle ne mentionne qu'ici la conversion forcée de son mari. L'allusion à Charles est également rarissime dans sa correspondance, et elle conforte la version des *Mémoires*.

A Monsieur de Vileroi.

Monsieur de Vileroi, j'ai esté tres aise de savoir par monsieur Erart que l'afaire pour lequel il m'a esté anvoié soit manié par vous, m'asurant qui ne s'i pasera rien a mon prejudise, comme je m'asure bien estre la voulonté du roi telle. La

16   Elle était parvenue en France le 19 nov. 1572 (voir Catherine de Médicis, 1880-1909, vol. 4, p. 144).

17   On trouve l'original de cette seconde procuration, datée du 19 mai (soit 4 jours après la lettre à Loménie), à la BnF (ms fr. 15599, f° 489). Les termes reprennent ceux de la première, mais celle-ci devait sembler trop ancienne – bien que le mandat en fût dit « irrévocable ». Féret se trompe vraisemblablement (art. cité, p. 86) en disant que Langlois se déplaça pour la signature de cette deuxième procuration, car Marguerite ne parle ici que d'Érard.

miene a tourjours esté de randre toute obeisanse au roi, et le lui ai tesmongné
a la prumiere procurasion que je donné [*donnai*], sanblable a cete si, a son pru-
mier conmandemant. J'an fois [*fais*] ancore de mesme cete fois, pos[t]posant ma
grandeur au contantemant de sa magesté. Je la suplie seulemant (et vous prie
m'obliger tant de vous i anploier) de me donner moien de pouvoir maintenir
un train selon ma calité, ainsi que particulieremant vous le voires par le mesmoire que j'an ai ballé [*donné*] a monsieur Erart, a quoi je vous prie me faire
ofise d'ami, et vous i conjure par la mesmoire du roi Charles mon bon frere. Il
vous peut souvenir conbien il m'a aimée. Avec cete souvenanse, je ne croi pas
estre james privée de l'apui de vostre amitié, que j'estime et desire beaucoup.
An plus inportante aucasion ne me la pouvies vous tesmongner. Je ne demande
rien qui inconmode le roi ni son Estast, et me desmes [*démets*], pour establir le
contantemant du roi, de beaucoup d'honneur, de grandeur et de moiens, aiant
randu au roi vinte trois mil escus de rante des terres de Picardie, et les dis mile
frans de pansion que j'avois de mes freres. Et despuis que j'ai randu lesdites
terres, il li a catre ans, mes creansiers qui estoi[en]t asinés [*assignés*] desus n'an
aiant plus tiré [d'argent], les intesres sont acrus du tiers, qui m'a aporté despuis
ce tans plus d'inconmodité que je n'avois james eue. C'est pourquoi, aprehandant
infinimant de me voir comme cela, je desire que ce qui plaira au roi macorder
me soit asurée, a quoi je vous prie vous anploier. Vous an pouves an sela obliger
deux [personnes] sans prejudise de l'un ni de l'autre, et cet afaire n'an peut estre
retardé puisqu'il despant de chose tres aisée au roi. G'i doute aussi peu de sa bonne
voulonté que de sa puisanse, prouveu [*pourvu*] que mes amis lui an veulle[n]t
fasiliter les moiens. Je sai conbien vous i prouvoires. Vous n'i pouves obliger
personne moin ingrate et qui se plaise davantage de vous an avoir obligation.
Monsieur Era[r]t ma demandé si je me souvenois qui li [*qu'ils*] ont eu dispanse
obtenue. Je n'an ai james oui parler, et croi qui n'i an a point eu a cause du
trouble qu'aporta, soudin apres nos noses, l'actidant [*l'évènement*] de la Saint
Bertelemi ; et panse que cella ce pasa seulemant de bouche antre la roine ma
mere et monsieur le nonse[18], car le voiage de monsieur de Duras ne feut que
pour randre la sumision au pape, pour la conversion du roi apres la Saint
Bertelemi. La separation de Louis septieme et de la duchesse de Guiene, et
celle de Luis dusieme avec Janne de Franse sont exsanples ases resans [*récents*]
pour n'i estre par sa magesté aporté de la difiqulté. Mes quant se seroit chose
ou il li an pouroit avoir, puisque l'antreprenes, je ne doute point que vostre
prudanse ne le conduise a heureuse fin. Je suplieré Dieu faire le tout a sa
gloire, et me donner le moien de me tesmongner an quelque digne aucasion,

    Vostre plus afecionnée amie,

    Marguerite.

D'Uson ce 14 mai 1598 (*Cor.*, lettre 301).

---

18 Le nonce du pape était alors Antoine-Marie Salviati, petit cousin de Catherine de Médicis.
    Le roi de Navarre lui avait solennellement écrit, le 3 octobre 1572 (c'est-à-dire après
    son abjuration, alors qu'il envoyait Duras à Rome) pour lui demander la dispense (voir
    Henri IV, 1843-1876, vol. 1, p. 38).

DEUX LETTRES À MADAME DE CARNAVALET
ET À LA DUCHESSE DE RETZ (1599)

Partiellement publiées par Pierre Féret en note de son article, ces deux dernières lettres ont été, malgré leur intérêt, très peu commentées par les historiens et même les biographes de la reine. Elles datent toutes les deux du 17 novembre 1599, soit d'un mois très exactement avant la sentence d'annulation, alors que la procédure était en bonne voie. La mort de Gabrielle d'Estrées, en effet, intervenue brutalement le 10 avril précédent, avait aplani toutes les difficultés. Une commission *ad hoc* siégeait à Paris depuis le 18 octobre et étudiait le dossier, notamment les motifs invoqués pour casser le mariage de 1572. Si le premier (l'absence de dispense) était comme on vient de le voir un fait établi, les deux autres au contraire (la parenté spirituelle des époux et le non consentement de la mariée), forgés de toutes pièces pour l'occasion, demandaient encore à être prouvés. La commission devait donc entendre non seulement les parties, mais également des témoins pour confirmer leurs dires. Le roi s'exécuta le 12 novembre, demeurant sur l'ensemble des points extrêmement évasif. La reine, elle, obtint l'autorisation de déposer en privé, à Usson, le 28, devant l'homme de son choix, l'archidiacre Berthier. Quant aux neufs témoins (deux femmes et sept hommes), ils furent entendus à partir de la fin du mois de novembre[19].

Les deux lettres suivantes montrent qu'on se détermina très tard sur le choix définitif de ces derniers, et que le roi et la reine sollicitèrent des faux témoignages au-delà des personnes finalement retenues. Les deux correspondantes de Marguerite, notamment, ne figurent pas au nombre de celles-ci. La première, Françoise de la Baume-Montrevel, était veuve depuis 1571 de son second époux François de Kernevenoy (dit « de Carnavalet »). Elle n'est pas connue pour avoir été des proches amies de la reine, mais Brantôme rapporte qu'elle était des siennes, ce qui implique certainement une proximité avec la reine de Navarre. En outre, dotée comme elle d'une grande beauté et d'un solide caractère, elle avait eu à affronter les mêmes ennemis : Aubigné, parce qu'il haïssait

---

19   Voir Féret, 1876, p. 108. On trouve une copie (en latin) de l'interrogatoire de Marguerite par Berthier à la BnF (ms fr. 15599, f° 559-566).

Fervacques dont elle fut la maitresse ; Épernon, qui en fut follement épris et devant qui elle resta de marbre ; et Henri III, qui fit en vain pression sur elle pour qu'elle épouse son favori. Méprisant les faveurs qu'une telle position lui aurait apportées, et professant un certain dégoût du mariage, elle préféra, dit Brantôme, « sa résolution et pleine liberté et satisfaction de soi-même » (Brantôme, 1991, p. 533). On peut comprendre que Marguerite se soit en confiance adressée à une telle femme. Cette lettre est en tout cas la seule de leur correspondance qui ait été à ce jour retrouvée.

> *A Madame de Carnavalet.*
> Madame de Carnavalet, je fais tant d'estast de vostre amitié que je me promes que vous vouderies anploier pour ce qui seroit de mon bien. Cete creanse m'a fait croire que me vouderies bien faire se plaisir de tesmongner l'annui que me vites la veulle [*veille*] de mes fiansalles : que je demeuré tout le jour an vostre chanbre, a la tour ou vous logies o Louvre, a plorer pour le desplaisir que j'avois de ce mariage. Il inporte, pour faire reusir l'esfait que le roi desire, pour le bien de son Estast, de nostre separation, et que je ne souete moins que sa magesté, puisque mon eage me mest hors de moien de lui raporté se bien nesesaire : des sucsesseurs a cete couronne. Je vous prie donc m'obliger tant de randre se tesmongnage et de croire [que] ne feres james paroitre votre afection a personne qui vous conserve une plus fidelle et perfaite amitié, et qui vous estime et cherise plus que
> Vostre plus afectionnée et fidelle amie,
> Marguerite.
> D'Uson ce 17 novanbre 1599 (*Cor.*, lettre 317).

Claude-Catherine de Clermont-Dampierre, duchesse de Retz, était quant à elle une très ancienne et très grande amie de la reine. Les deux femmes avaient animé ensemble, dans les années 1570, le salon de celle qui n'était encore à l'époque que « maréchale », et elles étaient toujours amies vers 1594 lorsque Marguerite entreprit d'écrire ses *Mémoires*[20]. Si l'on sait, par diverses correspondances (à la duchesse d'Uzès, à Jacques de La Fin), qu'elles furent en relation épistolaire durant leurs sépara-tions, on ne possède qu'une lettre de la reine à son amie, datant de son premier séjour en Gascogne (1579-1581)[21]. Le ton de celle qui suit est à

---

20 Elle y écrit notamment, s'adressant à Brantôme dont la duchesse était la cousine, que l'amitié qu'elle contracta jeune avec elle « dure encore et durera tousjours » (*Mém.*, p. 76). Sur le salon de la maréchale de Retz, voir Lavaud, 1936, p. 88 et suiv.
21 Il s'agit de la lettre 67 ; voir également Viennot, 1996.

l'évidence moins chaleureux, moins enthousiaste, mais cela ne semble pas provenir d'une distance que le temps aurait finalement créée entre les deux femmes ; l'humour que l'on perçoit dans la phrase nominale évoquant sa « grande jeunesse » en semble la preuve. La retenue de Marguerite est plus vraisemblablement liée à la délicatesse de la situation – la duchesse de Retz étant bien placée pour savoir que ce qu'on lui demande est un mensonge. Cette interprétation est corroborée par le fait que la reine répond ici visiblement à une demande d'autorisation de la duchesse qui, pressée par le roi de fournir le faux témoignage en question, était demeurée hésitante devant le désagrément qui pouvait en résulter pour son amie.

> *A ma cousine Madame la duchese de Res.*
> Ma cousin, j'ai trop de connoisanse de vostre beau jugemant et de l'afection qu'aves au servise du roi pour anploier des paroles pour vous prier de ce qui est du contantemant de sa magesté, mes [je le fais néanmoins], connoisant vostre discretion et l'amitié de quoi m'aves tourjous obligée, afin que le respaict de l'intesret de que g'i pourois avoir ne vous retiene de tesmongner la forse et la caute [*malice*] avec laquelle la roine ma mere me fit consantir d'espouser le roi. Aireur d'une grande junese ! Mes puisqu'elle [*cette démarche*] sert a l'esf[fet] que sa magesté desire pour le bien de cet Estast, je conforme ma voulonté a la siene et ne vous an aré [*aurai*] moins d'obligation que sa magesté, que j'ajouteré a celes qui m'ont pour james du tout aquise pour
> Vostre plus afectionnée et fidelle cousine,
> Marguerite
> D'Uson ce 17 novanbre 1599 (*Cor.*, lettre 318).

Ces deux dernières lettres témoignent une fois de plus de l'habileté de Marguerite. Loin d'avouer à ses correspondantes qu'elle sollicite d'elles un mensonge, elle feint de leur rappeler les faits, et leur suggère en réalité les arguments à développer. Loin de s'excuser d'une telle démarche, elle leur demande de faire violence à leur pudeur et de dire la pure vérité, au seul nom de la raison d'État. Même saisies, les lettres auraient prouvé que le roi et la reine disaient bien vrai.

On connaît la fortune de ce « mensonge d'État ». De lui sortirent non seulement une nouvelle maison royale qui devait occuper le trône de France pendant près de deux cents ans, mais une légende qui a la vie dure : n'est-ce pas sur l'image de Charles IX poussant violemment la tête de sa sœur au jour de son mariage, pour lui faire signifier un *oui* qu'elle refuse de prononcer, que s'ouvre le film consacré à la « reine Margot » en 1994 ? L'intérêt de ces quelques lettres n'est pas de mettre en pièces cette légende, à laquelle aucun historien n'a jamais sérieusement cru, mais bien de redresser une image récurrente qui en provient de manière insidieuse et que les érudits reprennent si souvent à leur compte : celle d'une Marguerite à la fois orgueilleuse et victime, ayant toujours cru pouvoir tenir tête et ayant toujours dû céder devant plus fort qu'elle. Une Marguerite victime de sa famille, qui lui aurait imposé ce mariage jusqu'au cœur de Notre-Dame ; victime de son époux, qui l'aurait toujours manipulée et qui aurait fini par lui imposer le divorce ; victime « de ses passions », ajoutent en chœur une bonne partie de ses biographes, pour qui l'addition des trois points de vue contradictoires doit sembler propre à recréer ce monde « plein de bruit et de fureur » qu'était la Renaissance...

La correspondance de la reine, comme ses *Mémoires*, prouvent la fausseté de ces interprétations. Non seulement Marguerite prononça bien, en août 1572, « les paroles accoutumées en tel cas » (*Mém.*, p. 91), mais elle choisit de demeurer l'épouse du Béarnais au lendemain de la Saint-Barthélemy, lorsque sa mère lui fit entendre que le mariage pouvait être annulé – ce qui pourrait être analysé comme sa seule véritable erreur politique. Car il était clair alors que, la tentative de réconcilier les camps religieux par ce mariage ayant tourné à la catastrophe, et le massacre ayant creusé entre ses deux familles un fossé gigantesque, sa carrière était brisée. Clair pour sa mère, du moins ; mais Marguerite n'avait encore que dix-neuf ans, et elle n'imaginait ni les difficultés politiques à venir (notamment la mort de Charles, qui la protégeait) ni les siennes propres (principalement la stérilité de son couple). Vingt ans plus tard en revanche, ayant fait cette expérience douloureuse, elle sauta sur l'occasion de se défaire d'un statut dans lequel elle n'avait jamais pu se réaliser, et elle bâtit patiemment, à partir de là, des stratégies conduisant à sa « sortie du désert » – réalisée en 1605, lorsqu'elle revint s'installer dans la capitale.

Ce n'est pas la générosité d'Henri IV, en effet, qui fut pour grand chose dans le rétablissement spectaculaire de sa situation, car le roi tenta jusqu'à cette date de lui reprendre d'une main ce qu'il lui donnait de l'autre, ou, comme on le voit ici, de ne pas tenir ses engagements. C'est bien son habileté et sa pugnacité qui lui permirent de revenir aux premiers rangs du royaume et de mourir, en 1615, en bienfaitrice de l'État.

La publication de l'ensemble de ses écrits devrait montrer, mieux que ces quelques lettres, et son talent de négociatrice, et la lisibilité de son parcours politique, parfaitement cohérent – si ce n'est parfaitement rectiligne –, pour peu qu'on le réinsère dans la réalité des enjeux de la fin du XVIe et du début du XVIIe siècle. Pour peu qu'on accepte, aussi, de renoncer à la mythologie.

MARGUERITE DE VALOIS ET HENRI IV

La contribution d'une reine à une typologie de la maitresse royale

Henri IV et Marguerite de Valois forment sans doute le couple de souverains le plus célèbre de l'histoire de France pour l'intensité de leur vie amoureuse extraconjugale[1]. La situation de ces deux personnages ne présente pourtant sous cet angle que fort peu de ressemblances. Bien que la liste des amants de Marguerite se soit en effet allongée dès les décennies suivant sa mort puis au fur et à mesure de sa métamorphose en reine Margot[2], elle ne comprend jusqu'à preuve du contraire que cinq ou six noms — ce qui fait peu au regard des dizaines de maitresses répertoriées par les biographes de son mari. On observe par ailleurs le goût marqué de l'une pour la tradition courtoise et l'idéal néoplatonicien, et la préférence de l'autre pour la satisfaction des sens et la pratique du repos du guerrier, à la notable exception près qu'incarne la comtesse de Guiche. Enfin, aucune liaison de Marguerite n'a mis en difficulté son mari, et encore moins l'État ; en revanche, plusieurs amours du roi ont cruellement déstabilisé son épouse, l'une d'elles a entraîné leur séparation puis l'annulation de leur mariage, et l'une des dernières liaisons de celui qui était devenu roi de France et avait épousé en secondes noces Marie de Médicis mit le royaume en danger durant six ans.

Au cœur de cette dissimilarité, des questions de goût et de caractère, bien entendu, mais aussi des questions de pouvoir, que mettent bien en valeur les très nombreuses sources dont nous disposons : témoignages des proches, correspondances des deux protagonistes, lettres de certaines maitresses du roi, lettres de Catherine de Médicis – la mère de Marguerite –, et surtout les *Mémoires* de celle-ci. Ce sont ces différences

---

1   Cet article a paru dans Juliette Dor, Marie-Élisabeth Henneau & Alain Marchandisse (dir.), *Maitresses et favorites dans les coulisses du pouvoir, du Moyen Âge à l'Époque moderne*, Saint-Étienne, Publications de l'Université de Saint-Étienne, 2019, p. 255-267.

2   Voir Viennot, 2005.

de pouvoir que j'explorerai ici, à travers une galerie de maitresses classées par type, selon les effets que leur existence eut sur celle de la reine. Cette étonnante palette devrait non seulement mettre en valeur la variété des situations qui s'offraient aux prétendantes à la couche royale, de même que la variété de leurs parcours, mais aussi les conséquences de leurs actions sur le couple des souverains – et, notamment, son maillon faible : la reine. Elle devrait aussi faire réfléchir à la singularité des *Mémoires* de la reine, dont l'immense succès à partir de 1628 lança la mode des grands mémoires aristocratiques, et dont on dit si souvent que leurs auteurs ou autrices parlent peu de leur vie privée.

LES PASSADES

Dans une société qui ne met quasiment aucune borne au bon plaisir de l'homme puissant, les femmes constituent bien souvent les instruments inévitables de ce dernier. Qu'elle ait eu ou non vent de leur existence, Marguerite ne mentionne ni ne nomme aucune des dizaines de servantes et autres femmes de milieu très modeste avec lesquelles le roi de Navarre a eu de brèves relations au cours de ses équipées militaires, et qui ne relèvent évidemment pas de la catégorie des « maitresses royales ». Elle évoque en revanche, soit globalement, sans les nommer, soit en donnant quelques noms, quelques-unes des femmes de meilleure étoffe, mais sans grande importance pour lui, rencontrées dans les cours qu'il a fréquentées. Il est clair qu'elle choisit ici et d'être évasive et de ne pas passer sous silence cet aspect de la personnalité de son mari.

Rapportant par exemple dans ses *Mémoires* une courte syncope du roi de Navarre, intervenue à la fin de l'année 1575, au temps où ils vivaient à la Cour de France, elle l'attribue sans épiloguer à son activisme sexuel : « Il demeura évanoui l'espace d'une heure », commente-t-elle, terrassé par une faiblesse « qui lui venait, comme je crois, d'excès qu'il avait faits avec les femmes, car je ne l'y avais jamais vu sujet » (*Mém.*, p. 122). Le *je crois* ouvre évidemment sur la possibilité d'autres interprétations, mais il sert d'abord à noter ce que la reine veut démontrer dans ce passage, à savoir que son mari se méfie désormais d'elle – alors qu'il n'a aucune raison de le faire, vu qu'elle a pris son parti et l'a aidé concrètement lors du Complot du Mardi gras (ou « des Malcontents ») de l'année précédente. Elle précise du reste peu après : « Nous ne couchions plus ni ne parlions plus ensemble » (*ibid.*, p. 123). De fait, le Béarnais est en train de préparer son évasion de la Cour, d'où, dit-elle, « il partit [...] sans me dire adieu » (*ibid.*, p. 127). Constat amer, mais sans vraie souffrance : Marguerite était alors, de son côté, amoureuse du fougueux et lettré Bussy d'Amboise. Un passage un peu antérieur confirme qu'il s'agit bien d'une blessure d'ego. Auparavant, précise-t-elle, « quoi qu'il en eût à la fantaisie, il m'en avait toujours parlé aussi librement qu'à une sœur, connaissant bien que je n'en étais aucunement jalouse, ne désirant que son contentement » (*ibid.*, p. 115). C'est du reste à partir de ce genre d'attitude, remarquée de tout le monde, que sa mère la croira coupable de complaisance lorsqu'elle aura connaissance des manières scandaleuses de son gendre, alors que le couple vit à Nérac.

Si la mémorialiste se contente ici d'épingler de manière allusive les mœurs de son mari, elle évoque un peu plus loin nommément deux maitresses relevant de ce type : deux femmes qui se succédèrent dans le cœur du roi de Navarre à quelques mois près, à la fin des années 1570. Après plus de deux ans de séparation, le couple se retrouve en Gascogne, où Catherine de Médicis a accompagné sa fille afin de discuter les accords de paix avec les protestants, aux lendemains de la sixième guerre de religion. Marguerite, que les événements politiques ont maintenue jusque là dans la dépendance étroite de sa mère et de son frère Henri III, mise beaucoup sur ces retrouvailles : le meilleur moyen pour elle d'échapper à cette tutelle pesante ne serait-il pas qu'elle devienne mère ? Le roi de Navarre n'est pas contre la reprise de la vie commune – mais surtout il n'est pas contre la perspective de puiser à nouveau, pour ses plaisirs, dans le vivier de jeunes femmes qui prospère autour des reines, et où ses lieutenants trouvent aussi leur compte.

> La reine ma mère pensait y demeurer peu de temps. Mais il survint tant d'accidents, et du côté des huguenots, et des catholiques, qu'elle fut contrainte d'y demeurer quinze mois. Et en étant fâchée, elle voulait quelquefois attribuer que cela se faisait artificieusement, pour voir plus longtemps de ses filles, pour ce que le roi mon mari était devenu fort amoureux de Dayelle, et Monsieur de Turenne de La Vergne. Ce qui n'empêchait pas que je ne reçusse beaucoup d'honneur et d'amitié du roi, qui m'en témoignait autant que j'en eusse pu désirer (*Mém.*, p. 194-195).

La présence de Catherine de Médicis empêche en effet le roi de Navarre de trop négliger son épouse, et ladite Dayelle (Victoire d'Ayala, v. 1560- ?) de s'écarter du droit chemin.

La maitresse suivante, Rebours (v. 1560-1582), une jeune femme de la suite de Marguerite dont nous ignorons le prénom, est moins inoffensive. Il faut dire que la situation a changé, car la reine mère a quitté le couple. Pour la première fois depuis qu'elle est mariée, c'est-à-dire depuis sept ans, Marguerite se retrouve donc seule en face de son mari, et de plus en « terrain ennemi », puisqu'il l'a emmenée à Pau, capitale du Béarn, où la seule religion admise est le protestantisme. Marguerite, qui tient à exercer la sienne, entre aussitôt en conflit avec l'entourage de son mari. « Et pour empirer encore ma condition », ajoute-t-elle,

> depuis que Dayelle s'était éloignée, le roi mon mari s'était mis à rechercher Rebours, qui était une fille malicieuse, qui ne m'aimait point, et qui me faisait tous les plus mauvais offices qu'elle pouvait en son endroit (*Mém.*, p. 198).

Marguerite expérimente donc pour la première fois, avec cette femme, la dure situation de l'épouse livrée à l'arbitraire marital. Brantôme rapporte toutefois que la reine ne lui garda pas rancune, d'autant qu'elle fut vite détrônée, comme on le verra plus loin[3].

Une dernière « passade » du Béarnais, enfin, est mentionnée par la reine bien des années plus tard, au printemps 1606, alors que les deux compères ne sont plus que des ex-époux, et qu'elle ne risque plus de pâtir de ses écarts de conduite. En l'occurrence, nous pouvons même soupçonner qu'elle les encourage. Elle est en effet, à cette époque, en plein procès pour la récupération de ses terres d'Auvergne, à laquelle s'oppose, de tout son pouvoir, la maitresse en titre du roi, Henriette d'Entragues, et elle n'est pas fâchée de constater qu'il a d'autres belles en tête. Ainsi, jouant peut-être l'une contre l'autre, elle termine une lettre très sérieuse par cette phrase :

> J'ai vu depuis son [*votre*] partement [*départ*] cette naissante beauté au milieu de tous ses adorateurs, où, pour le respect de votre majesté, j'ai fait à la mère et à la fille toute la bonne chère et l'honneur que j'ai [pu], comme

---

3   Rebours mourut à Chenonceaux trois ans plus tard. Brantôme écrit : « Ainsi qu'elle voulut rendre l'âme, elle [*la reine*] l'admonesta, et puis dit : "Cette pauvre fille endure beaucoup, mais aussi elle a bien fait du mal. Dieu lui pardoint [*pardonne*] comme je lui pardonne !" Voilà la vengeance et le mal qu'elle lui fit » (*DRN*, 1991, p. 154).

ne vivant que pour servir et complaire à votre majesté (*Cor.*, lettre 394, mi-mai 1606).

Ce clin d'œil complice fait vraisemblablement allusion à la dernière tocade en date du roi, Charlotte des Essarts (1580-1651).

LES ESPIONNES

L'indulgence plus ou moins grande dont bénéficient les « passades » n'est évidemment pas de mise envers les maitresses de cette seconde espèce. À vrai dire, elle n'est ici illustrée que par une femme : Charlotte de Beaune, baronne de Sauve au moment qui nous intéresse, de deux ans plus âgée que le roi (1551-1617). Dans les mois fort troubles qui précédèrent et suivirent l'agonie puis la mort de Charles IX (mai 1574), ce membre éminent de « l'escadron volant de la reine mère » parait avoir été à la fois la maitresse du roi de Navarre, celle du duc d'Alençon (le plus jeune frère de Marguerite) et celle d'un de leurs ennemis – voire de plusieurs. Nous ne savons pas jusqu'à quel point elle agissait en service commandé, mais nous savons qu'elle réussit à désagréger l'alliance que la reine, son époux et son frère avaient brièvement formée lors du Complot du Mardi gras, à la tête du « tiers parti » naissant, qui avait tenté d'installer le duc sur le trône en lieu et place de son frère ainé, alors roi de Pologne, Henri III. La reine décrit dans ses *Mémoires*, avec un reste de rage, la manière dont cette *Célestine* – c'est l'un des surnoms qu'elle lui donne – parvint à dresser l'un contre l'autre les deux princes, et même à semer la zizanie entre les deux époux :

> En peu de temps, elle eut rendu l'amour de mon frère et du roi mon mari, auparavant tiède et lente comme celle de personnes si jeunes, en une telle extrémité, [qu']oubliant toute ambition, tout devoir et tout dessein, ils n'avaient plus autre chose en l'esprit que la recherche de cette femme. Et [ils] en viennent à une si grande et véhémente jalousie l'un de l'autre, qu'encore qu'elle fût recherchée de Monsieur de Guise, du Guast, de Souvray et plusieurs autres, qui étaient tous plus aimés d'elle qu'eux, ils ne s'en souciaient pas, et ne craignaient ces deux beaux-frères que la recherche [*la rivalité*] de l'un et de l'autre ! Et cette femme, pour mieux jouer son jeu, persuade au roi

mon mari que j'en étais jalouse, et que pour cette cause je tenais le parti de mon frère ! (*Mém.*, p. 115).

C'est à propos de cette *Circé* – autre nom dont elle l'affuble – que, par contraste, la mémorialiste en vient à mentionner les autres liaisons de son mari, celles dont il ne se cachait pas et qui avaient été sans conséquences. En revanche, Mme de Sauve est décrite comme à l'origine non seulement d'une désagrégation politique du trio, mais de la sévère brouille intervenue dans les relations intimes des souverains de Navarre :

> [Elle] disposait toujours davantage le roi mon mari à me haïr et s'étranger de moi, de sorte qu'il ne me parlait presque plus. Il revenait de chez elle fort tard, et pour l'empêcher de me voir elle lui commandait de se trouver au lever de la reine [Catherine], où elle était sujette d'aller ; et après, tout le jour, il ne bougeait plus d'avec elle (*Mém.*, p. 115).

À partir de février 1576, Navarre s'étant enfui de la Cour pour rejoindre sa Gascogne, Mme de Sauve cessa d'empoisonner la vie de Marguerite[4]. La Couronne trouva alors un autre moyen pour diviser les souverains de Navarre, en empêchant la reine de rejoindre son mari durant plus de deux ans. Quant à tenter ensuite de nouveau – pour autant que la chose fût possible à distance – de jeter une femme entre eux afin de les dissocier, cela devint rapidement inutile : quelques mois seulement après leurs retrouvailles, ils étaient à couteaux tirés.

---

4   Il est probable toutefois que les deux femmes restèrent en mauvais termes. À la fin de l'année 1581, en effet, Marguerite (que sa mère et son frère Henri III appelaient à revenir à Paris) reçoit une lettre de la Circé, l'assurant vraisemblablement de sa neutralité. Elle explique alors assez sèchement à celui qui lui a fait passer la missive qu'elle va y répondre ; en attendant, ajoute-t-elle, vous « me ferez s'il vous plait ce bien de croire, et d'en assurer la reine ma mère, que je désire l'amitié de toutes ses servantes, et qu'en toutes les occasions où j'aurai moyen de le témoigner, et à celle-là et à toutes les autres, elle connaîtra que je veux à jamais aimer et servir tout ce qui sera honoré de sa bonne grâce. » (*Cor.* lettre 136).

LES INTRIGANTES

Le début de la décennie 1580 voit en effet les deux époux dans l'une des nombreuses crises graves de leur vie, liée à une maitresse de cette troisième sorte. Deux femmes différentes sont à considérer ici : l'une, qui ne provoque que des malheurs privés, l'autre, qui engendre une affaire d'État. Dans les deux cas, le même scénario : pour jouir du corps d'une jeune fille qu'il convoite, Henri de Bourbon s'engage à l'épouser si elle lui donne un fils. On a envie de sourire devant la grosseur de l'hameçon, et devant la naïveté de celles qui y mordent. Comment concevoir que le roi de Navarre répudie la sœur du roi de France pour faire souche avec une Montmorency-Fosseux ? Ou que le roi de France renvoie chez elle sa seconde épouse, fille du grand duc de Toscane, pour les beaux yeux d'une demoiselle d'Entragues ? Le sourire n'est pourtant pas de mise. Bien que le Béarnais soit sans doute le seul roi de France à avoir promis le mariage à ses maitresses, ses contemporains l'ont tous cru capable de le faire – et d'ailleurs il a failli le faire avec une femme que j'évoquerai plus loin.

Que ses promesses inconsidérées aient constitué l'unique source de l'ambition démesurée dont firent preuve certaines ne faisait de doute pour personne dans son entourage, et en tout cas pas pour son épouse, qui décrit avec précision la métamorphose de la première. Au début, Françoise de Montmorency-Fosseux, dite « Fosseuse » (v. 1565-ap. 1585), n'est qu'une de ses jeunes suivantes, et elle la voit avec soulagement prendre la place de la « malicieuse » Rebours. Lorsqu'en effet prend fin le funeste séjour à Pau, explique la mémorialiste,

> de bonne fortune pour moi, Rebours y demeura malade, laquelle le roi mon mari perdant des yeux, perdit aussi d'affection, et commença à s'embarquer avec Fosseuse, qui était plus belle, et pour lors toute enfant et toute bonne (*Mém.*, p. 198).

Cet état de grâce dure quelques mois, pendant lesquels « le roi servait Fosseuse, qui, dépendant du tout de moi, se maintenait avec tant d'honneur et de vertu que, si elle eût toujours continué de cette façon, elle ne fût tombée au malheur qui depuis lui en a tant apporté, et à moi aussi » (*ibid.*, p. 200). On comprend à ces mots que le Béarnais n'a pas encore obtenu grand chose de la belle, et que celle-ci résiste parce que, gagée par Marguerite, sa place dans sa maison dépend de sa sagesse. Un malheur survient toutefois en la personne du duc d'Alençon, venu en Gascogne pour traiter une nouvelle paix avec les protestants, et qui tombe à son tour amoureux de la jeune fille. Revoilà donc les deux beaux-frères concurrents, et le roi de Navarre persuadé que son épouse favorise son frère ! Alors Fosseuse, « pour lui ôter la jalousie qu'il avait de mon frère et lui faire connaitre qu'elle n'aimait que lui, s'abandonne tellement à le contenter en tout ce qu'il voulait d'elle, que le malheur fut si grand qu'elle devint grosse » (*ibid.*, p. 209).

Ce que la reine passe ici sous silence, c'est la raison pour laquelle la jeune fille se permet désormais cette liberté ; ou plutôt : pourquoi elle-même devient moins ferme. C'est que, de son côté, elle est tombée amoureuse du grand chambellan de son frère, Jacques Harlay de Champvallon, et qu'une des grandes histoires d'amour de sa vie vient de commencer. Marguerite ferme donc les yeux sur ce que son mari fait avec sa maitresse, attendant qu'en retour il ferme les siens sur ce qu'elle fait avec son « beau cœur ».

La chose pourrait marcher, car nul n'est jaloux de l'autre. Mais le roi de Navarre est seul en position de pouvoir dès que le duc d'Alençon et sa suite quittent la Gascogne. La jeune favorite, enceinte – tandis que la reine ne l'est toujours pas –, se met alors à croire à son destin :

> Se sentant en cet état, elle change toute de procédé avec moi, et au lieu qu'elle avait accoutumé d'y être libre et de me rendre à l'endroit du roi mon mari tous les bons offices qu'elle pouvait, elle commence à se cacher de moi, et à me rendre autant de mauvais offices qu'elle m'en avait fait de bons, de sorte qu'elle possédait le roi mon mari. En peu de temps, je le connus tout changé. Il s'étrangeait de moi, il se cachait, et n'avait plus ma présence si agréable (*Mém.*, p. 209).

Mais le roi de Navarre ne s'arrête pas là. Alors que l'usage veut qu'une maitresse royale enceinte se fasse oublier quelque temps à la campagne, et que l'épouse ne marque aucune complaisance envers elle (principe que Marguerite lui rappellera quelques mois plus tard[5]), il entend garder Fosseuse auprès de lui, que la reine lui fasse bon visage, et même qu'elle

---

5   « Son malheur étant divulgué partout comme il l'est, je ne la pouvais pas tenir [auprès de moi], étant chose qui ne s'est jamais vue ; car les reines en ont eu [*des filles d'honneur*], à qui cet accident est arrivé ; mais elles les ont soudain ôtées [*écartées*] » (*Cor.*, lettre 156).

s'occupe d'elle. Au cours de l'été 1581, Marguerite parvient – avec la plus grande difficulté – à éviter un séjour commun dans une station thermale, mais les nouvelles qu'elle reçoit durant cette séparation sont on ne peut plus alarmantes :

> J'avais tous les jours avis de Rebours (qui était celle qu'il avait aimée, qui était une fille corrompue et double, qui ne désirait que de mettre Fosseuse dehors, pensant tenir sa place en la bonne grâce du roi mon mari) que Fosseuse me faisait tous les plus mauvais offices du monde, médisant ordinairement de moi, et qu'elle se persuadait, si elle avait un fils et qu'elle se pût défaire de moi, d'épouser le roi mon mari ; qu'en cette intention, elle me voulait faire aller à Pau, et qu'elle avait fait résoudre le roi mon mari [...] de m'y mener de gré ou de force (*ibid.*, p. 210).

À l'automne, alors que le ventre de la jeune fille s'arrondit et que la reine tente de la persuader de se retirer dans une maison écartée, Fosseuse repousse la proposition « avec une arrogance extrême » (*ibid.*, p. 211). Le jour de l'accouchement survient donc, alors que les deux suites du roi et de la reine de Navarre sont au complet à Nérac, et que les échanges sont quasi quotidiens avec la Cour de France – où l'on suit avidement toutes les étapes du scandale. Navarre exigeant que son épouse assiste la jeune fille dans ses couches, Marguerite s'exécute, avec l'angoisse qu'on imagine. Heureusement, soupire-t-elle en ses *Mémoires* comme elle dut le faire sur le moment, « Dieu voulut qu'elle ne fît qu'une fille, qui encore était morte » (*ibid.*, p. 212). Navarre en revanche est tellement dépité que, sans reconnaissance envers son épouse, il exige durement qu'elle continue à entourer et à protéger sa maitresse.

C'est dans cette ambiance dégradée que les souverains de Navarre se voient invités à revenir à Paris. Catherine de Médicis et Henri III, en effet, trouvent décidément le Béarnais ingouvernable, et le préféreraient à portée de main. Celui-ci ne dit pas non, mais laisse d'abord partir sa femme ; et Marguerite, qui emmène Fosseuse avec elle, espère secrètement que ses ennuis vont s'arrêter là. Aussitôt à Paris, en effet, elle cherche à marier la jeune femme, afin de s'en séparer. Mais dès qu'il apprend la nouvelle, son mari lui intime l'ordre de n'en rien faire, et même de prendre sa défense en public ! Deux lettres accusent réception de cette invraisemblable injonction. L'une est de Catherine :

> Mon fils, je ne fus jamais si ébahie que d'avoir entendu le langage que [votre envoyé] a tenu à beaucoup de personnes, disant que c'était [...] votre

commandement [...]. Vous n'êtes pas le premier mari jeune et non pas bien sage en telles choses ; mais je vous trouve bien le premier et le seul qui fasse, après un tel fait advenu, tenir tel langage à sa femme (Catherine de Médicis, 1880-1909, vol. 8, p. 36-37, du 12 juin 1582).

L'autre lettre, longue et pleine de colère, est celle de Marguerite :

Vous m'écrivez, Monsieur, que pour fermer la bouche au roi, aux reines ou à ceux qui m'en parleront, que je leur dise que vous l'aimez, et que je l'aime pour cela. Cette réponse serait bonne parlant d'un de vos serviteurs ou servantes, mais de votre maitresse ! Si j'étais née de condition indigne de l'honneur d'être votre femme, cette réponse ne me serait mauvaise ; mais étant telle que je suis, elle me serait très malséante ; aussi m'empêcherai-je bien de la faire (*Cor.*, lettre 156, du même jour).

Fosseuse disparait dès lors de la scène. Non parce que ces propos suffirent à ramener le roi de Navarre à la raison, mais bien parce que l'adage *loin des yeux loin du cœur* allait se vérifier une fois de plus.

L'autre intrigante, Henriette d'Entragues (1579-1633), sème le trouble bien des années plus tard, et de manière bien plus grave. C'est au printemps de l'année 1600, en effet, soit quelques semaines après la mort de Gabrielle d'Estrées et alors que la longue procédure de « démariage » avec Marguerite s'orientait vers sa conclusion, que cette très jeune fille fut placée par sa famille dans le lit d'Henri IV. « Vendue » serait plus exact, puisqu'elle fut cédée au roi contre une promesse de mariage écrite, assortie d'une clause exécutoire : le Bourbon s'engageait à l'épouser si elle lui donnait un fils. En attendant, toutefois, il laissait ses ministres conclure son second mariage avec la fille du grand duc de Toscane. Une fois encore, Dieu semble être intervenu pour favoriser l'union légitime, puisque la favorite mit au monde l'année suivante un fils mort-né et la nouvelle reine un fils vivant, le futur Louis XIII. Mais Henriette avait accouché quelques semaines avant Marie... Sa famille s'engagea donc dans une longue lutte pour faire reconnaitre la validité du contrat qu'elle détenait. Cette lutte déboucha sur une véritable coalition, qui eut tout le temps de proliférer jusqu'en Savoie et en Espagne, puisque, chaque fois ou presque qu'un comploteur était arrêté, Henriette obtenait que le roi le remette en liberté.

Apparait ici avec évidence tout ce qui manquait à Fosseuse pour faire d'elle une femme vraiment dangereuse : une famille puissante et cynique motivée par un intérêt majeur[6], un engagement écrit, un amant de plus en plus esclave de ses sens, et du temps pour asseoir son pouvoir sur lui. Henriette, qui bénéficia de tout cela, constitua un véritable calvaire pour Marie de Médicis, qui dut supporter des années durant ses insolences[7] et voir ses propres enfants élevés avec les siens (ainsi, d'ailleurs, que ceux de Gabrielle d'Estrées). En revanche, Marguerite tira indirectement profit de la terrible maitresse : c'est en effet grâce à l'existence de la coalition des Entragues, et au rôle qu'elle joua dans l'arrestation des principaux coupables, qu'elle put sortir de l'impasse où elle se trouvait encore au lendemain de son « divorce », c'est-à-dire revenir à Paris après vingt ans d'exil.

Cette intrigante de haut vol, la reine ne l'évoque qu'une fois dans les écrits que nous avons d'elle. Il s'agit d'une lettre du 9 avril 1606, soit très peu de temps avant l'ouverture du procès qui devait lui rendre la propriété du comté d'Auvergne. Henri IV ayant finalement décidé d'être raisonnable, la favorite était aux abois et prête à tout. C'est ce que Marguerite suggère en décrivant ses manœuvres à Paris (alors que le roi, de retour d'une campagne éclair à Sedan, s'est arrêté à Villers-Cotterêt, dans la maison même de sa première épouse) :

> Madame la marquise [de Verneuil] est en cette ville. Elle trouva hier aux Jésuites Madame de Salignac, par qui elle me manda qu'elle désirait me voir. Je dis à Madame de Salignac que je la suppliais trouver bon que j'en susse votre volonté ; je ne sais si cela l'arrêtera (*Cor.*, lettre 386)[8].

---

6   Le demi-frère d'Henriette, Charles de Valois, futur duc d'Angoulême, était le fils de Charles IX et de sa maitresse Marie Touchet, qui s'était mariée avec François de Balzac d'Entragues. Pendant la dernière guerre civile, Henri III, pour attacher son neveu à son parti, lui avait fait léguer le comté d'Auvergne appartenant à sa mère – alors que le contrat de mariage de cette dernière stipulait qu'il devait revenir au dernier de ses enfants vivants. Marguerite, recluse en Auvergne, se considérait donc la seule propriétaire de ce comté, mais il fallait pour qu'elle le soit officiellement que le Parlement casse la décision royale. Or tout laissait croire qu'elle allait parvenir à ses fins, vu qu'elle avait réussi à rentrer dans les grâces du roi, et qu'elle n'avait pas d'enfant à qui transmettre ses biens – qu'elle promettait de léguer à la Couronne. Tous les espoirs de la famille reposaient donc sur les capacités d'Henriette à leur assurer au moins cette prise.
7   Entre autres celle-ci : Henriette appelait Marie « la banquière », en référence à l'énorme dot qui avait décidé le monarque à l'épouser.
8   Cette citation et le paragraphe qui la précèdent ne faisaient pas partie de la publication initiale. « Les Jésuites » désigne le collège de Clermont, aujourd'hui lycée Louis-le-Grand ; « Madame de Salignac » est Marguerite Hurault de L'Hospital, fille du chancelier, épouse de Jean de Gontaut-Biron, baron de Salignac.

LES ÉLUES

Cette dernière catégorie comprend à nouveau deux femmes : Diane d'Andoins, comtesse de Guiche, surnommée « Corisande » (v. 1554-ap. 1621), qui mit le roi de Navarre sur le chemin du trône de France, et Gabrielle d'Estrées (1573-1599), qui faillit y monter avec lui. Marguerite ne semble pas avoir rencontré la première, du moins au temps où elle était la maitresse de son mari. Corisande succéda en effet, à quelques aventures près, à Fosseuse : la reine de Navarre était alors à Paris. On se souvient que l'ambition d'Henri III était d'y attirer non seulement sa sœur, mais son beau-frère, pour l'avoir à l'œil. Navarre n'ayant pas mordu à l'hameçon, la présence de Marguerite devint peu à peu inutile, et Henri III renvoya brutalement sa sœur en Gascogne en juillet 1583, commettant un impair gravissime qui fut aussitôt utilisé par l'entourage du Béarnais. Celui-ci décida en effet de ne « reprendre » son épouse que lorsque le roi de France se serait excusé... ou aurait cédé aux protestants quelques forteresses de plus. Le bras de fer dura huit mois, pendant lesquels Marguerite, qui ne pouvait ni revenir à Paris ni rejoindre la Gascogne, fut traitée comme une vulgaire marchandise et dut résider, en chemin, dans de nombreuses villes. Lorsqu'enfin les deux rois s'accordèrent, c'est-à-dire après la mort du duc d'Alençon qui fit du Béarnais l'héritier présomptif de la Couronne, le couple ne reprit jamais la vie commune : le roi de Navarre, qui vivait désormais en Béarn avec Corisande, laissa Marguerite à Nérac, où elle croupit près d'un an, comme une épouse répudiée.

Au printemps 1585, alors que la dernière guerre civile démarrait – les catholiques n'acceptant pas qu'un protestant prétende au trône de France –, la reine se décida à « abandonner » (pour reprendre ses propres termes) un mari qu'elle n'avait cessé de soutenir politiquement et qui, depuis des années, lui infligeait humiliation sur humiliation. Elle partit s'installer à Agen, dont elle était comtesse, dans le but officiel d'y célébrer Pâques, mais en réalité pour une autre raison : la comtesse de Guiche, expliqua-t-elle au gouverneur de la région (chargé de transmettre le message à sa mère et au roi de France) cherchait à la faire empoisonner[9] ;

9   Voir Catherine de Médicis, 1880-1909, t. 8, p. 432, de Matignon à Catherine, du 5 avril 1585.

elle se mettait donc en sécurité dans cette ville catholique, en attendant que cessent les hostilités.

La chose est peu probable. Corisande, la seule femme de tête que le roi de Navarre ait aimée, était veuve et riche ; elle ne se faisait certainement aucune illusion quant à la possibilité de prendre la place de Marguerite, d'autant qu'elle militait pour que son « petiot », comme elle l'appelait, ne reste pas roi de Navarre, mais qu'il s'impose comme héritier du trône de France. Enfin, Corisande parait la seule de ses maitresses à l'avoir aimé sincèrement – autrement dit, à n'avoir besoin d'aucun miroir aux alouettes pour s'offrir à lui... Si Marguerite l'a accusée, c'est vraisemblablement parce qu'elle avait besoin d'un prétexte pour s'éloigner durablement de son époux, et que celui-là semblait solide : le roi de Navarre n'avait-il pas déjà fait la preuve qu'il était prêt à n'importe quoi pour les beaux yeux de ses maitresses ?

Cette preuve, il devait la refaire avec l'élue suivante, celle qui détrôna Corisande : Gabrielle d'Estrées. Âgée de seize ans à peine quand il la rencontra, moins ambitieuse encore que la comtesse de Guiche, beaucoup moins intelligente apparemment, et en outre fort peu séduite par le monarque vieillissant, celle-là aussi fut poussée dans les bras du roi de Navarre par sa famille – qui n'en attendait toutefois que des faveurs. Marguerite, après avoir passé quelques mois tumultueux à Agen, puis une année encore plus éprouvante dans un château du Cantal, vivait alors retirée en Auvergne, et il est probable qu'elle ne connut que tardivement l'existence de la nouvelle passion de son mari. La guerre civile en effet faisait rage lorsque Gabrielle céda aux pressions des siens, au début de l'année 1590, sans d'ailleurs renoncer à ses propres amours avec le grand écuyer Roger de Bellegarde. Son royal amant n'était alors que l'un des six prétendants au trône de France qui s'affrontaient depuis le récent assassinat d'Henri III. En 1593 en revanche, lorsqu'il fut proche de la victoire finale et reprit contact avec son épouse en vue de leur « démariage », le monde commençait à s'intéresser à cette Mme de Liancourt que le Bourbon traitait ouvertement comme sa compagne, bien qu'il fût encore marié, et qu'il l'eût elle-même mariée, à la demande d'une famille qui ne rêvait pas au trône mais pensait à ses arrières.

Gabrielle elle-même commençait à prendre son rôle au sérieux. Ayant mis un terme – apparemment du moins – à sa relation avec Bellegarde, elle se voua au nouveau monarque et connut, à partir de la naissance de leur premier fils, une ascension inouïe. Dès cette époque en effet, le Béarnais caressa l'idée de faire d'elle la nouvelle reine, et il s'en donna tous les moyens. Multipliant les ambassades à Rome pour faire annuler son mariage, il fit casser celui de sa maitresse et légitima leur fils. Devenue marquise de Monceaux puis duchesse de Beaufort, elle fut de plus en plus traitée comme une reine, et les enfants qu'elle mettait au monde comme des héritiers légitimes. Lorsqu'elle mourut brutalement, enceinte de son quatrième enfant, Henri IV s'apprêtait à l'épouser sans l'autorisation du Saint-Siège – qui s'obstinait en effet depuis six ans à refuser l'annulation du mariage avec Marguerite, pour empêcher ce projet insensé.

On a longtemps dit que la reine avait participé à cette opposition, pour ne pas permettre à une femme de petite naissance de lui succéder et de monter à sa place sur le trône de France. L'examen de sa correspondance montre qu'il n'en est rien. Ce qu'elle cherche, durant toutes ces années, c'est à rétablir sa situation financière et politique : à faire payer ses dettes, à s'assurer une pension honorable, et à quitter l'Auvergne. Si elle résiste parfois aux demandes de son époux, c'est lorsqu'il cherche à obtenir ses procurations sans payer ce qu'il a promis. On la voit même, une unique fois, écrire à Gabrielle, ou plutôt lui répondre. La favorite ayant sollicité, pour l'un de ses proches, certains revenus dépendant d'elle, elle est trop heureuse de pouvoir accepter, et elle en profite pour requérir son intercession. Après l'avoir assurée qu'elle veut la « tenir comme [s]a sœur, et que, après le roi, [elle est la personne qu'elle] honore et estime le plus » (*Cor.*, lettre 294, du 27 février 1597), elle réitère à l'égard du monarque un certain nombre de demandes qui, dit-elle, « couchées sur du papier l'ennuieraient ; mais, partant de votre belle bouche, je sais qu'il [*cela*] ne peut être que bien reçu » (*ibid.*).

Cette lettre fut-elle dure à écrire ? Bien moins, sans doute, que celle où il était question de Fosseuse, et que la reine terminait en se qualifiant amèrement de « femme ignorante et sotte » (*Cor.*, lettre 156), pour avoir espéré meilleur traitement d'un mari à qui elle avait rendu tant de services. On peut même supposer que la flatterie appuyée envers la maitresse royale, ainsi que l'évocation des miracles que pouvait réaliser sa « belle bouche » sur le roi, sont à mettre au compte d'une malice certaine, chez une femme qui connaissait, et la simplicité de l'une, et les points faibles de l'autre.

Au terme de ce curieux parcours dans les vies sentimentales d'Henri IV et de sa première épouse, apparait me semble-t-il avec évidence la non conformité de l'un et de l'autre. C'est certes avec une grande autorité, mais sans aucune chance d'être entendue, que Catherine de Médicis, à l'issue du long bras de fer de l'année 1583-1584, conseillait à Marguerite d'être désormais plus ferme envers les maitresses de son mari, en alléguant son propre exemple, au temps où Henri II lui imposait la cohabitation avec Diane de Poitiers. « Qu'en cela elle fasse comme moi », écrivait-elle à l'homme chargé de transmettre ce délicat message :

> [Elle] doit rejeter tout ce qui n'est digne d'être auprès d'une sage et vertueuse princesse, jeune et qui pense être, peut-être, plus belle qu'elle n'est. [...] Qu'elle ne fasse plus comme elle faisait, de faire cas de celles à qui il fera l'amour. [...] Car jamais femme qui aimait son mari n'aima sa putain (Catherine de Médicis, 1880-1909, t. 8, p. 181, à Bellièvre, du 25 avril 1584).

L'accusation de complaisance formulée ici n'était pas totalement sans fondement, comme on l'a vu. Mais le problème était ailleurs. Aussi ferme et aussi vertueuse qu'eût été Marguerite, elle n'aurait pas obtenu de son mari qu'il respecte les convenances : sa vie montre qu'il ne les a jamais respectées, et qu'il a même poussé plus loin que nul autre, non pas le mépris, mais l'indifférence aux usages et aux codes sociaux. L'homme file doux tant qu'une puissance supérieure s'impose à lui. Mais dès que sa mère meurt, puis dès que sa belle-mère tourne les talons, il agit à sa guise, selon une conception du « bon plaisir » qu'aucun monarque absolu français n'a jamais partagée, jamais mise en œuvre, parce qu'elle est incompatible avec la majesté royale. Les femmes dont il s'entoure, d'ailleurs, ne sont – à une exception près – pas de celles avec qui l'on gouverne, au contraire de ses prédécesseurs et de ses successeurs les plus illustres.

De son côté, Marguerite n'est pas conforme. Face à ce mari « jeune et non pas bien sage », elle n'essaie pas les vieilles recettes que les moralistes tendent hypocritement depuis toujours aux épouses délaissées, et que l'autre Marguerite, sa grande tante, rappelle encore dans l'*Heptaméron* : essayer de lui faire comprendre le tort qu'il se fait, le regagner par la douceur, etc. Elle tente autre chose : trouver avec son époux un *modus vivendi* sentimental, puisque le mariage n'est pas une affaire d'amour, mais maintenir l'alliance politique attachée à un tel contrat. Cette autre chose présuppose pour nous l'égalité des sexes. Pour Marguerite, qui ne deviendra féministe qu'à la fin de sa vie, elle présuppose une sorte de camaraderie avec Navarre, fondée sur ce que nous appellerions aujourd'hui leur identité de genre. La vie de la reine, en effet, et plus encore ses écrits, montrent qu'elle ne se sentait pas une femme – dont elle dit dès les premières lignes de ses *Mémoires* qu'elle voudrait ne pas « tenir cette condition » (*Mém.*, p. 69). Elle est un « prince » parmi les princes, un « frère » parmi ses frères, elle est l'« autre moi-même » du futur Henri III, elle est toutes ces figures masculines qui peuplent ses œuvres et auxquelles, d'Alexandre à Thémistocle en passant par Burrus et Crésus, elle s'identifie si volontiers[10].

De quoi, assurément, faire fuir le Bourbon, qui n'était ni un partisan de l'égalité des sexes ni un homosexuel inassumé. De quoi le jeter dans la quête éperdue d'objets sexuels conformes, le rassurant sur sa propre identité ? De quoi, en tout cas, laisser à la postérité des témoignages irremplaçables sur les modalités possibles de la vie des rois de France, mais aussi sur la manière – les manières – dont pouvait être vécu le phénomène des « maitresses royales », par celles qui partageaient leur existence.

---

10   Voir Viennot, 1995, et dans ce volume, p. 221 et suiv.

MARGUERITE DE VALOIS
ET LE COMTÉ D'AUVERGNE

Stratégies pour la reconquête du pouvoir

Au cours de l'année 1593, des émissaires du roi Henri IV se rendent en Auvergne auprès de son épouse, Marguerite de Valois[1]. Ils veulent son accord pour entamer auprès de Rome une procédure en annulation de mariage. Ce « divorce » ou ce « démariage », pour reprendre les termes des contemporains, est motivé par des considérations purement politiques. Après trois décennies de guerres civiles et religieuses (dont huit années de crise successorale et quatre de vide monarchique pendant lesquelles le trône de France a eu au moins six prétendants), l'ancien roi de Navarre a finalement supplanté ses concurrents par la force. Cependant il n'a jamais eu d'enfant avec Marguerite, elle n'est plus guère en âge d'en avoir, et il vivent séparés depuis presque dix ans[2]. Or il faut des héritiers au nouveau pouvoir – la stabilité de l'État et la paix toute fraîche en dépendent. Et Henri IV n'a pour l'instant qu'un bâtard de Gabrielle d'Estrées. Deux solutions, divergentes, sont envisagées : lui voudrait épouser Gabrielle et légitimer son fils ; ses ministres quant à eux veulent lui faire épouser une princesse avantageuse et irréprochable, c'est-à-dire vierge, jeune, de haut rang, et si possible très riche – d'où leur choix, très vite arrêté, de Marie de Médicis. Dans tous les cas, il faut annuler la première union.

La procédure n'était pas alors chose courante, mais la raison d'État l'imposait parfois, et le Saint Siège s'exécutait quand il adhérait à ladite raison. À la fin du XVIᵉ siècle, on avait encore en mémoire, notamment, l'annulation du mariage de Louis XII et de Jeanne de France, dont Simone Bertière nous a récemment montré toute la complexité (Bertière,

---

1   Cet article a paru dans Éliane Viennot & Kathleen Wilson-Chevalier (dir.), *Royaume de Femynie. Pouvoirs, contraintes, espaces de liberté des femmes, de la Renaissance à la Fronde*, Paris, H. Champion, 1999, p. 91-102.
2   Voir Viennot, 2005.

1994). Disons simplement ici que, dans un tel cas, on attendait de la « démariée » qu'elle se retire dans un couvent et qu'on n'entende plus parler d'elle.

Cette configuration semble à nouveau se présenter pour la fille de Catherine de Médicis. En 1593, elle vit depuis sept ans déjà dans un château auvergnat, à Usson, où elle a été enfermée sur l'ordre de son frère Henri III, mais dont elle s'est presque aussitôt rendue maitresse. Bien que parfaitement libre, il ne semble pas qu'elle puisse en sortir jamais ; tout juste espère-t-elle, les jours de grand optimisme, « rentrer en France », comme elle dit, et s'installer à Villers-Cotterêts, dans son duché de Valois.

Lorsque l'annulation est prononcée, le 17 décembre 1599, au terme de six années de négociations trilatérales ardues, on en est toujours là : la reine a fait la démonstration de son habileté et de sa pugnacité, elle a notamment arraché au pouvoir royal une très grosse pension et la promesse de l'apurement de ses dettes, mais elle semble condamnée à rester à Usson. Or, moins de cinq ans plus tard, en août 1605, on la verra revenir dans la capitale, puis faire bâtir un palais en plein Paris, et redevenir – ou plutôt devenir, pour la première fois de sa vie – l'un des premiers personnages du royaume. Entre les deux dates se place un imbroglio politico-juridico-militaire qui a pour centre névralgique le comté d'Auvergne : une négociation très importante, pour Marguerite aussi bien que pour le royaume de France.

LE COMTÉ D'AUVERGNE : QUEL ENJEU ?

Propriété de longue date des barons de la Tour et de La Chaise, il avait appartenu à Madeleine de La Tour d'Auvergne, mère de Catherine de Médicis, puis à Catherine elle-même. À la mort de celle-ci, en 1588, il aurait dû revenir à Marguerite, mais celle-ci était en disgrâce. Henri III en avait fait don à leur neveu Charles, bâtard légitimé de Charles IX et de Marie Touchet ; il n'y avait guère à l'époque d'autres moyens de s'attacher des fidélités, et il semble en outre qu'il était véritablement attaché au jeune homme. À la mort d'Henri III, en 1589, Charles avait embrassé le parti d'Henri IV. Cependant, au moment où celui-ci et Marguerite divorcent (soit une dizaine d'années plus tard), la situation est très différente. La demi-sœur de Charles, Henriette d'Entragues, est depuis peu la maitresse du roi, resté inconsolable de la mort de Gabrielle durant deux mois... La jeune fille toutefois, ou plutôt sa famille, a mis des conditions avant de la livrer au monarque – de la vendre serait plus exact. Alors, dans son impatience, Henri IV lui a fait, comme à tant d'autres avant elle, la promesse de l'épouser si elle lui donnait un garçon. La différence est que, cette fois, il a rédigé une promesse écrite qui vaut engagement, et qu'Henriette est enceinte quelques semaines avant Marie de Médicis.

Les démêlées du roi de France vieillissant avec sa jeune et redoutable maitresse sont connues, je n'insisterai donc ici que sur le versant auvergnat de l'affaire. La famille d'Henriette en effet, Charles compris, a misé gros sur son ventre, et elle entend faire plier le roi. Aux pressions sentimentales et sexuelles de la jeune femme s'ajoutent donc, dès 1601, une conspiration rassemblant, outre sa famille, des « déçus » du nouveau régime comme le maréchal de Biron, et des aventuriers comme Jacques de La Fin – la plupart étant possessionnés dans le centre de la France. Malgré la condamnation à mort de Biron, en août 1602, d'autres mécontents s'enrôlent autour du premier noyau, notamment l'ancien bras droit du roi de Navarre, le vicomte de Turenne, devenu duc de Bouillon et maitre de Sedan (principauté souveraine). D'autres ramifications étrangères sont repérables, jusqu'en Savoie et en Espagne, où Philippe III a promis d'aider les conjurés[3]. L'ampleur de la menace est ainsi résumée par l'ambassadeur de Toscane :

> Les uns prétendent que le mariage du roi avec Marguerite de Valois est toujours valable, et, à leurs yeux, le Dauphin est illégitime. La marquise de Verneuil [*Henriette d'Entragues*], s'autorisant de la promesse du roi, considère son propre fils comme seul légitime, et le Dauphin comme un bâtard (Desjardins, 1859-1886, vol. 5, p. 520, février 1604).

L'enjeu apparait ici dans toute son ampleur : en plein cœur de la France, le comté d'Auvergne est devenu dans les premières années du XVIIᵉ siècle le foyer d'une conspiration qui met en péril l'œuvre du Premier Bourbon : la paix intérieure et extérieure, la légitimité du

---

3   Voir, pour cette série de complots, Jean-Pierre Babelon, 1982, p. 887 et suiv.

nouveau régime avec les enfants qui naissent de Marie, la prospérité à laquelle sa dot contribue largement. Sans la logistique auvergnate, les intrigues d'Henriette seraient réduites à peu de choses. Mais sans Henriette, les coupables seraient depuis longtemps sous les verrous, alors que le roi tergiverse et les laisse courir, pour quelques gestes ou nuits d'amour. Ainsi, Charles a été arrêté en 1602 en même temps que Biron, mais il a été relâché presque aussitôt, malgré ses aveux. Et s'il est réembastillé en novembre 1604, sérieusement cette fois, et dépossédé de ses biens, son père, arrêté peu après, est très vite libéré, au grand dam des ministres du roi...

Marguerite n'est pas étrangère à ces arrestations, et elle est l'artisane de la dépossession des biens du comte d'Auvergne. Dès 1601, en effet, Henri IV qui craignait qu'elle ne se joigne à la conjuration lui a demandé de se tenir sur ses gardes. Or la reine démariée est loin d'être tentée de trahir. Grâce à ses informateurs en Auvergne, elle est au courant des menées de celui qu'elle appellera désormais son « mauvais neveu ». Elle a compris qu'elle tient là le moyen de revenir à Paris – et par la grande porte.

LA RÉCUPÉRATION DU COMTÉ D'AUVERGNE, OU LE RETOUR À PARIS

La stratégie à laquelle elle songe est de faire don de tous ses biens à la Couronne contre l'usufruit à vie sur ces biens. On ne voit guère, évidemment, à qui d'autre lesdits biens auraient pu revenir, puisque Marguerite était demeurée sans enfants – du moins sans enfants légitimes. On voit trop bien, par contre, à quelles contestations, à quelles intrigues, son héritage aurait pu donner lieu en une période aussi troublée. Et la reine, quant à elle, voit très bien l'intérêt que représente pour la famille régnante un legs exécuté de son vivant.

Le cadeau est en effet considérable. Matériellement, il représente le duché de Valois, les comtés de Senlis, de Rouergue, d'Agenais, de Condomois, de Quercy, de Lauraguais, et un certain nombre d'autres terres. Ce n'est pas là, toutefois, l'aspect principal puisque, dans la transaction qu'elle imagine, elle seule pourra en toucher les revenus tant qu'elle sera en vie. Le cadeau, à vrai dire, est essentiellement politique. D'abord, il garantit un retour sans histoire de cet héritage dans le giron de la Couronne. Mais surtout il conforte la légitimité du régime : le don en terres de la dernière des Valois aux premiers des Bourbons incarne symboliquement le bien-fondé d'une transition dynastique qui s'est faite l'épée à la main, et qui est encore bien fragile dans les esprits. Il prouve en outre que le divorce n'a pas été extorqué à Marguerite, donc que le mariage médicéen est valable, et donc que le dauphin est légitime.

Marguerite met deux conditions à ce cadeau. La première, c'est la récupération du comté d'Auvergne, à laquelle elle tient farouchement : le « mauvais neveu » n'en jouit en effet que parce qu'Henri III l'a spoliée, elle, d'un bien qui aurait dû lui revenir à la mort de Catherine. L'autre condition, c'est son retour en France. Sur les deux points, la Couronne l'aidera, ou elle n'aura rien.

Nous ne savons pas exactement de quand date ce projet, mais il est clair que la reine y songeait déjà avant le divorce, puisqu'en 1598, offrant son duché d'Étampes à Gabrielle d'Estrées pour lui complaire et complaire au roi, elle avait annoncé vouloir choisir pour héritier l'aîné de leurs enfants ; la mort de la favorite n'a fait que déplacer le problème. La famille de Charles, de son côté, entend bien conserver le comté d'Auvergne. Dans les dernières semaines de la négociation du divorce, le connétable de Montmorency, beau-père de Charles, tente d'arracher à la reine une ratification du don d'Henri III. Elle fait alors semblant d'être d'accord, et répond prudemment :

> Il n'est pas temps de faire telles déclarations, qui peuvent offenser des personnes de qui le support m'est nécessaire. Votre prudence approuvera, je m'assure, ma raison. Outre ce que nul ne peut donner ce qu'il n'a pas, mon neveu me demande chose qu'il dit n'être pas à moi et qu'il jouit comme sienne... Il faut, premier, que la substitution me soit adjugée, car mon courage [*ma dignité*] ne pourrait permettre de donner chose de quoi l'on ne me sût gré (*Cor.*, lettre 320, du 15 déc. 1599).

Marguerite n'a évidemment pas l'intention de donner quoi que ce soit à son neveu. Dans les mois suivants, la grossesse de la nouvelle reine, puis la naissance du dauphin, et surtout les incartades de Charles redonnent corps à son projet. Elle s'acharne alors à dénoncer ses agissements au roi, soulignant la menace qu'il représente, et récusant par avance tout projet d'entente avec lui :

> Ce mal conseillé garçon tient plusieurs places en ce pays, des maisons qu'il m'usurpe du bien de la feu reine ma mère, qui sont presque aussi fortes que cette-ci [*Usson*], châteaux, rochers, atrois [*atriums*], enceintes, qui, pour le bien de [votre] service, seront mieux par terre que debout. Pour cette-ci, Elle [*Votre Majesté*] s'assurera, s'il Lui plait, qu'avec l'aide de Dieu il n'y mettra jamais le pied. Il se vante qu'Elle la lui a promise quand j'en serai partie. Je La supplie très humblement ne me faire recevoir ce déplaisir, qu'un lieu que j'ai tant pris de peine de rendre beau vienne entre telles mains. Votre Majesté ne le doit pas faire, pour le bien de Son service (*Cor.*, lettre 333, du 17 mars 1601).

Dans les années suivantes, elle renseigne la Couronne sur les allées et venues de son neveu et de ses complices. En 1604, elle permet aux agents du roi de débusquer plusieurs d'entre eux, et elle favorise l'arrestation de Charles. Dès qu'il est sous les verrous, en novembre, elle écrit à Sully que l'heure est venue pour elle de lui intenter un procès. « Ce que je requiers à Sa Majesté et à vous en ceci, est seulement de favoriser mon bon droit, en me faisant faire prompte et bonne justice » (*Cor.*, lettre 356, du 20 nov. 1604). Car Henri IV a fait retrouver le contrat de mariage de Catherine, où il est stipulé qu'elle donnait, comme le rappelle Marguerite, « son bien à ses enfants, de fils en fils, tant qu'il y aurait, selon l'ordre de l'âge, et les fils venant à faillir sans enfants, le donnait aux filles [...] desquelles il a plu à Dieu que je sois restée seule » (*ibid.*).

Le procès est appelé à une grande publicité. Marguerite fait donc valoir qu'elle doit être sur place, à Paris, pour veiller à ses intérêts. Henri IV est d'accord. Même s'il craint encore le retour de la reine démariée – que dira-t-on ? –, les avantages sont pour son pouvoir plus grands que les inconvénients. Il lui accorde donc de s'installer aux portes de la capitale, au château de Madrid, à Boulogne, où elle arrive en juillet 1605, puis en plein cœur de la ville, quelques semaines seulement plus tard. Dès lors, bien que la chose soit inédite et qu'elle suscite de nombreux commentaires, Marguerite est intégrée à la famille royale – si bien intégrée que le petit dauphin l'appelle « Maman-ma fille ».

Sa correspondance permet de suivre, semaine après semaine, parfois même jour après jour, la préparation au procès, puis le procès lui-même. La partie est loin d'être jouée, et les émotions sont nombreuses. De sa prison, Charles fait intervenir tout ce qu'il a de fidèles et de relations :

Henriette, bien sûr, mais aussi Diane de France, demi-sœur de Marguerite, qui est sa proche parente et qui a beaucoup d'influence sur le roi[4]. Il tente aussi de déstabiliser la reine en commanditant – c'est du moins ce qu'on peut supposer – un attentat qui tue à deux pas d'elle l'un de ses favoris. Jusqu'au dernier moment, Marguerite se méfie de ses manigances et des possibles retournements du roi. Aussi décide-t-elle, quelques semaines avant le procès, d'engager la Couronne de manière irréversible : le 6 mars 1606, elle signe l'acte par lequel elle fait don de tous ses biens au dauphin ; et le 10 avril, elle fait même don de ce qu'elle ne possède pas encore : le comté d'Auvergne et la baronnie de La Tour[5]. À la mi-mai, toujours inquiète, elle écrit au roi :

> Monseigneur, j'ai depuis quelques jours commencé le procès de la succession de la reine ma mère, où l'avocat de mon neveu ne voulut point répondre, délayant, sous l'espérance qu'ils disent avoir de faire gagner Votre Majesté pour eux, ce que je ne craindrai jamais, croyant que Votre Majesté aimera toujours mieux le bien de monsieur le dauphin que celui des enfants de ce misérable [...]. Votre Majesté se souviendra, s'il Lui plait, que ce que j'ai donné à monsieur le dauphin est uni à la couronne, et par conséquent inséparable. J'ai prié monsieur de Metz, à qui Votre Majesté fit traiter cette affaire, de lui faire ressouvenir des termes du contrat (*Cor.*, lettre 394, de la mi-mai).

Fin mai, la cour rend son verdict : celle qu'on appelle, depuis son démariage, la « reine Marguerite » est comtesse d'Auvergne et de Clermont, baronne de La Tour et de La Chaise. Elle jubile. Non seulement elle a triomphé de tous ses adversaires, non seulement elle est rentrée dans ses droits, non seulement elle est à Paris, mais elle vient d'acheter des terrains sur la rive gauche de la Seine, et elle commence à faire construire un palais – juste en face du Louvre, soulignent les pamphlétaires exaspérés. Quant à l'ancien comte d'Auvergne, il n'est plus, pour reprendre l'expression dont la reine use depuis déjà plusieurs mois, que « Charles monsieur » – manière de dire qu'il n'a plus de titre. Et il est à la Bastille, où il restera douze ans.

---

4   Le beau-père de Charles, Henri de Montmorency-Danville, était le frère du second mari de Diane, François, duc de Montmorency. Diane est la fille d'Henri II et de Philippa Duc.
5   Voir Bibliothèque de l'Institut, ms 460, f° 19 et 23 ; Sully, toujours prudent, ne mentionnera ces donations dans ses *Mémoires* qu'à l'année 1607.

LA GESTION DU COMTÉ, OU LA CONSOLIDATION
DE LA POSITION DE LA DONATRICE

La récupération du comté d'Auvergne n'est pas seulement une victoire politique pour Marguerite. Durant toute cette période, ses lettres sont remplies de considérations montrant à quel point elle tient à ce pays où elle a passé tant d'années. Ce n'est pas le moindre des intérêts de cette correspondance (en partie inédite) que de nous permettre de toucher du doigt ce qu'était, à cette époque, la gestion de ses biens par un grand – en l'occurrence, une grande. Ainsi écrivait-elle au roi, en juillet 1605, quelques jours seulement après avoir quitté sa forteresse :

> J'ai laissé votre château d'Usson en sûre garde entre les mains d'un vieux gentilhomme, mon maitre d'hôtel, [et] de tous mes Suisses et soldats qui m'y ont servie le temps qu'il a plu à Dieu que j'y aie été ; et j'y ai aussi laissé madame de Vermont, pour les tenir tous sollicités de leur devoir. C'est une place d'importance : j'ai pris assurance d'eux de n'y laisser entrer personne qu'ils ne voient homme de la part de Votre Majesté, accompagné de lettres scellées de son sceau. Il serait nécessaire que Votre Majesté y pourvût promptement de quelque personne qui lui soit fidèle. Je l'ai eu de Votre Majesté, je le lui rends. C'est une place qui ruinerait tout le pays, si elle était en mauvaises mains (*Cor.*, lettre 366, du 13 juillet).

Ce souci d'une bonne gestion s'accentue dans les mois qui suivent. Elle entend, d'abord, mettre de l'ordre dans un pays qu'il faut reprendre en mains et qui s'avère décidément bien remuant. Ainsi écrit-elle trois mois plus tard :

> Monseigneur, Votre Majesté entendra, par le fils de monsieur d'Aire, présent porteur, comme Vilemain avait surpris le château de Mercurol, ou monsieur d'Aire a remédié si promptement. Et toute la noblesse appréhendant ce voleur là-dedans, ils y ont si promptement servi Votre Majesté qu'il en a été tiré, et la place remise entre les mains de monsieur de La Guesle [...]. C'est une place presque aussi forte que Usson ; je crois que le service de Votre Majesté serait que telles places fussent par terre. Si Votre Majesté me le commande, il sera soudain abattu. Votre Majesté jugera si cette entreprise a autre suite ; car une place si forte, s'il eût eu loisir d'y mettre des vivres, eût donné de la peine à reprendre, et peut-être amené d'autres brouilleries (*Cor.*, lettre 414, du 24 oct. 1605).

Nous voyons là que Marguerite connaissait assez bien les questions militaires. Comme elle le rappelait dans ses *Mémoires*, elle avait malheureusement, tout au long de sa vie, « plus appris qu['elle ne désirait] comme il se faut comporter à la garde d'une place forte » (*Mém.*, p. 146). Une bonne année plus tard, nouvelles alertes : sa baronnie de La Tour vient d'être investie par un certain Corne, tandis que d'autres places environnantes sont en état d'alerte, et elle doit faire intervenir le sénéchal du comté :

> Monsieur de Florac, [...] Sur l'avis que j'ai eu des qualités et desseins de Corne, j'ai écrit à monsieur Rigaud de l'ôter de la Tour et y remettre Le Clos, que les habitants ont cautionné. Vous m'obligerez beaucoup d'y tenir la main [aussi] pour monsieur de Saint-Biard, que j'ai mis à Saint-Saturnin. C'est un gentilhomme de mes terres d'Agenais, honnête homme. S'il vous plait prendre la peine de lui remontrer comme il se doit comporter, je m'assure qu'il s'y conformera. Je lui écrirai, et au Clos, et à tous ceux qui sont dans mes autres maisons, de vous obéir (*Cor.*, lettre 443, du début janv. 1608).

Marguerite s'applique d'autre part à redonner à ce pays qui a, comme le reste de la France, longtemps souffert des guerres civiles, un nouvel élan économique. Pour ce faire, elle doit disposer sur place de serviteurs fiables – ce qui n'est pas toujours le cas. Dès la récupération du comté, nous la voyons batailler avec l'un de ceux-ci, comme en témoigne cette lettre :

> Verny, je ne laisserai pas de vous écrire ce mot, encore que par vos dernières lettres vous m'ayez écrit de l'état de mes affaires. Je désire savoir en quel point ils [*elles*] sont à présent, et ce qui s'est passé en la prise de possession. C'est pourquoi je vous prie ne faire faute de me donner avis de tout et m'écrire au vrai quelle somme de deniers je puis retirer de ces quartiers, mettant ensemble les deniers que l'on fit saisir en mon nom et ceux de la demi-année échue à la Saint-Jean passée. Vous savez que les mémoires que m'en avez fait voir faisaient monter les deniers saisis à cinq mille écus et ceux de la demi-année échue la Saint-Jean 1606 à autres cinq mille écus. Faites en sorte que je vous y trouve véritable, et que je sache par ce porteur de quoi je dois faire état, et quand je le recouvrirai (*Cor.*, lettre 413, du 21 oct. 1606).

Marguerite finira par ôter à Verny toute responsabilité.

Deux ans plus tard, nous la trouvons occupée à la gestion de ses bois, et demander qu'y soient appliqués les principes d'exploitation forestière que Sully a mis à l'ordre du jour. La lettre est pour cette raison particulièrement intéressante. La reine demande en effet :

> [...] que l'on mettre en tous mes bois le même ordre et le même ménage que l'on fait en ceux du roi, par toute la France, qui est : que l'on les mesure

en cinquante parts pour en couper et vendre tous les ans une cinquantième partie, laquelle est re[de]venue, dans le susdit temps de cinquante ans, en la même grandeur. Et par ce ménage, l'on accroît le revenu par ladite vente, et le bois ne se dépérit point, et se retrouve toujours en même état (*Cor.*, lettre 445, du 16 janv. 1608).

Durant ces deux années qui suivent le procès de 1606, la situation de Marguerite ne fait que s'améliorer. Nous la voyons, toujours à travers sa correspondance, faire de constantes pressions sur la Couronne pour obtenir les sommes nécessaires au parachèvement de son hôtel, auquel s'ajoute bientôt la construction du couvent des Augustins. Le roi finit toujours par céder à ses demandes et lui octroie de nombreux dons, d'autant que ce qu'elle fait, rappelle-t-elle non sans malice, elle le fait « pour monsieur le Dauphin » (*Cor.*, lettre 423) : puisque tout doit lui revenir, il faut donc faire grand et magnifique. Malheureusement, il ne reste rien, à l'exception de l'actuelle chapelle des Beaux-Arts, de cet ensemble architectural que ses contemporains allaient très vite nommer le Parnasse royal, en préférant souvent sa fréquentation à celle du Louvre, car Marguerite y animait une cour brillantissime. La reine a également acheté, à Issy-les-Moulineaux, une propriété qu'elle fait aménager, se plaisant à souligner le parallélisme de ses occupations et de celles du roi :

Monseigneur, [...] je crois mon exercice être, à cette heure, semblable à celui de Votre Majesté : de passer tout le jour à voir planter, en cette belle saison, mon parc. Je m'assure [que] celui de Fontainebleau sera bien accru et embelli (*Cor.*, lettre 439, sept.-oct. 1607).

Ce rétablissement de la situation de Marguerite se marque par des attentions protocolaires – à l'époque fort importantes. En avril 1606, par exemple, soit quelques semaines avant le procès, elle n'avait pas été la première à Paris à être avertie de la victoire d'Henri IV sur le duc de Bouillon à Sedan, et elle s'en était plainte. En avril 1607 en revanche, elle est bien la première à apprendre la naissance d'un nouvel enfant du couple royal. D'autres marques témoignent de la restauration de son statut. Les années 1608 et 1609 sont ponctuées de grandes réceptions, où Marguerite est à l'honneur, ou bien qu'elle organise elle-même avec faste. Ses liens avec le dauphin sont par ailleurs très étroits : l'enfant et la reine s'aiment d'une affection véritable, qui se traduit par de très nombreuses sorties collectives et des invitations de part et d'autre. Si bien qu'en 1609, la situation de la reine est suffisamment consolidée pour qu'elle propose à la Couronne l'abandon de l'usufruit qu'elle conservait sur ses biens contre une simple pension – simple, mais confortable. La donation est cette fois pleinement réalisée.

Cet attachement de Marguerite aux Bourbons survivra à la mort d'Henri IV, en 1610. Durant les cinq années qui lui restent à vivre, non seulement elle continuera de seconder la régente dans l'animation de la Cour – au point qu'on lui confiera parfois la réception d'ambassadeurs –, mais elle interviendra plusieurs fois politiquement pour soutenir le régime, notamment durant l'année 1614, lorsque certains grands nobles, autour du prince de Condé, recommenceront à fomenter des troubles. Et Marie de Médicis, comme le dauphin, lui accorderont jusqu'au bout sans compter, et leur confiance, et l'argent du trésor.

La négociation de Marguerite pour récupérer le comté d'Auvergne changea donc le cours de sa vie, comme on vient de le voir. Mais elle modifia également du tout au tout sa place dans l'Histoire. Jusqu'en 1605 en effet, c'est-à-dire jusqu'à son retour dans la capitale, bien rares étaient les écrits sur son compte. Après 1605 en revanche, les discours sur elle s'accumuleront *ad nauseam*. Il est donc très vraisemblable que, sans cette transaction et les conséquences qu'elle eut, la reine n'aurait pas laissé dans l'Histoire beaucoup plus de traces que, par exemple, Jeanne de France, la « démariée » précédente. Certes, nous aurions le discours que Brantôme lui a consacré, et qui était écrit avant 1605 ; nous aurions les *Peines d'amour perdues de Shakespeare*, qui la mettaient en scène sans grande vraisemblance ; et nous aurions les propres *Mémoires* de la reine, écrits à partir de 1594 ; mais peut-on affirmer, même, que ceux-ci auraient été recueillis, sauvegardés, publiés, s'ils n'avaient été ceux de la célébrissime reine Marguerite ?

La négociation changea aussi, très vraisemblablement, le cours de l'histoire de France. Pensons à la fragilité du nouveau régime si Marguerite n'avait pas, de toutes ses forces, appuyé ceux qui militaient pour l'arrestation du comte d'Auvergne ; si elle n'avait pas proposé à la Couronne ce « cadeau » qui dut peser d'un poids considérable dans la décision d'Henri IV de sévir ; si un territoire aussi stratégique était resté propriété du comte d'Auvergne. Songeons aux dégâts qu'aurait fait la conjuration Auvergne-Bouillon-Espagne-Savoie si elle avait réussi. Songeons, enfin, au poids qu'aurait pu apporter Marguerite aux diverses conjurations qui tentèrent, entre 1600 et 1615, de déstabiliser le pouvoir des Bourbons...

Or si les discours sur Marguerite sont pléthoriques à partir de 1605, et s'ils le sont restés (à quelques décennies près) jusqu'à nos jours, ils ne disent rien ou quasi rien sur cette négociation, ni sur le statut qu'elle permit à la reine de récupérer, ni sur les interventions politiques que celui-ci lui permit de faire à la fin de sa vie. Ses contemporains – ceux qui écrivaient du moins – avaient été choqués par son « come back », et se sont prononcés sur elle en fonction de leurs intérêts : les ennemis d'Henri IV l'ont traînée dans la boue, ses amis ont préféré passer sous silence ce que leur héros lui devait ; les uns ont mis l'accent sur les prétendues turpitudes de sa vieillesse, les autres sur les délices de sa dernière cour. Les historiens des siècles suivants ont suivi cette ligne. Indulgents ou non, ils ont fait silence sur son rôle politique : le vainqueur au panache blanc, le père de la « poule au pot », pouvait-il devoir la sécurité de son royaume à une femme répudiée, dont la réputation était salie ? Quant aux biographes de Marguerite, la plupart résument en dix pages les quinze dernières années de sa vie, et certains les rayent même complètement, arrêtant leur récit en 1600.

Tout cela appelle diverses réflexions. D'abord sur le fait que Marguerite de Valois avait l'étoffe d'une grande femme d'État : cette négociation le démontre, comme le faisait déjà celle du divorce. À partir de cette évidence, on peut réfléchir au sens à donner à ses choix politiques antérieurs : par exemple à sa participation aux complots de 1574 ; à la décision de quitter son mari en 1585… Ces choix furent-ils le fruit d'un mauvais calcul ? d'une certaine immaturité politique ? ou lui furent-ils dictés par le « temps misérable » comme on disait alors, sans parler de la médiocrité de ses partenaires ? À chaque fois, quelles étaient ses marges de manœuvre ?

Finalement, cela nous amène à réfléchir à ce qu'est un parcours politique pour une femme : à la nécessaire rencontre entre des talents personnels et une conjoncture favorable – rencontre en dehors de laquelle rien ne se passe et se referme l'Histoire… Pour un homme aussi, dira-t-on – et il y a là, effectivement, quelque chose qui ressemble à une cruelle égalité. Pourtant, la différence est grande : elle est qu'une conjoncture favorable ne se présente quasiment jamais pour les femmes, puisqu'elles sont statutairement écartées ; que leurs talents ont bien moins d'occasions de se déployer puisqu'ils sont le plus souvent laissés en jachère ; et que l'Histoire a une fâcheuse tendance à se refermer devant elles, ou, lorsqu'elle s'est ouverte, à déformer leur mémoire jusqu'à les rendre méconnaissables… Tout ceci au présent de narration, évidemment.

ENTRE DISSIDENCE POLITIQUE ET DISSIDENCE LITTÉRAIRE

Le dialogue Marguerite de Valois-Brantôme

Au début des années 1590, deux anciens familiers de la cour des Valois renouent une relation longtemps interrompue par les guerres civiles[1]. L'une est une fille de France en exil en Auvergne, dans le château d'Usson, près d'Issoire, où elle restera dix-neuf ans. L'autre est un cadet de très vieille famille reclus dans son château du Périgord, où il finit de soigner une vilaine blessure et un amour propre écorché. Elle lui avait demandé, un jour, d'écrire sur elle. Il a fini par rédiger un *Discours*, qu'il lui a fait parvenir. Mais ce n'est pas exactement ce qu'elle attendait et elle se met à l'écritoire, pour permettre à son admirateur de corriger ses erreurs. De ce dialogue inattendu émergent des œuvres étonnamment libres et novatrices, qui doivent tout à la position de ces « grands seigneurs » à la fois rompus à l'action et contraints à l'inactivité, à la fois dépendants du pouvoir et en délicatesse avec lui.

LE TEMPS D'ÉCRIRE : UN PRIVILÈGE D'OPPOSANTS

Nés à vingt ans d'écart, Pierre de Bourdeille (1535-1614) et Marguerite de Valois (1553-1615) sont sans doute devenus des opposants dans les mêmes années : un peu après la Saint-Barthélemy. Le premier, fils d'une proche de Marguerite de Navarre et d'un compagnon de Bayard, avait auparavant fidèlement servi Henri II et ses deux premiers fils, François II

---

1 Cet article a paru dans Nadine Kuperty-Tsur & Mathilde Bernard (dir.), *Expression de la Dissidence à la Renaissance, Les Dossiers du GRIHL*, 2013-01 (en ligne).

et Charles IX, et il s'était vu gratifié par eux de charges et de pensions. Catholique, il avait combattu aux côtés des Guises, ses amis, durant les premières guerres de religion – quoi qu'il fût également ami avec des capitaines protestants. Il n'avait toutefois pas participé au massacre de la Saint-Barthélemy, étant absent de Paris. Il n'avait pas non plus participé – volontairement cette fois – au « complot du Mardi gras » (ou « des Malcontents »). Pourtant, durant l'hiver 1573-1574, alors que Charles déclinait brusquement et que son frère cadet, Henri, venait de rejoindre la Pologne où il avait été élu roi, les partisans de la transmission du trône au benjamin de la famille, François d'Alençon, l'avaient « convié à la fricassée » (Brantôme, 1991, p. 45) – formule qui dit bien ce qu'il pensait de ce tour de passe-passe dynastique. Les conjurés étaient pourtant animés des meilleures intentions, et ils avaient de très nombreux soutiens dans toute la France : moins de deux ans après le massacre, cette coalition de protestants et de catholiques modérés regroupant nobles et bourgeois redoutait de voir monter sur le trône un prince qui y avait participé activement, alors que son jeune frère était connu pour sa modération religieuse. Le complot avait cependant échoué, grâce à la vigilance de la reine mère. Ses principaux acteurs avaient été arrêtés ou mis en résidence surveillée, et les seconds couteaux exécutés.

Brantôme aurait donc dû être particulièrement bien vu d'Henri, rentré de Pologne au milieu de l'année 1574 pour coiffer la couronne – et retrouver en France, jusque dans sa propre famille, nombre de « sujets » ayant parié sur son éviction de la scène politique française. Le nouveau roi, cependant, demandait plus que de la neutralité : son tempérament exigeait la fidélité la plus absolue, et sa garde rapprochée de jeunes seigneurs prêts à en découdre avec quiconque ne lui était pas dévoué corps et âme ne pouvait guère séduire un esprit aussi indépendant que Brantôme. Le seul de cette petite cohorte quasi fanatisée qui aurait pu l'arrimer fermement au service d'Henri III, son ami Du Guast, périt assassiné à l'automne 1575 – par un autre de ses bons amis, le baron de Vitteaux, attaché, lui, à François d'Alençon. Un troisième grand ami de Brantôme, Bussy d'Amboise, alors amant de Marguerite de Valois, était passé peu auparavant au service de ce prince, devenu « Monsieur » et second personnage de l'État. Brantôme se rapprocha alors insensiblement de lui, sans pour autant se considérer comme dans l'opposition au roi : avant tout, Pierre de Bourdeille était un fidèle de la monarchie française, et en particulier de la reine mère, qui l'appréciait. C'est à ce titre qu'il la suivit en Guyenne en 1578, lorsqu'elle accompagna sa fille Marguerite rejoindre son époux, en même temps que discuter avec les chefs huguenots de l'application du traité de paix consécutif à la sixième guerre de religion (« Conférence de Nérac »).

En rentrant de ce voyage, Brantôme se mit au service de Monsieur, qui projetait désormais de s'unir avec Élisabeth Ire d'Angleterre, et qui postulait également à la direction des Flandres – ces contrées cherchant alors à se débarrasser de la tutelle espagnole, à créer un État indépendant et à mettre à la tête de celui-ci un prince acceptable tant par les catholiques que par les protestants qui les peuplaient. Ces ambitions entretenaient cependant des tensions récurrentes avec Henri III, que l'Espagne accusait de double jeu. Brantôme demeurait donc, pour le roi de France, un sujet peu sûr. Aussi ne se vit-il pas accorder, fin 1581, la charge de sénéchal et gouverneur de Périgord qu'un de ses frères occupait et qu'il pensait obtenir à sa mort. Une « explication » orageuse, quelques semaines plus tard, précipita sa rupture avec le roi, et il se considéra désormais comme un dissident.

C'est alors, vraisemblablement, qu'il commença de rédiger le « second livre des dames » (celui que les premiers éditeurs, suivis de tous les autres jusqu'à la fin du XXe siècle[2], allaient intituler *Les Dames galantes*), dans l'intention de passer le temps et d'amuser son maitre, toujours à la conquête des Flandres et de la main d'Élisabeth. Deux ans et demi plus tard, toutefois, celui-ci mourait de tuberculose, ouvrant une crise successorale majeure, puisque Henri III n'avait toujours pas d'enfant et que leur beau-frère, Henri de Navarre, l'époux de Marguerite, était protestant. Celui-ci ayant été excommunié par le pape, et la guerre civile se préparant, Pierre de Bourdeille envisagea de passer au service de l'Espagne, qui soutenait activement le camp catholique français. C'est alors qu'une très mauvaise chute de cheval le cloua pour quatre ans sur son lit – et qu'il se mit, comme le rappelle Madeleine Lazard, à ses « discours sérieux » (Lazard, 1995, p. 261)[3]. Sa carrière militaire était terminée, celle de courtisan aussi. Même rétabli, il continua

---

2   Étienne Vaucheret, l'éditeur des œuvres de Brantôme que nous suivons ici, est le premier
    à avoir restitué l'unité de ces volumes, leur titre initial et leurs préfaces.

3   Brantôme lui-même emploie l'expression dans la dédicace du second livre des dames à
    François d'Alençon : « Je vous en dédie donc, Monseigneur, ce livre, et vous supplie le

d'écrire, s'occupant de revoir ses premiers discours, d'en confectionner de nouveaux, de rédiger ses dédicaces, de préparer ses manuscrits en vue de leur impression, confiée par testament à sa nièce, en 1609. Il lui demandait aussi d'en offrir le premier volume à « la reine Marguerite, ma très illustre maitresse, qui m'a fait cet honneur d'en avoir lu aucuns, et trouvé beau et fait estime » (Brantôme, 1864-1882, vol. 10, p. 128), puisqu'elle était la principale dédicataire de ses œuvres. Toutes choses que ladite nièce ne fit pas.

La carrière politique et littéraire de Marguerite recoupe en plusieurs points celle de son vieil ami et admirateur. Dernière fille de Catherine de Médicis et d'Henri II, Marguerite était pour sa part « entrée en politique » en 1569, pendant la troisième guerre de religion. Comme elle le raconte dans ses *Mémoires*, son frère Henri lui avait demandé, juste après la bataille de Jarnac, de défendre son parti auprès de leur mère pendant qu'il était sur le front, de sorte que son absence de la Cour ne lui nuise pas. Elle s'en était bien tirée, et leur mère avait pu mesurer ses capacités. Par la suite, et contrairement, cette fois, à ce qu'elle allait soutenir plus tard, le duo demeura tant bien que mal soudé, quoique malmené par les changements d'alliance de la Couronne (notamment en 1570 lorsque Catherine et Charles décidèrent de tourner le dos à l'Espagne et d'appeler au pouvoir l'amiral Coligny, l'un des chefs des protestants). Il l'était encore au début de l'année 1574, lorsque Charles tomba malade et que se dessina, pour une partie des élites françaises, le projet d'organiser l'arrivée sur le trône de François d'Alençon, au lieu d'Henri qui était venait d'être élu roi de Pologne. Avertie de la première tentative des conjurés, la reine de Navarre la dénonça à sa mère et la fit échouer.

Elle fut alors approchée par François – et, très vraisemblablement, par l'un de ses principaux conseillers politiques, Joseph Boniface de La Mole, qui pourrait n'avoir pas joué là un rôle aussi romantique qu'Alexandre Dumas allait le faire croire. Ayant tablé, comme tant de gens, sur le succès de la coalition, elle abandonna Henri à son sort polonais et s'engagea dans le complot du Mardi gras, jusqu'à organiser, après son échec, une tentative d'évasion de son jeune frère et de son époux, et même jusqu'à écrire le discours de défense de ce dernier (la *Déclaration*

---

fortifier de votre nom et autorité, en attendant que je me mette sur les discours sérieux » (Brantôme, 1991, p. 235).

du roi de Navarre, ou *Discours justificatif pour Henri de Bourbon*). Ce qui lui valut évidemment, de la part de son ancien allié, une rancune très solide et très longue, alimentée en outre par son entourage de têtes brulées. Elle se retrouva donc dans l'opposition à ce frère devenu roi chaque fois que ses nouveaux alliés s'y trouvèrent eux-mêmes – c'est-à-dire bien souvent. Mais si son jeune frère devait lui en savoir gré jusqu'à sa mort, son mari en revanche ne fit guère qu'utiliser son épouse en cas de besoin, et il n'hésita jamais à la mettre en difficulté, d'où des tensions récurrentes avec lui.

Fin 1584, justement, lorsque François rendit l'âme, les deux époux étaient dans les plus mauvais termes. Elle venait de faire les frais d'un très longue passe d'arme entre lui et Henri III, ce dernier l'ayant renvoyée de la cour de France sans ménagement, l'autre refusant de la « reprendre » tant que le roi ne se serait pas excusé... ou tant qu'il n'aurait pas donné davantage de villes aux huguenots. Elle « abandonna » alors (pour reprendre ses propres termes) celui que la communauté catholique mettait au ban de la société, et se retira dans une ville de son apanage, Agen, qu'elle fit fortifier, tentant par ailleurs, elle aussi, de jouer la carte espagnole. Henri III et leur mère n'eurent dès lors plus qu'une idée : la faire arrêter. Ce qu'ils ne réussirent qu'un an plus tard, Marguerite ayant entre temps trouvé refuge dans un fortin du Cantal, à Carlat. À la fin de l'année 1586, cependant, elle fut rattrapée et enfermée dans une autre forteresse, Usson, en Auvergne. Elle n'y resta pas longtemps prisonnière : Henri III ayant omis de récompenser l'homme qui l'avait arrêtée, les Guises se l'acquirent au bout de quelques mois et elle devint la maitresse d'Usson. Elle allait cependant y demeurer près de vingt ans, jusqu'en 1605, pendant lesquels elle allait lire, écouter de la musique, recevoir ses amis, gérer ses biens, négocier son « démariage » avec Henri IV, faire arrêter des comploteurs... et écrire. C'est à Usson, en effet, qu'elle reçut à la fin de l'année 1593 le Discours que Brantôme avait écrit sur elle, et qu'elle se mit à rédiger ses propres *Mémoires*, d'abord dans l'objectif de répondre à son « historien », puis guidée par le seul plaisir d'écrire sa vie.

DISSIDENCE POLITIQUE
ET INVENTIVITÉ GÉNÉRIQUE

Les œuvres de ces deux amis sont éminemment originales. On peut certes rapporter cette originalité à un fait d'histoire littéraire et culturelle : le genre des Mémoires, auquel elles se rattachent, est en gestation au moment où l'une et l'autre écrivent. Ceux de Marguerite de Valois en seront le principal modèle, à partir du moment où ils seront connus, grâce à un succès de librairie remarquable. En effet, paru en 1628 sous le titre de *Mémoires* – qu'elle revendique et qui ne devait jamais lui être ôté (*Mémoires de la reine Marguerite* d'abord, *de Marguerite de Valois* à partir de 1713) –, le texte connut près de trente éditions en langue française entre 1628 et 1715, tant autorisées que contrefaites (*Mém.*, p. 324-331), ainsi que plusieurs traductions en Angleterre et en Italie. On y trouve en effet tous les traits caractéristiques du genre que choisiront tant d'anciens acteurs et actrices de la vie politique d'Ancien Régime pour évoquer leur action passée : la narration chronologique d'une vie, généralement commencée au sortir de l'adolescence et moins tournée vers l'introspection que vers la mise en valeur du *moi* confronté à l'Histoire ; le double *je* du récit historique au passé et du métadiscours littéraire et politique au présent ; le ton de complicité avec le destinataire auquel le scripteur s'adresse, et auquel d'autres lecteurs peuvent s'identifier ; l'humour, le détachement par rapport à la situation politique présente, qui prouvent que l'œuvre ne s'adresse qu'à un groupe choisi de lecteurs et lectrices, par-delà les contingences immédiates et les barrières temporelles. Et l'on y trouve encore la focalisation sur les événements vécus, de même que l'engagement à dire la vérité, sans souci de style – non par modestie, mais au contraire pour affirmer haut et fort sa liberté vis-à-vis du pouvoir, puisque celui-ci, de plus en plus, commandite des Histoires à des serviteurs gagés, les chargeant – entre autres – de déconsidérer les opposantes et les opposants auxquels il a eu à faire face. Autant de traits qui allaient séduire des générations de nobles confronté·es à la progression inexorable de la monarchie absolue – et doté·es d'une sensibilité esthétique et politique élitiste.

L'œuvre de Brantôme, en revanche, publiée pour la première fois en 1665 et 1666 par des éditeurs hollandais qui ne respectèrent pas ses volontés[4], restera comme un hapax. On la pillera (les auteurs et autrices de nouvelles et romans historiques), on l'appréciera (les historiens et les historiennes), mais on ne l'imitera pas. Peut-être son découpage en discours et le regroupement de beaucoup de ceux-ci sous l'étiquette « vies d'illustres » (non voulu par Brantôme) l'apparentaient-ils trop à l'antique monument de Plutarque, quoique les éditeurs aient également cherché à inscrire l'œuvre sous le signe de la nouveauté en lui donnant le titre de Mémoires (pas davantage revendiqué par le Périgourdin mais désormais bien lancé[5]) qu'elle conservera jusqu'en 1779[6] : *Mémoires de Pierre de Bourdeille [...] contenant les Vies des dames illustres de France de son temps ; ... les Vies des hommes illustres et grands capitaines étrangers de son temps...* Peut-être la manière de Brantôme de ne se présenter que de dos dans ces tableaux (« la reine me dit un jour... »), ou dans les coulisses (« un jour que j'étais à..., je le vis... »), voire ne s'évoquant que comme dépositaire d'informations venues d'ailleurs (« j'ai ouï dire que... ») parut-elle trop modeste, à l'heure où les mémorialistes s'avançaient au centre d'une scène dressée par eux, pour eux. Peut-être ses digressions incessantes, qui faisaient malgré tout ressurgir le personnage à tout moment, contribuèrent-elles à donner l'impression que ce vieil original était décidément inimitable – d'autant que ses obsessions le ramenaient tout de même un peu trop souvent vers le sexe. La singularité du second livre des dames, notamment, qui concentre ses notations en la matière, fut en effet fortement ressentie par les lecteurs de Brantôme, et pas toujours appréciée. Ainsi le second éditeur des *Mémoires* de Castelnau écrit-il, peu avant la première impression des œuvres, à partir de la lecture des manuscrits :

> La France lui est si obligée de son travail que je ne feins point de dire que tous les services de son épée le doivent céder à ceux de sa plume. [...] je ne parle point ici du second ni du troisième volume des Dames[7], pour ne point condamner la mémoire d'un gentilhomme que ses autres ouvrages rendent

---

4   *Mémoires de Messire Pierre de Bourdeille, Seigneur de Brantôme*, Leyde, Jean Sambix le Jeune, à la sphère, 1665-1666.

5   Outre ceux de la reine Marguerite, ceux de Sully (*Mémoires des sages et royales œconomies d'État*) avaient paru à diverses reprises depuis 1640.

6   Les éditions groupées des écrits de Brantôme recevront ensuite le titre d'*Œuvres* ou d'*Œuvres complètes*.

7   Cette expression désigne peut-être le découpage en deux tomes du second livre dans les manuscrits consultés par Le Laboureur (il n'y a pas de « troisième livre »).

> digne de tant d'estime, et j'en répands le crime sur la dissolution de la Cour
> de son temps, dont on pourrait faire de plus terribles histoires que celles qu'il
> rapporte (Le Laboureur, 1659, vol. 2, p. 761).

Sans doute tous les érudits ne partageaient-ils pas ce jugement ; mais
le retitrage du livre en *Vies des dames galantes* témoigne que les éditeurs
avaient la même perception du contenu – voire comptaient sur lui pour
attirer les lecteurs[8]...

Reste à dire ce qui explique cette originalité. Du côté de Brantôme,
trois moments doivent être considérés. Celui des discours « galants »,
celui des discours « sérieux », et celui des réécritures et de l'organisation
générale de l'œuvre.

Le choix de traiter des mœurs amoureuses de son temps et de son
milieu dans les discours thématiques qui constituent le second livre des
dames a certainement beaucoup à voir avec la fréquentation de François
de Valois[9]. Demeuré au service de Catherine de Médicis ou rallié à
Henri III, il fait peu de doute que Brantôme serait resté un poète à ses
heures perdues, et un militaire pour le reste du temps. Mais c'est aussi
parce que le duc était un personnage raffiné, apprécié des femmes, et
que Brantôme lui-même était « parent et familier ami des plus galantes
et honnêtes femmes de notre temps » (*Mém.*, p. 73), qu'il échappe à
une autre sorte de discours convenus : ceux qui émergent volontiers
des milieux masculins. Il y a loin, en effet, des *Dames galantes* aux *Cent
Nouvelles nouvelles* rédigées à la Cour de Philippe le Bon.

Le choix d'évoquer ses contemporains les plus valeureux est pour
sa part certainement dû à l'isolement de Brantôme pendant la dernière
guerre civile, à la perspective de finir sa vie sur un lit de douleur, au
désespoir de ne plus pouvoir se battre, voyager, aimer, au désir de
revivre les grands moments de sa vie par l'imagination. C'est pour
lui-même, donc, qu'il écrit (ou plutôt qu'il dicte), dans une perspective où la volonté de plaire n'a aucune part, mais où celle de ne pas
mâcher ses mots en occupe beaucoup. Il s'attache ainsi à construire sa
propre galerie d'illustres, selon ses propres critères, et il émet sur ses
personnages des avis personnels, voire non conformes, voire opposés
à ceux de son roi ou de son époque, mettant en relief son triple rôle

---

8   Voir Viennot, 2016.
9   Ce personnage, central dans la vie politique des années 1570-1580, a encore peu retenu
     l'attention des chercheurs ; voir néanmoins l'ouvrage de Hack P. Holt, 1986.

d'acteur, de témoin et de juge. Quant au volet féminin de ce projet, il est très vraisemblablement lié à la reprise du contact avec Marguerite, puisque le Périgourdin a été « si présomptueux d'avoir envoyé savoir de ses nouvelles », et qu'elle lui a « fait cet honneur de [lui] écrire en son adversité assez souvent » (*DRN*, p. 156). On ne connait pas la teneur de ces échanges, car Brantôme ne reproduit que la première des lettres qu'elle lui fit parvenir. On peut néanmoins faire l'hypothèse que, ayant tous les deux « choisi la vie tranquille » (*Cor.*, lettre 248), c'est-à-dire la neutralité politique en attendant la fin des combats, ils reparlèrent d'une vieille commande que la reine lui avait adressée, et qu'on connait par un de ses sonnets : « Vous me dites un jour que j'écrisse de vous » (Brantôme, 1991, p. 907). Sur le moment (on ne sait à quand remonte cette invitation), il avait reculé : « Eh, quel esprit, Madame, en pourrait bien écrire ? » (*ibid.*). Le loisir forcé, l'absence d'engagement, l'horizon politique bouché, la communauté de situation avec sa princesse préférée changent la donne. Évidemment, pas plus que pour les hommes, Brantôme ne va faire de compilation : il va faire œuvre utile et nouvelle, où ses souvenirs – comme les récits de ses mère et grand-mère – feront merveille. Ainsi déclare-t-il dans les premières lignes du *Discours sur la reine Anne de Bretagne* (le premier de tous) :

> Puisqu'il me faut parler des dames, je ne me veux amuser aux anciennes, dont les histoires sont toutes pleines ; et ne serait qu'en chaffourrer [*barbouiller*] le papier en vain [...]. Je me contenterai d'en écrire d'aucunes, particulièrement et principalement des nôtres de France, et de celles de notre temps, ou de nos pères, qui nous en ont pu raconter (Brantôme, 1991, p. 9).

Il s'engage ainsi dans une œuvre unique, car même si d'illustres devanciers (Plutarque, Boccace) se sont intéressés aux deux sexes, ce n'est pas dans cet esprit de symétrie, pas en tant que témoins, et pas en émettant des jugements sur leurs contemporains.

Le troisième temps dans sa carrière d'écrivain confirme ces choix et les renforce. Ayant envoyé son *Discours* à Marguerite, lui ayant rendu visite à Usson, il peaufine son œuvre, l'allonge, l'organise, la dote de dédicaces ou les réécrit – en partie pour sa princesse, en partie pour la seule postérité. L'ensemble est finalement divisé en deux grandes parts : d'un côté un « recueil des hommes », de l'autre un « recueil des dames ». Dans chacun, des discours nominaux sur les grands et les grandes de son panthéon, suivis de discours thématiques (« sur les colonels », « sur les duels », « sur les rodomontades espagnoles »... d'un côté, de l'autre « sur les dames qui font l'amour et leurs maris cocus », « sur ce qu'il ne faut jamais parler mal des dames »...). Soit une certaine idée de la parité, qui peut ne pas correspondre à nos idéaux universalistes, mais qui tout compte fait inscrit le Périgourdin parmi les partisans les plus engagés de son temps en faveur de l'égalité des sexes.

Du côté de Marguerite, les choses sont sans doute plus simples. Elle voulait qu'on écrive sur elle, en tant que prince[10], à l'image de tous ceux qu'elle avait rencontrés dans les *Vies des hommes illustres*, et non le faire elle-même. Ayant reçu le *Discours* de son ami, cependant, elle y a trouvé « de l'erreur » (*Mém.*, p. 71), notamment sur certains faits précis dont elle dresse la liste dans les premières pages de ses *Mémoires*. Elle a donc pris sa plume et commencé une sorte de lettre, où elle lui annonce qu'elle va rédiger des « mémoires » (*ibid.*, p. 72), puis les lui envoyer, de sorte qu'il puisse rectifier son texte. À ce stade de l'histoire, le mot désigne toujours un récit centré sur un épisode particulier de la vie politique, diplomatique ou militaire, et la reine rêve toujours de voir sa Vie couchée sur le papier par un autre, dont elle reconnaît la valeur :

> C'est une histoire certes digne d'être écrite par cavalier d'honneur, vrai Français, né d'illustre Maison, nourri des rois mes père et frères, parent et familier ami des plus galantes et honnêtes femmes de notre temps (*ibid.*).

Cependant Marguerite n'est pas seulement un grand personnage historique dont la vie mérite d'être consignée. Elle est aussi une grande lectrice de Plutarque. Aussi commence-t-elle par fournir à son « historien » deux ou trois épisodes de son enfance, dont elle pense certainement qu'ils pourraient figurer en tête du récit, à l'instar de ces « anecdotes significatives » que l'écrivain grec place à l'orée des Vies de ses héros. Quant au reste de son enfance, elle s'excuse très aristocratiquement d'en laisser la « superflue recherche » à Brantôme et « à ceux qui m'ont gouvernée en cet âge-là » (*ibid.*, p. 73), car elle ne se souvient de rien. Sauf de ceci bien sûr... et de cela. Un souvenir entraînant ainsi le surgissement de l'autre (d'autant qu'elle s'adresse à un homme qui a connu tous ses proches), Marguerite se retrouve, après trois « faux départs », à écrire le

---

10   Voir, dans ce volume, l'article des pages 221 et suiv., ainsi que Viennot, 1995.

récit de sa vie, oubliant les « mémoires » qu'elle projetait d'écrire. Elle oubliera aussi de rectifier les épisodes annoncés en ouverture comme mal interprétés par Brantôme, vu l'espace (textuel, temporel) qui les sépare de l'engagement initial lorsqu'elle parvient à leur narration. Et elle finira même par oublier son historien, qui cesse peu à peu d'être apostrophé dans le texte, et à qui elle n'enverra pas son manuscrit ni ne lui parlera de son existence. Plongée dans son récit, face à son passé, face à son destin – celui d'une femme qui avait toutes les qualités pour être une très grande reine de France et qui se contente depuis des lustres d'être châtelaine d'Usson –, elle aussi construit sa galerie d'illustres, et elle aussi se venge de ceux qui sont responsables de son « misérable naufrage » (*Cor.*, lettre 248).

DISSIDENCE POLITIQUE
ET LIBERTÉ D'EXPRESSION

Les deux mémorialistes n'ont pas la même façon de marquer, dans leurs textes, leur opposition au pouvoir et leur situation de mal aimé·e des puissant·es. Brantôme parle ouvertement de sa défaveur, en racontant le refus d'Henri III de lui confier la charge laissée par son frère, et l'explication orageuse qu'il eut avec lui[11]. Il évoque également d'autres épisodes difficiles, comme lors de la querelle des Mignons, qui lui avait valu de se faire « tancer » par le roi, parce qu'il avait pris parti pour Bussy d'Amboise[12]. La plupart du temps, toutefois, c'est par l'expression de son admiration pour des personnages peu appréciés d'Henri III qu'il marque sa dissidence. Pour les Guises, par exemple, ou pour Bussy, justement, qui non seulement était partisan de François de Valois au temps où les deux frères ne cessaient de s'opposer, mais qui osait braver le roi jusque sous son nez. Il se venge également en ne mettant pas Henri III au nombre de ses « grands capitaines français », alors que François Ier, Henri II et Charles IX en sont. Enfin, Brantôme prend parti de manière très originale dans le grand débat sur la légitimité

11   Voir le résumé dans Lazard, 1995, p. 189 et suiv.
12   Voir Brantôme, 1864-1882, vol. VI (*Discours sur les duels*), p. 383-384.

des femmes à gouverner en France, débat qui parcourt tout son siècle et tourne à la controverse acharnée pendant la dernière guerre civile, plusieurs hommes prétendant au trône au nom de la loi salique[13]. Le fait même de dresser une galerie d'illustres reines de son temps, de consacrer un discours aux « filles de France » (dont plusieurs duchesses souveraines et une régente du royaume), d'évoquer Jeanne Ire de Naples (quoiqu'elle ait vécu bien avant « le temps de nos pères »), est en soi une prise de position claire. Mais Brantôme va plus loin, en déclarant son opposition à la règle de masculinité du trône français, qu'il traite de « grand abus » de « vieux rêveurs » (*DRN*, p. 134-135). Lui consacrant un long passage de son *Discours* sur Marguerite, il dénonce l'imposture en s'appuyant sur des ouvrages d'histoire et des jugements de grands personnages de son temps. Il en dénonce aussi l'absurdité, n'hésitant pas à remettre en cause la capacité de certains rois :

> Je voudrais bien savoir si ce royaume s'est mieux trouvé d'une infinité de rois fats, sots, tyrans, simples [*limités*], fainéants, idiots, fols, qui ont été [...], qu'il eût fait d'une infinité de filles de France qui ont été très habiles, fort prudentes et bien dignes pour commander (*ibid.*, p. 139).

Que ce long plaidoyer contre la loi salique prenne place dans le *Discours* sur Marguerite n'est évidemment pas neutre. C'est elle, en effet, qui d'après lui (et ils ne sont pas légion dans son cas) « devrait maintenant tenir son trône et son siège [à Paris], qui lui appartient et de son droit, et de celui du roi son mari », au lieu de moisir « parmi les déserts, rochers et montagnes d'Auvergne » (*ibid.*, p. 141). Elle qu'Henri III a persécutée, elle que l'accord entre le roi et son beau-frère a écartée, et elle dont il chante à cors et à cris les capacités. Ce qui ne l'empêche pas de dire clairement qu'elle a une part de responsabilité dans son échec : elle avait « le courage grand » note-t-il à propos de son refus de faire sa cour aux archi-mignons du roi. « Hélas, trop grand s'il en fut onques ; mais pourtant cause de tout son malheur ; car si elle l'eût voulu un peu contraindre et rabaisser le moins du monde, elle n'eût été traversée [*en difficulté*] comme elle a été » (*ibid.*, p. 143).

Enfin, comme l'a récemment fait remarquer Claude La Charité, Brantôme avait prévu de dédier à Marguerite « non seulement le premier volume du *Recueil des Dames* mais aussi deux volumes des *Vies des hommes*

---

13   Voir Viennot, 2006, ch. 15.

illustres et des grands capitaines » – la préface à cette dernière œuvre réitérant l'admiration et le respect qu'il avait pour elle. Le critique voit là un choix politique et intellectuel osé, qui illustre le propos tenu sur les filles de France potentiellement plus capables que leurs frères, puisque dans le même temps Brantôme fait des hommes des « rois de l'alcôve » (La Charité, 2011) pour l'éternité, en dédiant le second livre des Dames au duc et en conservant cette dédicace après sa mort[14].

Marguerite de Valois est pour sa part beaucoup plus prudente. Lectrice du plaidoyer en sa faveur, au nom de son « droit au trône » autant que de ses capacités, elle se garde bien de suivre son panégyriste sur cette voie. Comme la plupart des princesses de sa famille, elle sait que contester la validité de la loi salique revient à remettre en cause celle des Valois[15]. Elle fait donc l'impasse sur ce sujet, malgré la place qu'il occupe dans le *Discours* de son admirateur. En revanche, tout son propos est orienté vers la démonstration de ses capacités politiques, dont elle montre qu'elles étaient reconnues de tous, et même la démonstration de sa supériorité en la matière sur deux de ses frères et son mari. Concernant Henri III, elle ne cesse de suggérer sa pusillanimité, son émotivité, son incapacité à se maitriser, sa paranoïa, même, et le fait qu'il était toujours sous influence – que ce soit celle de sa mère, celle de Du Guast, ou, plus tard, celle du « conseil de Jéroboam » (*Mém.* p. 179). Elle juge ainsi très sévèrement ce qu'on appellerait aujourd'hui le « style de gouvernement » du dernier Valois, quoiqu'elle cherche souvent à l'excuser en montrant que ses mauvais coups lui étaient inspirés par ceux qui le « possédaient » – prix à payer, sans doute, pour la mauvaise conscience qu'elle a conservée envers celui qu'elle a trahi. Concernant son petit frère, le plus ménagé du lot, elle rappelle ses tendances à tomber amoureux des mêmes femmes – peu estimables – que son beau-frère le roi de Navarre, ce qui est évidemment une faute politique autant que de goût ; et elle le montre volontiers la félicitant de l'aide qu'elle lui apporte. Quant à son mari, il est dépeint comme esclave de

---

14 Le duc d'Alençon ne figure pas non plus parmi les *Grands Capitaines*.

15 Brantôme ne trouve guère à citer qu'une fille de France qui évoque le sujet ouvertement : Renée de France, seconde fille de Louis XII ; encore n'en conteste-t-elle pas l'authenticité : « Si Dieu m'eût donné barbe au menton et que je fusse homme, [les Français] seraient maintenant tous mes sujets. Voire me seraient-ils tels, si cette méchante loi salique ne me tenait trop de rigueur » (Brantôme, 1991, p. 174). Sur le silence des femmes, voir Viennot, 2012.

ses passions amoureuses, attiré par les femmes de peu de valeur, aussi prompt à solliciter les services de son épouse qu'à s'en passer quand il en aurait le plus besoin, influencé lui aussi par des serviteurs qui lui font commettre des erreurs. Les deux beaux-frères sont en outre traités à la même aune dans le récit très symbolique que Marguerite consacre à la tentative d'évasion de 1574, où elle narre que, leur ayant proposé,

> comme je sortais et entrais librement en coche sans que les gardes regardassent dedans ni que l'on fît ôter le masque à mes femmes, d'en déguiser l'un d'eux en femme, [...], jamais ils ne se purent accorder lequel c'est qui sortirait, chacun voulant être celui-là, et nul ne voulant demeurer, de sorte que ce dessein ne se put exécuter (*Mém.* p. 105-106).

Alors même, analyse-t-elle, « qu'il suffisait qu'il y en eût un dehors pour assurer la vie de l'autre » (*ibid.*), ce qui est une manière de démontrer sa compréhension des rapports de force.

La richesse de ce dialogue entre deux « exilés », sa fécondité en termes de production de leurs œuvres mais aussi d'avancée décisive dans la gestation du genre des Mémoires, ont largement échappé à la critique moderne.

D'un côté, la réception des écrits de Marguerite de Valois a pâti de la transformation de leur autrice en « reine Margot » à partir de 1845, et plus généralement du contexte très défavorable aux « femmes auteurs » qui s'est ouvert au début du XIXe siècle[16]. Alors qu'elle avait été remise à l'honneur après des décennies de purgatoire par la publication de son texte dans les quatre grandes collections de Mémoires parues entre 1789 et 1836 (quoique les propos introductifs soient souvent très dépréciatifs), elle a été inexorablement écartée de la réflexion des littéraires, tout en continuant à trouver de fervents partisans parmi les historiens. Les critiques qui se sont aventurés à évoquer son œuvre avant la fin du XIXe siècle n'ont pour la plupart produit que des propos sur une figure fantasmée, ainsi que des jugements sur les capacités des femmes à écrire, à dire la vérité, etc. Et Gustave Lanson a sonné la fin de ces velléités pour près d'un siècle, en ne donnant à la reine aucune place dans sa pourtant gigantesque *Histoire de la littérature française*, constamment rééditée de 1895 aux années 1950 et matrice de bon nombre de manuels scolaires.

---

16   Voir Christine Planté, 1989, et Martine Reid, 2010.

De l'autre côté, Brantôme est devenu l'auteur d'une œuvre quasi unique, les *Dames galantes*, publiée de manière séparée près de soixante fois depuis 1834, tandis que le reste de ses écrits disparaissait des catalogues après les deux uniques éditions des *Œuvres complètes* (Mérimée & Lacour, 1858-1895 ; Lalanne, 1864-1882), et que les autres œuvres en éditions séparées subissaient un sort quasi identique[17]. Souvent « éclairées » de notes appelant à voir telle ou telle princesse derrière les allusions aux femmes indépendantes que Brantôme s'était bien gardé de nommer, les *Dames galantes* sont ainsi devenues un *best-seller* de la littérature friponne, portant presque à elles seules la démonstration (chère à la société républicaine) de la dépravation de la haute société d'Ancien Régime. Quant aux prises de positions féministes de leur auteur, elles ont été dénigrées avec la dernière énergie, notamment dans les commentaires hostiles à Marguerite de Valois. Ainsi le *Discours* qu'il lui avait consacré s'est-il vu qualifier par Sainte-Beuve d'« éloge qu'on peut véritablement appeler délirant » (Sainte-Beuve, 1853, p. 149), jugement qu'allaient reprendre à l'envi la plupart des biographes de la reine. Manière de les renvoyer, tous les deux, en exil.

---

17   Sur cette réception, voir Viennot, 2020a.

DEUXIÈME PARTIE

HISTOIRE LITTÉRAIRE

MARGUERITE DE VALOIS
ET L'ÉCRITURE DE L'HISTOIRE, 1574-1614

Dans l'ouverture de ses *Mémoires*, au sein de ce que Philippe Lejeune identifiera un jour comme un « pacte autobiographique » (1975), Marguerite de Valois fait une déclaration péremptoire :

> Je tracerai mes Mémoires, à qui je ne donnerai plus glorieux nom, bien qu'ils méritassent celui d'histoire, pour la vérité qui y est contenue nûment et sans ornement aucun, ne m'en estimant pas capable, et n'en ayant aussi maintenant le loisir (*Mém.*, p. 72)[1].

La fille d'Henri II et de Catherine de Médicis dessine ainsi, dans la dernière décennie du XVIe siècle, une ligne de démarcation entre les deux genres qui perturbe le lecteur et la lectrice modernes. Nous voyons en effet l'Histoire comme un récit objectif visant le vrai, et pour cela peu apprêté, et les Mémoires comme un récit subjectif, partial, subtilement arrangé pour présenter leur auteur ou leur autrice sous son meilleur jour. Sans m'arrêter à la simplicité, voire la naïveté qui sous-tend ces idées reçues (assez récemment, d'ailleurs), j'aimerais, dans un premier temps, revenir sur ce qui poussait les contemporains de Marguerite à partager son point de vue. Puis je montrerai que la reine s'éloigne pourtant de ses devanciers, inaugurant le grand genre des Mémoires aristocratiques à partir d'une conception de l'Histoire intrinsèquement liée à son statut social. Enfin, j'essaierai de montrer qu'elle se livre dans plusieurs de ses écrits à des démonstrations ordinairement réalisées au moyen de l'Histoire, mais qu'elle entend pour sa part mener autrement, fidèle à son but de devenir objet de l'Histoire, elle qui en était forcément – substantiellement – un sujet.

---

1   Cet article a paru dans Line Cottegnies & Armel Dubois-Nayt (dir.), *Comment les femmes écrivent l'histoire, Episteme*, n° 17 [revue en ligne], 2010.

LAISSER DES MATÉRIAUX VÉRIDIQUES :
UN OBJECTIF PARTAGÉ AVEC SES DEVANCIERS

Avant Marguerite de Valois, à ma connaissance, seul Olivier de La Marche dit de la même façon solennelle « mes mémoires ». Il le fait dans un ouvrage rédigé un siècle avant elle, mais paru pour la première fois en 1561, sous le titre *Mémoires de messire Olivier de la Marche, premier maistre-d'hostel de l'archeduc Philippe d'Autriche, comte de Flandres*. Cet officier et diplomate de la cour de Bourgogne distingue lui aussi ses Mémoires de l'Histoire, quoique moins nettement que la reine (puisque le second mot n'est pas nommé), mais avec la même idée que son texte rassemble des matériaux un peu bruts, destinés à être réemployés par des « experts », qui soigneront bien autrement leur style :

> Je ferai et adresserai mes mémoires, ci après écrits, à ceux d'iceux [*sic*] qui me survivront, afin que, s'il y a chose qui puisse ampli[fi]er et aider leurs hautes et solennelles œuvres, il s'en aident et servent, comme celui qui fait un chapeau de marguerites, roses et autres fleurs plaisantes et précieuses, à la fois se sert d'autres fleurettes de moindre estime pour paraccomplir et parfaire son chapelet, et donner couleur et lustre au demeurant (La Marche, 1567, p. 5).

Ces experts en histoire, on le voit, sont des artisans : des gens qui savent écrire et qui s'y appliquent, alors que La Marche est un acteur et/ ou un témoin. Cette idée est également présente dans deux autres textes publiés sous le titre « Mémoires de Untel » avant que Marguerite ne se mette à l'ouvrage. Philippe de Commynes, qui pour sa part avait intitulé son œuvre *Chroniques*[2], disait répondre à la demande de l'archevêque de Vienne : « Je vous envoie ce dont promptement m'est souvenu, espérant que vous le demandez pour le mettre en quelque œuvre que vous avez intention de faire en langue latine, dont vous êtes bien usité » (Commynes, 1836, p. 2), écrivait-il dans son Prologue, un siècle avant Marguerite. Quant à Martin du Bellay, qui écrit vers le milieu du XVIe siècle, il use du terme *mémoires* de manière plus courante alors : il dit vouloir publier

---

2   C'est Denis Sauvage qui change le titre : *Les mémoires de mes. Ph. de Commines, chev. seig. d'Argenton, sur les principaux faits et gestes de Louis onzième et de Charles huitième*, rev. et corr. par Denis Sauvage de Fontenailles. Paris, Galiot du Pré, 1552.

« plusieurs brefs mémoires tant de la paix que de la guerre, dont je puis parler comme témoin oculaire ». Mais il précise lui aussi que son but est de « représenter et déduire les choses au plus près de la vérité », et qu'il a « seulement voulu en ceci préparer le chemin à ceux qui sont plus savants que moi, lesquels pourront doler [polir] ci-après ce que j'ai grossement ébauché, pour le rédiger en style et langage plus beau et plus orné, y ajoutant ou diminuant ce qu'ils connaitront venir mieux à propos » (Du Bellay, 1821, p. 195-196). Au-delà, les ouvrages publiés sous le nom de mémoires au XVIᵉ siècle sont des relations consacrées à des épisodes historiques particuliers, comme les *Mémoires de l'histoire de Lyon* de Guillaume Paradin (1573), ou des commentaires sur des points d'érudition, comme les *Mémoires et recherches de France et de la Gaulle Acquitanique du sieur Jean de la Haye* (1581).

La distinction entre les deux genres apparait ainsi assez nette pour les prédécesseurs de Marguerite. Les auteurs de Mémoires écrivent d'expérience, ils ont vécu les faits ; ils écrivent peut-être à la diable, mais ils écrivent vrai. Les auteurs d'Histoires ont davantage de connaissances et ils sont capables d'orner leur prose de comparaisons, de discours, de portraits, de maximes... tous ingrédients propres à plaire durablement, et donc à assurer, bien au-delà de leur mort, la célébrité des héros ainsi mis en scène ; mais ces auteurs ne connaissent les faits que par ouï-dire, ils peuvent se tromper. Les seconds ont donc besoin des premiers. Le temps n'est pas encore venu où les mémorialistes écriront *contre* les historiens, comme ce sera le cas au XVIIᵉ siècle, lorsque Richelieu et Mazarin seront passés par là, avec leurs commandes d'Histoires propagandistes ; mais on sent bien, parmi les gens de terrain, que les historiens ne sont pas forcément fiables. Martin Du Bellay, notamment, témoin de l'inflation de la production historique partisane de la première partie du XVIᵉ siècle, n'hésite pas à affirmer qu'ils « écrivent pour chose sûre ce que leur aura dit le premier venu, sans faire élection ou choix de la personne qui le leur rapporte, ou bien en disant selon le bruit qui aura couru parmi le peuple » (*ibid.*, p. 207-208). Marguerite est moins violente, plus péda-gogue : selon elle, ils décrivent les faits « par rapport (qui est sujet d'être fait par des personnes mal informées ou mal affectées, qui peuvent ne [pas] représenter le vrai, ou par ignorance ou par malice) » (*Mém.*, p. 71). C'est que Marguerite s'adresse au sien, d'historien, comme on va le voir – d'où la nécessité d'être diplomate !

Au-delà de ces traits, pourtant, Marguerite de Valois n'emprunte pas grand-chose à ces textes qu'elle a assurément lus – si ce n'est peut-être, dans l'ouvrage de Du Bellay, une sorte de caution morale qu'elle pourrait avoir trouvée dans l'allusion à deux princesses fameuses et autrices d'histoire, à en croire le mémorialiste :

> Agrippine, fille de Germanicus, laissa pareillement des mémoires de la vie et gestes de son père, avec les succès et infortunes de sa maison ; Zenobia, reine des Palmiriens, laquelle après la mort de son mari mania l'empire romain en Syrie, écrivit aussi en abrégé, pour aux autres bailler matière de la déduire [*comprendre*] et amplifier, l'histoire de son temps, et auparavant des affaires d'Alexandrie et d'Orient (Du Bellay, 1821, p. 215-216).

ORIGINALITÉS DES *MÉMOIRES* DE MARGUERITE DE VALOIS

Au-delà de ces éléments, donc, si les *Mémoires* de Marguerite de Valois n'ont pas grand chose à voir avec ceux de ses devanciers, s'ils rompent du tout au tout, notamment, avec leur ton, leur ampleur et le type d'informations qu'ils délivrent, c'est que la posture de leurs auteurs diffère de la sienne ; et c'est aussi, mais j'y viendrai plus loin, que Marguerite a changé son fusil d'épaule en cours de route.

Commençons par le commencement. La Marche, Commynes et Du Bellay étaient certes de grands seigneurs, mais au service des princes. La Marche, employé de Maximilien Ier, écrit pour son fils, le futur Philippe le Beau, une sorte de Miroir des princes destiné à lui rendre cher le duché perdu par sa famille. Commynes écrit, on l'a vu, à la demande de l'évêque de Vienne. Du Bellay rappelle que l'œuvre historique de son frère Guillaume, qu'il veut sauver de l'oubli et qui l'inspire pour ses propres *Mémoires*, lui a été commanditée par François Ier. Marguerite, elle, est fille de roi et de reine, sœur de rois et de reines, femme de roi et reine elle-même. Elle fait partie des gens qui commanditent, pas de ceux qui s'exécutent. Par ailleurs, La Marche entendait faire œuvre à la gloire de la Bourgogne, Commynes à celle de Louis XI, Du Bellay à celle des « faits vertueux et mémorables de notre temps » (Du Bellay,

1821, p. 196, Prologue) – surtout ceux réalisés par sa famille, évidemment. Marguerite, elle, vise directement sa propre édification. C'est son histoire à elle qu'elle veut voir faire, ou plutôt c'est sa vie qu'elle veut qu'on écrive ; parce que la vie des princes, c'est l'Histoire, pour elle comme pour la plupart de ses contemporain·es.

La déclaration péremptoire citée en introduction s'inscrit en effet dans un processus à plusieurs étapes, que je rappellerai brièvement. Un jour, on ne sait trop quand, Marguerite de Valois a demandé à Pierre de Bourdeille, abbé de Brantôme, homme de guerre et homme de lettres, son admirateur de toujours, d'écrire sur elle. Nous le savons par le poème qu'il a laissé à ce sujet, et qui témoigne de son effroi devant une telle responsabilité :

> Vous me dites un jour que j'écrisse de vous.
> Eh, quel esprit, Madame, en pourrait bien écrire ?
> Un Ronsard y faudrait [*n'y réussirait pas*], avec sa grave lyre [...] (Brantôme, 1991, p. 906).

C'est à n'en pas douter une *Vie de Marguerite de France* qu'elle lui a commandée, sur le modèle des *Vies des hommes illustres* de Plutarque dont son enfance a été bercée, et dont on retrouve de nombreux souvenirs sous sa plume. Cette commande est vraisemblablement à l'origine du premier livre du *Recueil des dames* de Brantôme, celui que ses éditeurs, en 1660, allaient rebaptiser les *Dames illustres*. En effet, une mauvaise chute de cheval ayant longuement immobilisé le fougueux Gascon, il s'est exécuté. Il a notamment rédigé un *Discours sur Marguerite de France et de Navarre*, qu'il lui a fait parvenir à la fin de l'année 1593, et qu'elle a lu attentivement – quasiment le crayon à la main. Or c'est à peine si elle s'est reconnue dans ce *Discours*, tant la femme qui en est l'héroïne est jeune, brillante, active, entourée, admirée, bref, appartient à une autre époque. Et puis, elle a trouvé dans ce texte « de l'erreur » (*Mém.*, p. 71), notamment à propos des douze dernières années particulièrement pénibles qu'elle a vécues, et que Brantôme n'a connues que « par rapport », comme elle dit (*ibid.*). C'est à son intention, donc, qu'elle prend la plume, afin de lui fournir de quoi rectifier son *Discours*.

> J'estime que recevrez plaisir d'en avoir les Mémoires de qui le peut mieux savoir, et de qui a plus d'intérêt à la véritable description de ce sujet. [...] Cette œuvre [...] d'une après-dînée ira vers vous comme les petits ours, en masse lourde et difforme, pour y recevoir sa formation. C'est un chaos duquel

vous avez déjà tiré la lumière ; il reste l'œuvre de cinq autres journées. C'est une histoire, certes, digne d'être écrite par cavalier d'honneur, vrai Français, né d'illustre maison, nourri des rois mes père et frères, parent et familier ami des plus galantes et honnêtes femmes de notre temps, de la compagnie desquelles j'ai eu ce bonheur d'être (*Mém.*, p. 72).

Il se trouve que ces « petits ours » ne partirent jamais vers Brantôme. Ils ne lui furent même pas remis, lors de la visite qu'il lui rendit quelques années plus tard à Usson, forteresse auvergnate où la reine vivait depuis la fin des années 1580 et où elle continuait d'avoir tout le « loisir » du monde… C'est que, loin de s'accélérer, comme elle l'avait espéré en 1593, l'Histoire pour elle piétinait. Son mari le roi de Navarre était devenu roi de France, les villes mutinées avaient déposé les armes, la grande noblesse ligueuse était rentrée dans le rang, le pays cherchait à oublier les guerres civiles, le roi faisait des enfants à la belle Gabrielle d'Estrées. Elle, en revanche, demeurait en exil, engluée dans une négociation de divorce qui traînait en longueur. Ce qui devait être « l'œuvre d'une après-dînée » devint donc une œuvre plus longue, plus travaillée, moins utilitariste qu'elle ne l'avait annoncé ; et qu'elle décida de garder pour elle.

Ces changements se perçoivent assez bien dans le texte. Tout d'abord, la posture de Marguerite s'infléchit très vite. De commanditaire jaugeant le travail effectué par son « historien » et faisant la liste de ses erreurs, elle redevient au bout de quelques pages l'une de ces femmes dont il était le « parent et familier ami ». La raideur qui accompagnait la première attitude se dissout dès ces lignes. Quelques conseils se font encore entendre, comme lorsqu'elle lui dit, à propos d'un banquet donné par Catherine de Médicis près de Bayonne, alors qu'elle avait douze ans : « Je m'assure que vous n'oublierez de représenter le festin superbe de la reine ma mère » (*ibid.*, p. 77). Mais un sourire complice apparait, qu'on retrouvera longtemps, accompagné de remarques en voix-off, de *private jokes*, d'allusions à des événements ou à des gens que tous deux ont connus et dont on n'apprendra rien d'autre ; autant de traits qui donneront au genre des Mémoires aristocratiques ses marques distinctives.

Par ailleurs, Brantôme lui-même, très présent au début du texte, tend petit à petit à s'estomper ; les apostrophes s'espacent, et elles finissent même par disparaitre – du moins dans les *Mémoires* tels que nous les connaissons. Il faut en effet rappeler que le texte est lacunaire en divers endroits et qu'il s'interrompt brusquement à la fin de l'année 1581, soit avant les années que Brantôme tenait de seconde main et sur lesquelles portaient la plupart des critiques de la reine.

Enfin, il est loisible de constater que, lorsqu'elle en vient aux deux seuls épisodes fautifs de son *Discours* qui soient antérieurs à 1582, elle ne précise pas en quoi il s'était trompé ; elle se contente d'en donner une autre version. Sans doute y a-t-il beau temps, alors, qu'elle a renoncé à n'écrire que pour lui. Sans doute a-t-elle pris conscience de la supériorité de son texte sur celui du Plutarque périgourdin. Sans doute a-t-elle compris que les Mémoires ne sont pas faits pour se dissoudre dans la prose des historiens – en tout cas pas les siens.

Pour autant, Marguerite de Valois ne remplace pas Brantôme : elle ne prend pas en charge le récit de son Histoire ou de sa Vie. Ainsi, sa correspondance et celle de ses proches témoignent qu'elle intervint dans nombre de négociations politiques qui ne sont pas mentionnées dans les *Mémoires*, y compris lorsque leur évocation eût été tout à son honneur. Elle ne dit presque rien, par exemple, du voyage qu'elle fit en 1578 en compagnie de sa mère pour aller retrouver en Gascogne un mari qui s'était sauvé du Louvre deux ans auparavant et avait repris la tête du parti protestant, alors que ce voyage très diplomatique dura trois mois, qu'elle en fut bien souvent la vedette, et qu'elle fut étroitement associée aux entrevues de la reine mère avec les dirigeants locaux rencontrés en chemin. Elle ne dit rien non plus de la « Conférence de Nérac » qui était l'un des principaux buts du déplacement de sa mère dans le Sud-Ouest, puisqu'on devait y préciser les conditions de la paix intervenue après la sixième guerre civile et religieuse du siècle ; Marguerite y joua pourtant, en tant qu'épouse catholique du chef des huguenots, un rôle central dont Catherine de Médicis se félicitait dans ses lettres à son fils Henri III.

En revanche, Marguerite donne une importance singulière à deux événements de nature très différente et où son implication fut diamétralement opposée. Le premier est la Saint-Barthélemy, dont elle donne un récit d'une importance cruciale, puisqu'il s'agit de l'un des deux témoignages qui nous restent des événements intervenus à l'intérieur du Louvre[3]. De manière tout à fait exceptionnelle dans ses *Mémoires*, la reine résume

---

3   L'autre est celui du protestant Jean de Mergey (secrétaire du duc François III de La
Rochefoucauld assassiné cette nuit-là), dont les *Mémoires* furent écrits à la fin de la vie et
publiés en 1619. Son récit de ces heures sombres corrobore celui de Marguerite, tout en
venant d'un protestant qu'elle ne connaissait pas.

tout d'abord l'enchaînement des événements, depuis l'attentat perpétré contre l'amiral Coligny jusqu'à l'ordre donné par son frère Charles IX de procéder à l'exécution des chefs protestants, en passant par la longue résistance du roi devant cette perspective, et son acquiescement final, sous la pression de leur mère tout d'abord, du comte de Retz ensuite. Évènements et pourparlers auxquels Marguerite ne fut aucunement associée, vu qu'ils intervinrent aux lendemains de son mariage avec le chef des victimes, mais qui lui furent bien évidemment expliqués et rapportés après coup – par Charles lui-même sans doute. Marguerite délivre ainsi une interprétation de la Saint-Barthélemy qui, tout en restant discrète sur « ceux qui avaient commencé cette partie » (*ibid.*, p. 100), et tout en reportant sur les chefs protestants la responsabilité de l'affolement de la Couronne, désigne néanmoins clairement les responsables parisiens du massacre, à savoir les Guises. Une fois ces explications données, Marguerite se refocalise sur son propre vécu du drame, particulièrement effrayant. La reine se décrit en effet complètement passive, rejetée d'un bord et de l'autre, condamnée à prier Dieu qu'il la protège « sans savoir de quoi ni de qui », écrit-elle (*ibid.*, p. 98), à assister aux conciliabules enfiévrés des compagnons de son mari, à s'effondrer de fatigue quand ils s'en vont au petit matin, à se voir réveillée par l'irruption dans sa chambre d'un blessé poursuivi par des archers qui ne lui prêtent pas la moindre attention, à défaillir devant le spectacle d'un homme transpercé tout près d'elle... et pour finir à supplier son frère le roi d'épargner deux gentilshommes de son mari (et non pas son mari lui-même, comme le disait Brantôme à tort).

Le second évènement très développé dans ses *Mémoires* est le voyage diplomatique qu'elle fit en Flandre en 1577-1578 pour le compte de son frère cadet, alors candidat au trône des Pays-Bas. Ici, Marguerite est au centre de l'action. Or elle est aussi prolixe que dans l'épisode précédent. Ce qui surprend, dans ce passage, c'est le luxe d'informations sur les principaux dirigeants et dirigeantes de la région, sur la manière dont elle approcha celles et ceux qui étaient gagnables à la cause de son frère, et dont elle tenta d'endormir les autres. C'est aussi la richesse des notations sur le pays, ses villes, ses habitants, leurs mœurs..., toutes choses dont elle se dispense absolument dans le récit de ses autres voyages. C'est enfin la netteté de sa description de l'échiquier politique régional, qui tranche avec le flou sentimental prévalant dans les évocations de son homologue français – et qui prouve que ce flou est volontaire.

L'HISTOIRE EN LIGNE DE MIRE ?

Réfléchissant à ces énigmes il y a quelques années[4], j'ai fait l'hypothèse qu'elles étaient liées à Brantôme, à la conversation imaginaire qu'elle poursuit avec lui. Le voyage en Gascogne, la conférence de Nérac, il y assistait. Pourquoi lui en parler ? La Saint-Barthélemy, en revanche, il l'avait « ratée », si je puis dire, étant en province pendant le massacre parisien. La Flandre, il n'y était jamais allé, lui qui connaissait l'Italie, la France, l'Espagne, l'Écosse…

Je suis plus sensible, aujourd'hui, au fait que Marguerite, ce faisant, ne quitte pas des yeux l'horizon de l'Histoire. Sans plus faire allusion à une œuvre à venir, peut-être parce qu'elle ne compte plus sur Brantôme pour la réaliser, elle remplit les vides de son *Discours* et donne sa version des faits pour les épisodes où il s'égarait – qu'elle les ait listés ou non. Songe-t-elle qu'un jour, on mettra les deux textes sur le même plan (comme allaient du reste le faire tous ses biographes), piochant ici ou là les informations intéressantes, et lui donnant la préférence lorsqu'il y a discordance, puisqu'elle a « plus d'intérêt à la véritable description de ce sujet » (*ibid.*, p. 71) ? Des *Discours* comme celui de Brantôme, il pourrait d'ailleurs y en avoir d'autres, comme elle le suggère à propos de sa petite enfance, dont elle ne se souvient pas : « Je laisse à en discourir à ceux qui, étant en âge plus mûr, comme vous, se peuvent souvenir » (*ibid.*, p. 77). En tout cas, Marguerite relate ce qu'elle a vécu, ou ce qu'on a pu lui rapporter de ce qui se passait non loin d'elle et qui eut des conséquences directes sur son destin, comme la Saint-Barthélemy. Elle donne des matériaux, bien souvent de première importance, pour ce qu'elle considère être de l'Histoire, et elle le fait sans lourdeur, sans insister, sans fatiguer qui la lira avec des informations ou des références historiques et littéraires, toutes choses qui permettront à l'œuvre de se survivre seule. Elle reste fidèle, autrement dit, à son « pacte autobiographique », si ce n'est à l'usage qu'elle se proposait de faire de son œuvre.

De la même façon, la reine ne prend pas en charge, dans ses *Mémoires*, ce qui relève de l'Histoire des relations entre les sexes, alors que Brantôme le faisait dans son *Discours*, notamment à travers sa longue réflexion

---

4   Voir ce volume, p. 105 et suiv.

sur la loi salique. Cette véritable digression, qui occupe un dixième du
texte, débouchait pourtant sur une conclusion sans appel : cette loi n'est
qu'un « abus » (*DRN*, p. 134), et Marguerite devrait être sur le trône,
en tant qu'unique descendante vivante d'Henri II et de Catherine de
Médicis. Rapportant des avis de diplomates et de grands personnages,
se référant aux analyses de certains historiens, le Périgourdin défendait
l'idée générale que les femmes sont tout aussi capables de gouverner que
les hommes, et l'idée particulière que Marguerite avait non seulement
le droit mais toutes les compétences pour ce faire. À quoi la reine ne
pipe mot, elle qui a lu le *Discours* le crayon à la main.

Cette énigme-là s'explique aussi, pour moi en tout cas, bien que j'aie
dû faire un long détour pour la comprendre[5]. En effet, bien que l'opinion
de Brantôme sur le caractère fantaisiste de cette disposition récemment
mise au point soit largement partagée dans les cercles du pouvoir, et
bien que la discussion fasse rage en France à l'époque où il écrit son
Discours (c'est l'époque où le Béarnais et d'autres candidats au trône y
postulent au nom de ce mythe), aucun ni aucune féministe ne la dénonce,
aucune princesse faisant écrire l'histoire des femmes célèbres ne le fait
davantage, et aucun de leurs fidèles ne s'y risque, pour la bonne raison
que la famille royale tire sa légitimité de cette imposture. Aucune autre
justification, en effet, n'a jamais pu être produite pour expliquer l'arrivée
au pouvoir des Valois, au début du XIVe siècle, alors que les « Capétiens
directs » n'avaient pas disparu (contrairement à ce que la plupart des
Histoires de France affirment encore aujourd'hui). Mais si Marguerite
est muette sur la question de la capacité des femmes en politique, elle
s'applique à montrer, en pratique, ce que Brantôme affirmait en théorie.

Elle le fait d'une part à travers les évocations de sa mère, non seulement
campée dans son rôle de dirigeante mais constamment décrite comme
une personne avisée, responsable, présente sur tous les fronts, durcie
par l'exercice du pouvoir – parfois injuste, même, mais seulement dans
le cadre familial, à cause de son trop grand amour pour son fils Henri
(Henri III, l'alter ego de Marguerite). Elle le fait d'autre part à travers
sa propre mise en scène, d'un bout à l'autre du récit. L'ouverture du
texte, tout d'abord, la montre froide devant les éloges de son admirateur,
décidée à ne pas céder à ce « vice commun aux femmes » (*Mém.*, p. 69).
Quelques pages plus loin, évoquant son enfance en deux anecdotes

5   Voir Viennot, 2006.

significatives, elle se montre en petite fille sage, réfléchie, constante dans sa foi, alors que « toute la Cour était infectée d'hérésie » (*ibid.*, p. 74). Enfin, adolescente ou adulte, elle se campe en alliée fidèle, répondant présente quand on l'appelle au secours, se mettant en quatre pour faire triompher la cause commune, réussissant bon nombre de ses missions, mais volontiers trahie par des alliés plus faibles qu'elle, ou pervers, ou inconséquents, notamment ses frères et son mari. Ce qui n'est pas sans aller parfois contre la réalité des faits, mais qui montre sa détermination à construire, avec ses *Mémoires*, un témoignage de sa capacité politique, au moins égale, si ce n'est supérieure à celle des hommes qui l'entourent.

Tous ces traits se retrouvent dans le reste de ses écrits. Rédigée vingt ans plus tôt pour le compte de son époux compromis dans le « complot des Malcontents », La *Déclaration du roi de Navarre* (1574)[6] la montre déjà « autobiographe ». Déclinant la vie du jeune roi à la première personne du singulier, elle l'insère dans l'histoire brûlante de l'après-Saint-Barthélemy, faisant de chacun de ses gestes une preuve de sa constance et de sa fidélité – ici, à la famille royale. Pas plus que dans les *Mémoires*, où elle évoque brièvement l'appel au secours de son mari et la rédaction de ce petit plaidoyer, elle ne s'appesantit sur les tenants et les aboutissants historiques ou politiques de cet épisode douloureux. Mais elle fournit force détails sur les agissements des princes, comme autant de matériaux constituant une Histoire que d'autres écriront. Les protestants publièrent du reste très vite ce texte, à leurs yeux représentatif de l'habileté de leur chef, dans les *Mémoires de l'Estat de France sous Charles Neufviesme* (1578), c'est-à-dire dans un volume de pièces justificatives.

À l'autre bout de sa vie, vingt ans plus tard exactement, Marguerite rédige sa dernière œuvre connue, publiée sous le titre *Discours docte et subtil* (1614). Alors que ce genre d'œuvre mobilisait constamment l'Histoire des femmes célèbres – de la mythologie, de l'Antiquité, de la Bible, du Moyen Âge ou du temps présent –, Marguerite prend un autre parti : elle se place directement sur un pied d'égalité avec les gens de « l'École ». Elle se propose en effet, dans ce bref écrit qu'elle envoie à un Jésuite auteur de traités assommants et misogynes, de traiter une *questio* : « Pourquoi l'homme rend tant d'honneur à la femme ? » (*Mém.*, p. 269). Elle s'attelle alors à prouver, comme s'y entendaient les meilleurs clercs, qu'on peut

---

6   Sur les différents titres donnés à cette œuvre, voir le premier article de ce volume, note 3.

SEIZE ÉTUDES SUR MARGUERITE DE VALOIS

soutenir n'importe quelle thèse par de simples jeux de syllogismes, de déductions et d'affirmations péremptoires. En l'occurrence, elle prouve, par Aristote et par saint Paul, le contraire de ce qu'ils étaient connus pour avoir étayé, à savoir la supériorité des femmes sur les hommes. Le tout avec un grand sourire, comme une bonne plaisanterie. Évacuant l'Histoire et les exemples de femmes supérieures, elle fait donc une nouvelle démonstration – en acte – de la capacité des femmes à penser aussi bien que les hommes, tout en tenant cette fois un discours théorique sur le sujet. Ajoutant ainsi un exemple à la liste déjà longue des femmes célèbres, matériau pour une Histoire à faire et à refaire, inlassablement. Par d'autres qu'elle.

CONVERSATION, INNOVATION

Les *Mémoires* de Marguerite de Valois
et la naissance d'un genre

La plupart des études qui ont fleuri depuis une trentaine d'années sur les mémorialistes, qu'elles s'intéressent à ceux du XVIIᵉ siècle ou à ceux du XVIᵉ siècle, ignorent Marguerite de Valois, et les rares qui la mentionnent ne lui accordent qu'une place tout à fait mineure[1]. Parler d'elle aujourd'hui, alors que l'ensemble de ses écrits et de sa correspondance viennent de faire l'objet d'une première édition critique (*Cor.*, *Mém.*), c'est donc déjà en soi s'inscrire dans les « nouvelles tendances de la recherche ».

Encore convient-il de préciser que la dernière reine de Navarre n'a pas toujours subi cet ostracisme. Ce n'est en effet qu'en raison de la captation de ce personnage par le mythe de la Reine Margot, puis de la dégradation progressive de son image au XXᵉ siècle, que les érudits ont cessé et de l'éditer, et de la mentionner à propos du genre des Mémoires[2]. Je n'en veux pour preuve que le *Tableau de la littérature française du XVIᵉ siècle* de Saint-Marc Girardin, dans lequel le chapitre consacré au genre des Mémoires est tout entier bâti sur ceux de la reine, quoique le critique ne justifie pas son choix, au-delà de ce jugement de valeur :

> Ils sont très courts ; mais j'en connais peu de plus intéressants, et cela sous deux rapports : personne, d'abord, même dans son siècle, n'a su mieux se mettre en scène que la Reine Marguerite ; personne n'a su se peindre d'une manière si vive, si piquante (Saint-Marc Girardin, 1862, p. 389).

Pour des raisons qui ne tenaient pas à la qualité de son œuvre, donc, la fille de Catherine de Médicis a été poussée hors du champ de la

---

1   Cet article a paru dans Marie-Paule de Weerdt-Pilorge (dir.), *Mémoires des XVIIᵉ et XVIIIᵉ siècles, Nouvelles tendances de la Recherche*, Tours, *Cahiers d'histoire culturelle*, nº 13, 2003.

2   On peut suivre cette histoire dans Viennot, 2005, seconde partie.

réflexion critique, et elle n'a pas bénéficié du regain d'intérêt de celle-ci pour le genre des Mémoires. Il convient donc de l'y réintégrer. Ce faisant, toutefois, il semble qu'on ne puisse pas se contenter de rajouter un nom à la liste des œuvres qui, d'un balbutiement à l'autre, d'une innovation à l'autre, auraient mené à la cristallisation définitive de ce genre dans la seconde moitié XVIIe siècle, comme un caillou de plus sur ce chemin plein d'avenir, mais sans commune mesure avec les grosses pierres qui ont pour nom Commynes et Monluc.

UNE ŒUVRE FONDATRICE

Les *Mémoires* de la reine Marguerite sont en effet l'un des évènements déclenchants de la vogue que connut ce genre. Les *Chroniques* de Commynes paraissent deux fois au XVIIe siècle, les *Commentaires* de Monluc six fois. Au-delà de ces noms, André Bertière note qu'il s'est publié très peu de Mémoires – quelque soit le nom qu'on leur donne – entre 1625 et 1655 (Bertière, 1977, p. 29). En revanche, ceux de Marguerite paraissent huit fois au cours des seules années 1628 et 1629, avant de connaitre au moins vingt-deux éditions supplémentaires, françaises ou hollandaises, autorisées ou clandestines, jusqu'en 1715. Le texte est également traduit en anglais (on en connait au moins onze éditions entre 1641 et 1662) et en italien (à partir de 1641 également). En France même, dix ans après leur première parution, les académiciens inscrivent les *Mémoires* de la reine parmi les trente meilleures ouvrages du temps dans un projet de bibliothèque idéale. À quoi il faut ajouter les témoignages de leurs contemporains, comme Pellisson, qui dit les avoir lu deux fois en une nuit, comme la Grande Mademoiselle, qui les désigne comme l'une des origines de ses propres *Mémoires*, ou encore comme l'auteur anonyme de *Mademoiselle de Tournon* (1678) qui rédige son roman à partir d'un épisode des *Mémoires* de la reine, et qui indique dans sa préface que l'ouvrage est « entre les mains de tout le monde[3] ».

Les raisons du succès de ce livre paraissent résider dans la réunion harmonieuse, et jusque là sans précédant, de caractères qu'on identifiera

---

3   Sur cette réception, voir *Mém.*, p. 61 et suiv.

plus tard comme distinctifs de ce genre. Les *Mémoires* de Marguerite de Valois rompent en effet d'une manière ou d'une autre avec ceux qui les précèdent, pour adopter un ton, un contenu, une allure qui seront plus tard ceux des meilleur·es mémorialistes.

Le texte est tout d'abord un récit de vie, mené chronologiquement, centré sur les événements vécus par leur autrice mais – l'autrice étant ce qu'elle est – intimement mêlés à la grande histoire, et ouvrant parfois sur des explications historiques sans tomber dans l'exposé en bonne et due forme ni rompre le récit par des pièces justificatives. Ce récit est conduit à la première personne, ce qui deviendra la norme, et sans aucune hésitation : *je* est le premier mot du texte. Un *je* qui s'adresse à un autre, qui lui parle sur le ton de la confidence et relate sa vie pour rectifier ce qui en a été compris de travers, mais qui éprouve aussi ce plaisir d'en revivre les moments les plus exaltants, ou les plus étonnants, ou les plus difficiles, qui surgit sous la plume de tant de ses successeurs. Un *je* qui, par ailleurs, n'évite ni les ouvertures sur la vie privée, ni les moments d'introspection, ni les réflexions sur la vie amoureuse, au contraire des Mémoires antérieurs[4]. Marguerite évoque ainsi l'habitude très vite prise de faire lit à part avec son mari, avec une insistance qui devait du reste entraîner les historiens sur de fausses pistes. Elle s'arrête aussi, au moment de relater son « entrée en politique », sur les sentiments indicibles qui la saisirent après que son frère, le héros de Jarnac, lui eut demandé – avec un luxe de compliments – de le seconder :

> Ce langage me fut fort nouveau, pour avoir jusques alors vécu sans dessein, ne pensant qu'à danser ou aller à la chasse, n'ayant même la curiosité de m'habiller ni de paraitre belle, pour n'être encore en l'âge de telle ambition, et avoir été nourrie avec telle crainte auprès de la reine ma mère que, non seulement je ne lui osais parler, mais quand elle me regardait je transissais, de peur d'avoir fait chose qui lui déplût. Peu s'en fallut que je ne lui répondisse, comme Moïse à Dieu en la vision du buisson : « Que suis-je, moi ? Envoie celui que tu dois envoyer. » Toutefois, trouvant en moi ce que je ne pensais qui y fût (des puissances excitées par l'objet de ses paroles, qui auparavant m'étaient inconnues, bien que [je fusse] née avec assez de courage en moi), revenue de ce premier étonnement, ces paroles me plurent ; et me semblait à l'instant que j'étais transformée, et que j'étais devenue quelque chose de plus que je n'avais été jusques alors (*Mém.*, p. 82).

---

4   « Les rares indications concernant la vie privée se bornent à des renseignements sur l'état civil ou le statut professionnel de l'intéressé – origine, mariage, promotion ou blessures ; il est très rare qu'elles ouvrent des perspectives sur une vie intérieure se cachant derrière la façade offerte au public » (Bertière, 1977, p. 26).

Enfin, on trouve dans ces *Mémoires* nombre de réflexions sur la puissance de l'amour, qui durent ravir les lecteurs de Mlle de Scudéry autant que ceux de Mme de Lafayette. Plusieurs s'appliquent aux disputes entre son époux et son jeune frère, à diverses reprises amoureux de la même femme et que Marguerite tente sans grand succès de réconcilier en leur faisant jurer qu'ils resteront alliés : « Mais quel serment peut valoir en amour ? » soupire-t-elle (*ibid.*, p. 113). D'autres réflexions surgissent à propos de cette Mlle de Tournon sur laquelle on devait broder au XVIIe siècle : une jeune femme délaissée, qui se laisse mourir de chagrin, et dont l'amoureux disparu ressurgit le jour même de son enterrement, épris comme jamais, « son ancienne flamme s'étant de nouveau rallumée (ô étrange fait !) par l'absence, qui par la présence n'avait pu être émue » (*ibid.*, p. 161).

De telles notations témoignent à elles seules de la distance qui sépare les *Mémoires* de la reine des récits de Commynes ou de Monluc, et de la proximité qui les lient aux mémorialistes du XVIIe siècle. Mais ce ne sont pas seulement les incursions dans la vie intime, les brèves plongées dans le *moi*, les intrigues galantes et les réflexions sur l'amour qui la rapprochent de ses successeurs. C'est aussi la manière de conduire le récit en mêlant narrations, descriptions, situations cocasses hautement théâtralisées, portraits, maximes, sans compter les nombreux épisodes qui relèvent du roman de cape et d'épée – bref, en faisant de son œuvre ce « carrefour des genres en prose » que Marc Fumaroli a identifié comme caractéristique des Mémoires du XVIIe siècle.

Le goût pour l'écriture et la jubilation visible qui anime sa plume ne cachent pourtant pas l'essentiel : Marguerite est bien, comme tous et toutes, l'une de ces actrices de l'histoire forcées à l'inaction après avoir traversé des temps troublés, et qui tiennent à apporter leur propre version des évènements – parce qu'il y en a d'autres en circulation. Autrement dit, une opposante. On sait que cette situation est fondatrice du genre pour les premiers qui le pratiquent, comme de son succès pour celles et ceux qui les lisent et se lancent à leur suite dans l'aventure mémorialiste. Mais Commynes est des plus discret sur ses démêlées avec le pouvoir, notamment au temps de sa disgrâce, sous Anne de France, et Monluc est trop loin de la cour pour en donner une vue complexe et véritablement informée. Sully n'a pas ces défauts, mais il en a d'autres : son œuvre est massive, écrite sans grand talent à la seconde personne du pluriel, pleine de documents qui déconcentrent la lecture. C'est sous la plume de Marguerite que les opposantes et les opposants du temps de Louis XIII et de Louis XIV peuvent suivre le mieux les ambitions et les difficultés de celles et ceux qui, autour de François d'Alençon et d'Henri de Navarre, avaient tenu tête à la Couronne et tenté de trouver des voies à leurs ambitions politiques.

C'est sous sa plume aussi – et ce trait est intimement lié au précédant –, qu'on voit pour la première fois s'afficher la certitude que les Mémoires sont supérieurs à l'Histoire. Depuis la fin du xvᵉ siècle, on le sait, les auteurs des premiers ont pris l'habitude d'attirer l'attention sur la modestie de leur propos et la simplicité de leur style. On sait aussi que ces précautions oratoires sont devenues de plus en plus rhétoriques, au fur et à mesure que les historiens s'avéraient plus incapables de « parler simple et vrai », dans leur soumission au grand style de Tite-Live ou aux exigences du pouvoir, quand ce n'est pas les deux. Mais nul ne le dit avec autant de force avant Marguerite de Valois dans les premières lignes de son œuvre :

> Je tracerai mes Mémoires, à qui je ne donnerai plus glorieux nom, bien qu'ils méritassent celui d'Histoire, pour la vérité qui y est contenue nûment et sans ornement aucun (Mém., p. 72).

On ne peut guère douter que le terme de Mémoires donné en titre à cette œuvre célébrissime et sans cesse republiée n'ait puissamment contribué à le faire élire, parmi ses concurrents, et notamment n'ait induit les éditeurs à le choisir pour publier de plus en plus d'œuvres relevant de ce genre – y compris de fort loin.

LES RAISONS DE L'INNOVATION :
QUELQUES PISTES

Mais comment Marguerite de Valois a-t-elle pu « inventer », d'un seul coup, presque toutes les caractéristiques des Mémoires aristocratiques ? Une part de la réponse à cette question nous échappe à l'évidence, parce qu'elle ressortit au talent de la reine, à sa personnalité, à sa classe sociale. Mais au-delà de ces facteurs aléatoires, une bonne partie de l'inventivité du texte peut, je pense, s'expliquer, par la situation de l'énonciation : par le dialogue réel, et non imaginaire, tissé avec un homme, Pierre de Bourdeille, seigneur-abbé de Brantôme.

On sait que les *Mémoires* de la reine s'adressent à lui. Mais on n'a pas assez mesuré ce que leur existence doit à leur amitié, à leur complicité ancienne et renouée. Une poésie de Brantôme permet de remonter à l'origine de l'entreprise : le désir de la reine, vraisemblablement exprimé à la fin des années 1570 ou au début de la décennie suivante, qu'il écrive son histoire ; une sorte de « commande » devant laquelle Brantôme avait reculé, trouvant le sujet trop « haut » :

> Vous me dites un jour que j'escrisse de vous.
> Et quel esprit, Madame, en pourroit bien escrire ?
> Un Ronsard y faudroit [*n'y réussirait pas*], avec sa grave lyre (Brantôme,
>   1991, p. 906).

Au début des années 1590 cependant, soit en pleine guerre civile, il reprend contact avec son idole : il lui écrit, elle lui répond. Elle n'est plus une princesse inaccessible, mais une reine en exil, installée en Auvergne. Et lui n'est plus un courtisan taquinant la Muse entre deux batailles, mais un homme vieillissant, retiré en Périgord, et qui a déjà écrit une bonne partie de ses Mémoires. Il rédige alors le *Discours sur Marguerite, reine de Navarre* et le lui envoie. La reine le lit évidemment avec le plus grand intérêt, mais ce n'est apparemment pas là l'œuvre dont elle rêvait. Elle décide alors de lui répondre : d'abord, pour le remercier d'avoir entrepris cette tâche ; ensuite, pour lui signaler qu'il s'est trompé, aussi bien dans le portrait qu'il fait d'elle (qui n'est plus d'actualité) que dans certains épisodes de sa vie ; enfin, pour lui annoncer qu'elle va en conséquence lui envoyer des *mémoires* : des textes qui ne seront pas travaillés stylistiquement mais qui du moins seront justes – c'est le passage cité plus haut.

Ce que nous, critiques, pouvons donc appeler l'ouverture de l'œuvre, ce que Philippe Lejeune identifiera comme le lieu où se noue un « pacte autobiographique » – et les premières pages des *Mémoires* de la reine répondent point pour point à cette définition – n'est en fait qu'une sorte de lettre, adressée par une personne à une autre, d'où la présence bien naturelle du *je* et du *vous* qui apparaissent dans la première phrase : « Je louerais davantage votre œuvre, si elle ne me louait tant » (*Mém.*, p. 69).

Une lettre un peu ampoulée, comme il arrive à Marguerite d'en écrire quand elle est légèrement émue, ou quand l'occasion est solennelle, ce qui est le cas, mais une lettre quand même, qui s'inscrit dans une relation particulière. Ainsi, la glose sur la différence de genre entre ce qu'a écrit Brantôme et ce qu'elle va écrire, autrement dit entre l'Histoire et les mémoires, lui est directement inspirée (au-delà de son excellente connaissance du genre de l'Histoire) du fait qu'ils ne se sont pas vus depuis une quinzaine d'années. Réfléchissant par exemple au fait qu'il s'est trompé en dressant son portrait, elle écrit :

> Si vous l'aviez fait pour représenter le contraste de la Nature et de la Fortune, plus beau sujet ne pouviez-vous choisir, les deux y ayant à l'envi fait essai de l'effort de leur puissance. En celui de la Nature, en ayant été témoin oculaire, vous n'y avez besoin d'instruction. Mais en celui de la Fortune, ne le pouvant décrire que par rapport (qui est sujet d'être fait par des personnes mal informées ou mal affectées, qui peuvent ne [pas] représenter le vrai, ou par ignorance ou par malice), j'estime que recevrez plaisir d'en avoir les Mémoires de qui le peut mieux savoir, et de qui a plus d'intérêt à la véritable description de ce sujet (*Mém.*, p. 70-71).

Si ces « Mémoires » sont déjà conçus comme une « œuvre » (voir la citation *infra*), autrement dit s'ils sont déjà davantage qu'une série de développements sur des points particuliers, il n'est pas sûr qu'on puisse déjà leur mettre une majuscule… bien qu'aie tranché, dans l'édition, en en mettant une. Marguerite en effet n'a pas encore renoncé à voir sa vie écrite, à la manière des *Hommes illustres*, par cet autre Plutarque que pourrait être Brantôme. Elle précise donc, pour l'encourager :

> Cette œuvre donc, d'une après-dinée [*après-midi*], ira vers vous comme les petits ours, en masse lourde et difforme, pour y recevoir sa formation. C'est un chaos duquel vous avez déjà tiré la lumière ; il reste l'œuvre de cinq autres journées. C'est une histoire certes digne d'être écrite par cavalier d'honneur, vrai Français, né d'illustre Maison, nourri des rois mes père et frères, parent et familier ami des plus galantes et honnêtes femmes de notre temps, de la compagnie desquelles j'ai eu ce bonheur d'être (*ibid.*, p. 72).

L'ouverture, donc, a tout de la lettre. La suite est plus complexe, au moins pour le début, la « mise en jambe » pourrait-on dire. En témoignent les trois faux départs du récit autobiographique. Car il faut tout d'abord établir ce qu'elle appelle « la liaison des choses précédentes avec celles des derniers temps » (*ibid.*), autrement dit construire un discours chronologique. Pour cela, elle se dit « contrainte » de commencer « du temps du roi Charles [IX] » (*ibid.* p. 72), c'est-à-dire, on le comprendra plus loin, à cette bataille de Jarnac qui lui permit de faire ses premiers pas sur le « grand théâtre ». Ce qui précède est pour elle sans grand intérêt, et en tout cas elle ne veut pas devoir fouiller dans ses souvenirs : nous voilà dans l'ancienne conception des Mémoires. Je « laisserai, écrit-elle, à ceux qui m'ont gouvernée en cet âge-là cette superflue recherche » (*ibid.*, p. 73).

L'historien devra donc faire la « recherche » lui-même. Mais saura-t-il, ensuite, narrer sa vie comme elle la rêve ? Son *Discours* n'en apporte pas la preuve, c'est le moins qu'on puisse dire. Saura-t-il, par exemple, placer judicieusement en ouverture du texte, à l'instar de Plutarque, une ou deux de ces anecdotes significatives puisées dans l'enfance du héros, et qui orientent ensuite toute la lecture du texte ? Comme Marguerite n'en est pas sûre, elle lui en fournit quelques-unes, ce qui l'oblige évidemment à remonter bien au-delà du « temps du roi Charles » : la première dix ans avant Jarnac, du vivant d'Henri II, en 1559, la seconde deux ans plus tard, au temps du colloque de Poissy.

Ces anecdotes, qui mettent en valeur son esprit et sa fermeté de caractère, elle en clôt alors le chapitre en réaffirmant que l'essentiel n'est pas là :

> Assez d'autres réponses, assez d'autres telles marques de jugement et de résolution, à la recherche desquelles je ne veux peiner, voulant commencer mes Mémoires seulement du temps que je vins à la suite de la reine ma mère pour n'en bouger plus (*Mém.*, p. 75).

Mais comment Brantôme pourrait-il recoudre un tissu plein de trou ? Elle poursuit donc malgré elle, c'est-à-dire malgré l'idée qu'elle se fait des mémoires :

> [...] pour n'en bouger plus. Car incontinent après le colloque de Poissy, que les guerres commencèrent, nous fûmes, mon petit frère d'Alençon et moi, à cause de notre petitesse, envoyés à Amboise (*ibid.*, p. 76).

À Amboise cependant, elle avait été confiée aux soins de deux femmes de la famille du mémorialiste : sa tante, Mme de Dampierre, et sa cousine, cette fameuse maréchale de Retz qui allait devenir sa meilleure amie et tenir, dans les années 1570, un salon qu'ils avaient tous deux assidûment fréquenté. Elle se laisse donc aller à évoquer ces femmes qui furent et sont toujours si importantes pour elle. Puis elle revient à son propos, toujours bien décidée à parcourir très vite ces époques lointaines.

> J'y demeurai [à Amboise] jusqu'au commencement du grand voyage, que la reine ma mère me fit revenir à la Cour pour ne bouger plus d'auprès d'elle – duquel toutefois je ne parlerai point, étant lors si jeune que je n'en ai pu conserver la souvenance qu'en gros, les particularités s'étant évanouies de ma mémoire comme un songe. Je laisse à en discourir à ceux qui, étant en âge plus mûr, comme vous, se peuvent souvenir des magnificences qui furent faites partout [...] (*Mém.*, p. 76-77).

Brantôme est donc chargé de fournir la matière, puisqu'il était du voyage. Mais le terme *magnificences* fait soudain remonter un flot de souvenirs, et du coup, elle poursuit sa phrase :

> des magnificences qui furent faites partout, même à Bar-le-Duc, au baptême de mon neveu le prince de Lorraine ; à Lyon, à la venue de Monsieur et de Madame de Savoie ; à Bayonne, à l'entrevue de la reine d'Espagne ma sœur et de la reine ma mère, et du roi Charles mon frère (là où je m'assure que vous n'oublierez de représenter le festin superbe [...] (*ibid.*, p. 77).

Et la voilà partie pour presque une page.

De fil en aiguille, pour une raison ou pour une autre, et contre son projet, Marguerite a donc rédigé plusieurs feuillets de ses *Mémoires* : l'équivalent de dix pages dans l'édition critique. Des pages remplies par cette enfance qu'il n'était pas d'usage de relater dans les textes de ce genre, mais qui progressivement y trouvera une place, en orientant le genre lui-même. De fil en aiguille, aussi, la reine a laissé tomber la pose initiale : elle s'est réinstallée – installée peut-être, pour la première fois – dans une relation de complicité avec Brantôme, qu'elle avait perdu de vue durant des années, mais qui est à présent tout proche, et dont elle comprend mieux, en avançant dans son récit, tout ce qu'ils ont en commun : ce passé dont elle parle, mais aussi des amies et des amis très chers, comme la maréchale de Retz dont il vient d'être question, comme Bussy d'Amboise, l'un des grands amours de la reine et le meilleur ami de Brantôme, comme François d'Alençon surtout, auquel Marguerite avait lié sa carrière politique et au service duquel Brantôme s'était mis ; et aussi des ennemis, comme le roi Henri III, responsable de leur deux disgrâces...

Les portraits, les sourires, les apartés, les développements historiques eux-mêmes s'expliquent par ce dialogue noué, renoué, malgré les kilomètres. Si Marguerite, par exemple, s'amuse à dépeindre la reine mère courant dans les couloirs du Louvre, en « manteau de nuit » (*Mém.*, p. 179), pour empêcher ses fils d'en venir aux mains, si elle montre Henri III criant qu'on veut « troubler son État » (*ibid.*, p. 125) et son frère olympien, tel César subissant sans broncher les attaques de Caton (*ibid.*, p. 179), c'est parce qu'elle est sûre que Brantôme appréciera. Si elle explique ce qui s'est passé, avant la Saint-Barthélemy, comment on est passé de ses noces avec le roi de Navarre à « la blessure de l'Amiral » (*ibid.*, p. 92), puis de cette blessure à la nuit du massacre, c'est parce que Brantôme était pendant ce temps au siège de Brouage. Si, narrant son voyage en Flandre, elle détaille les coutumes, les habits, la disposition des villes, la forme des bâtiments, le rituel de la prise des eaux à Spa, c'est parce que Brantôme, grand voyageur, ne connaissait pas ce pays-là. Si elle s'attarde sur les histoires d'amour croisées de son mari et de son frère, ou sur celle de Mlle de Tournon, c'est parce que Brantôme connaissait tout ce monde-là, et surtout parce qu'il était grand connaisseur en la matière.

Au total, tout ce qui allait faire non seulement la matière, mais le ton des Mémoires aristocratiques, cette complicité, cette imprécision même, ce plaisir du récit qui recrée la vie et la réordonne, ces moments graves aussi, quand le récit ouvre par hasard sur un terrain où la conscience rechigne de s'engager, tout cela, Marguerite l'a trouvé en répondant à son ami, en lui expliquant ce qu'il devait savoir pour pouvoir reprendre sa copie. Mais elle a trouvé plus, encore, au fur et à mesure qu'elle avançait dans son récit : la certitude que ce qu'elle rédigeait là était supérieur à tout ce que son historien pourrait jamais écrire. Aussi, ces *Mémoires*, une fois écrits, elle renonce à les lui envoyer : il n'en entendra jamais parler. Ce faisant, elle renonce à l'œuvre sublime dont elle avait rêvé... mais elle garde le dernier mot. Le temps de Plutarque est passé. L'autrice de mémoires en quête d'historien est devenu autrice de Mémoires.

À PROPOS DE LA SAINT-BARTHÉLEMY
ET DES *MÉMOIRES*
DE MARGUERITE DE VALOIS

Authenticité du texte et réception au XVIIe siècle

Un bruit se répand depuis quelques années : les *Mémoires* de Marguerite de Valois seraient un faux[1]. L'idée a été lancée en 1989 par Jean-Louis Bourgeon, dans un article intitulé « Pour une histoire, enfin, de la Saint-Barthélemy ». Analysant les sources traditionnellement retenues comme pièces à conviction dans un procès instruit de tout temps de manière partisane, l'historien se penchait sur ce texte qui en constitue un élément capital. Traitant Marguerite d'« auteur mythique », et les *Mémoires* de « texte racoleur » (Bourgeon, 1989, p. 105), il suggérait qu'ils pouvaient être apocryphes : « À l'heure actuelle, sans pouvoir être formel (il y faudrait toute une étude, non seulement sur le contenu, mais aussi sur le vocabulaire de Marguerite de Valois [...]), nous nous interrogeons pour savoir s'il ne s'agirait pas tout simplement d'un faux » (*ibid.*, p. 106).

Trois ans plus tard, les interrogations étaient devenues certitudes. Dans la revue *L'Histoire*, toujours à propos du massacre, Bourgeon écrivait : « Cette présentation des faits et leur interprétation s'appuient sur des témoignages faux ou suspects. [...] Faux, notamment, les *Mémoires* du maréchal de Tavannes [...]. Totalement inventé, le *Discours du roi Henry III* [...]. Mais on ne saurait en rester là : également apocryphes, les célèbres *Mémoires* de Marguerite de Valois... » (Bourgeon, 1992a, p. 70). La recherche portant sur le contenu et le vocabulaire de l'œuvre de la reine avait-elle eu lieu ? Rien, dans l'article, ne l'indiquait. Quant au livre que l'historien faisait paraître la même année, il réitérait sans plus d'explications le même verdict : les trois textes précités « sont tous

---

1 Cet article a paru dans la *Revue d'Histoire Littéraire de la France*, n° 5, sept.-oct. 1996, p. 894-917.

apocryphes, datant des années 1620 » (Bourgeon, 1992b, p. 15). Et l'auteur de commenter avec un ton péremptoire : « On est effaré de la légèreté avec laquelle, depuis plus de 150 ans, des historiens chevronnés ont pu prendre comme sources valables d'aussi tardives et douteuses compilations » (*ibid.*).

On pouvait en retour, et à bon droit, être « effaré » devant de telles « révélations ». Le caractère apocryphe des deux premiers documents est connu depuis fort longtemps : les *Mémoires* de Tavannes, écrits par son fils, n'ont jamais été tenus pour un texte du maréchal, et le *Discours du roi Henry III* – pseudo confession du roi, un soir de vague à l'âme, à Cracovie – a été identifié comme un faux à la fin du XIXe siècle[2]. En revanche, l'authenticité des *Mémoires* de Marguerite n'a jamais fait l'objet du moindre doute en trois cent cinquante ans. L'amalgame entre ces trois textes constituait donc un procédé malhonnête, et l'absence de recherches pour soutenir une telle opinion un indice supplémentaire de son manque de sérieux.

Or, selon le vieil adage « Calomniez, calomniez, il en restera toujours quelque chose », il semble aujourd'hui que les assertions de Bourgeon commencent à trouver un écho chez ses confrères. Ainsi Marc Vénard, qui en 1992 se gausse de l'historien et réfute pratiquement toutes ses thèses, s'avoue « pleinement d'accord avec J.-L. Bourgeon » sur un point : la nécessité d'écarter les *Mémoires* de Marguerite et de Tavannes des documents à prendre en considération. « Ils ne méritent, écrit-il, aucun crédit : tardifs, ils ont été évidemment reconstruits selon les passions et les intérêts de leur auteur ; ils ne peuvent servir qu'aux auteurs dramatiques et aux biographes à succès » (Vénard, p. 647). On ne voit pas pourquoi les Mémoires, quand ils sont authentiques, seraient *a priori* écartés des pièces permettant de se faire un jugement sur un événement historique. Aucun texte, qu'il soit « tardif » ou non, n'est exempt des « passions » et des « intérêts » de son auteur, toutes les sources doivent être décryptées en fonction de ce paramètre[3]. Ainsi encore, dans son récent ouvrage sur la Saint-Barthélemy, Denis Crouzet affirme qu'« il

---

2   Pour les *Mémoires* de Gaspard de Saulx-Tavannes, voir l'introduction qu'en donne l'édition Michaud-Poujoulat, 1836. Pour le faux mémoire de Henri III, voir Bordier, 1879, p. 52-68.

3   Viendrait-il à quiconque l'idée d'écarter les *Mémoires* du Général de Gaulle des documents permettant de comprendre la seconde guerre mondiale, sous prétexte qu'ils sont « tardifs » ? Le glissement, ici comme ailleurs, est à mettre au compte du mythe de la reine Margot, comme en témoigne la dernière phrase de la citation.

faudrait même regarder [les *Mémoires* de Marguerite] comme apocryphes »
(Crouzet, 194, p. 110). En vertu de quoi l'historien les ignore de la
même façon que, cette fois-ci, le faux discours d'Henri III, alors qu'il
s'appuie abondamment sur Tavannes, et même sur Nevers – dont les
Mémoires ont été rédigés par Gomberville (auteur de romans à succès) à
la fin du XVIIIe siècle[4] ! Quant à Jean-François Dubost, qui signe dans
la revue *L'Histoire* de mai 1994 un article consacré à « La légende noire
de la reine Margot », il retrace les principaux épisodes de la vie de la
reine sans dire un mot de ses *Mémoires,* ni d'ailleurs d'aucun autre de
ses écrits, comme si elle n'avait jamais pris la plume !

Le propre d'une rumeur étant de se répandre en l'absence de tout
fondement, et d'autant plus vite qu'elle avance sur un terrain fantasma-
tiquement chargé, il parait nécessaire de faire un sort à celle-ci avant
qu'elle n'ait convaincu l'ensemble de la communauté scientifique par
simple contagion, et qu'une vilaine pierre de plus ait été lancée dans un
jardin déjà trop encombré. L'attaque de Bourgeon et les variations de
ses confrères s'inscrivent en effet dans l'histoire fort longue du mythe de
la reine Margot, une histoire qui a prouvé, cent fois déjà, qu'on pouvait
tout dire et en toute tranquillité sur ce personnage tombé dans l'ornière
de la petite histoire – et qui fait régulièrement déraper les historiens,
chevronnés ou non.

L'analyse des pièces du dossier est cependant de la première importance. Historiquement, parce que les *Mémoires* de Marguerite constituent
l'une des sources majeures que nous possédions sur cet épisode capital
de notre histoire qu'est la Saint-Barthélemy. Et littérairement, parce
que la dernière reine de Navarre est l'une des grandes prosatrices du
XVIe siècle – et qu'il serait temps qu'on étudie l'ensemble de son œuvre
avec le sérieux qu'elle mérite.

---

4   Rappelons qu'au sein des *Mémoires de Monsieur le duc de Nevers,* publiés en 1665, seul le
     Journal tenu pendant les États généraux de Blois de 1576-1577 est de la plume dudit duc ;
     Crouzet ne donne d'ailleurs pas sa référence (p. 391-392). Enfin, le seul extrait qu'il
     reproduit des *Mémoires* de Marguerite (p. 357) est un récit à la troisième personne qui
     n'est pas de la plume de la reine.

LES *MÉMOIRES* DE MARGUERITE
ET LES ANALYSES RÉCENTES SUR LE MASSACRE
DE LA SAINT-BARTHÉLEMY

L'aspect extraordinairement précieux du témoignage de Marguerite
de Valois sur les tueries d'août 1572 a été de tout temps reconnu par
les historiens. La reine est en effet, avec le secrétaire du comte de La
Rochefoucauld, Mergey, le seul témoin oculaire à avoir laissé une description de la nuit du massacre vécue de l'intérieur du Louvre, et sa
relation est autrement plus étoffée, autrement plus complète que celle de
Mergey. Marguerite est d'autre part le seul membre de la famille royale
à en avoir fait un récit personnel, un récit hors situation, non officiel,
rédigé plus de vingt ans après le drame, et destiné à la seule postérité ;
la Couronne, elle, s'expliqua plusieurs fois dans les jours et les mois
suivants – de manière d'ailleurs contradictoire – et Henri IV n'en dit
jamais rien. Enfin, Marguerite était peut-être la seule personne dans le
Louvre à occuper une position totalement extérieure aux deux camps
en présence, puisque, comme elle l'explique elle-même, mariée depuis
quelques jours seulement, elle était l'objet de toutes les méfiances :
« Les huguenots me tenaient suspecte parce que j'étais catholique, et
les catholiques parce que j'avais épousé le roi de Navarre, qui était
huguenot » (*Mém.*, p. 97). Ces éléments n'impliquent évidemment
pas que son témoignage doive être considéré comme indiscutable ou
exempt de silences, mais ils le rendent certainement tout à fait digne
d'être analysé avec soin.

Que dit Marguerite ? Disons tout de suite que sa narration – ici
comme ailleurs – est rapide et relativement imprécise. La mémorialiste
ne donne pas les dates, saute des jours, et revient en partie en arrière. À
vrai dire elle fait trois « récits » du drame : tout d'abord un résumé de
quelques lignes, puis un développement de quelques pages qui explicite
le résumé sans le reprendre exactement, et enfin une relation strictement
personnelle, vécue, de la nuit du massacre et des premières heures du
lendemain[5]. C'est dans les deux premiers récits, qui seuls comportent des

---

5   Le résumé va de « La fortune, qui ne laisse jamais… » (*Mém.*, p. 92) à « il ne l'eût jamais
     fait » (p. 93) ; le développement prend la suite et continue jusqu'à « son maître monsieur

explications sur la genèse des évènements, que se trouvent les éléments permettant de reconstituer sa version.

Concernant ce qu'on appelle le « premier acte » du massacre, autrement dit la tentative d'assassinat de Coligny, la mémorialiste décrit l'affolement déclenché dans le camp protestant par la blessure infligée à leur chef par Maurevert et désigne clairement le coupable. Le roi Charles, écrit-elle, se doutait bien que « Maurevert avait fait ce coup à la suscitation de Monsieur de Guise. [...] et si Monsieur de Guise ne se fût tenu caché tout ce jour-là, le roi l'eût fait prendre » (*Mém.*, p. 93-94). Elle montre ensuite Catherine de Médicis essayant vainement de calmer son fils en lui expliquant que le duc avait sans doute ses raisons (vendetta familiale). Mais rien n'y fait : Charles a juré « qu'il en ferait justice » (*ibid.*, p. 94).

La responsabilité du « second acte », c'est-à-dire la décision de faire exécuter les chefs du parti huguenot, revient à la Couronne dans le récit de Marguerite, qui décrit avec une relative précision l'engrenage qui y préside. C'est le duc de Guise et son ami le duc d'Anjou (futur Henri III) les premiers qui, voyant que les huguenots voulaient se venger de l'attentat contre Coligny, ont eu l'idée de les devancer − « conseil de quoi le roi Charles ne fut nullement » (*ibid.*, p. 93). Catherine, elle, semble convaincue : elle est gagnée par la panique que lui inspirent les protestants, et elle craint « que, si l'on ne prévenait leur dessein, la nuit même ils attenteraient contre le roi et elle » (*ibid.*, p. 95). Elle prend alors « résolution de faire ouvertement entendre audit roi Charles la verité de tout et le danger où il était » (*ibid.*). Elle envoie donc auprès de son fils le maréchal de Retz, qui a grande influence sur lui. Son discours (soigneusement reconstitué au style indirect par Marguerite, qui tient visiblement à montrer à quel point il fut difficile de convaincre son frère) est une avalanche d'arguments-massues destinés à emporter l'adhésion du roi, le maréchal allant jusqu'à dire « que le coup de l'amiral n'avait point été fait par monsieur de Guise seul, mais que mon frère le roi de Pologne, depuis roi de France [*Henri, alors duc d'Anjou*], et la reine ma mère avaient été de la partie » (*ibid.*). Accablé, Charles se rend. Il envoie « quérir monsieur de Guise et tous les autres princes et capitaines catholiques, où il fut pris résolution de faire, la nuit même, le massacre de la Saint Barthélemy » (*ibid.*, p. 97).

---

de Guise » (p. 97) ; puis le récit personnel commence et va jusqu'à « ce qu'enfin ils m'accordèrent » (p. 100).

Ce que Marguerite ne rapporte pas, et qui joua vraisemblablement de manière décisive dans la décision de la reine mère, c'est que, le lendemain de l'attentat, toute la famille royale sortit du Louvre pour rendre visite au blessé, et qu'elle dut se rendre compte de l'état quasi insurrectionnel où était la population parisienne – une population très catholique, très opposée à la politique d'entente religieuse pratiquée par la Couronne depuis la paix de Saint-Germain (été 1570), ulcérée par le tout récent mariage Marguerite-Navarre, fanatisée de longue date par les prédicateurs, et toute dévouée aux Guises[6]. C'est là certainement, dans cette peur du soulèvement qu'allait précipiter l'entêtement de Charles à punir le duc, bien plus que dans les menaces verbales des protestants, que réside l'explication de la panique de la Couronne. Non seulement il fallait convaincre le monarque de renoncer à « faire justice », mais il fallait trouver rapidement le moyen de calmer le jeu – d'où l'idée de satisfaire au plus vite la capitale en lui sacrifiant les dirigeants du parti huguenot.

Car c'est bien de cette élimination qu'il s'agit, et non, comme le dit Marguerite, du massacre proprement dit. Celui-ci est en effet perpétré, quelques heures plus tard, par une population qui se croit autorisée à poursuivre sur tous les protestants les exactions qu'elle a vu commettre sur leurs chefs par les plus grands personnages du royaume. Cette tuerie, que l'historiographie a fini par appeler le « troisième acte » du drame, dure plusieurs jours dans Paris avant de gagner de nombreuses provinces françaises au cours des mois suivants. La reine, comme la plupart de ses contemporains, mêle les deux dernières phases. Parce qu'elles furent sur le moment difficilement dissociables ? Parce que la mémorialiste ne veut pas faire œuvre d'historienne mais décrire ce qu'elle a vécu (ce qu'elle s'empresse de faire après cette brève relation, entamant son « troisième récit ») ? Parce que seul le sort du groupe dirigeant l'intéressait ? Tout cela est vraisemblable. Mais en concluant cet épisode, Marguerite établit définitivement l'innocence de Catherine dans le déclenchement des hostilités (ce que les historiens n'ont pratiquement jamais remarqué, s'appuyant sur le début de son récit, qui montre la reine mère tout de suite d'accord avec la proposition Guise-Anjou) : « Cinq ou six jours après, ceux qui avaient commencé cette partie [...] ourdissent une autre trame. Ils vont persuader à la reine ma mère qu'il me fallait démarier »

6   Voir notamment les travaux de Sutherland et Bourgeon.

(*ibid.*, p. 100) ; « ceux »-là sont en effet furieux que Navarre et Condé soient passés à travers les mailles du filet.

La version de la reine est donc claire, pour peu qu'on la lise correctement : les Guises sont à l'origine de l'attentat contre Coligny ; Catherine a pris – dans l'affolement, mais sous l'influence de Guise et d'Anjou – la décision de décapiter le parti huguenot ; Retz a eu la tâche difficile de convaincre Charles ; Charles a donné ordre à la tuerie (limitée).

Cette lecture des événements s'oppose à la plus grande partie de l'historiographie de la Saint-Barthélemy, qui retient la culpabilité (parfois entière, parfois partagée avec les Guises) de Catherine dans les deux premiers actes du drame, et qui a souvent cru trouver dans le témoignage de Marguerite – trop vite lu – confirmation de cette thèse. C'est par contre, avec des éléments manquants, le scénario que retient l'étude récente la plus documentée et la plus fiable, celle de Nicola-Mary Sutherland. L'historienne anglaise montre en effet que ni Charles ni Catherine n'avaient de motifs pour faire disparaître Coligny, leur allié depuis deux ans, mais que par contre les Guises, et pour des raisons personnelles, et pour des raisons politiques, avaient tout à gagner à sa mort.

Ses travaux éclairent également le sens de l'entente Guise-Anjou qu'atteste la reine, et leur intérêt commun à pousser du côté d'un renversement des alliances instaurées par la paix de Saint-Germain : le clan lorrain parce qu'il était plus ou moins en disgrâce depuis cette époque, et Anjou parce que, allié des Guises, la nouvelle politique l'avait mis lui aussi sur la touche. Cela n'exclut pas, dit l'historienne, d'autres coupables : des commanditaires plus lointains comme Philippe II ou le duc d'Albe, le premier parce que l'intervention française en Flandres, projetée pour les semaines suivant les noces de Marguerite et de Navarre, avait pour but d'y entamer son hégémonie, le second parce qu'il était le chef des troupes espagnoles en Flandres. Les Guises, dont on sait aujourd'hui qu'ils n'ont pas attendu les années 1580 pour être « subventionnés » par l'Espagne, ont donc pu exécuter (avec le soutien d'Anjou ?) – en en retirant des bénéfices personnels – un dessein commandité en plus haut lieu.

Si Marguerite ne parle pas de ces ramifications étrangères, c'est peut-être qu'il n'y en eut pas ; mais c'est plus sûrement parce que, Guise étant mort quand elle rédige ses *Mémoires*, il vaut mieux lui mettre la responsabilité sur le dos et ne pas dénoncer l'Espagnol – dont elle a elle-même, dans les heures sombres de la Ligue, sollicité l'aide bienveillante… « Ceux qui avaient commencé cette partie » serait alors une prudente formule destinée à masquer le nom de ces autres responsables, tout en signifiant que Guise n'était pas seul en cause. Si la reine ne parle pas non plus de la visite au chevet de Coligny et de l'état de surexcitation de la capitale comme véritable motif de la décision prise par la Couronne, c'est peut-être pour ne pas contredire la version officielle donnée quelques jours après le massacre, à savoir que la royauté en revendiquait la responsabilité (d'une part pour ne pas avoir à avouer qu'elle avait été débordée par la populace, et d'autre part pour donner du poids à ses ordres de faire cesser les tueries). Mais n'est-ce pas plutôt, chez cette catholique convaincue qui a vu son pays déchiré par vingt-cinq ans de guerres civiles et religieuses, et qui, au moment où elle écrit, travaille activement à l'implantation de la Réforme catholique, pour faire peser sur les protestants la responsabilité de la décision de la Couronne ? La manière dont elle revient, et dans son « résumé », et dans son « développement », sur leurs menaces de vengeance, fait pencher pour cette hypothèse. Reste que si le récit de Marguerite est à l'évidence lacunaire, voire pèche par omission, il n'est en rien démenti par les conclusions de Sutherland. En revanche, il s'oppose partiellement aux thèses de Bourgeon puisque, selon l'historien, la Couronne n'est responsable d'aucun des trois « actes » du massacre. Ce pourrait être une raison d'accuser la reine de mensonge, mais c'est une tout autre affaire que de nier l'authenticité de ses *Mémoires*. Voyons donc les arguments avancés en faveur d'une telle « thèse » – des arguments qui pour l'essentiel ont été développés dans l'article de 1989, et qui peuvent être regroupés sous deux rubriques : la contestation de Marguerite comme autrice de l'œuvre, et les hypothèses quant à la production de celle-ci comme texte des années 1620.

MARGUERITE,
AUTRICE IMPOSSIBLE DE SES *MÉMOIRES* ?

Le premier argument que donne Bourgeon constitue une sorte d'attaque invalidante destinée à peser de tout son poids sur la suite de la démonstration : Marguerite serait un « auteur mythique, à qui l'on a beaucoup trop prêté » et dont l'œuvre se résume à « quelques lettres » (Bourgeon, 1989, p. 105). Cette affirmation lapidaire est tout simplement erronée. Un seul ouvrage, en effet, *La Ruelle mal assortie*, a été attribué à tort à la reine, et ce assez tardivement, sous l'influence du mythe de la reine Margot[7]. Pour le reste, on est en présence d'un ensemble écrit relativement important, qui comprend, outre les *Mémoires*, un plaidoyer (*Mémoire justificatif pour Henri de Bourbon*, 1574), un manifeste féministe (*Discours docte et subtil dicté promptement par la reine Marguerite*, 1614), des poésies (dont une partie seulement a jusqu'ici pu être retrouvée), et plus de quatre cent cinquante lettres. Cet ensemble, qui a patiemment été mis au jour par les érudits à travers les siècles, et qui comporte encore des inédits, présente des caractéristiques communes en ce qui concerne les thèmes, le vocabulaire, le style, les images et même les « obsessions » de la reine, caractéristiques communes sur lesquelles nous reviendrons plus loin. Contentons-nous pour l'instant d'énoncer cet élémentaire souci de rigueur : avant de rayer un nom sur la liste des auteurs, il faudrait démontrer, ou commencer à démontrer, que tous les textes qui passent pour siens ne le sont pas.

Autre argument tendant, selon Bourgeon, à établir l'impossibilité que Marguerite ait écrit cette œuvre : « Nous avons d'ailleurs quelque mal à imaginer, à la date de 1599-1600 (époque admise de la composition de ses *Mémoires*), une reine de France s'exhibant ainsi par la plume – même s'il s'agit d'un texte conçu pour rester manuscrit et n'avoir qu'une diffusion confidentielle. Quand on est reine en titre, il est bien vulgaire de vouloir confier ses souvenirs personnels à un quelconque Brantôme : ni les mentalités, ni les convenances du temps n'admettent de telles familiarités. Et Marguerite était trop prudente, dans ses relations post-conjugales avec Henri IV, pour se lancer dans une entreprise aussi

---

7   Voir cet ouvrage, p. 191 et suiv.

délicate, sinon déplacée » (Bourgeon, 1989, p. 105-106). Ces remarques ne sont pas toutes dépourvues de bon sens – pour autant que le tournant du siècle soit retenu pour la date de composition du texte. Or Marguerite commença vraisemblablement de rédiger ses souvenirs au début de l'année 1594, quelques mois après avoir reçu du nouveau roi de France les premières propositions d'annulation de leur mariage (avril 1593), et quelques mois, également, après avoir reçu le *Discours sur la reine de Navarre* de son ami Brantôme[8]. C'est ce double événement qui, très certainement, « déclencha » le besoin de faire le point, à un moment où elle allait se lancer dans une longue négociation (car si elle était d'accord pour laisser sa place, ce n'était pas sans en retirer de grands avantages).

Troisième argument : les mémoires apocryphes « fourmillent de lacunes ou d'approximations inquiétantes » (*ibid.*, p. 105) – autrement dit, si le texte était authentique, il serait plus complet et plus précis. Hélas, il n'en est rien. Tous les spécialistes des Mémoires savent que des conditions d'écriture différentes présidèrent (président toujours) à leur rédaction, certains mémorialistes écrivant à partir d'une documentation (collectée par eux-mêmes ou des secrétaires), d'autres rédigeant, depuis la prison ou l'exil par exemple, à partir de leurs seuls souvenirs. Aucune de ces conditions d'écriture ne garantit d'ailleurs l'absence de « lacunes ou d'approximations », qui, pour être « inquiétantes », n'en font pas moins partie du genre autobiographique lui-même, puisqu'elles peuvent aussi bien être le fruit d'oublis véritables que d'erreurs ou de lacunes des sources, ou encore de silences ou de mensonges délibérés... Les *Mémoires* de Marguerite, écrits en exil sans documents, ne peuvent d'ailleurs guère être davantage accusés de ces défauts que d'autres. Bien des épisodes fourmillent de détails, parce qu'elle les a vécus et qu'ils la marquèrent : le festin de Bayonne, les pitreries de Bussy, les disputes familiales, le voyage en Flandre... Pour le reste, si l'allure du récit est rapide et s'il y manque des précisions dont on peut se désoler, c'est qu'elle ne voulait pas, nous y reviendrons, faire œuvre d'historienne.

Quatrième argument : « On a aussi quelque peine à croire que la vraie Marguerite se soit complu à narrer la scène ridicule du 24 août 1572 où, soi-disant, elle roule dans la ruelle de son lit, agrippée à un huguenot blessé qui fuit ses assassins » (*ibid.*, p. 106). Faut-il s'attarder sur une telle remarque ? Passons sur le « complu » et le « soi-disant »,

---

8   Voir Viennot, 2005, p. 242 et suiv. ; le *Discours* de Brantôme a été rédigé vers 1591-1592.

dont les sous-entendus n'ont pas à être glosés. Remarquons simplement que Jean-Louis Bourgeon n'est décidément pas familier des Mémoires aristocratiques, qui « fourmillent » de détails tragi-comiques de ce genre (ceux de Retz ou de la Grande Mademoiselle le démontrent assez). La lecture de la scène – également rapportée par Aubigné sans sous-enten- dus[9] – ne donne d'ailleurs absolument pas une impression de ridicule : on est au cœur du massacre, et l'irruption dans la chambre de la reine d'un homme percé de coups de hallebardes qui s'écroule sur son lit en l'entraînant dans sa chute est tout à fait saisissante. Si le capitaine des gardes, arrivé en toute hâte sur les lieux, se met à rire en voyant le spectacle, et entraîne l'hilarité (sûrement nerveuse) des autres specta- teurs, cela peut sans doute être mis au compte de la dure sensibilité de l'époque (dont l'*Heptaméron* nous donne tant d'autres exemples), mais certainement pas à celui du mauvais goût de la narratrice, qui décrit simplement, et dont le style ne détonne à aucun moment.

Dernier argument avancé par Bourgeon sur cette question : « On peut s'étonner encore plus que l'épouse officielle du Béarnais puisse parler des Protestants comme de "renards" "très pernicieux" à l'État » (1989, p. 107). Quoi d'étonnant, au contraire, à ce que la reine « charge » les huguenots de 1572 ? Bourgeon ne dit-il pas lui-même que Coligny, loin d'être ce héros qu'en a fait le parti protestant, était un « aventurier » (*ibid.*, p. 91) ? Pourquoi Marguerite l'épargnerait-elle ? Par quelle aberration se mettrait-elle, alors que son mari vient de « lâcher » les protestants en abjurant, à devenir « plus royaliste que le roi » ? Si le ton est ici plus violent qu'ailleurs, le jugement qui le sous-tend s'inscrit dans toute la trajectoire de la reine, qui, pour n'avoir jamais été une fanatique, ne varia jamais dans sa foi catholique (à l'inverse d'autres membres de sa famille). Ses *Mémoires* eux-mêmes n'oscillent pas sur ce point. Elle y avoue la réticence religieuse qui fut la sienne au moment de son mariage, les difficultés qu'elle rencontra dans « ce petit Genève de Pau » (*Mém.*, p. 198), et si elle admet qu'à Nérac la cour de son mari était fréquentée des meilleurs gentilshommes, elle commente néanmoins : « N'y avait rien à regretter en eux, sinon qu'ils étaient huguenots » (p. 199). La violence des propos doit ici être entendue pour ce qu'elle est : le jugement d'une femme dont les guerres de religion brisèrent la carrière politique, qui ne

9   « Le vicomte de Léran, après les premiers coups, se relève et se va jeter sur le lit de la reine de Navarre. Les femmes de chambre le sauvèrent » (Aubigné, *HU*, vol. 3, p. 338-339).

comprit jamais qu'on puisse ne pas être catholique – et qui n'écrivait pas pour être publiée.

À ce stade de l'étude, force est donc de constater qu'aucun des arguments invoqués par Bourgeon pour invalider Marguerite comme autrice des *Mémoires* ne tient la route. Voyons à présent ce qu'il en est des hypothèses qu'il formule quant à la production du texte dans les années 1620.

ENJEUX, ACTEURS, AUTEURS, LECTEURS : LA PUBLICATION DES *MÉMOIRES* EN 1628

L'une des remarques qu'émet l'historien pour rendre plausible sa contestation de la maternité ou paternité de l'œuvre est que « le XVIIe siècle est particulièrement fertile en Mémoires apocryphes » (Bourgeon, 1989, p. 105). Certes. Encore faudrait-il préciser que la mode des faux Mémoires ne débute pas dans les années 1620 mais quelques cinquante bonnes années plus tard, soit après bien des évolutions de la scène politique et littéraire ! Comme celle des vrais Mémoires aristocratiques d'ailleurs, cette éclosion correspond à l'après-Fronde, à la période de « domestication » de la noblesse par la monarchie absolue, à un moment où l'écriture de l'Histoire prend le pas sur l'action, où la réflexion s'approfondit sur les liens qui existent entre intérêts politiques et passions personnelles. Toutefois les textes écrits dans le sillage des *Mémoires de la vie de Henriette-Sylvie de Molière* (1671-1674) par Mme de Villedieu, d'une esthétique envahie par les genres galants et le « petit roman », présentent des caractéristiques fort différentes des Mémoires aristocratiques, et les lecteurs de l'époque faisaient parfaitement la différence entre les témoignages des grands acteurs ou actrices de l'histoire et ces autobiographies romancées, au point que Bayle finira par protester contre ce « mélange de vérité et de fable » qu'il observait dans les faux Mémoires, et qui selon lui per- vertissait « le goût des jeunes gens » (Zuber & Cuénin, 1984, p. 160). Ajoutons que les lecteurs et lectrices des *Mémoires* de Marguerite, dont une bonne partie appartenaient au même milieu que la reine, avaient leurs propres sources d'informations, et n'auraient certainement pas manqué d'identifier une compilation fallacieuse, n'ont jamais tenu le texte pour suspect. Les témoignages que nous avons à ce sujet montrent au contraire qu'elles et ils les ont lus avec le plus grand intérêt et s'en sont parfois inspirés au moment de se mettre à l'ouvrage (la Grande Mademoiselle, notamment).

L'hypothèse du texte apocryphe pose au reste des questions inévitables : qui aurait eu intérêt à le produire en 1628, et qui aurait pu l'écrire ? À la première question, Bourgeon ne consacre que quelques lignes – d'ailleurs contradictoires. Une première hypothèse lui vient en lançant l'idée que bien d'autres Mémoires pourraient être des faux (« car, dit-il, tant qu'à jeter un pavé dans la mare, mieux vaut en lancer plusieurs à la fois »). De « grandes maisons nobiliaires » auraient pu les faire écrire dans un but « publicitaire » : les Bouillons, par exemple, pourraient être à l'origine des *Mémoires* de Turenne, qui semblent à l'historien « de la même eau que ceux de Marguerite de Valois : ne s'y trouve qu'un récit soigneusement dosé et arrangé, au style incolore, à la morale platement conventionnelle – bref un pur produit commercial, taillé sur mesure, pour plaire à la bonne société de la mi-XVIIe siècle » (Bourgeon, 1989, p. 107). Passons sur l'inanité d'une telle comparaison, qui sautera aux yeux des personnes connaissant les deux textes – et qui contredit les propos soutenus ailleurs par Bourgeon quant à la violence des attaques religieuses de l'œuvre de Marguerite, ou à son aspect racoleur et exhibitionniste, ou au ridicule de certaines descriptions –, pour nous concentrer sur l'essentiel : quelle « grande maison nobiliaire », en 1628, aurait pu espérer récupérer une partie du lustre émanant de l'autobiographie de cette reine morte sans descendance, issue d'une famille honnie, et dont le souvenir était controversé[10] ?

Dans son livre, Bourgeon suit une autre piste en revenant sur les « faux Mémoires » de Marguerite et de Tavannes : les Gondi et les Tavannes seraient à l'origine de ces « montages » réalisés dans le but de « se disculper d'avoir trempé dans les tueries d'août 1572 » (Bourgeon, 1992b, p. 15). Il est bien possible que Tavannes-fils ait voulu laver son père des plus grosses accusations qui pesaient sur lui depuis le massacre, en évoquant par exemple la scène où se discuta le sort de Navarre et de Condé, et en le montrant partisan de la clémence pour ces deux-là. Mais les Gondi, c'est-à-dire les Retz, ne peuvent pas être à l'origine des

---

10   Voir Viennot, 2005, p. 338 et suiv.

Mémoires de Marguerite. Au contraire. La reine donnait en effet dans son récit de la Saint-Barthélemy un rôle central au maréchal de Retz (puisque c'est lui, on s'en souvient, qui parvenait à emporter l'adhésion de Charles), un rôle qui pouvait paraitre d'autant plus remarquable que le témoignage de la mémorialiste restait fort discret sur les « autres princes et capitaines catholiques » (*Mém.*, p. 97) associés à la décision de la Couronne[11]. Loin d'avoir intérêt à la mise en circulation des *Mémoires* de la reine, les Retz ne pouvaient que se sentir offensé·es par un texte émanant d'un si haut personnage et qui ternissait la réputa-tion de leur ancêtre. Au point que lorsqu'on cherche qui pourrait être à l'origine de l'interdiction qui frappa l'œuvre à sa sortie[12], on tombe assez naturellement sur cette maison devenue en quelques générations l'une des plus puissantes de France. C'est elle qui, très probablement, avait commandité en 1623 à Jean-Baptiste Matthieu la rédaction du *Discours du roi Henry III* qui, s'opposant au témoignage de Tavannes, lavait Gondi de toute responsabilité dans le massacre. N'est-ce pas elle qui tenta d'empêcher la diffusion des *Mémoires* de Marguerite, qui réduisaient cette propagande à néant ? Et n'est-ce pas encore elle qui, parce que le texte connaissait un franc succès malgré l'interdiction (six réimpressions pour les seules années 1628 et 1629), fit de nouveau pression sur l'historiographe pour qu'il republie le *Discours* en 1631, dans sa grande *Histoire de France*[13] ?

L'hypothèse inverse (que les *Mémoires* soient sortis de l'officine d'une maison hostile aux Retz) n'est pas envisageable non plus : le maréchal n'était évoqué par Marguerite qu'en cette unique occasion. L'observation est d'ailleurs généralisable. Aucun ancêtre des maisons les plus en vue au début du XVIIe siècle ne subit dans ce texte un traitement particu-lier, qu'il soit dépréciatif ou laudatif. Les Condé et les Montmorency sont à peine évoqués ; Turenne est gratifié d'un maigre « bon parent » (*Mém.*, p. 198) ; La Rochefoucauld n'est mentionné qu'à propos de la tristesse que Charles eut à décider sa mort. De fait, les louanges de la

---

11 Il est vrai qu'ils ne sont, à bien lire Marguerite, que des exécutants. Il n'y eut pas, selon elle, de « conseil » décidant du massacre, ce qui rejoint… les analyses de Bourgeon.

12 Nous n'avons pas le texte de l'arrêt, mais seulement celui qui prévoit la levée de la première sanction : il libère pénalement les libraires mais maintient l'interdiction de publier le livre (Paris, BnF, ms fr. 22087).

13 Bordier (1879, p. 67-68) suggère que c'est Pierre Mathieu, père de Jean-Baptiste, qui écrivit le *Discours* ; Mariéjol (1928, p. 47) opte pour le fils.

reine (envers Charles IX, Alençon, Bussy d'Amboise…), comme ses propos les plus durs (envers Henri III, Du Guast, Sauve, Le Pin…), vont à des gens dont on ne se souciait plus en 1628, dont la plupart avaient disparu sans enfants, et dont certains étaient morts accablés de la pire réputation. Si l'un des puissants de l'époque eut l'idée de faire rédiger cette œuvre pour se mettre en valeur ou faire du tort à un ennemi, il faut qu'il se soit bien mal fait comprendre et qu'il ait été bien mal servi par l'exécutant qu'il employa à cet effet !

Que le texte ne s'inscrive pas dans les enjeux politiques immédiats de 1628 semble d'ailleurs confirmé par le fait qu'il obtint le privilège d'être publié, et que, malgré l'interdiction (d'ailleurs assez vite adoucie), il poursuivit en France une carrière éclatante. Pour autant, on ne peut pas penser que Richelieu – car c'est lui qui, dès cette époque, a la haute main sur ce qui se publie – avait intérêt à sa divulgation, voire le fit écrire. On ne voit pas, en fonction des arguments qui viennent d'être développés, quel aurait été son intérêt à le faire. En outre, les *Mémoires* de Marguerite contenaient des propos relativement dérangeants pour la royauté. On lisait en effet, dans la description de la cérémonie nuptiale de la reine et du futur Henri IV, que « les paroles accoutumées en tel cas » (*Mém.*, p. 91) avaient bel et bien été prononcées, ce qui contredisait toute la fable laborieusement construite au moment de l'annulation du mariage, et sur laquelle reposait la légitimité de la famille régnante[14]. Par ailleurs, le père du souverain en place, même auréolé des épithètes « brave et magnanime » (*ibid.*, p 89), était parfois bien égratigné par la plume de son épouse sur le plan de l'honneur. Que Richelieu ait « laissé passer » ce texte, qu'il n'ait pas insisté pour le faire interdire, et qu'il n'ait pas porté grief à son éditeur (au point qu'il devait devenir l'un des premiers membres de l'académie), laisse penser qu'il ne voyait pas de gros dangers à sa publication, ou du moins que la qualité littéraire de l'œuvre et l'admiration qu'il avait pour son autrice (qu'il avouera dans

---

14   L'un des motifs retenus pour rompre l'union (véritable) fut que les deux époux étaient proches parents et s'étaient pourtant mariés sans dispense papale ; l'autre (inventé) fut que le mariage avait eu lieu sans le consentement de la mariée, qui n'avait pas prononcé les paroles requises. La contestation de la légitimité de la dissolution du mariage, entrainant *de facto* celle de la légitimité du dauphin, avait suscité des complots dans les premières années du XVIIᵉ siècle (voir ce volume p. 27 et suiv., et p. 63 et suiv.). C'est pour montrer à tous que son consentement n'avait pas été arraché à Marguerite qu'Henri IV accepta ses conditions (pensions ; retour à Paris), puis prit soin de la faire participer à toutes les cérémonies officielles de la monarchie.

ses propres *Mémoires*) lui semblèrent plus importantes que les petits accrocs ainsi faits à l'image de marque de la monarchie[15].

La deuxième question – qui aurait pu écrire un tel texte ? – est tout aussi embarrassante, et elle débouche sur le même vide. Bourgeon émet ici deux hypothèses, qui ne sont pas plus solides que les autres : « Un familier, un secrétaire intime, l'un des nombreux hommes de lettres (ou une femme, pourquoi pas ?) de son entourage, a pu recueillir ses souvenirs, voire provoquer ses confidences (les veillées devaient être bien longues au château d'Usson pendant ces années de réclusion, 1586-1605). Ces Mémoires apocryphes peuvent avoir été composés autour d'un petit noyau de données authentiques, mais comment le savoir exactement ? » (Bourgeon, 1989, p. 106). Ces supputations sont vaines. Si les veillées étaient longues à Usson, elles l'étaient pour tout le monde, et l'on ne voit pas pourquoi la reine Marguerite ne les aurait pas remplies à écrire elle-même son autobiographie : elle était la personne la mieux placée pour le faire, du point de vue de la matière comme de la manière. On ne voit pas non plus quel intérêt il y aurait eu pour des familiers ou familières de la reine à se dissimuler derrière elle, plutôt que de produire, sous leur nom, des « Mémoires pour servir à l'histoire de… ». Ç'eût été se condamner à ne tirer aucun bénéfice de leur œuvre – or c'est cela qu'ils et elles cherchaient en fréquentant Marguerite, comme le montre l'utilisation commerciale que certains firent de son nom après sa mort[16]. Au reste il faudrait dire qui, de ces secrétaires ou hommes et femmes de lettres, aurait pu écrire un texte pareil : les « talents » qui entouraient la reine dans les dernières années du XVIe sont connus[17], et l'examen de leurs productions n'autorise aucunement à prêter à l'une ou l'autre d'entre eux le petit chef-d'œuvre que nous avons entre les mains.

Seconde hypothèse : l'éditeur. « On aimerait, en tout cas, en apprendre davantage sur cet Auger de Mauléon, sieur de Granier, à qui, au XVIIe siècle, on attribuait sinon la rédaction *ex nihilo* de ces *Mémoires*,

---

15   Deux ans plus tard, par contre, c'est-à-dire après la Journée des Dupes et le triomphe du cardinal sur la coalition Marie de Médicis-Anne d'Autriche, il fera, comme le dit un contemporain, discréditer « toutes les femmes » – dont la reine Marguerite – par ses historiographes (voir Viennot, 2005, p. 346 et suiv.). Richelieu évoque la reine (et son style) dans l'*Histoire de la mère et du fils*, avouée par Mézeray, 1730, p. 108-110.

16   Par exemple en mentionnant dans les sous-titres de leurs ouvrages la fonction qu'ils avaient occupée chez elle ou le degré de familiarité qu'elle avait avec leurs écrits (voir Viennot, 2005, p. 338).

17   Voir Simone Ratel, 1924 et 1925.

du moins le mérite de les avoir "donnés au public", prudente et pudique formule... Qui sait s'il n'a pas tronqué ou découpé, arrangé ou défiguré, les rares sources initiales ? » (Bourgeon, 1989, p. 106). L'assertion est aventureuse, une fois de plus. L'expression « donner au public » est traditionnelle en la matière : elle n'a rien de contourné et ne veut pas dire « forger de toutes pièces ». Il y a d'ailleurs fort à parier que l'obscurité qui entoure le premier éditeur de la reine serait moindre s'il avait été capable d'écrire une telle œuvre : étant donné son succès commercial, il aurait récidivé ! Et s'il s'était borné à la faire produire par un obscur écrivain (qui aurait accepté de le rester après une telle réussite ?), il se serait dépêché d'exploiter le filon, en donnant par exemple une suite au texte – d'autant que celui-ci s'interrompt brutalement au début de l'année 1582 – ou en en « découvrant » d'autres de la même autrice !

Il faut donc se résoudre à abandonner cette piste, comme les autres. Que Granier ait fait subir des manipulations au récit de Marguerite, cela est possible, mais que dire de plus ? Tant que nous n'aurons pas retrouvé le manuscrit des *Mémoires* (qui manque, pour ceux-là comme pour tant d'autres de la même espèce), bien malin qui pourra avancer sur ce terrain. Une remarque de bon sens toutefois : si l'éditeur, qui ne manquait pas d'ambitions littéraires comme on le sait, avait voulu « arranger » ce texte, il aurait peut-être commencé par remplir les trois lacunes que celui-ci présente, et qui sont du plus fâcheux effet puisque la narration est interrompue par des points de suspension. La première nous prive d'un bon mot de Mme de Nevers devant la dépouille mortelle de Jeanne d'Albret, que Marguerite annonce comme ne manquant pas de piquant (*Mém.*, p. 91). La seconde raccourcit de quelques lignes la description fort brillante de la cérémonie du mariage (*ibid.*, p. 92). La troisième tronque sérieusement l'année 1573 (*ibid.*, p. 101). Il ne reste là qu'à soupçonner Granier d'avoir créé tout exprès ces interruptions, « pour faire plus vrai »...

Terminons ce chapitre par deux « mystères » que contenait l'œuvre aux yeux de ses premiers lecteurs, et qui ne furent éclaircis que bien tard. Le premier est celui de l'identité du dédicataire des *Mémoires*, Brantôme. Disons tout d'abord que, contrairement à ce que dit Bourgeon, celui-ci n'avait rien de « quelconque » pour Marguerite : fidèle d'Henri II et de Charles IX, ami de Ronsard et de Bussy d'Amboise, il était le cousin germain de la duchesse de Retz, l'une des meilleures amies de la reine ; il était en outre, au moment où lui était venue l'idée d'écrire sur ses contemporains et ses contemporaines célèbres, en exil sur ses terres périgourdines, non loin de Marguerite, et victime comme elle de la disgrâce d'Henri III. Les deux personnages avaient donc bien des raisons de se sentir complices, et ce n'était certainement pas pour la reine « déroger » que prendre la plume, en cette période de loisirs forcés, pour rectifier les erreurs qui s'étaient glissées dans le *Discours* de son « historien » – puisque telles sont les intentions qu'affichent les premières pages des *Mémoires*. Mais ajoutons l'essentiel : les lecteurs de 1628, qui ignoraient ces détails et qui ne connaissaient pas le texte de Brantôme (il ne devait être publié qu'en 1665), ne comprirent pas à qui s'adressait la reine – et Granier pas davantage qu'un autre. Aussi affirme-t-il dans son introduction que l'œuvre est dédiée à Charles de Vivonne, baron de La Châtaigneraie. Ce n'est qu'en 1675 que le savant Paul Colomiès, après avoir comparé les deux textes, identifia correctement le destinataire de l'œuvre : « Messire Pierre de Bourdeille, seigneur de Brantôme, l'un des plus dignes hommes de son temps, qui a fait un Discours sur la vie de la Reine Marguerite, inséré dans ses *Femmes illustres* » (Colomiès, 1675, p. 86). Nul doute qu'un auteur des années 1620 aurait – pour autant qu'on l'imagine capable d'avoir eu l'idée de la dédicace – choisi une personne plus connue de son public ; ou que le « familier » supposé aurait glissé dans le texte des indices plus clairs en vue de son identification.

Le second « mystère » concerne le Mémoire ju*stificatif* que Marguerite écrivit en 1574 à la demande de son mari, alors impliqué dans le complot des Malcontents, et qu'elle mentionne brièvement dans ses *Mémoires* : « Dieu me fit la grâce de le dresser si bien qu'il [*Navarre*] en demeura satisfait, et les commissaires étonnés de le voir si bien préparé » (*Mém.*, p. 105). C'était aussi l'avis des partisans du futur Henri IV, qui saluèrent l'habileté du plaidoyer de leur chef, mais n'apprirent jamais – c'est du moins ce qu'on peut conclure de leur unanime silence – qui l'avait écrit. Les lecteurs et lectrices de 1628 et des décennies suivantes ne comprirent pas à quoi faisaient allusion ces quelques lignes, qui ne présentaient d'enjeu ni pour elles ni pour la royauté : l'épisode remontait à la jeunesse du Premier Bourbon (qui ne faisait pas partie de la légende du « bon roi Henri »), et la révélation concernant la maternité du Mémoire était au reste sans importance. La publication du texte, sous le titre *Déclaration* *du roi de Navarre*, dans les additions que Le Laboureur donna en 1659 aux *Mémoires* de Castelnau, ne devait même pas éclaircir cette énigme, et ce n'est pas avant le XVIIIe siècle, vraisemblablement, que les érudits commencèrent à faire le rapprochement entre les deux œuvres ; et à rendre à Marguerite ce qui lui revenait[18]. Tout cela exclut, une fois de plus, une rédaction tardive des *Mémoires* de la reine, de même que leur fabrication par l'une ou l'autre de ses familiers.

L'UNITÉ D'UNE ŒUVRE

Les assertions de J.-L. Bourgeon s'écroulent donc comme un château de cartes quand on les examine de près, et l'examen de la situation politico-littéraire des années 20 du XVIIe siècle ne vient que renforcer la fragilité de ses hypothèses. Faute de raisons pour évincer Marguerite des auteurs ou autrices possibles des *Mémoires*, faute de commanditaires ayant eu intérêt à les faire produire, faute de plume ayant pu les écrire, et faute de lecteurs et lectrices aptes à comprendre leurs sous-entendus, il faut bien revenir à la reine de Navarre... Et formuler, sous forme de question, une dernière hypothèse : une telle contestation, en une telle absence de recherches pour l'étayer, aurait-elle pu être publiée, voire émise, si la première épouse d'Henri IV n'était pas devenue la reine Margot, c'est-à-dire une femme sur laquelle les plus invraisemblables calomnies se sont accumulées depuis trois siècles et demi, et une écrivaine sur laquelle personne (ou quasiment personne) n'a jamais travaillé sérieusement – même pas ses éditeurs[19] ?

La moindre lecture des écrits de Marguerite suffit en effet à se persuader qu'ils sont tous le produit de la même plume – hormis *La Ruelle mal assortie*, qui détonne cruellement dans cet ensemble. Qu'est-ce qui explique cette impression première ? Une unité de style, d'inspiration,

---

18   Rebaptisé *Mémoire justificatif pour Henri de Bourbon* par Antoine Mongez, qui le publie à la suite de son *Histoire de la reine Marguerite de Valois* (Mongez, 1777), ce texte est ensuite régulièrement donné après les *Mémoires* dans les éditions du XIXe et du XXe siècle ; sur les variations du titre, voir cet ouvrage, premier article, note 3.

19   À leur propos, voir Viennot, 2005, p. 420-425, 450-457, 486-487, 508-510, 513 ; Kervyn de Lettenhove, Charles Caboche et surtout Philippe Lauzun justifient seuls mon « quasiment ».

de ton, d'allure, de vocabulaire, la permanence d'un *moi* qui, quelles que soient les situations d'écriture, se pense et se met en scène de la même façon, une pugnacité et un sourire reconnaissables entre mille, et aussi une évolution personnelle dont les stades sont repérables en diachronie dans ses œuvres comme dans sa correspondance. S'il n'est pas question de refaire ici cette démonstration par trop longue[20], il est néanmoins nécessaire d'en reprendre les éléments les plus évidents.

La première comparaison qui s'impose est celle entre les *Mémoires* et le *Mémoire justificatif*. Écrites à vingt ans d'écart, les deux œuvres présentent beaucoup de points communs : le genre autobiographique apologétique tout d'abord, puisque le roi de Navarre retrace dans ce plaidoyer les grandes lignes de sa vie afin de mettre en valeur ce qui l'a conduit aux gestes de défiance de l'hiver 1573-1574 ; l'angle d'attaque délibérément affectif également, que résume bien Aubigné lorsqu'il souligne que, habilement, son maitre « à son audition, ne travailla point à la négative des choses alleguées, mais [...] se mit à justifier son désespoir par les maux qu'elle [*Catherine*] lui faisait » (*HU*, vol. 4, p. 200). Toutefois ce n'est pas seulement la manière qui rapproche les deux textes : c'est aussi l'accusation lancinante du manque d'amour adressée à la mère, de son éternelle préférence pour le futur Henri III, et, face à cette iniquité sans borne, la répétition des efforts désespérés (de Navarre dans le texte de 1574, de Marguerite dans celui de 1594) pour la quête de son attention, de sa reconnaissance. Ce sont encore les remarques acerbes contre Henri lui-même, qui, au moment de son départ en Pologne « ne se souvint de vous supplier, Madame, que vous m'eussiez en votre protection ; mais au contraire il vous recommanda Monsieur de Guise » (*Mém.*, p. 235), et qui vingt ans plus tard est décrit sous un jour pareillement fourbe en cette même circonstance : il « s'essaya par tous moyens de me faire oublier les mauvais offices de son ingratitude » (*Mém.*, p. 101). Ce sont enfin les attaques contre le détesté Du Guast, « en qui le roi de Pologne [*Henri*] se fiait entièrement » (*ibid.*, p. 244) et « duquel il était tellement possédé, qu'il ne voyait que par ses yeux et ne parlait que par sa bouche » (*ibid.*, p. 84). En bref, il n'est pas étonnant qu'une fois établie l'attribution du plaidoyer, elle n'ait jamais été contestée.

D'autres comparaisons peuvent être faites entre les *Mémoires* et les lettres de la reine. Bien que celles-ci ne constituent pas un corpus

---

20   On la retrouvera soutenue dans les introductions de ses œuvres (*Cor.* et *Mém.*).

homogène – elles couvrent près de cinquante ans et sont adressées à des gens très différents, avec lesquels Marguerite n'avait pas le même degré de familiarité –, on en trouve en effet qui sont extrêmement proches de l'autobiographie. Dans les lettres un peu longues notamment, quand Marguerite se laisse aller à *raconter* quelque chose, son style renoue, pour quelques lignes ou quelques pages (car ces lettres ne sont pas « travaillées ») avec toutes les caractéristiques des *Mémoires* : récit qui va droit au but, courtes mises en scènes, accélérations soudaines du rythme, passages au présent de narration, réflexions glissées entre deux virgules, notations anaphoriques, effets de surprise préparé, sourire amusé... C'est le cas, par exemple, d'une lettre de 1602 dans laquelle elle explique au président Antoine Séguier la longue dispute qu'elle eut à Carlat avec Choisnin, et où l'on retrouve presque tous ces traits :

> Regardant de choisir entre mes serviteurs quelqu'un capable et fidèle, le malheur voulut que je fis élection de ce méchant homme, et lui ayant baillé des instructions et des lettres, selon le temps et le besoin que j'en avais lors, il fait le voyage et m'en rapporte réponse. [...] Il me demanda six mille écus de récompense, qu'il voulait avoir comptant, sachant bien qu'alors j'en étais incommodée. Je lui dis qu'il savait bien que je ne pouvais faire cela, et que je lui en ferais expédier un bon pour le payer à ma commodité. Cela ne pouvant contenter son avarice et son ambition, sa rage allant toujours croissant, il ne passait jour qu'il ne tâchât de m'offenser ou me déplaire en quelque chose ; enfin, il fut si outrecuidé qu'il bailla un soufflet à mon huissier, à la porte de ma chambre (*Cor.*, lettre 344).

D'autres fois, ce sont des formules qui reviennent, presque à l'identique, à propos des mêmes événements ; ainsi l'obligation fâcheuse où elle se voit de prendre le parti de son mari pendant la « guerre des amoureux » est-elle exposée dans une lettre envoyée à Catherine au printemps 1580, et reprise, en des termes très proches dans les *Mémoires*, comme si le souvenir de l'épisode réveillait jusqu'aux mots mêmes avec lesquels il avait été vécu, relaté.

> Le respect et l'obéissance que je dois au roi et à vous, Madame, joint à l'affection que je dois avoir au repos de cet État, combattrait en mon âme avec l'amitié et fidélité à quoi je suis obligée au roi mon mari, ce qui me commande de participer à toutes ses afflictions. [...] en cette misérable condition, je cours fortune (*Cor.*, lettre 77).

> Dès le commencement de cette guerre, voyant l'honneur que le roi mon mari me faisait de m'aimer me commandait de ne l'abandonner, je me résolus de

courre sa fortune, non sans extrême regret de voir que le motif de cette guerre fut tel, que je ne pouvais souhaiter l'avantage de l'un ou de l'autre [parti] que je ne souhaitasse mon dommage (*Mém.*, p. 202).

D'autres fois encore, le récit de l'autobiographie est corroboré par des lettres datant de l'époque évoquée. Le tableau qu'elle brosse de son malheur à Bagnères, où Navarre l'avait laissée en 1581 pour mieux s'occuper de Fosseuse enceinte, et que tentait d'atténuer « toute la noblesse catholique de ce quartier-là » (*ibid.*, p. 210), est ainsi très précisément attesté par deux lettres contemporaines, l'une à Champvallon, à qui elle dépeint sa tristesse et sa solitude, l'autre à son époux, dans laquelle elle décrit les efforts qu'on fait autour d'elle pour la distraire[21]. D'autres fois enfin, ce sont des lettres qu'elle dit avoir rédigées, et que nous possédons.

Les *Mémoires* peuvent encore être rapprochés d'un sonnet de décembre 1593, jusqu'ici inédit, et qui constitue une sorte de double poétique (une première ébauche ?) de leur dédicace. La reine s'y adresse à un

Ami qui [va] cherchant dans la masse pierreuse
De ce fatal rocher la grandeur qu'autrefois
[il a] vu resplendir au palais de nos rois (*Mém.*, p. 293).

et lui demande de ne plus « se travailler » à cette peine ; elle n'est plus en effet la « perle précieuse » qu'il a connue, étant devenue « de notre injuste siècle une marque piteuse ». Cependant elle tient bon sur son « rocher, vrai vaisseau de salut », car elle s'en est remise à Dieu. Ce texte renvoie de manière étonnante à l'ouverture des *Mémoires* : même adresse, même thématique, même mouvement général (vous me décrivez superbe, mais je ne suis plus celle que vous avez connue ; cependant je suis bien dans ma vie d'aujourd'hui) et, dans les deux cas, une allusion aux *Regrets* de Du Bellay (citation explicite dans l'autobiographie ; reprise d'une thématique récurrente au recueil dans le sonnet). Mais le poème renvoie aussi, d'une manière qui lie définitivement les trois textes, au *Discours* de Brantôme : au commentaire du panégyriste lui-même, qui atteste, d'après ce que lui ont dit des amis communs, qu'« elle a pris son recours seul à Dieu » (*DRN*, p. 155) ; et à une lettre de la reine (qu'il cite *in extenso*), dans laquelle elle l'appelle son « ami », le remercie

---

21   *Cor.*, respectivement lettres 115 et 114.

de rester fidèle à ce « peu qui reste d'un si misérable naufrage », et lui explique qu'Usson est l'« arche de salut » où Dieu l'a logée (*ibid.*, p. 156 et *Cor.*, lettre 248).

Les *Mémoires* peuvent enfin être replacés dans l'ensemble des écrits de la reine du point de vue de l'évolution personnelle de celle-ci. L'étude des images et des comparaisons qui viennent sous sa plume lorsqu'elle parle d'elle montre en effet que Marguerite s'est longtemps pensée comme un prince, un frère de ses frères, et plus exactement encore comme un « alter ego » d'Henri. Les premières fissures dans cette image de soi se sont faites sous le coup des humiliations que lui a infligées son mari (notamment à propos de Fosseuse) et qui l'ont conduite à ce désir de n'être pas une femme, dont témoigne l'ouverture des *Mémoires* : « Je blâme mon sexe [...] et n'en voudrais tenir cette condition » (*Mém.*, p. 69). Mais l'annulation de son mariage (l'abandon d'un statut qu'elle n'avait jamais vraiment pu assumer) et la mort de ses frères (la dislocation des rôles assignés à chacun au sein de la fratrie) ont permis à la reine, au terme d'un long processus, de se constituer une identité de femme débarrassée de toute connotation négative.

Les deux extrémités de cette évolution sont représentées, de manière presque caricaturale, l'une par le *Mémoire justificatif* (texte écrit pour un homme, signé d'un nom d'homme, et où elle dit *je* sans le moindre « jeu », puisqu'elle s'engouffre dans la parole du locuteur), et l'autre par le *Discours docte et subtil*, manifeste féministe dans lequel la reine défend avec panache l'honneur de son sexe. Entre les deux, plusieurs centaines de lettres où les représentations masculines et les neutres linguistiques abondent tout d'abord, puis diminuent, jusqu'à disparaitre complètement dans les dernières années de sa vie. Entre les deux, surtout, les *Mémoires*, dont la rédaction joua sans doute un rôle décisif dans cette mutation, et qui occupent ici, de tous points de vue, une place médiane. Écrits vingt ans après le plaidoyer et vingt ans avant le manifeste, ils sont remplis d'identifications masculines mais témoignent à plusieurs reprises de la présence d'une faille dans ce système de représentation[22].

Terminons cette réflexion par un retour sur l'œuvre elle-même, considérée dans sa logique interne : sur l'aspect délibérément auto-biographique, et profondément novateur, du texte. Comme l'a en effet souligné André Bertière, les *Mémoires* de Marguerite « font exception »

---

22 Voir Viennot, 1995, et ce volume, p. 221 et suiv.

dans l'histoire d'un genre qui ne trouva pas ses marques propres avant la seconde partie du XVIIᵉ siècle (Bertière, 1977, p. 26, n. 84). Jusque là, les auteurs de textes intitulés « mémoires » (avec ou sans majuscule) hésitent très fortement entre les souvenirs d'une vie et la relation historique ; par ailleurs, le personnage qui y prend la parole ose rarement se dire à la première personne et s'abrite le plus souvent derrière un *il* ou un *vous* chargé de créer l'illusion d'une distance. Marguerite, soixante ans avant ses illustres continuateurs et continuatrices, rompt doublement avec ce flou. Parfaitement au clair des distinctions (de contenu et de style) qui sont en train de se creuser entre les deux types d'écrits autrefois jumeaux, elle situe d'emblée son projet : « Je tracerai mes Mémoires, à qui je ne donnerai plus glorieux nom, bien qu'ils meritassent celui d'Histoire » (*Mém.*, p. 72). Et parce qu'elle n'a pas le *moi* honteux, elle s'installe magistralement au centre de son récit. D'où un texte essentiellement constitué d'événements vécus, où l'explication historique n'est mentionnée que pour autant qu'elle est utile à la mise en scène du *moi*. D'où, également, une infinité de notations et de détails qui *a priori* peuvent paraitre sans importance, mais qui témoignent – et c'est là le principal – de ce que fut l'existence d'une « très grande », en cette période où la Fortune n'épargna personne. D'où, enfin, la présence dans l'œuvre de très nombreuses marques symptomatiques de la remémoration : allongement du récit dans les moments glorieux, instants de jubilation ou d'abattement intenses, passages au présent de narration quand le souvenir se fait résurrection, réflexions qu'autorise le temps écoulé, comparaisons entre diverses époques, espacement progressif puis disparition des apostrophes au dédicataire-ami au fur et à mesure que la mémorialiste s'installe dans son tête-à-tête avec elle-même, oubli de ses engagements initiaux, etc. Quel familier ou familière, obscure ou non, quel auteur ou autrice des années 1620, aurait eu ainsi et l'audace d'inaugurer du point de vue du genre, et l'idée de concentrer le récit sur le vécu d'une autre (vécu de sa jeunesse qui plus est, le plus lointain, le moins connu), et une telle connaissance des lois de l'écriture des Mémoires ?

Une conclusion s'impose donc au terme de cette étude : en l'état actuel des recherches, la contestation de l'authenticité des *Mémoires* de Marguerite de Valois s'avère une entreprise dénuée de tout fondement. Est-elle pour autant gratuite ? C'est ce dont il est permis de douter : discréditer la sœur des derniers Valois est devenu, au cours des siècles, un sport national. Qu'on lui dénie à présent son talent d'écrivaine, en préférant attribuer son texte le plus illustre à n'importe quel·le inconnu·e (dont on n'a pas encore commencé de chercher la trace) plutôt qu'à elle, témoigne de la malveillance persistante qui pèse sur ce personnage. Et que l'attaque vienne d'un historien si désireux de déconstruire les légendes n'en est que plus remarquable. Les pertinentes analyses de Jean-Louis Bourgeon sur la mythologie qui entoure la Saint-Barthélemy, sur la fascination que cette mythologie exerce chez les meilleurs historiens français, sur leurs réticences à remettre en cause une tradition qui s'habille des plus grands noms (Michelet notamment), sur les enjeux de mémoire qui pèsent sur la période, sur l'importance de la composante idéologique qui entre dans la « fabrication de l'histoire », etc., pourraient en effet être appliquées mot pour mot au personnage de Marguerite de Valois. Plus : c'est parce que la dernière fille de Catherine de Médicis est l'un des fleurons de cette famille impliquée (à quelque degré que ce soit) dans le bain de sang d'août 1572, que l'historiographie s'est acharnée sur elle – même si des adversaires particuliers se sont ajoutés, en ce qui la concerne (parce qu'elle était une femme, une érudite, une épouse d'Henri IV, une partisane de la Réforme catholique…) à la cohorte des ennemis des derniers Valois.

La dernière question qui vient à l'esprit est donc celle-ci : pour-quoi Bourgeon, au mépris de ses principes, tient-il tant à disqualifier Marguerite comme autrice de ses *Mémoires* ? Parce que le témoignage qu'ils contiennent sur la Saint-Barthélemy est l'un de ceux qui mettent le plus à mal son interprétation des évènements. Si la famille royale avait été victime, comme il le soutient, d'un coup de force imposé par l'Espagne et exécuté par les Guises avec la complicité active de la milice parisienne, si tous les soins de Charles n'avaient été que pour empêcher les deux communautés de s'entre-tuer, bref s'il avait été possible pour Marguerite de clamer l'innocence des siens, pourquoi les aurait-elle chargés de ce crime odieux *tout en plaidant pour eux les circonstances atté-nuantes* (Catherine s'est affolée, Charles a résisté jusqu'au bout) ? L'aporie est complète. Si la famille royale n'est coupable de rien, Marguerite ne peut avoir écrit ses *Mémoires*, donc c'est un autre, une autre, qui les a écrits. Mais si, comme nous espérons l'avoir démontré, la reine est bien l'autrice de son autobiographie, alors il faut abandonner la thèse de l'innocence complète de la Couronne... L'histoire de la Saint-Barthélemy n'est certes pas limpide, et il y a fort à parier qu'elle ne nous livrera jamais tous ses secrets. Mais le peu de lumière qu'y peuvent apporter les spécialistes de l'histoire ne viendra sûrement jamais de l'élimination arbitraire des sources qui ne leur conviennent pas. Le témoignage de Marguerite de Valois est, avec les limites que nous avons vues, l'un de ceux qui sont incontournables.

MARGUERITE DE VALOIS ET *LA RUELLE MAL ASSORTIE*, UNE ATTRIBUTION ERRONÉE

En 1971, Yves Cazaux proposait à la collection « Le Temps Retrouvé » du Mercure de France une nouvelle édition des *Mémoires de Marguerite de Valois, la Reine Margot, suivis de Lettres et autres écrits*[1]. Parmi ces « autres écrits » se trouvaient non seulement le *Mémoire Justificatif pour Henri de Bourbon*, de longue date publié avec l'œuvre majeure de la première épouse d'Henri IV, mais aussi, pour la première fois dans un tel recueil, un court dialogue libertin intitulé *La Ruelle mal assortie*, que Cazaux présentait comme « une charmante satire de Marguerite par elle-même » (*LRMA*, p. 27), sans rappeler que cette attribution avait fait l'objet de contestations dans le milieu de la recherche, et sans même remarquer que cette petite pièce détonait terriblement dans l'ensemble qu'il présentait. L'idée que la reine puisse en être l'autrice n'était pourtant pas de lui. Elle remontait à la première moitié du XIXe siècle et s'appuyait sur un passage des *Historiettes* de Tallemant des Réaux, redécouvertes et publiées pour la première fois en 1834 : « On a une pièce d'elle qu'elle a intitulé : La Ruelle mal assortie, où l'on peut voir quel était son style de galanterie » (Tallemant, 1960, p. 60). Malgré la fantaisie qui caractérisait l'ensemble de l'Historiette consacrée à Marguerite par l'ami de la marquise de Rambouillet, malgré l'absence d'autres témoignages de contemporains ou de survivants de la reine, et malgré l'invraisemblance de cette attribution que la logique récuse, l'idée avait alors emporté l'adhésion de plusieurs historiens, plus séduits par le mythe de la Reine Margot – alors en pleine élaboration – que prompts à le contester.

Trop d'éléments, cependant, appellent à une révision de cette attribution. Si l'on détache, en effet, la dernière reine de Navarre de la

---

1   Cet article a paru dans la *Nouvelle Revue du Seizième Siècle*, n° 10, 1992, p. 81-98. Les numéros de pages entre parenthèses renvoient à l'édition Cazaux, précédés de l'acronyme *LRMA*.

légende dans laquelle l'a figée le XIXᵉ siècle, on voit mal les raisons qui l'auraient poussée à écrire contre elle-même ce texte aussi dégradant pour sa personne que pour ses idées les plus chères. Une analyse comparée du style, des images, du vocabulaire, de l'inspiration de la *Ruelle* et des autres écrits de la reine montre d'autre part qu'on n'y retrouve aucune caractéristique commune. L'étude des manuscrits et de la première édition indique par ailleurs que les premiers lecteurs de ce dialogue avaient très nettement conscience d'être en présence d'une satire. Enfin, les méthodes par lesquelles trois éditeurs de la reine se sont efforcés d'accréditer cette thèse sont trop suspectes pour qu'on ne remette pas en cause leurs conclusions. Toutes ces évidences auraient pu apparaitre beaucoup plus tôt si Marguerite de Valois était demeurée un sujet d'étude, si elle n'était pas devenue pour des historiens plus ou moins sérieux un pur prétexte à alimenter sa légende, et si elle n'était pas, aujourd'hui, tombée dans les ornières de la petite histoire. Reste une question : si la *Ruelle* n'est pas d'elle, de qui est-elle ?

UN TEXTE SATIRIQUE, ANTI-FÉMINISTE ET ANTI-NÉOPLATONICIEN

La Ruelle mal assortie est un court et leste dialogue entre une Dame savante éprise d'idéal et un jeune Gascon inculte qui ne peut la satisfaire que physiquement – ce à quoi elle se résout après avoir vainement essayé de le convertir à l'honnête conversation d'amour. Les personnages, ridicules dans leur excès même, sont brossés de manière à mettre en relief leurs défauts respectifs, mais dans une opposition qui ne disqualifie en fin de compte que la Dame. C'est une pédante. Elle use de mots que son interlocuteur ne comprend pas, comme le terme « philautie » – amour de soi – (*LRMA*, p. 174), qu'elle refuse de lui expliquer tant il est sot. Dans toutes ses répliques, elle affiche sa culture, sa connaissance des auteurs anciens et des poètes modernes, ou encore de la mythologie grecque. Faisant allusion au frère d'Éros, elle demande par exemple à son amant médusé : « Croyez-vous que l'Antéros que vous élevez augmente ainsi mon amour, et que leurs mutuels regards et leurs volontés réciproques

contribuent à leur accroissement ? » (*ibid.*, p. 175). Adepte du néoplatonisme, elle en prêche lourdement la doctrine : les « vraies voluptés [...]
viennent de l'âme par raison de science ; mais [...] les fausses voluptés
[...] procèdent des sens extérieurs » (*ibid.*, p. 177). Au delà de la théorie,
elle avoue son inclination pour « ces petites voluptés qui proviennent
des yeux et de la parole, qui sont, sans comparaison, d'un gout plus
savoureux et de plus de douceur que cet autre plaisir que nous avons de
commun avec les bêtes » (*ibid.*, p. 175). Et elle affirme encore : « L'esprit
[...] est bien plus à aimer [que le corps], c'est lui qui tient le cœur quand
la beauté l'a pris » (*ibid.*, p. 177).

Mais la Dame a d'autres défauts. Volontiers tyrannique, elle régente
tout autour d'elle, jusqu'aux détails de l'habit de son amant :

> – Je vous trouve fort bien vêtu, et faut dire la vérité, ces couleurs claires
> donnent un lustre au visage, et les bas attachés agencent fort une belle taille.
> – Ils contraignent bien en récompense.
> – Ho ! Ho ! Je vois bien que c'est ; vous voudriez que je vous laissasse porter
> des valises [?] pour être à votre aise ; il n'en sera pas ainsi. Il faut des bas
> entiers, une fraise, une épée, une plume (*LRMA.*, p. 175).

Elle rappelle ainsi qu'elle est en droit d'imposer ce qu'elle veut, et
s'exalte de son pouvoir : « Moi sous qui tout fléchit, pérore-t-elle ; moi
coutumière à donner des lois à qui bon me semble, et moi qui n'obéis
jamais qu'à mon seul plaisir » (*ibid.*, p. 178). Elle va même jusqu'à
séquestrer son amant, d'où la plainte de celui-ci : « Mon déduit est ma
chambre, où vous me tenez toujours enfermé » (*ibid.*, p. 176).

L'objet de ses efforts, toutefois, n'est pas de cloitrer son compagnon,
mais de le faire parler. Son goût pour la discussion intellectuelle est en
effet immodéré : « Je vous aime bien sans tant philosopher », soupire le
Gascon, à la torture (*ibid.*). Mais la Dame revient à la charge : « Pourquoi
ne parlez-vous ? [...] ne vous convié-je pas assez à parler, et ne vous
ouvré-je assez de sujets ? » (*ibid.*, p. 178-179). Devant son mutisme, elle
insiste : « Causons, causons ! » (*ibid.*, p. 179), et elle finit par faire les
« deux personnages », en lui suggérant un discours :

> Dites comme moi : « Pourquoi ne pouvez-vous, belle reine de mes pensées,
> fortifier mon cœur contre tant d'appréhensions qui l'assaillent, affermissant
> en sorte cette mienne félicité que je puisse desormais vivre sans crainte d'en
> être dépossédé » (*ibid.*).

Mais lorsque l'amant se lance maladroitement à répéter les paroles proposées, il mélange savoureusement les phrases :

> Pourquoi, belle reine des miennes pensées, fortifiez-vous mon cœur d'appréhension, assaillant, affermissant en sorte la mienne félicité que je puisse vivre sans être dépossédé ? (*ibid.*, p. 180).

Le discours se retourne, se faisant insultant : « Suis-je pas cet adorateur de vos grâces » devient « Suis-je pas cet adorateur de vos disgrâces », « admirer » devient « ruminer », etc. Et la Dame de conclure : « Voilà bon galimatias » (*ibid.*), avant de lui demander de se taire pour de bon.

Le Gascon qui lui donne la réplique est, plus qu'un second protagoniste, un amusant « faire-dévaloir » de la Dame, dans un procédé qui fait système. Ainsi, son inculture ne fait qu'accentuer le pédantisme de son amie. Les mots compliqués, comme les allusions mythologiques, ne provoquent chez lui que haussements d'épaules. « N'entendez-vous point ce langage ? » (*ibid.*, p. 175), questionne-t-elle excédée avant de lui reprocher de ne tirer aucun fruit de ses enseignements. Et elle lui conseille des lectures de son goût, mais manifestement hors de portée du pauvre homme : « Vous feriez bien mieux d'employer le temps à lire l'Equicola, Léon Hébrieux [*Léon l'Hébreux*] ou Marcel Ficin, qu'en l'entretien de ces coquettes qui parlent toujours et ne disent rien » (*ibid.*, p. 176).

Le personnage masculin est aussi terriblement docile, ce qui fait ressortir la tyrannie de sa maitresse : « Je viens quand vous me mandez venir », « Je suis captif et dépends de vos volontés » (*ibid.*, p. 173), serine-t-il. Sa simplicité d'esprit éclate dans chacune de ses répliques, qui tiennent toutes en une ligne – exception faite de celle où il tente de répéter le discours qu'on lui a proposé –, alors que celles de son interlocutrice en atteignent facilement quinze. Grossier, il s'oppose brutalement aux valeurs prônées par la Dame, avouant qu'il prend « grand plaisir à faire la bête » (*ibid.*, p. 175), et qu'il « aime bien mieux le corps que l'esprit » (*ibid.*, p. 177). Il n'a finalement qu'une qualité : « Vous êtes aujourd'hui trop beau pour se mettre en colère » (*ibid.*, p. 174), dit la Dame au début du dialogue, laissant ainsi entendre l'irascibilité qui l'habite ordinairement.

La simplicité du jeune homme, son incapacité à être autre chose qu'un beau corps, sont accentuées par le mépris outrancier dont la Dame l'accable tout au long du texte :

> C'est sans contrainte [que vous faites la bête] et sans prendre grande peine,
> et crois qu'il faut bien, vu l'antipathie de nos humeurs, la discordance de nos
> génies et la dissemblance de nos idées, qu'il y ait quelque vertu secrète qui
> agisse pour vous ; autrement, à vous bien prendre, vous êtes plutôt digne de
> ma haine que de mon affection. Qu'en pensez-vous ? (*LRMA*, p. 175).

Elle se moque méchamment de lui, l'assimilant à tous

> les grossiers et ignorants [...] qui, n'ayant de quoi continuer longuement un
> discours, veulent venir aussitôt aux prises, interrompant mille petites delica-
> tesses qui s'éprouvent en l'entretien et communication des esprits (*ibid.*, p. 177).

Elle se plait aussi à l'humilier en lui rappelant d'où il vient :

> Vous que j'ai élevé de la poussière et limon de la terre ; vous que j'ai fait
> naitre en une nuit parmi les Grands, ours mal léché, niais, fat, facheux,
> mélancolique, et, bref, pour le dire en un mot, le plus goffé [*grossier*] Gascon
> qui jamais soit sorti de son pays (*ibid.*, p. 178).

Ce mépris réitéré de la Dame pour le jeune homme maintient entre
eux jusqu'au bout du dialogue une distance qui semble infranchissable,
et qu'annule brutalement la chute du texte. La « vertu secrète » du jeune
homme, mystérieusement évoquée en ouverture, s'y dévoile en effet de
manière très pragmatique, et sa beauté trouve un usage moins noble
que celui où l'on avait voulu la confiner :

> Puisque vous avez trop plus de grâces à vous taire [...] faut occuper désormais
> votre bouche à un autre usage, et en retirer quelque sorte de plaisir, pardon-
> nant à la Nature qui employant tout à polir le corps, n'a rien pu réserver pour
> l'esprit. [...] Approchez-vous donc, [...] car vous êtes mieux près que loin.
> Et puisque vous êtes plus propre à satisfaire au gout qu'à l'ouie, recherchons
> d'entre un nombre infini de baisers diversifiés lequel sera le plus savoureux
> pour le continuer. Oh ! qu'ils sont doux [...] ; j'en suis toute émue et en rougis
> jusque dans les cheveux. [...] Eh bien ! Vous voilà enfin dans votre élément
> [...] Ha ! J'en suis hors d'haleine et ne m'en puis plus ravoir ; et me faut, n'en
> deplaise à la parole, à la fin avouer que, pour si beau que soit le discours, cet
> ébatement le surpasse (*ibid.*, p. 180-181).

La chute du texte est donc avant tout celle de la Dame. Son vrai visage
est démasqué en ces dernières lignes, où éclatent à la fois son hypocrisie
et la vanité de son idéal : une conclusion qu'elle tire elle-même, puisque,
toute hors d'haleine qu'elle soit de plaisir « vulgaire », il lui reste assez

de souffle pour avouer que ses discours ne sont que vent en comparaison de l'émoi qu'elle ressent.

Deux démonstrations parallèles sont donc à l'œuvre dans cette petite pièce. La première est que les prétentions à l'amour sublime sont un joli fatras d'idées qui aboutissent dans la pratique à l'acceptation du plus bas, puisque la Dame, de fait, a choisi l'amant le plus sot de son pays. La seconde est que la femme la plus hautaine, la plus exigeante en matière d'amour, finit toujours par montrer son goût pour la luxure, c'est-à-dire, pour les ennemis des femmes, sa nature profonde. Les deux démonstrations désignent à l'évidence un auteur masculin, ennemi des femmes et de la doctrine ficinienne – c'est alors la même chose – qui se trahit en faisant de la Dame une misogyne traitant ses semblables de « sottes » et de « coquettes », tandis que le Gascon s'indigne : « Ne direz-vous onques bien d'aucune femme ? » (*ibid.*, p. 177).

MARGUERITE :
LA CIBLE ET NON L'AUTRICE DE LA *RUELLE*

L'antinéoplatonisme et l'antiféminisme que contient ce dialogue pourraient à eux seuls exclure l'hypothèse que la reine l'ait écrit. Elle était en effet, de longue date, une adepte convaincue des idées du Ficin. En 1578, elle avait commandé à Guy Le Fèvre de la Boderie une nouvelle adaptation de son commentaire sur le *Banquet* de Platon, et le traducteur l'avait saluée, dans son épître dédicatoire, comme une femme savante en cette doctrine[2]. Dans les années suivantes, elle l'avait prêchée dans l'entourage de son époux le roi de Navarre – avec des résultats mitigés – et elle l'avait mise en pratique dans sa relation amoureuse avec Champvallon[3]. Des poésies écrites plus tard, durant la période passée en exil en Auvergne attestent qu'elle était restée fidèle à cet idéal[4]. L'adhésion au féminisme de Marguerite était moins ancienne,

---

2   Voir Ficin, 1578.
3   Voir les dix-sept lettres de la reine à Champvallon et les deux de celui-ci à la reine, dans sa *Correspondance*.
4   Voir *Mém.*, p. 277-311.

mais néanmoins bien réelle. Aboutissement d'une évolution personnelle assez lente, elle semble dater de la fin du séjour de la reine à Usson, c'est-à-dire des premières années du XVIIe siècle. Dès cette époque, la reine s'est entourée de partisans aussi différents, mais aussi convaincus de la valeur des femmes, que Marie de Gournay ou Vincent de Paul, et elle-même a pris la défense de son sexe dans un petit manifeste publié en 1614[5]. Peu avant sa mort, sa cour était connue comme un lieu professant un féminisme élitiste et exigeant. Sa dernière cour, écrit Pierre Matthieu, fut

> de tout temps embellie de dix filles dont les beautés étaient réhaussées par les qualités de leurs naissances. De ses discours elles font une Académie, autant de paroles, autant de préceptes : elles attrapent toujours quelque mot digne d'imitation et de mémoire. Les communs exercices de leur sexe sont tenus pour profanes. [...] La musique, la peinture, la poésie et les mathématiques ne permettent qu'une heure de temps leur échappe sans plaisir ou profit (Matthieu, 1631, p. 40).

Si l'on ajoute à cela que Marguerite fut l'une des personnes les plus constantes et les plus tenaces dans sa fidélité à ses engagements spirituels, on voit mal ce qui l'aurait poussée à renier ses idéaux de manière aussi grossière. Aussi insultante pour elle-même, aussi, puisque la femme dont on connait l'élégance légendaire et jamais démentie s'y dénigre en évoquant sa « perruque [...] toute defrisée », son « rabat bien noir » (*LRMA*, p. 174), ou ses mains encore belles, « quoique je ne les ai décrassées depuis huit jours » (*ibid.*, p. 179). Ce dernier élément exclut, tout aussi radicalement que les deux autres, que Marguerite de Valois soit l'autrice de ce texte. Certes, elle avait le sens de l'humour, comme l'attestent nombre de passages de ses *Mémoires* et de ses lettres, mais elle n'avait pas la fibre satirique, et elle n'a jamais pratiqué l'auto-dénigrement gratuit. Si son œuvre présente quelques passages où elle se moque d'elle-même, c'est dans un tout autre esprit, et sur un tout autre ton : toujours en demi-teinte, dans une sorte de badinage léger, avec un sourire retenu, signes d'une certaine coquetterie, bien sûr, mais surtout d'une réflexion quasi obsédante sur le travail du temps, qui d'un côté flétrit la passagère beauté des corps, et d'un

---

5   Il s'agit du *Discours docte et subtil dicté promptement par la Reyne Marguerite...*, reproduit dans *Mém.*, p. 253-273.

autre côté laisse intacts les idées, l'âme, le cœur, notions connotées là comme supérieures, alors qu'elles sont ici aviliees[6].

L'analyse d'éléments plus internes au texte renforce l'hypothèse qu'il ne s'agit pas d'une œuvre de Marguerite. Ainsi, les références mythologiques et littéraires présentes dans la *Ruelle* n'apparaissent dans aucun de ses écrits. Acrise, les « soldats de Philippe », Pythagore ne sont nulle part invoqués dans ses œuvres. Dans ses lettres à Champvallon, Marguerite évoque Amour, jamais Éros, Antéros ni Adonis ; le mythe de l'amour partagé, s'il lui avait été familier, n'aurait d'ailleurs sans doute pas manqué d'émerger dans sa correspondance avec son amant idéal. Le néoplatonisme lui-même qui s'affiche ici apparait abâtardi, comme mal possédé. Le texte parle de volupté là où Marguerite parle de plaisir, et il met davantage l'accent sur l'analyse physiologique – les échanges entre le corps et l'âme – que sur la savante théorie de l'échange des âmes, tant prisée par la reine.

La *Ruelle* contient par ailleurs des figures de style absentes de tous ses écrits. On y trouve de faciles oppositions terme à terme : les larmes, affirme la Dame, « ne sont pas moins indices d'un cœur colère, dépité et malicieux, que d'un cœur doux, traitable et bénin » (*LRMA*, p. 176) ; également, des métaphores lourdement filées : je croyais, dit-elle encore, « qu'en votre âge le temps et ma peine pourraient enfin faire quelque chose de bon de vous, et qu'ainsi que d'un champ fertile je retirerais quelque utile moisson ; mais je m'aperçois bien que ce terroir est stérile, et qu'en vain j'ai semé, et que votre rude nation ne se peut défricher ni changer » (*ibid.*, p. 178). La reine a toujours soigneusement évité ces lourdeurs, de même que le terme *affeté*, ou l'interjection *Jésus !*, qui n'ont jamais paru sous sa plume.

Enfin, l'omniprésence des trivialités devrait à elle seule emporter la conviction que l'autrice des *Mémoires*, des lettres, des poésies, du *Discours docte et subtil* n'a pas commis cet opuscule. On observe en effet ici des expressions basses qui n'apparaissent dans aucune de ses lettres, même les plus pragmatiques (« donner dans la vue », « faire la bête », « venir aux prises », « servir de couverture »…), et des vulgarités de pensée qui sont totalement étrangères à son œuvre. Celle qui avoue prendre son

---

6   Ainsi Marguerite en exil à Usson écrivait-elle à Brantôme pour le remercier de rester fidèle à « ce peu qui reste d'un misérable naufrage », mais elle se félicitait de ce que « la fortune n'eût pu effacer [s]on nom de la mémoire de [s]es plus anciens amis » (*Cor.*, lettre 248).

« plaisir comme elles [*les bellettes et les colombes*], à faire l'amour du bec »
(*ibid.*, p. 175), qui pense que « nos soupirs peuvent aussitôt provenir
pour quelque difficulté survenue au conduit de la respiration » et que
la « couleur blême [de l'amant] pareillement peut naitre de quelque
indisposition cachée » (*ibid.*, p. 176), celle qui se laisse aller à des jeux de
mots insultants pour elle (vous vous laissez « coiffer si aisément à toutes
les laides [voluptés] qui se présentent, dit-elle. – Aussi bien je ne suis
coiffé que de vous », répond le Gascon, *ibid.*, p. 177), ne correspond pas
à ce que nous savons de Marguerite de Valois. Ce n'est là ni son langage,
ni son style, ni sa manière, ni son esprit, ni son humour.

Par contre, c'est bien elle qui est visée derrière cette Dame épinglée
avec outrance à travers sa culture, son gout pour les affections supérieures,
son attachement à la doctrine néoplatonicienne, son penchant pour
l'apparat, sa volonté de maintenir en toutes occasions un train de vie
digne, sa pratique de la conversation d'amour, et jusqu'au mot *philautie*
qu'elle devait chérir puisqu'elle l'avait employé dans l'ouverture de ses
Mémoires et recopié dans son *Album* de poésies. Dans la première édition
du dialogue, la Dame recevait même le nom d'Uranie, l'un des surnoms
que Marguerite affectionnait le plus. Quant au personnage masculin,
comme l'ont souligné Ludovic Lalanne, puis Jean-Hippolyte Mariéjol,
les éditeurs de la *Ruelle* (voir plus loin), il caricature certainement le
dernier « amant de cœur » de la reine : Hector Regnault de Durfort,
seigneur et baron de Bajaumont, que Pierre Vital d'Audiguier dit épris
de philosophie[7], et que le *Divorce satyrique* (le plus violent texte jamais
écrit contre Marguerite) dépeint au contraire comme « le plus parfait
sot qui soit jamais arrivé dans la Cour » (*DS*, p. 683).

Que la dernière des Valois ait été la cible des pamphlétaires
ou l'inspiratrice des folliculaires libertins, rien, d'ailleurs, de plus
compréhensible, puisqu'elle avait défrayé la chronique à plusieurs reprises
au cours de sa vie. En 1583, elle avait été l'objet d'un long scandale,
son époux ayant habilement exploité la dureté avec laquelle son frère
Henri III l'avait renvoyée de sa cour ; en 1585, elle avait quitté Navarre
avec éclat, se retranchant dans Agen et y menant la guerre pour son
compte personnel, puis choisissant le parti de la Ligue ; en 1605, enfin,
devenue la « reine Marguerite » après l'annulation de son mariage, elle
était revenue à Paris où elle s'était installée, dans les meilleurs rapports

---

7   Voir Audiguier, 1614, vol. 2, p. 19.

avec la famille royale et le dauphin Louis, reprenant sur la scène politique, culturelle et religieuse des premières années du XVIIe siècle un rôle aussi imposant qu'inattendu, dirigeant une cour plus brillante que celle du Louvre, et divisant les Parisiens sur la réalité de sa vertu et de sa piété, comme en témoignent les libelles et les témoignages de cette époque.

Tous ces éléments tendent donc à prouver que la reine n'est pas l'autrice, mais la cible, ou tout au moins l'inspiratrice, de cet opuscule. L'hypothèse qu'elle l'ait écrit est d'ailleurs tardive. Les manuscrits que nous possédons de l'œuvre[8], qui semblent dater du début du XVIIe siècle, montrent en effet que les contemporains ou les survivants de Marguerite avaient conscience d'être en présence d'un pamphlet. D'une part, dans les deux manuscrits parisiens consultables aujourd'hui, le texte est conservé avec d'autres pamphlets, notamment *Le Divorce satyrique*. D'autre part, les premiers sous-titres donnés à l'œuvre par les copistes prouvent qu'ils la ressentaient comme une satire. On lit en effet, dans les deux manuscrits conservés à Paris : *La Ruelle mal assortie – Dialogue – Satyre*. Le troisième, dont la copie a été conservée à Rouen, portait quant à lui le titre suivant : *La Ruelle mal assortie, dialogue satyrique*[9]. Aucun d'eux ne l'attribue à Marguerite de Valois. En revanche, la première édition de

---

8   On en trouve deux, fort semblables, à Paris : un à la BnF (Fonds Français 4779, fol. 12-14) et un à l'Arsenal (Pièces Manuscrites 4409, fol. 649-661) ; la bibliothèque municipale de Rouen en possède un autre (Fonds Leber 5715, fol. 60-70), qui est, d'après Leber, une copie d'un manuscrit du Fonds Fontanieu (tome 89 p 39, dit Leber) de la bibliothèque du Roi (BnF) ; ce fonds est aujourd'hui intégré dans les Nouvelles Acquisitions Françaises, mais je n'ai pu retrouver le manuscrit en question ; Guessard ne parait pas l'avoir consulté, non plus que Lalanne et Mariéjol, qui ne le mentionnent pas ; les trois manuscrits se ressemblent : la dame et le jeune homme ne portent pas de nom ; celui-ci parle un français courant, et ses répliques sont centrées sur la page, laissant un espace blanc à droite et à gauche (ou seulement à gauche) ; la Dame l'appelle « Peton » ou « mon Peton ».

9   Leber, l'érudit qui a fait recopier cette pièce par un copiste, a biffé le mot *satyrique* et l'a remplacé par *d'amour*, qui dépasse dans la marge droite ; sur la feuille de titre, entièrement de Leber, les deux expressions ont tout d'abord figuré ensemble (« Dialogue satirique d'amour »), correctement centrées, puis l'adjectif a été biffé ; Leber a aussi prolongé le titre : *La Ruelle mal assortie, dialogue [satirique] d'amour entre Marguerite de Valois et sa Bête de somme*. Plus tard (après la publication du roman de Dumas), il a ajouté, sous *Marguerite de Valois* : *(Reine de France)*. Il a également noté en marge droite : « J'avais considéré cette pièce comme une satire, jusqu'au moment où j'appris de Tallement des Réaux, dont les Mémoires parurent pour la 1re fois en 1834, qu'elle était de la Reine Marguerite même. Je ne m'en serais pas douté. C'est un passe-temps assez étrange pour une Reine de France. Il est vrai qu'elle écrivait selon son cœur et peignait d'après nature. On voit dans ce dialogue la voluptueuse *Margot* faire l'éducation galante d'un page… ». Ces lignes témoignent de la surprise de Leber – qui connaissait bien le siècle des Valois – d'apprendre que la

la pièce, donnée par Charles Sorel en 1644, présente ce commentaire :
« *La Ruelle mal assortie*, ou entretien amoureux d'une Dame eloquente
avec un Cavalier Gascon plus beau de corps que d'esprit, et qui a autant
d'ignorance comme elle a de sçavoir ; Dialogue vulgairement appellé la
Ruelle de la R. M[10]. »

Cependant les contemporaines et les contemporains de la reine n'ont
jamais fait allusion à ce pamphlet (pas plus qu'au *Divorce satyrique*), et
celles et ceux de cette édition n'ont jamais fait le moindre rapprochement entre la *Ruelle* et l'autrice des *Mémoires* (régulièrement réédités à
cette époque).

L'HISTOIRE DE L'ATTRIBUTION

S'il était donc clair, dans la première moitié du XVIIe siècle, qu'il
s'agissait là d'un texte écrit aux dépens de la première épouse d'Henri IV,
la chose devint moins certaine par la suite, comme en témoigne la
remarque de Tallemant des Réaux – le seul qui, en ce siècle, attribue
ce texte à la reine. Plutôt que d'accuser, une fois de plus, la malveillance
du mémorialiste, il semble plus simple de remarquer qu'il ne pouvait
posséder sur Marguerite, morte quatre ans avant sa naissance, que des
renseignements de seconde ou de troisième main. Surtout, il ne faut
pas négliger le fait qu'à l'heure où il commençait ses souvenirs, en 1657,
l'ancienne reine de Navarre était déjà entrée dans la légende – ce dont
témoigne d'ailleurs toute l'Historiette qui lui est dévolue.

Marguerite en effet n'avait pas seulement frappé l'imagination des
Parisiennes et des Parisiens en venant, contre toute attente, faire revivre
dans la capitale l'ancien faste des Valois tragiquement disparus. Après
l'assassinat d'Henri IV, elle avait joué un rôle décisif dans l'arrivée au

---

reine en est l'autrice. Elles témoignent aussi de la force du mythe de la Reine Margot au
XIXe siècle, qui entraine la modification du titre du manuscrit.

10 Dans cette édition, la Dame est nommée « Uranie » et le jeune homme « le Cavalier
gascon ». Celui-ci parle un pseudo franco-basque, dans lequel tous les *v* sont remplacés
par des *b*, ce qui accentue son caractère fruste et ridicule : « Je biens quand bous me
mandez », « Bous êtes la belle Bénus »... La Dame l'appelle « mon mignon ». Dans
l'ensemble, le texte présente d'assez nombreuses variantes avec les manuscrits.

pouvoir de Marie de Médicis, et elle était intervenue dans les cabales des premières années de la régence pour soutenir la reine mère. En 1614, la publication de son *Discours docte et subtil* en avait fait un porte-drapeau pour les féministes du temps, très actifs et actives, et ses *Mémoires*, publiés en 1628, avaient rencontré un succès immédiat.

Dès l'année 1630, cependant, Richelieu triomphant de la Journée des Dupes avait demandé à ses historiographes de calomnier non seulement Marie de Médicis, mais « toutes les femmes » (Morgues, 1636, p. 5), pour reprendre l'expression d'un des hommes qui devait prendre la défense de Marguerite. Scipion Dupleix, plus encore que Jean-Baptiste Matthieu ou Eudes de Mézeray, s'était particulièrement bien acquitté de cette tâche en évoquant à plusieurs reprises, dans les différents volumes de son *Histoire de France*, la légèreté des mœurs de son ancienne protectrice, provoquant aussitôt de bruyantes protestations[11].

Les années 1640-1650, époque où l'on commençait à mettre en roman les aventures amoureuses des princes et des princesses des générations précédentes, avaient ensuite accentué le gauchissement de l'image de la reine vers la galanterie. En 1642, Charles Sorel avait republié un ouvrage à la gloire de Bussy d'Amboise, qu'il avait retouché en y ajoutant quelques allusions à ses amours avec Marguerite[12]. En 1644, le même Sorel avait édité La *Ruelle*, qui venait en troisième position dans le *Nouveau Recueil des pièces les plus agréables de ce temps* entre *Le Jeu du galant* et le *Discours de l'Ennemy d'Amour et des Femmes*. Enfin, en 1651, était paru un roman à clés anonyme (vraisemblablement de la princesse de Conti), l'*Histoire des amours du Grand Alcandre*, dans lequel Marguerite, surnommée Mélisse, était dépeinte comme une femme puissante mais « moins chaste que Lucrèce » (p. 238). Ce contexte idéologique explique donc assez bien que l'attribution à la reine de la petite pièce libertine n'ait plus semblé tout à fait incongrue à certains lecteurs de la seconde moitié du siècle − dont Tallemant.

En 1834 toutefois, lorsque l'existence de cette œuvre tombée dans l'oubli est révélée au public par la première publication des *Historiettes*,

---

11 Notamment celles de Sully, de Morgues et de Bassompierre (voir Viennot, 2005, p. 352 et suiv.).

12 *La Fortune de la Cour, Ouvrage curieux tiré des Mémoires d'un des principaux conseillers du duc d'Alençon...*, Paris, Nicolas de Sercy, 1642 ; l'ouvrage était en fait de Dampmartin, et avait paru en 1585 sous le titre *De la connoissance et Merveilles du monde et de l'homme*, puis en 1592 sous le titre *Le Bonheur de la Cour*.

le contexte est tout différent. La « reine Marguerite » est alors l'une des héroïnes de la génération romantique : elle est célébrée dans des poèmes, elle est un personnage de roman et d'opéra[13], et ses *Mémoires* connaissent quatre rééditions entre 1823 et 1842. Si pour le public elle incarne un certain idéal de grandeur et de jeunesse, les historiens républicains n'éprouvent que méfiance à son égard. Dans les études qu'il publient ou les notices qu'ils rédigent en introduction de son œuvre, ils s'efforcent de tempérer l'enthousiasme de ses admirateurs et admiratrices, et ils reprennent à leur compte une grande partie des attaques accumulées contre elle par l'historiographie protestante et bourgeoise des siècles précédents.

La dernière de ces quatre éditions est l'œuvre de François Guessard, ancien chartiste et historien de la littérature, qui en est chargé par la Société de l'Histoire de France. Le projet est de réunir, pour la première fois, les *Mémoires*, le *Mémoire justificatif*, la plupart des lettres déjà publiées, et *La Ruelle mal assortie*. Ignorant que celle-ci a déjà été publiée, Guessard se met en quête du manuscrit de la pièce qu'évoquait Tallemant, et il en trouve la trace à Rouen, en l'espèce de la copie réalisée pour l'érudit Leber. Devant son contenu cependant, la Société de l'Histoire de France hésite et décide au dernier moment de ne pas publier la *Ruelle*, laissant l'éditeur s'expliquer en termes voilés dans son introduction aux œuvres de Marguerite :

> La conclusion de ce petit écrit, vive et tant soit peu leste, aurait peut-être effarouché quelques lecteurs, mais surtout quelques lectrices. De là des scrupules ; puis des doutes peuvent s'élever sur l'authenticité de l'ouvrage, bien qu'il y ait quelques raisons pour y croire (Guessard, 1842, p. xvij).

Guessard ne partage pas les opinions de la Société. « Une édition des *Mémoires de Marguerite de Valois*, accompagnée d'un choix de ses Lettres, peut être regardée, sinon comme une source d'enseignements pour tout le monde, au moins comme une chose utile » (*ibid.*, p. iJ), écrit-il sans enthousiasme. La *Ruelle*, par contre, est un « dialogue piquant où Marguerite, après avoir vanté en style précieux les jouissances idéales de l'amour platonique, sans pouvoir convaincre son interlocuteur, finit en désespoir de cause, par faire très-bon marché de ses théories » (*ibid.*,

---

13 Marguerite apparait notamment dans la *Chronique du roi Charles IX* de Mérimée, dans *Le Rouge et le Noir* de Stendhal, dans *Le Pré aux clercs* de Hérold, dans *Les Huguenots* de Meyerbeer ; voir Viennot, 2005, p. 426 et suiv. ; également, ce volume, p. 191 et suiv.

p. XVIJ). Il est clair que cette œuvre correspond beaucoup mieux que les autres à l'image qu'il se fait de la reine – une image qu'il n'a pas cessé de suggérer grâce à des sous-entendus appuyés, comme lorsqu'il présente les lettres « entre Marguerite et son amant, je veux dire l'un de ses amants » (*ibid.*, p. XV). Aucun doute, donc, pour Guessard, malgré l'alternative curieuse devant laquelle il place son lectorat lorsqu'il explique que la *Ruelle* est une « confession de la Reine Marguerite, ou si mieux on l'aime, [un] spirituel pamphlet de quelque amoureux éconduit » (*ibid.*, p. XVIJ)[14]. La Société ayant mis son veto, il publie l'œuvre sous sa seule responsabilité. Elle parait cette même année 1842, avec le sous-titre que lui avait affecté Leber, *La Ruelle mal assortie, Dialogue d'amour entre Marguerite de Valois et sa bête de somme*[15].

Un érudit, auteur d'un des articles les plus sérieux du siècle sur Marguerite et possesseur de la première édition de la *Ruelle*, signale peu après que l'ouvrage n'est pas inédit[16]. Toutefois, c'est la publication du roman d'Alexandre Dumas, *La Reine Margot* (1845) qui relance l'intérêt pour la fille de Catherine de Médicis, en faisant d'elle un des personnages les plus populaires de l'Histoire de France. En 1855, Ludovic Lalanne s'attelle alors à une réédition de *La Ruelle mal assortie*, établie à partir de l'édition de 1644. Il en reprend le titre, *La Ruelle mal assortie, ou entretiens amoureux d'une dame éloquente avec un chevalier gascon plus beau de corps que d'esprit et qui a autant d'ignorance comme elle a de sçavoir*. Il enlève cependant la mention « Dialogue vulgairement appellé la Ruelle de la R. M. », qu'il remplace par : « par Marguerite de Valois ».

Dans sa notice, le futur éditeur de Brantôme et d'Aubigné souligne avec justesse que « les répliques du cavalier y sont non pas en français mais en ce langage franco-gascon que l'on retrouve dans le *Baron de*

---

14   La seconde hypothèse, antagoniste, doit représenter la position des historiens de la Société qui se sont opposés à la publication de la piécette.

15   La plaquette est de même format et de même typographie que les *Mémoires*, elle est publiée chez le même imprimeur, et la note au mot *philaphtie* (p. 5) dit : « Voyez la note 2 de la page 1 », ce qui renvoie à l'édition des *Mémoires* ; l'œuvre était donc composée pour paraitre avec les *Mémoires* lorsque la Société est intervenue ; elle est néanmoins repaginée. Le texte est celui du manuscrit Leber.

16   Il s'agit d'Anaïs Raucou, dit Bazin, dont l'exemplaire du *Nouveau recueil des pièces les plus agréables de ce temps* est aujourd'hui à la BnF (cote m. 1392), avec ce commentaire sur la page blanche qui fait face au faux titre du livre : « Ce qu'il y a de plus remarquable dans cette compilation est d'y trouver, imprimée depuis 200 ans, *La Ruelle mal assortie*, qu'on a publiée dans notre temps comme une pièce inédite et dont il existait à peine deux copies manuscrites ».

Foeneste » (Lalanne, 1855, p. VII). Il n'en conclut pas moins « sans hésitation » que Marguerite est « l'auteur de la Ruelle » (*ibid.*, p. IX) : « On y retrouve son esprit raffiné et ce libertinage qui fit d'elle la reine la plus dévergondée de son siècle » (*ibid.*, p. 10). Suit la liste de tous ses amants répertoriés par le *Divorce satyrique*, et l'essai de dénouer la seule énigme qui demeure à ses yeux : celle de l'identité du jeune homme.

Le mépris de Lalanne et la violence de ses propos ne sont pas un fait isolé : cette même année 1855, Jules Michelet ajoute à la réputation de la reine une des plus basses accusations dont l'ait chargée la postérité, faisant d'elle non seulement une meurtrière, mais une femme qui s'est donnée à l'assassin dont elle louait les services[17]. Désormais, le mythe dévastateur de la Reine Margot revu et corrigé par les historiens républicains va tenir lieu de savoir sur l'une des premières princesses de la Renaissance, malgré les contestations de cette légende et les tentatives de réhabilitation que l'on observe jusqu'à la Grande Guerre, sous l'impulsion de la biographie établie par Léo de Saint-Poncy en 1887. Les doutes quant à l'attribution du dialogue continuent par ailleurs de subsister[18].

Le débat n'est toujours pas clos lorsqu'en 1922 Jean-Hippolyte Mariéjol réédite le texte en commençant sa préface par cette proclamation : « *La Ruelle mal assortie* est l'œuvre de Marguerite de Valois » (Mariéjol, 1922, p. 5)[19]. L'élève de Lavisse, historien compétent mais terriblement misogyne, donne ici toute la mesure de sa mauvaise foi. Résumant la vie de la reine, il rappelle évidemment tous les amants dénombrés par le *Divorce satyrique*, sans états d'âme : elle a vécu dans « un siècle si riche en liaisons qu'il ne coûte rien de lui en prêter » (*ibid.*, p. 7). Bien sûr, note Mariéjol en anticipant sur les doutes de son public, *La Ruelle* ne ressemble en rien aux *Mémoires*, et « les réticences, les omissions et les mensonges de l'autobiographie jurent tellement avec la sincérité du Dialogue que le lecteur s'étonne et s'inquiète de cette différence

---

17 De Thou, contre l'avis des témoins de l'époque, avait accusé Marguerite d'avoir commandité l'assassinat de Le Guast, en 1575 ; Michelet ajoute qu'elle s'est donnée au meurtrier pour prix de son crime (1923, p. 66).

18 Ainsi, Antoine-Alexandre Barbier dit que cette attribution « n'est pas incontestable, mais elle offre de grandes probabilités, et elle est généralement admise » (1879, vol. 4, p. 395) ; toutefois les catalogues des manuscrits de la BnF ne répertorient pas la *Ruelle* comme une œuvre de Marguerite.

19 Mariéjol fait son choix dans les variantes, suivant plutôt Leber-Guessard que Sorel-Lalanne ; il propose dans ses notes de savantes considérations sur les références littéraires du texte, et trois amendements qui semblent judicieux.

comme d'une contradiction » (*ibid.*, p. 11). Questionnement hardiment repoussé : il ne faut s'étonner de rien chez cette femme. Une fois cette « explication » donnée, l'historien s'attarde à nouveau sur l'identité du gentilhomme.

La dernière personne à s'être intéressée à cette question est Simone Ratel, qui publie peu après la plus documentée des études jamais effectuées sur la dernière cour de Marguerite. Exprimant sa perplexité face à la *Ruelle*, elle pose la question de la motivation de la reine :

> Quelle apparence y a-t-il que cette femme d'esprit, dont la plume habile et prudente sait si bien déguiser un panégyrique sous les apparences de la vérité et de la modestie, soit allée détruire en quelques mots l'apologie soigneusement élaborée dans ses *Mémoires* ? (Ratel, 1924, p. 200).

L'opuscule, pense-t-elle par ailleurs, s'oppose trop au platonisme qui domine toute l'œuvre de la reine. Aussi propose-t-elle un autre auteur pour ce libelle : Choisnin, un secrétaire malveillant renvoyé de Carlat par Marguerite en 1586 pour avoir écrit contre elle un texte diffamant, et avec lequel elle était encore en procès en 1602.

Malgré la pertinence des analyses de Ratel et la valeur de son intuition, cette hypothèse ne sera jamais discutée. En 1928 en effet, Mariéjol réitère lourdement ses convictions dans sa *Vie de Marguerite de Valois*, dernière étude sérieuse consacrée à la reine jusqu'à ce jour, et devenue par là-même l'ouvrage de référence sur le sujet. Non seulement la *Ruelle* est de Marguerite, assène-t-il, mais c'est le seul texte où elle a dit la vérité. Car c'était une femme « tirée en bas par la faiblesse de sa nature ou, comme elle aimait à le croire, par les sollicitations grossières des âmes auxquelles la sienne s'appariait » (Mariéjol, 1928, p. 159) ; notation qui semble bâtie sur la connaissance approfondie qu'un biographe peut avoir de son objet d'étude, mais qui ne renvoie de fait qu'au texte de la *Ruelle*. De même, l'historien reprend tout une série de propos prêtés à la reine par ses derniers ennemis et les explique (comme son engagement dans la Querelle des Femmes) par l'hystérie dont elle aurait souffert à la fin de sa vie (*ibid.*, p. 366).

DE QUI EST LA *RUELLE* ?

S'il est clair que la *La Ruelle mal assortie* ne s'est imposée comme l'œuvre de Marguerite que sous la pression conjointe du mythe de la Reine Margot et de la conviction intime de quelques historiens misogynes, la contestation de cette attribution repose la question de l'identité de son véritable auteur. Plusieurs noms peuvent être avancés avec quelque réalisme, qui chacun entrainent des différences d'analyses quant à la date de la rédaction du texte et aux objectifs poursuivis par l'auteur en question. Les hypothèses formulées ici n'ont donc d'autre ambition que d'ouvrir un débat.

La première de ces hypothèses est celle émise par Simone Ratel à propos de Jean Choisnin, médecin de son état, mais que Marguerite avait embauché comme secrétaire en 1578. Dans une lettre adressée au Président Séguier en 1602, Marguerite évoquait en effet un scandale intervenu durant son séjour à Carlat, dans le Cantal, en 1586. Choisnin, vraisemblablement employé par la reine pour faire parvenir des missives secrètes à ses amis politiques d'alors, avait exigé de fortes sommes de sa maitresse. Éconduit pour huit jours, explique Marguerite, il les

> employa à vomir sa rage contre moi par un pasquin qu'il fit, le plus sale et le plus vilain qui se soit jamais vu, lequel il fut si effronté de m'envoyer, faisant accroire à celui qui me l'apporta que c'était des fruits de ses études pour se remettre en grâce avec moi, sachant que je me plaisais aux œuvres doctes et belles (*Cor.*, lettre 344).

Le texte, rappelait la reine, avait été lu devant sa compagnie, qui avait eu bien du mal à retenir sa colère, « voyant les injures et calomnies de quoi en paroles couvertes il m'offensait » (*ibid.*).

La description de cette scène coïncide assez bien avec ce que nous savons de la *Ruelle*. L'ambiguïté première du texte expliquerait que la reine n'en ait pas arrêté la lecture, et sa chute rendrait compte de la colère finalement déclenchée dans l'auditoire. Si cette hypothèse est juste, plusieurs caractéristiques du texte s'expliquent mieux : la connaissance approfondie de Marguerite qu'on y observe, la rancune accumulée qui y transpire, le plaisir qui s'y lit à l'évocation de la Dame succombant aux voluptés les plus basses. Le ton et la manière d'écrire s'éclairent également si l'on se souvient que la reine l'avait embauché « pour la réputation qu'il avait d'être docte » (*ibid.*). Enfin, la formation de médecin de Choisnin pourrait expliquer l'importance des notations physiologiques dans la piécette.

Des objections peuvent toutefois être émises sur cette attribution. Le dialogue démontre en effet une maitrise certaine de la mise en scène (contraste entre les personnages, touche finale) et du langage (contraste entre les tons noble et familier, ambiguïté des paroles de la Dame, retournement parodique de ces dernières), toutes choses qui désignent davantage un écrivain rompu aux techniques littéraires qu'un obscur secrétaire ayant produit, dans le cas de figure le plus optimiste, qu'une brève et terne relation[20]. Par ailleurs, l'ambiance générale du pamphlet dénote plutôt le début du siècle, volontiers décadent, que le temps sombre des guerres civiles. Enfin, si le texte est de 1586, le jeune homme n'est pas Bajaumont mais Aubiac, le lieutenant qui avait aidée Marguerite à se sauver d'Agen et qui devait périr peu après. Il n'était pas gascon, et personne n'a jamais dit qu'il était particulièrement stupide.

Un autre ennemi de Marguerite pourrait être considéré ici : Agrippa d'Aubigné. Dès l'année 1581, il avait rompu tous les ponts avec l'épouse de son maitre, et il avait conservé contre elle une tenace rancune dont l'*Histoire Universelle* est le témoin. Le « métier » d'écrivain dont fait preuve la *Ruelle* correspondrait mieux au génie multiforme de ce poète, historien, pamphlétaire et mémorialiste, qui s'était essayé au style précieux dans sa jeunesse et montra plus d'une fois son gout pour la satire. L'un de ses pamphlets, surtout, *Les Aventures du Baron de Faeneste*, présente plusieurs traits communs avec la *Ruelle*, puisque c'est un dialogue entre deux personnages, bâti sur un contraste entre un Gascon ignorant qui parle un mélange de français et de basque, et un gentilhomme poitevin qui s'exprime en termes nobles. Enfin, rappelons que la *Ruelle* figure dans les manuscrits de la Bibliothèque Nationale avec le *Divorce satyrique*, dont il convient de rappeler que beaucoup de critiques l'ont attribué à Aubigné[21].

---

20 Ce Choisnin-là pourrait être celui qui avait accompagné l'évêque Jean de Monluc en Pologne lors de sa négociation pour l'élection d'Henri d'Anjou à la Diète, et qui avait rapporté de ces pourparlers un *Discours au vray de tout ce qui s'est faict et passé pour l'entière negociation de l'election du Roy de Pologne*, publié comme ses *Mémoires* par Michaud et Poujoulat (Paris, Guyot Frères, 1838, série I, vol. 11, p. 375-469).

21 Voir ce volume, p. 163 et suiv.

Si l'on suit cette piste, il faut penser que l'œuvre date des années qui jouxtent la rédaction du *Faeneste* (dont les premiers livres parurent en 1617). Le pamphlet viserait globalement le même objectif que le *Divorce satyrique* (qui date de 1607) : miner le prestige reconquis par Marguerite après son retour à Paris, dénoncer son hypocrisie. L'hypothèse est séduisante, quoique plusieurs objections puissent s'élever contre elle. Tout d'abord, les pamphlets d'Aubigné ont toujours un objectif politique ou religieux, que l'on ne perçoit pas dans la *Ruelle*, uniquement axée sur la propension à la galanterie de la Dame. Or, si la réputation de la reine était grande, personne ne la prenait pour une sainte, et concentrer l'attaque sur sa seule personne ne pouvait guère apporter à d'Aubigné que le plaisir passager d'un défoulement gratuit – ce dont il ne parait avoir été coutumier. Il est fort possible, par contre, que la *Ruelle* ne soit pas du père du *Faeneste*, mais d'un auteur s'inspirant des procédés comiques rendus célèbres par le pamphlet. Le texte daterait alors d'après 1617.

Plusieurs éléments conduisent d'ailleurs à faire l'hypothèse d'une rédaction nettement postérieure à la mort de Marguerite (1615) : tout d'abord les manuscrits, qui ne semblent pas antérieurs à l'édition originale ; d'autre part, la présence du mot *philaphtie* qui s'expliquerait par le fait que les *Mémoires* de la reine étaient, dès 1628, publiés et célèbres ; enfin, le mot *ruelle*, présent à la fois dans le titre de la piécette et dans le texte : « Cette ruelle est vide de ces fâcheux qui viendront bientôt interrompre mes contentements » (*LRMA*, p. 180). Quoique le mot soit connu depuis le XVe siècle au sens d'espace laissé entre le lit et le mur, on en parle rarement avant le premier tiers du XVIIe siècle comme d'un lieu où l'on reçoit des invités, et où l'on discute. Deux nouveaux noms pourraient être avancés dans ce cadre.

Le premier est Scipion Dupleix. Ancien familier de la reine, il avait pu voir quelles étaient ses habitudes, ses mœurs, ses manies, et notamment sa méfiance, dont il parle assez longuement dans son *Histoire*, et qui est stigmatisée dans la *Ruelle*. C'est lui qui devait révéler, en 1633, à quel point Marguerite aimait parler d'amour : « Elle se plaisait merveilleusement à donner de l'amour, de s'en entretenir avec décence et discrétion, et de voir et d'oüir les hommes faisant les passionnés pour elle » (Dupleix, 1633, p. 71 [79]). C'est lui, encore, qui devait apprendre au public qu'elle se faisait appeler « Vénus Uranie, c'est à dire, céleste : tant pour montrer qu'elle participait de la divinité, que pour faire distinguer son amour de celui du vulgaire » (*ibid.*, p. 70 [78]). C'est lui, toujours, qui avait engagé l'offensive visant à déconsidérer l'autrice des *Mémoires*, prenant le parti d'insister sur la légèreté de ses mœurs (du moins dans sa jeunesse), et sur sa prétention incurable : sa beauté, écrivait-il, « lui donna du commencement tant de vanité, que tout le monde la publiant pour déesse, elle s'imaginait aucunement de l'être » (*ibid.*). Tout ceci concorde avec les intentions de l'auteur de la *Ruelle*, mais la suite du commentaire apporte un argument supplémentaire : « J'en pourrais faire un roman plus excellent et plus admirable que nul qui ait été composé és siècles précédents, mais j'ai des occupations plus sérieuses » (*ibid.*, p. 71 [79]). Cette sorte de signature serait bien dans le style de l'historiographe, souvent fort transparent dans les mensonges qu'il tisse sur le compte de son ancienne protectrice. Peut-être l'idée lui vint-elle effectivement de s'offrir cette récréation.

L'autre nom qui pourrait être considéré dans le cadre d'une rédaction tardive est celui du premier éditeur de la *Ruelle*, Charles Sorel, faussaire impénitent, célèbre pour son goût de la parodie, sa verve grivoise, son style facile, sa médisance, sa manie de ne jamais signer ses œuvres… Cette dernière hypothèse conduirait à faire une analyse un peu différente du sens de l'œuvre. Ce ne serait plus un pamphlet écrit contre Marguerite, mais une de ces œuvres à demi scandaleuses que les contemporains de Louis XIII aimèrent tant, et qui mettaient volontiers en scène, dans des postures un peu lestes, les héros du temps passé. Ce ne serait pas le fruit d'un contemporain de la reine, qui chercherait à se venger d'elle, mais celui d'un de ces adeptes de la nouvelle vogue galante, qui broderait à partir des rumeurs et des affabulations attachées à l'époque déjà légendaire des Valois et du Premier Bourbon. Ce serait bien l'œuvre d'un antiféministe, mais peut-être davantage attaché à viser d'autres femmes que la seule reine Marguerite : le gout pour la conversation, le dédain de l'amour vulgaire, les prétentions philosophiques et parfois la résignation finale pour les voluptés de ce monde n'étaient-ils pas autant d'éléments violemment critiqués par leurs ennemis chez celles qu'on n'appelait pas encore les Précieuses, mais qui s'attachaient déjà à perpétuer l'idéal de l'amour sublime et de la dignité des femmes ?

Ces hypothèses n'excluent pas d'autres pistes : le début du XVIIe siècle n'est pas avare d'auteurs de pièces libertines. Elles posent un intéressant problème d'histoire littéraire, que les chercheurs du XIXe et du XXe siècle ont refusé de considérer – à l'exception de Simone Ratel – tant ils étaient séduits par l'image de princesse dévergondée que leur avait livrée la légende, tant ils étaient désireux, parfois, de la reconduire. La progression des connaissances et des réflexions concernant le premier XVIIe siècle depuis une vingtaine d'années devrait rendre possible aujourd'hui la poursuite de cette enquête, et peut-être même de rendre à César ce qui lui revient – autrement dit d'établir avec certitude l'attribution de *La Ruelle mal assortie*. En tout état de cause, cependant, la Reine Marguerite doit être écartée de la liste des candidats à la paternité de ce texte, et sa vie, comme son œuvre, doivent être reconsidérées à la lumière de cette rectification. Une pièce maitresse du mythe de la Reine Margot s'effondre sans doute, mais l'histoire de la littérature, et l'Histoire tout court, ont tout à y gagner.

AGRIPPA D'AUBIGNÉ,
MARGUERITE DE VALOIS
ET LE *DIVORCE SATYRIQUE*

On peut considérer à juste titre que le pamphlet intitulé *Le Divorce satyrique* est à la base de la « légende noire » d'une des plus grandes princesses de la Renaissance : Marguerite de Valois[1]. On peut aussi considérer – c'est ce qu'ont fait nombre d'historiens et de critiques littéraires depuis deux cents ans – que derrière ce libelle anonyme d'une redoutable efficacité se cache un homme qui détestait cordialement la reine : Agrippa d'Aubigné. Or cette hypothèse, largement acceptée jusque dans les années cinquante du XXe siècle, est aujourd'hui non pas ouvertement contestée par les « ami·es d'Agrippa », mais pudiquement passée sous silence.

Spécialiste de Marguerite de Valois, et non de l'auteur des *Tragiques*, je voudrais tenter dans cet article de faire le point sur ce sujet, d'autant que le renouvellement des études sur la dernière reine de Navarre ne peut que le relancer avec vigueur, et que chacun et chacune prend ici position en fonction d'études ou de commentaires qui auront bientôt tous plus de cinquante ans. L'étude croisée des écrits de Marguerite et d'Agrippa, et notamment des passages où s'évoque, se travestit, voire s'occulte leur relation, ne permet certes pas d'apporter sur cette énigme une réponse définitive, mais elle apporte néanmoins des lumières nécessaires à son élucidation. Mon souci, ce faisant, n'est que de reprendre des recherches qui ne manquent d'intérêt ni pour la connaissance des deux personnages ni pour l'histoire de la littérature politique de la Renaissance.

---

1   Cet article a paru dans *Albineana*, n° 7, 1996, p. 87-111 ; sur la légende de la reine, voir Viennot, 2005, 2e partie. Depuis la parution de cet article, une autre étude a été consacrée à son sujet : voir Chichkine, 2019.

DE L'ESTIME À L'HOSTILITÉ :
HISTOIRE D'UNE RELATION

Marguerite de Valois et Agrippa d'Aubigné se sont rencontrés à la cour de France, vraisemblablement au cours de l'année 1573, lorsque le jeune rescapé du siège d'Orléans entra au service du roi de Navarre. *Rencontrés* est un bien grand mot : disons qu'il dut la voir de près, et qu'elle dut l'apercevoir. Jusqu'en 1575 en effet, il n'est guère dans l'intimité de son maitre, et il ne fait pas non plus partie des poètes qui chantent la vie des grands ou leur prêtent la plume. En 1574, lorsque Marguerite se rapproche politiquement de son mari et de son frère d'Alençon en entrant dans la conspiration des Malcontents, d'Aubigné n'est encore qu'un lointain comparse. Les détails de la défense des princes lui échappent, et notamment le fait que c'est la reine qui écrivit le texte de la défense de Navarre, texte qu'il loue chaleureusement dans l'*Histoire universelle* – ce qu'il n'aurait certainement pas fait s'il avait su qu'elle en était l'autrice[2]. Puis les tensions grandissent entre les trois anciens alliés, notamment sous l'influence de Mme de Sauve, devenue simultanément, à l'initiative de Catherine, la maitresse du roi de Navarre et celle du duc d'Alençon, rendant Marguerite inopérante comme ciment de leur alliance ; si bien que lorsque le Béarnais prépare son évasion de la Cour, au tournant de l'année 1575-1576, en étroite relation avec d'Aubigné cette fois, les deux époux ne se parlent quasiment plus depuis des mois, comme elle le rappelle dans ses *Mémoires*.

C'est donc durant le premier séjour de Marguerite en Gascogne (automne 1578-hiver 1582) que les deux futurs mémorialistes ont eu l'occasion de se fréquenter, et vraisemblablement à partir de l'été 1579 seulement, lorsque Marguerite commença d'organiser à Nérac une véritable petite cour. Aubigné, reconnaissant visiblement les qualités de sa reine, lui fait alors une cour enthousiaste, dont témoigne une pièce en vers mesurés :

---

2   Aubigné écrit : « Le roi de Navarre, à son audition, ne travailla point à la négative des choses alléguées, mais [...] se mit à justifier son désespoir par les maux qu'elle [*Catherine*] lui faisait » (*HU*, vol. 4, p. 200). Le *Mémoire justificatif pour Henri de Bourbon*, publié pour la première fois comme œuvre de la reine par Antoine Mongez (1777), régulièrement redonné à la suite de ses *Mémoires* depuis le début du XIXe siècle, est reproduit dans *Mém.*, p. 239-250 ; sur les variations du titre, voir cet ouvrage, note 3 du premier article.

> [...] Mais un astre clair reluit à l'obscur,
> Sous le lis la marguerite fleurit,
> Aux forêts je vois le ciprés entier,
> Et revivre l'œil de la science :
> D'une, tout a, tient, reçoit et reprend
> Tant de feu, d'humeur, de vigueur, d'honneur [...] (Aubigné, *Œuvres
> complètes*, vol. 3, p. 295).

Ainsi séduit-il sa souveraine, qui le distingue tout particulièrement des poètes qu'elle attire alors autour d'elle et de ceux qu'elle apprécie depuis longtemps : son *Album de poésies* – cahier où elle fait recopier ses pièces préférées – contient en effet quatre-vingt textes de lui, soit plus de la moitié de l'ensemble[3]. Nul doute que Marguerite ne se fit pas imposer ce choix, et qu'elle eut plaisir à faire travailler quelqu'un qui avait du talent. Nul doute qu'Aubigné ne travailla pas là à contrecœur, et qu'il fut même reconnaissant à sa souveraine de l'avoir ainsi reconnu comme le meilleur d'entre tous. Mais de cette collaboration active, et de cette bonne entente, et de cette estime réciproque, ni l'un ni l'autre ne souffleront mot. En revanche, le mémorialiste affirmera – ce qui, pour être énigmatique, n'en est pas moins faux – qu'à son arrivée dans le Sud-Ouest, « la reine le reçut en grande familiarité, espérant de lui ce qu'elle n'y trouvait pas » (*Sa vie*, 1986, p. 113).

Il évoquera par contre plus explicitement les suites houleuses de cette relation, en relatant tout d'abord un épisode fâcheux intervenu dans les mois qui suivirent la signature du traité de Fleix par les souverains de Navarre et le duc d'Alençon (novembre 1580), alors que toute leur cour s'était installée dans le château des Foix-Candalle, où Marguerite tomba amoureuse du grand écuyer de son frère. Là se produit, semble-t-il, entre la reine et son poète, un acte irréparable, sans doute motivé par cette capacité qu'eut toujours Aubigné à jouer les censeurs et à se mêler de ce qui ne le regardait pas. « Ayant été découverte à Cadillac en ses privautés avec Champvallon, [elle] avait estimé qu'Aubigné avait donné cet avertissement » (l'avait dénoncée) ; la reine lui aurait alors reproché « que la guerre l'avait rendu barbare, ou au moins sauvage » (*HU*, vol. 6, p. 142-143).

---

3   Voir Eugénie Droz, 1964, et François Rouget & Colette Winn, 2009. Les pièces d'Aubigné qui figurent dans l'*Album de poésies* de la reine font pour la plupart partie du *Printemps*.

Quiconque connait un peu la reine de Navarre s'attend dès lors à ce qu'elle demande le limogeage immédiat de l'indiscret et qu'elle coupe les ponts avec lui. C'est ainsi qu'elle avait agi, quelques mois auparavant, avec Du Pin, c'est ainsi qu'elle allait agir, quelques mois plus tard, avec Pibrac, et encore quelques années après avec Choisnin – selon une attitude qu'elle devait un jour expliciter : « estimant me venger assez de ceux qui m'offensent quand je les éloigne de mon service » (*Cor.*, lettre 344)[4]. Or selon le récit de l'historien, rien de tel n'intervint. Peu après lui avoir reproché d'être devenu « barbare », elle lui aurait demandé, avec forces flatteries, de prendre une initiative dangereuse : convaincre le comte de Vimioso, connétable de Dom Antonio de Portugal (auquel Philippe II contestait militairement le droit de régner), de faire alliance avec les huguenots plutôt qu'avec son frère d'Alençon. Une manœuvre destinée à le déconsidérer, et qu'il aurait habilement déjouée[5].

Ce récit ne tient debout ni politiquement ni psychologiquement[6], et nous avons toutes les raisons de croire que les bonnes relations de Marguerite et d'Agrippa s'arrêtèrent là tout net, par une demande de renvoi. C'est d'ailleurs ce que le texte « avoue » un peu plus loin, pour peu que l'on sache lire entre les lignes. Dans la conclusion du chapitre, en effet, Aubigné évoque les décisions prises par le roi de Navarre à la fin des conférences, et décrit ainsi la reine : « [Elle] ne faillit pas de faire une invective contre les froids serviteurs, conter qu'elle n'avoit rien oublié, pour esmouvoir ceux en qui il se fioit le plus à un bon service ». Marguerite semble alors parler à l'ensemble des serviteurs de son mari, les exhortant à bien le seconder dans la période qui s'ouvre. Mais le passage est ainsi conclu : « Cela fut retenu comme il faloit d'un prince

---

4   Marguerite devait se réconcilier avec Pibrac, celui-ci ayant profité des négociations relatives l'affront de 1583 pour rentrer en grâces. Cependant deux lettres d'elle à son chancelier au moment où elle lui retira ses sceaux montrent de quel dédain elle était capable envers ceux qui l'avaient trompée (*Cor.*, lettres 127 et 128).

5   Voir *HU*, vol. 6, p. 143-145.

6   On voit mal Marguerite s'adressant pour quoi que ce soit à Aubigné après ce qu'elle le soupçonnait d'avoir fait, et s'en être ouvertement plainte. On la voit encore plus mal prendre une initiative favorisant les protestants et desservant son frère, dont le sort lui importait plus que tout. Aubigné tentera plus loin d'accréditer ses dires par une invraisemblance encore plus grosse, en montrant Marguerite lui faisant une confidence à propos du duc d'Alençon : « Je témoignerai seulement ce que me dit la reine de Navarre à Libourne à deux pas de lui : "Le voyez-vous là, et tout ce qu'il brouille en Flandres et en Portugal ? Je sais bien son but ; c'est de ruiner ceux qui se mettront entre ses mains" » (*HU*, vol. 6, p. 251).

qui sçavoit autrement, et congnoissoit bien sa femme et son écuyer »
(*HU*, vol. 6, p. 149). C'est bien de la demande de limogeage de ce dernier
qu'il est question – demande qui ne fut pas accordée.

Pourtant, à en croire Aubigné, ce n'est qu'un an plus tard que se
consomme la rupture entre lui et sa souveraine, alors qu'elle séjourne
avec son mari à Saint-Meixant, dans le Poitou, jusqu'où Catherine de
Médicis s'est avancée :

> Elle qui depuis Libourne[7] faisait toujours de mauvais traits à Aubigné, l'ayant
> soupçonné d'une *sfrisata* faite à Madame de Duras, ou au moins de l'avoir
> conseillée à Clermont-d'Amboise, fit joindre la reine mère à sa demande, se
> jeta à genoux devant le roi son mari, pour le prier que, pour l'amour d'elle
> il ne vît jamais [plus] Aubigné, ce qu'il lui promit (*Sa Vie*, 1986, p. 123).

Cet affront, infligé à l'une des dames d'honneur préférées de Marguerite,
est attesté avec beaucoup de précision par les frères Le Riche : dans la
nuit du 27 mars 1582, Mme de Duras reçut une fiole pleine d'encre au
visage, après qu'on eut éteint les flambeaux de ses valets. Les auteurs ne
précisent toutefois ni qui en était l'auteur, ni même qui en fut accusé (Le
Riche, 1971, p. 361-362). Mais nous savons par une lettre de Marguerite
qu'elle ne soupçonnait nullement l'écuyer d'être derrière l'attentat – ce
qui ne signifie pas qu'il en était innocent. En effet, c'est bien Clermont
d'Amboise[8] lui-même, et non le futur mémorialiste, qu'elle cherchait
encore à faire punir quelques mois plus tard :

> Je ne trouverai jamais nul artifice ni nulle menterie pour telle qu'elle soit
> étrange de [la part de] Clermont, et n'ai jamais pensé qu'il s'arrêtât en si beau
> chemin, et que s'il avait désir de nous mettre mal ensemble à l'heure qu'il
> avait occasion de nous être obligé, qu'à cette heure que nous sommes offensés
> de lui il ne doublât et sa mauvaise volonté et ses mauvais effets [*mauvaises
> actions*]. C'est pourquoi, quand j'ai su qu'il disait que vous lui aviez fait dire
> qu'il ne se souciât de ce que je faisais contre lui et que vous ne l'abandonniez,
> je ne l'ai pas cru... » (*Cor.*, lettre 153).

La description qu'Aubigné fait de la reine demandant à son époux de
se débarrasser de lui ne peut donc se placer ici.

---

7   Allusion à l'affront qu'il a situé à Cadillac ; les deux villes sont distantes d'une cinquantaine
     de kilomètres, la Cour avait fait divers séjours en l'une et l'autre au début de l'été 1581.
8   Georges Clermont d'Amboise était le frère de Bussy, l'ancien amant de Marguerite ;
     comme son père, il était protestant.

La translocation, dont nous verrons plus loin le sens probable, se drape alors d'un nouveau mensonge. Pour expliquer l'attitude de Marguerite (qui n'a pourtant pas besoin de l'être, puisque l'affront en est une suffisante et qu'en outre d'Aubigné s'est cru obligé de rappeler, en introduction de cette narration, qu'elle lui en voulait « depuis Libourne »), il affirme :

> Elle avait sur le cœur quelques bons mots, entre autres cettui-ci : la maré-
> chale de Retz avait donné à Entragues un cœur de diamant ; la reine en ôtant
> Entragues à la maréchale avait eu aussi le cœur de diamant pour en triompher,
> et comme Aubigné maintenait la maréchale contre la reine, elle répliqua trop
> souvant : « Mais j'ai le cœur de diamant. – Oui, dit le bon compagnon, il n'y
> a que le sang des boucs qui y puisse graver (*Sa Vie*, 1986, p. 123).

L'histoire, une fois encore, ne tient pas debout. L'Estoile mentionne un libelle datant de l'extrême fin de l'année 1581, selon lequel la maréchale, liée depuis longtemps à Charles de Balzac d'Entragues, vient de lui donner des pierreries – qu'elle a eu la désagréable surprise de retrouver sur le cardinal de Guise[9]. Entragues récupéra d'ailleurs le diamant sur le cadavre de celui-ci, en 1588[10]. Il est en outre impossible que Marguerite ait « ôté Entragues à la maréchale » en 1581 ou 1582, puisqu'elle était à Nérac, et amoureuse de Champvallon. Enfin, l'énonciation de cette insolence devant la reine est bien invraisemblable : le « bon mot » n'est que poudre aux yeux destiné à masquer les manquements à la vérité du récit.

Il est clair en tout cas que, dès cette époque, les ponts sont coupés entre la reine et son ancien poète, ce qui nous est confirmé par Marguerite elle-même. À l'automne 1583 en effet, peu après un affront beaucoup plus célèbre (auquel est à nouveau liée Mme de Duras, mais qui touche cette fois la souveraine de plein fouet, et qui lui a été infligé par Henri III en personne[11]), Aubigné est envoyé à la Cour par son maitre pour tenter de trouver une réparation, au même titre que, avant lui, Duplessis-Mornay,

---

9   Voir le détail dans L'Estoile, 1875-1896, vol. 2, p. 42-43.
10   Détail rapporté par Miron, dans L'Estoile, 1744, vol. 3, p. 492.
11   Marguerite repartant en Gascogne en compagnie de Mme de Duras et de Mme de
     Béthune, dont Henri III demandait depuis des mois qu'elle se séparât, fut arrêtée en
     chemin, sa litière fouillée, ses deux dames ramenées prisonnières à Paris. Le roi de Navarre
     profita de la bévue du roi de France pour négocier le retour de sa femme, et n'accepta de
     la reprendre auprès de lui que contre le maintien dans le camp protestant de plusieurs
     places fortes qui devaient être rendues à la Couronne selon les accords de la Conférence
     de Nérac (voir Viennot, 2005, p. 201-211, et *Cor.*, p. 619-620).

et, après lui, Clervant, Yolet et à nouveau Duplessis-Mornay. Cette ambassade, dont l'existence a parfois été mise en doute[12], est attestée par la seule lettre de Marguerite où il soit question de l'écuyer. Vers la mi-novembre en effet, alors qu'elle perd patience, à Coutras, en attendant la fin du long bras de fer entre les deux rois, le maréchal de Matignon l'avertit — mais ce n'est qu'une rumeur — que le protestant Bernard Morlas, fils bâtard du Président de Sallettes, va également être envoyé en France pour négocier ce différend. Aussitôt elle s'insurge auprès de Bellièvre, le négociateur officiel de la Couronne : « Ce Sallettes, qui va là, est *un homme comme Obigni*, qui avait été nourri pour être ministre, et depuis s'est mis aux afaires » (*Cor.*, lettre 180). Et dans une autre lettre du même jour, au maréchal de Matignon, elle précise (toujours à pro-pos de Morlas) : « C'est un mauvais homme. Il n'est pas gentilhomme. [...] Si c'était [pour] quelque chose de bon, l'on ne l'emploierait pas » (*ibid.*, lettre 179). Ces quelques lignes en disent long sur l'opinion que Marguerite avait alors de son ancien protégé.

Le retour de la reine à Nérac, après la conclusion de cette négociation peu reluisante pour le roi de Navarre et ses conseillers[13], est l'occasion pour Aubigné mémorialiste de faire une dernière allusion à ses relations avec Marguerite. « La reine de Navarre étant retournée à son mari, écrit-il, se réconcilia avec tous, hormis avec Aubigné ; et toutefois, lui appelé en un conseil, pour faire mourir cette reine, rompit par ses remontrances une telle action, de quoi son maitre le remercia » (*Sa Vie*, p. 288). Tout cela parait bien improbable. Durant la petite année que dura le second séjour à Nérac de Marguerite (13 avril 1584-19 mars 1585), elle ne dut voir son époux (et sa suite) qu'une seule fois durant trois semaines de suite, au moment des retrouvailles. Le roi de Navarre décampa ensuite pour Pau et Hagetmau, où résidait Corisande, tandis que Marguerite s'enfonçait dans le deuil de son frère (juin) puis dans l'opposition à recevoir le duc d'Épernon (juillet-août), et enfin dans la solitude (à Encausse, puis à Nérac). Dans ces conditions, on voit mal qu'elle ait pu

---

12 Car Aubigné n'en relate que l'éclat qu'elle fut pour lui l'occasion de faire devant le roi de France (*HU*, vol. 6, p. 153), et un autre récit très proche dans la *Confession catholique du sieur de Sancy* (*Œuvres*, 1969, p. 651). Pour la discussion sur l'ambassade, voir Armand Garnier, 1913, p. 185. Les historiens ont fini par admettre, dans l'ensemble, qu'elle avait eu lieu le 10 octobre 1583.

13 Durant tout le séjour de Marguerite à la cour de France, elle n'avait cessé de défendre les intérêts de son mari (voir Jacqueline Boucher, 1994, p. 89 et suiv.).

se réconcilier avec qui que ce soit – d'autant qu'elle n'était véritablement fâchée avec personne, « hormis Aubigné », et bien sûr son mari. Quant à la tentative d'empoisonnement, elle n'est sans doute pas inventée de toutes pièces, puisque Marguerite elle-même y fit allusion en quittant Nérac, disant qu'elle se réfugiait à Agen pour sa sécurité. Si toutefois la chose a un fondement (ce qui n'est pas avéré), l'initiative ne peut en revenir qu'à la comtesse de Guiche – seule à pouvoir profiter de la mort de la reine. L'on comprend mieux, alors, vu qu'il la haïssait, pourquoi d'Aubigné s'y serait opposé, et surtout pourquoi il la rapporte.

DITS ET NON-DITS DE L'ÉCRITURE : HISTOIRE D'UN MALENTENDU ?

Ce bref rappel des textes permettant de reconstruire la relation Marguerite-Agrippa, telle qu'elle se noua puis se dénoua entre les années 1578-1585, n'épuise pas le sujet de leur rapport dans, ou devant l'histoire. Car si la reine, au-delà de l'unique mention que nous avons vue, devait observer un silence absolu sur son ancien poète, celui-ci allait au contraire lui réserver quelques-unes de ses flèches les plus venimeuses dans plusieurs de ses écrits, et œuvrer ainsi fortement à l'édification de sa détestable réputation. C'est en effet la méchanceté et la haine – quand ce n'est pas la calomnie pure et simple – qui caractérisent tous les passages où Aubigné évoque la reine. Mais c'est aussi, à y regarder de plus près, d'autres traits marquants : tout d'abord la rareté de ces passages, alors qu'il l'avait fréquentée longtemps et qu'en tant que personnage historique elle n'était guère restée dans l'ombre ; ensuite le choix des épisodes évoqués, où le dérisoire et le nuisible sont seuls retenus, et où le positif est délibérément passé sous silence ; c'est encore la récurrence de ces épisodes, puisque presque chacun est traité deux fois, voire davantage, dans différents écrits ; et c'est enfin le désir, parfois masqué, parfois franchement affiché, de parler d'elle le moins possible, de la faire disparaître du monde qu'il reconstruit par l'écriture.

C'est très certainement dans le *Sancy* que la volonté de silence sur la reine est le mieux maitrisée. À peine deux petits mots sur elle,

lorsqu'est évoquée l'entrevue houleuse qu'Aubigné eut avec Henri III
à propos de l'affront fait à « sa sœur » (*Œuvres*, 1969, p. 651). Mais on
trouve mentionné un peu plus loin, pour la première fois, l'épisode
de l'attentat contre Duras, accompagné d'un autre « bon mot » (sur
Corisande cette fois, et cette fois destiné à choquer Bellièvre) que profère
« un huguenot » qui ressemble comme deux gouttes d'eau à Aubigné :
« Le bonhomme fut étonné [par la remarque sur la comtesse], mais il
le fut bien davantage quand il sut la *sfrizade* de Saint-Meixent sur la
joue de Madame de Duras » (*ibid.*, p. 653). Impossible de comprendre,
à lire le pamphlet, de quoi parle son auteur à mots couverts. Ce qui est
clair toutefois, c'est qu'en faisant ce parallèle entre l'insolence émise sur
le compte de Corisande et la « sfrizade » infligée à Duras, d'Aubigné
revendique déjà, comme il le fera plus clairement dans *Sa Vie*, cet acte
dont personne n'a su, à l'époque, qu'il était l'initiateur. Ce qui est clair
également, c'est que l'objet véritable du parallèle avec la comtesse de
Guiche n'est pas Duras mais Marguerite, d'autant que la conversation
avec Bellièvre eut lieu « au Mont-de-Marsan », c'est-à-dire lors d'une des
conférences destinées à régler le différend sur la « reprise » de la reine
par son époux, au cours de l'hiver 1583-1584. Dans le *Sancy* comme à
Saint-Meixant, sur le papier comme sur le terrain, Duras n'est là qu'un
paravent. C'est la reine qu'Aubigné associe, dans sa haine et sa volonté
d'humiliation, à la maitresse de son roi, cette « garce en quartier » ;
c'est elle qui est la cible du « bon mot » de l'autobiographie, comme
Corisande est la cible de celui du pamphlet. Contrairement à cette
dernière, cependant, son nom n'est pas prononcé : la reine est ici le
« trou noir » du passage.

Même silence sur le nom dans les *Tragiques*, mais l'ombre de la souveraine plane davantage sur l'œuvre. À plusieurs reprises en effet, elle est
dissimulée dans le mot « princesse », au singulier ou au pluriel (*Princes*,
v. 698, 999 et 1011, *Fers*, v. 857). Dans chacune de ces évocations, c'est
la débauche qui est stigmatisée, à quoi s'ajoute, dans les deux premières,
le renversement des valeurs sociales (les princesses s'accouplent avec
des inférieurs), et, dans la dernière, la couardise (elles fuient la vue des
victimes)[14]. En deux autres occurrences, Marguerite est désignée par des

14   Durant la nuit de la Saint-Barthélemy, « Les princesses s'en vont de leurs lits, de leurs
      chambres / D'horreur, non de pitié, pour ne toucher aux membres / Sanglants et détran-
      chés… » (*Fers*, v. 857-859). Ces lignes font allusion à l'irruption dans la chambre de

périphrases emblématiques, pourrait-on dire, de l'attitude de l'auteur à
son égard. Elle est « une reine masquée » (*Princes*, v. 1031) faisant tuer
l'enfant adultérin qu'elle portait[15]. Et elle est aussi – mais le substantif
ne dénote même plus un être humain – le « lieu » où ses trois frères
« ont à l'envi porté / La première moisson de leur lubricité » (*Princes*,
v. 937-938) ; nouveau « trou noir » textuel, qui en hypostasie un autre.

L'*Histoire universelle* ne fait pas une place plus grande et plus objective
à Marguerite. Si les mentions sont plus nombreuses, c'est simplement
que l'œuvre est plus longue, et toutes lui sont hostiles. Elle est dépeinte
comme une femme « artificieuse », luxurieuse, avide de vengeance, un
« esprit impatient », versatile, qu'Aubigné charge des plus graves accusations. Ainsi la rend-il responsable de la brève trahison du duc d'Alençon
pendant la sixième guerre de religion (1577) alors que seuls les immenses
avantages accordés à celui-ci par la Couronne à la Paix de Beaulieu
(dite bien à propos « Paix de Monsieur ») pour le dissocier de ses alliés
huguenots expliquent ce revirement, et que tout le monde savait que la
reine, opposée à l'engagement de son frère dans les troupes royales, fit
tout pour le détourner du guêpier français – jusqu'à vendre ses bijoux
afin d'aider à financer sa campagne de Flandre. Ainsi l'accuse-t-il, durant
son premier séjour à Nérac, d'avoir tout d'abord semé la division entre
Navarre et la Couronne, puis « fait rouiller les armes » des huguenots
(*HU*, vol. 5, p. 381), et enfin de les avoir poussés à la reprise des hostilités
au printemps 1580 – le tout en quelques pages, et semé de « serments
prêtés à la vérité ». Quant au divorce, elle ne l'a, d'après lui, fait trainer
en longueur que par vanité, n'acceptant pas d'être supplantée par une
inférieure, ce qui n'est qu'en partie vrai (le Pape ayant été le principal
opposant à l'idée d'un mariage avec Gabrielle), et ce dont toute la France
raisonnable devait la féliciter. C'est bien la calomnie qui caractérise ces

---

Marguerite du vicomte de Léran, huguenot blessé qu'elle fit soigner et sauva, comme
elle le raconte dans ses *Mémoires*. En contradiction avec ses sources (Goulart [voir Fanlo,
1994, p. 181] et de Thou), qui rapportent l'épisode comme la reine, Aubigné donne dans
l'*Histoire universelle* une version qui, sans contenir l'accusation de débauche entre Léran
et Marguerite qu'on trouve dans les *Tragiques* (*Fers*, v. 860), gomme le rôle de celle-ci
dans sa survie : « Le vicomte de Léran, après les premiers coups, se relève et se va jeter
sur le lit de la reine de Navarre. Les femmes de chambre le sauvèrent » (*HU*, vol. 3,
p. 338-339). Ses deux versions sont donc différentes, mais toutes deux mensongères et
calomniatrices.

15   Les contemporains parlèrent d'accouchement (ambassadeur anglais) ou d'avortement
(L'Estoile). La chose n'est pas prouvée (voir Viennot, 2005, p. 200 et suiv.).

diverses mentions – qui se trouvent de plus réduites à une seule entrée dans l'index de l'édition princeps[16].

Écrit après la mort de Marguerite, le *Faeneste* ne contient quant à lui que quelques vers que les critiques rattachent traditionnellement à elle, dans lesquels la débauche est cette fois liée à la ferveur religieuse (caractéristique de la reine à la fin de sa vie) :

> Commune qui te communies
> Ainsi qu'en amours en hostie [...]
> Toi qui ne t'es pu saouler d'hommes,
> Te penses-tu crever de Dieux ? (*Œuvres*, 1969, p. 764).

Quoique l'attaque puisse aisément viser d'autres femmes, la phrase qui l'introduit semble signer l'allusion, si on la rapproche des stratégies d'évitement observées ailleurs : « Cette-là est d'une Dame que je ne voudrais pas qu'elle fut nommée pour dix mille pistoles » (*ibid.*).

Dans *Sa vie à ses enfants*, enfin, d'Aubigné revenant sur les traces de son passé n'évoquera que bien peu souvent Marguerite, mais il ne se privera ni d'allusions perfides (en 1576, « [Roquelaure] entretint le roi de bonnes fortunes de la Cour, et sur tout des princesses, où il n'épargnoit pas la reine de Navarre », p. 93) ni de mensonges (comme on l'a vu à propos de l'accueil de la reine à Nérac, ou de sa réaction à l'affront infligé à Mme de Duras). Ces quelques mentions sont toutes de caractère privé. Les accusations politiques ont disparu de l'autobiographie, et Aubigné revient même sur l'origine de la guerre de 1580, en donnant une autre version où la responsabilité de la reine n'est pas évoquée – sans pour autant la laver des accusations antérieurement formulées :

> Le roi de Navarre, voulant résoudre une guerre sur le terme de la reddition des places, n'appela à cette délibération que le viconte de Turenne, Favas, Constant et lui [*Aubigné*]. De ces cinq, les quatre étaient amoureux, et prenant leur amour pour conseil délibérèrent la guerre (*Sa Vie*, p. 113).

En revanche, il se laisse aller à développer quelques motifs nettement destinés à se mettre en valeur, comme l'improbable « conseil » où il aurait seul défendu la vie de la reine, ou encore comme le « bon mot » sur le cœur de diamant.

---

16   Remarque de Fanlo, 1994, p. 191, note 51.

Signalons enfin, inséré dans les *Poésies diverses*, un quatrain épigram-matique qui pourrait bien se rapporter à la reine :

> De Margot les feux assouvis
> Ont mis ici quatorze corps
> Qu'elle a rendus tout raides morts,
> Ne pensant raidir que les vits (*Œuvres complètes*, vol. 4, p. 379)[17].

Serait-ce un éloge paradoxal tendant à faire pendant au concert de textes dithyrambiques qui fleurirent durant les dernières années de la vie de la souveraine ?

Du côté de Marguerite, c'est le silence qui mérite réflexion. D'Aubigné n'était pas le seul serviteur de son époux à lui avoir gravement déplu, et dont elle eût (vainement) demandé le renvoi à son mari. Elle évoque notamment dans ses *Mémoires* le cas du seigneur Du Pin qui, à la Pentecôte 1579, avait fait arrêter quelques bourgeois catholiques venus dans la chapelle du château de Pau assister avec elle à la messe, puis s'était insolemment interposé entre elle et son mari durant leur « expli-cation ». Pourquoi, alors, le texte se tait-il en ce qui concerne la « surprise de Cadillac » ? Écartons l'idée qui vient en premier : la mémorialiste l'aurait passée sous silence pour ne pas avoir à évoquer Champvallon. À plusieurs reprises déjà, elle avait mentionné des affaires de cœur avé-rées ou non (avec Guise, Entragues et Bussy) et dénoncées par le favori d'Henri III, Du Guast ; la reine avait prestement tourné la difficulté en niant les faits, comme l'exigeait le code de l'honneur, et en se dépeignant comme la victime d'une machination. Elle aurait pu en faire autant.

Si la différence de traitement ne s'explique donc pas par la situation, tout à fait semblable, elle pourrait par contre s'expliquer par la différence de statut accordé au délateur. Car Du Guast était l'âme damnée de son frère, l'ombre malfaisante de cet *alter ego* dont il l'avait séparée – une

---

17   Il se pourrait également que le sonnet VII (« Je ne veux plus trahir... », *ibid.*, p. 332) fasse allusion à elle et soit postérieur à 1581, bien qu'Aubigné l'ait classé parmi les poèmes écrits à la demande de Du Guast lors d'un festin, soit avant septembre 1575, date de sa mort. La volonté qui y est affichée de tourner le dos au statut de courtisan, et désormais de « n'adorer jamais les rois et les *princesses* », ne correspond en effet ni aux préoccupations de Du Guast, ni à celles d'Aubigné à cette date, ni à la description fournie par Brantôme de la joute lit-téraire en question (1991, p. 308-309). On comprend bien, en revanche, pourquoi le poète l'aurait rétroactivement antidaté. Le dernier vers du sonnet (« Comme un caméléon que je vive de vent ») est par ailleurs repris presque tel quel dans le début des *Princes* (v. 236), qui semble étroitement lié à la mémoire de Marguerite (voir note suivante).

sorte d'ennemi personnel dont elle fait, dans ses *Mémoires*, l'esprit du Mal incarné, et qu'elle désigne, jusqu'au-delà de sa mort, comme le véritable responsable de tous ses malheurs. Ce statut, Marguerite n'était certainement pas prête à l'accorder à un homme de peu d'importance et de petite naissance comme Aubigné. Mieux valait donc sans doute, à ses yeux, taire la dénonciation que d'avoir à se dépeindre accusée de galanterie par un tel personnage, et devoir à son propos faire œuvre de justification. La « vengeance par l'éloignement », très certainement exécutée sur l'heure comme nous l'avons vu, fut donc reconduite plus de dix ans plus tard, Marguerite restant fidèle à cette ligne de conduite en effaçant dans ses *Mémoires* jusqu'au souvenir de l'homme méprisable qu'elle avait fait l'erreur d'admirer comme poète.

Ce mépris, dont on voit l'ampleur dans la lettre de novembre 1583, venant d'une souveraine qui avait reconnu sa valeur et qu'il avait chantée, ne serait-il pas à l'origine de la formidable rancune d'Aubigné, et de cette volonté de destruction-annihilation qui est à l'œuvre dans ses écrits ? Intellectuellement, en effet, il ne pouvait qu'admirer cette femme érudite et mécène ; le souci qu'elle avait eu, à Nérac, de faire de la cour du roi de Navarre un foyer culturel et un lieu de promotion du néoplatonisme, il l'avait partagé et il y avait travaillé. Politiquement, il ne pouvait guère lui en vouloir : si l'on excepte l'épisode agenais de 1585, puis les premières années passées en Auvergne, elle avait toujours pris le parti de son époux, et elle avait longtemps « servi ses affaires ». Du point de vue religieux, elle avait toujours été tolérante, à Agen même elle n'avait pas fait persécuter les huguenots, et elle n'était aucunement responsable de l'abjuration de son mari. Moralement, elle n'était certes pas un modèle de vertu, mais Gabrielle d'Estrées non plus, que l'on sache, et Aubigné l'a toujours épargnée ; il était par ailleurs bien placé pour savoir que son maitre était le premier fautif sur ce chapitre. Enfin, la reine n'était pour rien dans la dégradation des relations entre le roi et lui, processus qui à l'en croire commença en 1576, à une époque où Marguerite n'était pas là (voir *Sa vie*, p. 97), qui se poursuivit à travers divers épisodes auxquels elle était étrangère, et qui se consomma au moment de l'abjuration, alors qu'elle était en exil.

La haine d'Aubigné pour la reine de Navarre n'est donc pas le produit d'une lente maturation liée à l'approfondissement d'une réflexion sur le rôle objectif qu'elle joua dans l'histoire de son pays et de son parti. Il est la conséquence d'un renversement violent de situation, d'une chute brutale du statut de poète respecté à celui de domestique méprisé. Blessure insurmontable, insurmontée, qui renvoie vraisemblablement à d'autres blessures, et notamment à l'« abandon » parental, tant bien que mal colmaté par la fuite dans la culture : alors qu'il avait trouvé une nouvelle figure tutélaire le reconnaissant pour sa culture même, et le faisant accéder au rang de poète reconnu, il est renvoyé à l'abandon, au mépris, au néant. L'impossibilité, pour Aubigné, de dire — de revivre — cette chute brutale de la faveur, est très certainement ce qui motive, comme nous l'avons montré, le report dans le temps de la réaction de Marguerite, la fuite dans l'affabulation mensongère sur la tentative de vengeance, et la mise en scène fantasmatique de cette femme lui demandant humblement son avis, s'appuyant sur son « expérience et fidélité »... au mépris de toute vraisemblance.

On est donc en droit de penser qu'en dehors de l'« accident » de 1581, du brutal congé qui dut suivre, et de l'insupportable prise de conscience qu'il n'avait jamais rien été d'autre pour sa souveraine qu'un petit domestique sachant rimer, rien de destinait Marguerite à jouer dans l'œuvre d'Aubigné ce rôle de pure représentante des Valois débauchés et sanguinaires — qui n'est qu'en apparence seulement comparable à celui qu'y tiennent ses frères et sa mère. En effet, bien des traits que nous avons observés en ce qui la concerne lui sont propres, notamment le tabou sur le nom, la rareté des mentions du personnage, et la violence, la haine, la volonté de dénigrement avec laquelle celles-ci émergent d'un désir de silence par ailleurs déclaré.

On peut même se demander si la « blessure » de 1581 ne fut pas centrale dans le « retournement » d'Aubigné à l'égard des Valois — dont on sait qu'il n'est nullement consécutif à la Saint-Barthélemy, comme il cherche à le faire croire. Pourraient en témoigner quelques-uns des premiers vers des *Princes* :

> Vous qui avez donné ce sujet à ma plume,
> Vous-même qui avez porté sur mon enclume
> Ce foudre rougissant acéré de fureur,
> Lisez-le : vous aurez horreur de votre horreur ! (v. 9-12).

Ce *vous* ne s'adresse-t-il pas en priorité à Marguerite ? La suite semble le confirmer : « La honte se perdit, votre cœur fut taché / de la pâle impudence, en aimant le péché » (v. 15-16). Les passés simples désignent une action singulière déterminant un « avant » et un « après », qui pourrait bien se rapporter à la « découverte » de 1581, et qui ne s'applique à aucun autre des « princes » vilipendés. Les deux vers suivants (« Car vous donnez tel lustre à vos noires ordures / Qu'en fascinant vos yeux elles vous semblent pures ») peuvent quant à eux être rapprochés de la notation fielleuse de l'*Histoire universelle* :

> Elle apprit au roi son mari qu'un cavalier était sans âme quand il était sans amour, et l'exercice qu'elle en faisait n'était nullement caché, voulant par là que la publique profession sentît quelque vertu et que le secret fût la marque du vice (*HU*, vol. 5, p. 359).

L'une des conclusions du passage des *Princes* (« L'ennemi mourra donc, puisque la peur est morte », v. 49) pourrait enfin figurer une véritable déclaration de guerre spécifiquement adressée à la reine : qui d'autre qu'elle (ou du moins le respect qu'il avait pour elle) pouvait jusque là l'empêcher d'écrire contre les Valois ? Il n'est pas jusqu'à la première attaque en règle des *Princes*, contre les « flatteurs » (v. 103 et suiv.), qui ne ramène à Marguerite, puisqu'on peut sans peine reconnaitre Pibrac parmi ces « conseillers d'État » (v. 122) qui « nomme[nt] bel exemple une tragique horreur, / le massacre justice, un zèle la fureur » (v. 139-140)[18].

En revanche, une fois les ponts coupés entre elle et lui, il devenait possible de clouer toute la famille royale au pilori et d'en faire la quintessence de ces grands abandonnés au Mal, tandis que souffrent les justes et les petits. Il était loisible, également, de taire des épisodes qui fussent entrer en contradiction avec la double démonstration à l'œuvre dans tous les écrits : la grandeur des protestants en général (mise à mal par l'intolérance dont la reine fut victime à Pau en 1579, par la reprise des hostilités en 1580, par l'odieux marchandage de 1583) et la propre pureté d'Aubigné (qui fit tout de même sa « cour » aux Valois pendant plusieurs années avant de les vomir par l'écriture). Et il était délectable, sans doute, de laisser s'exprimer à son égard des haines et des fantasmes venus de plus loin, pour s'agréger là, comme en un point de fixation autorisant leur expression : misogynie exacerbée, fantasme de la mère meurtrière, union des notions de sexe, d'ordure et de mort[19]…

---

18   Voir également v. 726 et suiv., et *Sancy*, p. 650, où Pibrac est désigné comme « conseiller d'État » de la reine.
19   Voir à ce sujet les analyses de Fanlo, 1994, p. 187-192.

LE *DIVORCE SATYRIQUE*, OU COMMENT SALIR SON ROI « POUR LES SIÈCLES DES SIÈCLES », EN SALISSANT SA (PREMIÈRE) FEMME

Abordons à présent la question du pamphlet. C'est un texte assez bref : vingt-six pages dans les *Œuvres complètes*, si l'on en soustrait les passages qu'une autre main a ajoutés ultérieurement[20]. Datant très certainement de 1607 – Bajaumont, le dernier favori de la reine, y est évoqué comme un « met nouveau de cette affamée » (*DS*, p. 683) – il n'eut vraisemblablement qu'une diffusion très restreinte[21] et ne fut publié pour la première fois qu'en 1660[22], avant d'être souvent réédité. L'argument en est simple. Henri IV, l'auteur prétendu de ce texte, y explique la vraie raison qui l'a poussé à se séparer de son épouse, à savoir la honte qu'il avait fini par ressentir face à sa monstrueuse lubricité. Car « tout est indifférent à ses voluptés, et ne lui chaut d'âge, de grandeur ni d'extraction, pourvu qu'elle saoule et satisfasse à ses appétits, et n'en a jusqu'ici, depuis l'âge de onze ans, dédit à personne » (p. 657). Le roi fait donc l'historique de la vie de Marguerite, ce qui revient à dresser la liste de ses amants célèbres (dix-huit noms sont cités, sans compter « ses jeunes frères », p. 658)[23],

---

20 Main qui se dénonce elle-même dans les ajouts de 1663, signalés entre crochets par Réaume et Caussade (et d'autres éditeurs auparavant, notamment Lenglet Du Fresnoy qui le reproduit à la suite du *Journal de Henri III* de L'Estoile, 1744, tome IV, p. 486-520). Par exemple, à propos de Champvallon, le pamphlétaire avait écrit que, de ses amours avec Marguerite, était né un enfant « qui sous des parents putatifs promet de réussir quelque chose de bon un jour » ; l'annotateur intercale des détails sur l'enfant, puis commente : « *Ce faiseur de mémoire* a grande raison de dire qu'il promet quelque chose de bon, car vous saurez... » ; il se met alors en devoir de raconter, « pour fin de l'histoire », la suite de sa vie, ce qui renvoie à des dates postérieures à la rédaction du pamphlet. Un peu plus loin, dans un autre ajout, le continuateur signale que Canillac « servit de risée *au roi de Navarre* » – là où le pamphlétaire devait avoir écrit : « *me* servit de risée » (puisque c'est Henri IV qui parle à la première personne dans le pamphlet).

21 L'Estoile n'en parle pas, preuve que son retentissement à Paris dut être très faible, voire nul, ce que confirme le fait qu'il n'ait pas été publié, même à l'étranger, avant 1660. Par ailleurs, les détails romanesques ou infâmants qu'il contient, et qui feront le gros de la légende de Marguerite, n'apparaissent nulle part avant la première édition.

22 Dans le *Recueil de diverses pièces servans à l'histoire de Henri III...*, Cologne, Pierre du Marteau, 1660.

23 Rappelons que, parmi ces hommes, seuls Guise, La Mole, Bussy, Champvallon, Aubiac, Dat et Bajaumont peuvent être sérieusement considérés comme ayant été amoureux ou amants de la reine.

auxquels s'ajoutent les cohortes d'amants inconnus, courtisans et vaillants capitaines dans un premier temps, puis domestiques et « chaudronniers d'Auvergne » (p. 667) par la suite.

Le portrait de Marguerite qui ressort du pamphlet est on ne peut plus chargé. « Vicieuse et folle » (p. 658), issue d'une famille de commerçants florentins (p. 664), elle a vécu à Carlat dans une « tanière de larrons » (p. 665), d'où elle s'est sauvée, « peureuse et appréhensive » (p. 670). À Usson, elle a fait rehausser les lits afin de pouvoir constater rapidement si son amant Pominy n'était pas caché dessous : elle le cherchait « en s'y fourrant à quatre pieds toute nue » (p. 674). Depuis quelques années, devenue « la plus difforme femme de France » (p. 681), elle ose « trois fois la semaine faire sa Pâque dans une bouche aussi fardée que le cœur, la face plâtrée et couverte de rouge, avec une grande gorge découverte qui ressemblait mieux et plus proprement à un cul que non pas à un sein » (p. 676). « L'avez-vous jamais vue, demande le roi, au sermon sans dormir, à vêpres sans parler, et à la messe sans son rufian ? » (p. 682). Cependant l'axe principal de la charge est la lubricité : « Aussi mouvante que le mercure elle branlait pour le moindre objet qui l'approchait » (p. 659). Elle acceptait, « ainsi que le tronc public, les offrandes de tout venant » (p. 662), et conçut ainsi un enfant avec Champvallon, qui « vit encore » (p. 663) et un autre avec Aubiac, qu'elle abandonna (p. 669). « Ce haut-de-chausse à trois culs » (p. 665) était d'ailleurs « le plus puant et le plus infect trou de tous ceux qui pissent » (p. 667).

On se tromperait pourtant en pensant que le *Divorce satyrique* n'est qu'un texte dirigé contre Marguerite. En réalité, la charge est à double détente, et Henri IV en est certainement une cible tout aussi importante. C'est lui-même en effet qui se ridiculise et se couvre d'ignominie en tentant de se justifier, puisqu'il doit avant de s'expliquer rappeler les différentes accusations dont il est l'objet, et que toutes ramènent à sa propre bassesse. Le pamphlet est ainsi truffé d'attaques perfides contre le Premier Bourbon. Attaques politiques bien sûr :

> J'ai pardonné à plus d'ennemis que vengé d'injures, […] n'ayant pas absous seulement les perturbateurs de l'État de leur crimes, mais aussi remis mon particulier intérêt à ceux qui, témérairement, ont osé attaquer mon nom (p. 656).

Attaques religieuses, également, puisqu'Henri avoue n'être « pas des plus entendus du royaume au fait de [s]a religion » (p. 676). Attaques personnelles, enfin, les plus nombreuses : mari trompé, époux complaisant, homme lâche, c'est par intérêt qu'il a laissé sa femme mener cette vie scandaleuse.

> J'avais pour lors plus de nez que de royaume, et [...] cette dame [...] fléchissait ses frères et la reine sa mère, aigris contre moi ; sa beauté m'attirait force gentilshommes, et son bon naturel les y retenait (p. 661).

Mari paillard, aussi, et peut-être impuissant, qui n'a pas su faire d'enfants à sa femme, mais qui se rassure en affirmant que « Dieu merci, [je] ne suis pas des plus refroidis, et [...] ai autant d'adultérins mal semés comme elle, en divers endroits » (p. 669). Mari odieux, d'ailleurs, délaissé par son épouse à cause de « cette fâcheuse senteur de l'aile et du pied dont elle m'accuse » (p. 664), et qui ne fut même pas supplanté par des hommes supérieurs : tous les amants nobles nommément cités souffraient de défauts infâmants (saleté, coliques, impuissance, lâcheté, sottise...), et les autres étaient des vauriens... C'est pourtant à ces hommes qu'elle s'est donnée « volontairement en proie » (p. 669), alors qu'« à regret elle a souvent consenti à la force de mes désirs » (*ibid.*)...

Ce pamphlet violent, rageur, talentueux (à condition de le lire sans les lourds ajouts de 1663), rempli de fiel et d'ironie, invente des épisodes savoureux (celui de l'enlèvement des têtes de La Mole et Coconas, par exemple) à partir d'une trame historique qu'il serait difficile de prendre en faute et qui témoigne d'une excellente connaissance de la vie de la reine, notamment durant les années 1574-1575, 1579-1586, et enfin 1606-1607. Entre ces années en revanche, les lacunes sont nombreuses : les premières « informations » (jeunesse, mariage) sont recopiées sur le pamphlet protestant *Le Réveille-matin des Français*[24] ; la période allant de la fuite de Navarre de la cour de France à l'arrivée de la reine en Gascogne (emprisonnement de Marguerite au Louvre, états généraux de 1576, voyage diplomatique en Flandre) est passée sous silence ; quant

---

24 *Cf.* le *Divorce* : « Assurant les huguenots pour les attraper et les allécher d'une feinte paix, il [*Charles IX*] protestait sous mille serments, qu'il ne donnait pas sa Margot seulement pour femme au roi de Navarre, mais à tous les hérétiques de son royaume » (p. 657) ; Le *Réveille-matin* : « [Charles IX avait donné sa sœur] non pas au prince de Navarre, ains à tous les huguenots à femme, pour se marier comme avec eux » (Cosmopolite, 1574, p. 43). Les deux œuvres sont, avec l'*Histoire universelle* (vol. 3, p. 316) parmi les très rares textes de l'époque à nommer Marguerite « Margot ». Ce sont les deux seuls, par ailleurs, avec les *Tragiques* (voir plus loin), qui parlent d'inceste (mais Henri seul – « Monsieur » – est visé dans le *Réveille-matin*).

à l'exil auvergnat (vingt ans), il est limité, au-delà des premiers mois d'emprisonnement par Canillac, à quelques variations sur le sieur Pominy.

Les trois époques bien couvertes contiennent par ailleurs des renseignements de valeur inégale. La première, sans être de seconde main, n'est guère développée. La dernière fait état d'informations de notoriété publique dans la capitale. En revanche, les années passées par la reine à Nérac, puis ses retraites à Agen et Carlat contiennent des renseignements de première main tels qu'en détenaient, seuls ou quasi seuls, les proches du roi de Navarre. Ainsi le pamphlet mentionne-t-il avec exactitude l'horoscope funeste de mars 1580, dont l'amoureux Pibrac avait averti Marguerite et qui avait agité la petite cour[25]. Ainsi révèle-t-il qu'en avril 1580, lors de la guerre des amoureux, le roi eut recours à sa femme pour faire revenir Turenne auprès de lui. Ainsi évoque-t-il la reine « quittant sans mot dire » (p. 665) son époux en mars 1585 pour Agen, puis envoyant Duras « vers le roi d'Espagne quérir de l'argent » (p. 667). Ainsi encore donne-t-il, concernant la petite année passée à Carlat, des détails extrêmement précis, tels qu'on pouvait en avoir dans la région, tels que les rescapés de l'aventure durent en raconter à leurs proches du Midi, mais qui ne furent jamais connus des commentateurs parisiens.

AGRIPPA D'AUBIGNÉ,
AUTEUR DU *DIVORCE SATYRIQUE* ?

Bien que le pamphlet n'ait quasiment jamais fait l'objet d'analyses systématiques, on comprend que les éléments qui viennent d'être soulignés étaient suffisants pour amener ses lecteurs et lectrices à chercher, parmi les anciens proches du roi de Navarre, un auteur rancunier, assez talentueux pour écrire un tel texte, et qui fût devenu à la fois un ennemi acharné de la reine et un critique sévère d'Henri IV. On comprend aussi qu'une telle recherche ait assez naturellement mené à Aubigné, qui correspondait à merveille à ce portrait robot. Cette hypothèse a été

---

25 Le texte imprimé comporte ici une coquille (il y en a d'autres, notamment sur les noms propres), puisqu'il situe l'épisode en 1560 ; des lettres de Marguerite et de Pibrac évoquent clairement l'affaire.

émise de nombreuses fois depuis 1660. Elle pourrait avoir été celle du premier éditeur du texte, puisque le *Divorce* apparait dans le recueil où parait aussi pour la première fois le *Sancy*, sous des signatures différentes toutefois[26]. C'est en 1744, semble-t-il, que le texte est pour la première fois clairement attribué à d'Aubigné par un éditeur du *Journal de Henri III*, Lenglet Du Fresnoy (L'Estoile, 1744, t. 4, p. xiv). En 1777, le premier grand biographe de la reine, Antoine Mongez, admet l'attribution, et dès lors, la chose est plus ou moins entendue pour tous ses continuateurs, jusqu'à ce jour. Du côté des spécialistes de l'auteur des *Tragiques*, la conjecture a également souvent été retenue, sans toutefois emporter la conviction de tous. Ainsi, Réaume et Caussade, qui avaient au départ écarté le pamphlet de leur édition des *Œuvres complètes*, rapportaient à la fois leurs réticences sur la paternité du texte, et les pressions des critiques qui les avaient finalement amenés à le publier : « MM. Ch. Read, Ch. Lenient, Henri Bordier, Tamizey de Larroque, etc. » (vol. 2, p. 655, note) ; mais ils devaient renoncer à produire le bilan des arguments de chaque partie[27]. Et Eugénie Droz, bien des années plus tard, penchait toujours pour le même responsable.

Une telle convergence, de la part d'auteurs connaissant bien Aubigné, s'explique non seulement par son adéquation avec le portrait robot dessiné plus haut, mais par le fait qu'une connaissance approfondie de son œuvre ne peut que renforcer cette hypothèse. Les ressemblances entre celle-ci et le pamphlet sont en effet nombreuses et troublantes. Lui seul dira, dans l'*Histoire universelle*, que Turenne fut gagné par l'intermédiaire de Marguerite en 1580. Lui seul évoquera, dans les *Tragiques*, le triple inceste qu'elle aurait commis. Lui seul parlera, dans le *Sancy* et les Mémoires, de la « sfrizade » contre Mme de Duras[28]. Lui seul revendiquera, dans *Le Printemps*, le quatrain « À ces bois, ces prés et ces antres… » (Aubigné, 1874, Ode xx) que, selon le pamphlet, Marguerite aurait composé pour Pominy[29]. Lui seul

---

26 Le *Sancy* est présenté comme de « l'auteur du *Baron de Foeneste* », et le *Divorce* comme d'un certain D.R.H.Q.M.
27 « Nous résumerons aux notes les motifs invoqués à l'appui des diverses opinions », lit-on dans cette note. Cependant rien de tel n'apparait dans l'appareil critique réservé au pamphlet (*Œuvres complètes*, vol. 5, p. 333-335), où l'on découvre seulement quelques variantes.
28 Le *Divorce* parle de « casser en colère une bouteille d'encre aux yeux des dames, comme Clermont d'Amboise… » (p. 661).
29 L'éditeur de l'œuvre, Charles Read (1874, p. 143), pense que la revendication du quatrain est une reconnaissance de la paternité du pamphlet. Les vers, qui figurent aussi

attaquera la reine de Navarre avec l'acharnement et la volonté de nuire que l'on connait. Lui seul – des proches du roi de Navarre en tout cas – formulera contre Henri IV les mêmes accusations que celles qui courent dans le libelle, notamment dans le *Discours par stances avec l'esprit du feu Roy Henry Quatriesme* où elles apparaissent presque en concentré[30]. Au-delà du roi et de la reine, on retrouvera sous la plume de l'écrivain les mêmes attaques (contre les « flatteurs », contre les Valois, contre Mme de Carnavalet, contre Pibrac, contre les anciens compagnons de route Bussy, Turenne et Duras, contre le duc d'Alençon...) et la même admiration discrètement avouée pour le duc de Guise. On verra à l'œuvre, dans le *Sancy* et le *Caducée ou l'Ange de la Paix* le même procédé littéraire qui consiste à faire parler à la première personne, apparemment pour se justifier, le personnage qui est la cible même – ou l'une des cibles – du pamphlet. On lira de plus, dans *Le Caducée*, une introduction qui ressemble fort à celle du *Divorce* :

> [*Le Caducée*] Bienheureux sont ceux qui procurent la paix, car ils seront appelés Enfants de Dieu, dit le Seigneur, et plût à Dieu que les misères des discords, soit généraux soit particuliers, ne nous eussent point enseigné la vérité d'une telle sentance, à nous qui, n'ayant pu soumettre nos pensées à l'autorité d'un si grand prophète, avons eu besoin du martyre des fols, qui est l'expérience. Je m'avance à un labeur plein d'épines et dépourvu de fruits, si nous n'en devions espérer qu'en la terre des vivants. Je n'attends ici pour ma récompense que le salaire des bons et justes arbitres, qui est la haine des deux côtés [*des deux camps*]. Car nous sommes, et les uns et les autres, si plains de notre droit imaginaire qu'il n'y a plus de logis pour la véritable équité. Je veux donc fâcher et les uns et les autres pour aider aux deux, sans autres récompenses que de faire paix moi-même à ma conscience [...] (*Œuvres complètes*, vol. 2, p. 73-74).

> [*Le Divorce*] C'est aux rois à faire les lois, disent les tyrans et ceux dont la force et non pas l'amour règne sur les peuples, mais je ne loue point ni n'approuve cet axiome, encore que les armes et la violence m'ont rendu l'héritage et le sceptre de mes pères. Dieu bénit la douceur et fait prospérer les desseins de ceux dont les actions sont autant aimées que redoutées, et serai mon témoin si vos cœurs ingrats s'en rendent méconnaissants que j'ai pardonné à plus d'ennemis que vengé d'injures [...]. Les uns m'en appellent voluptueux, les

---

dans l'*Album* de Marguerite et datent donc d'avant 1581, pourraient constituer un cas d'écriture collective entre elle et Aubigné (voir à ce propos Viennot, 1994).

30   Il y est décrit comme un prince « effrayé, transi en son courage » (Aubigné, *Œuvres*, 1969, v. 61), « lâche et frivole » (v. 142), faible (v. 194), « tant prodigue aux putains, tant avare aux guerriers » (v. 99), qui a abandonné « les cœurs plus généreux » pour se soumettre « aux plus lâches » (v. 81), qui a accepté « le deshonneur du lit, pour suivre son dessein » (v. 87), etc.

> autres athée, et tous ensemble méconnaissants, il faut que j'éclaire à leur
> ignorance, et que je confonde leur caute malice, cachant ma juste douleur
> [...]. Ma grandeur m'expose et me met en vue, et l'intégrité de ma conscience
> fait trouver bon qu'un chacun lise dans mes œuvres, afin que les malins et
> mal informés n'attribuent à tort aux délices, à la religion ni à l'ingratitude,
> encore qu'elle soit des dépendances de la Couronne, ce que des causes plus
> prégnantes et recevables excusent [...] (*DS*, p. 655-656).

Il n'est pas jusqu'aux « quatorze amants » morts du quatrain épigram-
matique qu'on ne retrouve dans la liste des amants cités par le pamphlet,
puisque, précisément, quatorze d'entre eux sont morts en 1607[31]...

Au-delà de ces faits précis, on remarque dans le libelle des thèmes ou
des manières qui le rapprochent de l'œuvre d'Aubigné. Par exemple la
relation constamment établie entre le plaisir sexuel (masculin ou féminin)
et l'avilissement, l'ordure, le péché, ainsi que l'obsession du renversement
des valeurs sociales : à l'évidence, la plus grande honte consiste pour la
reine dans l'abaissement progressif du rang de ses amants, et la manière
dont elle est devenue « de légitime épouse du roi de France, amante
passionnée de ses valets » pourrait bien être une nouvelle illustration
des vertus magiques de la « transsubstantiation ». Par exemple, encore,
la condamnation de la « publicité » de la vie amoureuse des grands,
qui se donne à voir avec une impudence proprement intolérable, et qui
n'appelle en retour qu'un châtiment : celui du jugement de la postérité,
auquel l'écrivain travaille, et qui est sa consolation. Ainsi Henri IV
termine-t-il sa confession en affirmant : « Ce Manifeste, qui peut être
vivra plusieurs siècles, apprendra quelque jour aux esprits amis de verité,
ce que j'ai voulu taire » (p. 675). On retrouve là, outre une certaine
fierté pour l'œuvre, outre une foi ardente en la postérité, outre un ton
volontiers prophétique, l'affirmation récurrente de la nécessité de « dire
la vérité », quel qu'en soit le prix – cet engagement s'accompagnant
évidemment des plus gros mensonges –, toutes choses familières, pour
ne pas dire propres, à Aubigné.

D'autres faits, d'ordre biographique, sont frappants. On lit ainsi dans le
pamphlet que Marguerite fit déplorer La Mole « sous le nom d'Hyacinte »
(p. 659), ce qu'un petit cercle d'amis pouvait savoir depuis l'époque où,

---

31   À savoir Bonnivet (Henri Gouffier), Entragues, Martigues (Sébastien de Luxembourg),
      Guise, La Mole, Saint-Luc, Bussy, Clermont d'Amboise, Aubiac, Canillac, Dat, et « ses
      trois frères ».

dans le salon de la maréchale de Retz, la reine les fit écrire (vraisemblablement par Benjamin Jamyn, selon Droz) ; mais aucun d'eux ni d'elles ne devint un ou une ennemie acharnée de la reine, exceptée la baronne de Sauve, peut-être, dont on ne sache pas qu'elle ait jamais écrit quoi que ce soit. En revanche, le poète de Nérac était forcément au courant, puisque les textes figurent dans l'*Album* de la reine, aux côtés des siens. De même qu'il savait, grâce à des poèmes qui y sont aussi, qu'elle aimait à se faire appeler Uranie – détail qu'on retrouve dans le *Divorce*. On y lit également quelques lignes fort précises sur l'affront de 1583, et sur l'humilité de Marguerite durant la négociation (« elle fut quelque temps vivante avec la vergogne de ses péchés », p. 665) – épisode que l'écuyer du roi de Navarre avait connu de près. Quant aux passages concernant la vie de la reine à Paris après son retour d'exil, ils correspondent exactement au séjour que fit d'Aubigné en 1607 dans la capitale.

Les indices permettant de soupçonner comme auteur du *Divorce satyrique* celui du *Sancy*, du *Faeneste* et d'autres pamphlets par lui reconnus, sont donc particulièrement nombreux. Reste à élucider, si l'hypothèse est bonne, ce qui a pu le pousser, cette année-là, à écrire ce texte. L'autobiographie peut ici nous servir de guide. Elle nous montre en effet celui qui depuis des années était en froid avec son ancien maitre s'acheminant à Paris pour contrecarrer une entreprise de réconciliation entre les deux religions, à laquelle tenait beaucoup Henri IV. Irrité de ses menées, celui-ci commande de le faire arrêter ; Aubigné repousse les avertissements de Mme de Châtillon, qui lui conseillait la fuite, et « de bon matin va trouver le roi, lui fait un petit discours de ses services et lui demande une pension, ce qu'il n'avait jamais fait. Le roi bien aise de voir en cette âme quelque chose de mercenaire, l'embrasse et le lui accorde » (*Sa Vie*, p. 176) Est-ce pour se venger de cette dernière humiliation, de la part d'un homme qui tournait alors au véritable maitre de harem, qu'il prit la plume ? Le ton énigmatique et amusé du texte pourrait le laisser penser. Et l'un des passages du pamphlet pourrait bien être une sorte de mise en abyme du véritable scripteur avouant le bon tour ainsi joué au roi. Le locuteur admet ainsi, en commentant la longueur de sa confession et l'ampleur du déballage auquel elle donne lieu :

> [je] connais que je fâche peut-être quelqu'un à qui la continuation de ma honte [*le silence sur ce sujet*] était agréable ; mais le fait me touche, et faut que pour un bon coup je me saoule aux dépens de votre patience et de mon loisir (p. 675).

Aubigné se serait-il « pour un bon coup saoulé » en mettant sur la place publique ce qui depuis si longtemps le démangeait ?

Sans doute fut-il aussi extrêmement agacé de voir quelle place Marguerite avait reprise dans la vie politique et culturelle du pays. Il n'était pas courant, en effet, que des reines « démariées » reviennent se pavaner dans la capitale, fassent construire en face du Louvre, et soient sollicitées par le pouvoir pour participer aux cérémonies officielles, voire pour les organiser. La volonté de silence observée dans le *Sancy* sur cette ancienne idole déchue ne fut-elle pas mise à mal par un tel spectacle, et n'est-ce pas le même auteur qui s'exclame, à la fin du *Divorce* :

> Son habitude au mal avoit déjà lassé les langues les plus babillardes, et sa longue absence avait déjà fait oublier son nom parmi les Grands ; mais pour couronner son œuvre, et donner la dernière main à ce beau discours de sa vie, elle a voulu venir revoir la France, et n'a pas voulu moins choisir que Paris (p. 678).

Il n'était pas courant non plus que, malgré des parcours aussi délicats, des femmes comme Marguerite finissent leur vie encensées par tout ce que la France comptait d'artistes, d'écrivains et d'érudits. Là encore, n'est-ce pas Aubigné qui rappelle avec insistance le scandale qui l'avait récemment éclaboussée (l'assassinat de l'un de ses favoris, Saint-Julien Dat, en mars 1606), et une fois de plus s'enflamme contre

> ceux qui sous espérance de libéralité la louent en leur prêches, lui adressent des livres ou qui écrivent à sa louange [...] faisant fort qu'ils sont des menteurs autant pleins d'avarice, et de flatterie, comme elle est ennemie de la vertu (p. 681).

Écrire le *Divorce* aurait donc été pour l'ancien écuyer du roi de Navarre – si toutefois il en est bien l'auteur – une manière de passer sa rage contre un souverain toujours aussi paillard, contre une reine toujours pas déchue, contre une vie culturelle toujours livrée aux flatteurs, sans toutefois faire trop de dégâts politiques : la concentration des attaques sur la vie sexuelle des souverains ne portait guère à conséquences après ce qu'on avait vu du temps de la Ligue ; et l'annulation de leur mariage, qui avait suscité nombre de contestations dans les toutes premières années du siècle et fourni le prétexte à des complots, n'était plus un sujet de polémiques. Ainsi pourrait s'expliquer la relative innocuité du pamphlet, on ne peut plus dégradant pour les individus mais sans danger pour un régime qu'Aubigné ne souhaitait pas mettre à mal, et sans grand contenu religieux non plus, à une époque où la déception relative à la vague de conversions dans le camp huguenot était consommée et où aucun danger véritable ne pesait sur le *statu quo* instauré par l'édit de Nantes.

Dernier indice : les *Tragiques* pourrait contenir des aveux dissimulés de cette paternité. Dans le passage des *Princes* où il évoque Marguerite, Aubigné écrit en effet :

> Des citoyens oisifs l'ordinaire discours
> Est de solenniser les vices de nos cours ;
> L'un conte les amours de nos sales princesses,
> Garces de leurs valets, autrefois les maitresses… (v. 997-1000).

Après « l'un », on attend « l'autre », voire d'autres, qui expliciteraient différentes manières de « solenniser les vices » des grands ; mais la suite ne vient pas, comme si cette pique suffisait. Un peu plus loin encore, nous lisons une nouvelle déclaration où l'auteur semble se désolidariser des pamphlétaires :

> Triste, je trancherai[s ?] ce tragique discours
> Pour laisser aux pasquils ces effroyables contes,
> Honteuses vérités, trop véritables hontes… (v. 1058-1060).

Cependant la suite revient sur cet engagement :

> Mais le vice n'a point pour mère la science,
> Et la vertu n'est pas fille de l'ignorance
> […] Mieux vaut à découvert montrer l'infection
> Avec sa puanteur et sa punition (v. 1087-1094).

Tout cela peut évidemment recevoir différentes interprétations, mais l'allusion au « citoyen oisif » qui « conte les amours de nos sales princesses » pourrait bien faire référence au gouverneur de Maillezais s'amusant à écrire un libelle destiné à salir la plus en vue de toutes.

Un argument, pourtant, se heurte à cette hypothèse : Aubigné n'a pas reconnu le *Divorce satyrique* parmi ses œuvres, alors qu'il passa ses dernières années à recenser ses écrits, à les classer, à les faire recopier… Est-ce à dire qu'un autre l'écrivit ? Mais quel autre ?

Il faut bien dire que les noms avancés jusqu'ici ne sont guère convaincants : le premier est Palma Cayet, à qui on (et notamment

Aubigné) attribue d'autres pamphlets, mais qui s'en défendit toujours. La chose n'est guère crédible. Cayet avait abjuré, il avait suivi son souverain dans la construction du nouveau régime, il était devenu son historiographe, et il dépendait entièrement de lui ; on le voit mal prenant le risque de tout perdre. Par ailleurs, dans sa *Chronologie septénaire* (1605), il avait conservé la plus entière neutralité sur Marguerite, dont il n'avait jamais eu à se plaindre, et il allait continuer à le faire dans sa *Chronologie Novénaire* (1608). Enfin son œuvre essentiellement religieuse et son style fort plat font douter qu'il puisse être l'auteur de ce libelle au vitriol. Son âge aussi : Cayet n'avait-il pas quatre-vingt-deux ans en 1607 ?

En 1936, Pierre de Vaissière a avancé une autre hypothèse : l'auteur du *Divorce* serait Charles de Valois, fils bâtard de Charles IX et de Marie Touchet, auquel Henri III avait donné les terres auvergnates de Catherine de Médicis. Marguerite l'avait dénoncé en 1604 pour sa participation au complot Biron-Entragues, et elle venait de gagner contre lui un procès retentissant pour récupérer son héritage (juin 1606)[32]. Celui-là avait effectivement de bonnes raisons d'en vouloir à sa tante. À Henri IV aussi, qui l'avait fait embastiller, et qui avait « couvert » le procès de 1606. Mais l'excellente connaissance des années néracaises dont fait état le pamphlet lui est difficilement imputable. En revanche, le comte d'Auvergne devait bien connaitre la vie de la souveraine à Usson, qui fait là l'objet d'une description très vague. D'autre part, ses *Mémoires* ne devaient pas garder trace d'une rancune particulière envers Marguerite, alors qu'elle était morte et qu'il n'avait donc plus rien à craindre. Enfin, là encore, le style de l'œuvre fait grandement douter que son auteur ait été capable de produire un texte aussi virulent et talentueux. On comprend dès lors les conclusions d'Eugénie Droz : « Les arguments avancés par le très regretté historien ne sont pas convaincants et, tout compte fait, j'opte pour Aubigné » (Droz, p. 19)[33].

Est-ce alors que l'ancien écuyer du roi de Navarre n'aurait pas été suffisamment fier de son libelle, au crépuscule de sa vie, pour l'insérer dans l'ensemble de ses œuvres reconnues ? Cela est loin d'être impossible.

---

32 Voir ce volume, p. 63 et suiv.
33 Les erreurs de Vaissière viennent du fait qu'il s'appuie sur le texte de 1663, non reconnu comme comportant d'importants rajouts, ce qui dénote un travail peu sérieux, puisque diverses éditions les signalaient et qu'ils sont repérables à la lecture. Je ne sais d'où Claude-Gilbert Dubois a tiré l'idée que « cette hypothèse a rallié la plupart des suffrages » (Dubois, 1994, p. 105).

Dans sa volonté de mise en ordre de ses écrits, en prévision du jugement de la postérité, il a bien pu écarter ce pamphlet dont le maigre contenu politique et religieux laissait voir avec trop d'évidence l'ampleur – et l'indignité – de ses rancunes personnelles.

D'autres auteurs pourraient-ils être soupçonnés ? Les premières années du XVIIe siècle sont fécondes pour la littérature satirique, et la recherche dans ce domaine est un chantier qui est loin d'être terminé. En tout état de cause, cependant, n'écartons pas sans examen le *Divorce satyrique* comme œuvre d'Aubigné, au titre que l'auteur des *Tragiques* n'en serait pas digne. Le texte est fort, talentueux, ironique, incisif, admirablement construit, terriblement efficace, et dans l'ensemble bien au-dessus de nombreux autres de cette veine. Il revient aux spécialistes cet auteur d'approfondir la question. Il revient aussi aux historiennes et aux historiens de considérer le *Divorce* pour ce qu'il est, c'est-à-dire un pamphlet, qui obéit aux lois du genre (exagérations, fantaisies, coups bas...), et non une source objective sur la vie de Marguerite, ce pour quoi il a passé durant si longtemps.

DE LA REINE MARGUERITE
À *LA REINE MARGOT*

Les lectures de l'Histoire d'Alexandre Dumas

La sortie du film de Patrice Chéreau, *La Reine Margot*, remet à l'honneur un personnage qui – hormis quelques décennies au XVIIIe siècle – n'a guère quitté la scène fantasmatique durant ces quatre cents dernières années[1]. Officiellement, il s'agit d'une adaptation du roman d'Alexandre Dumas. De fait, le réalisateur modifie le roman, et s'inscrit par là-même dans une longue histoire : celle du mythe de Marguerite de Valois, auquel pamphlétaires, historiens, hommes politiques, romanciers, dramaturges, poètes, librettistes et plus récemment cinéastes, ont régulièrement apporté leur pierre. C'est l'occasion de relire le grand romancier du XIXe siècle, qui plus que tout autre a travaillé à élaborer ce mythe. C'est l'occasion aussi, à présent que la dérive romanesque dans laquelle ce personnage est resté si longtemps enfermé semble à nouveau céder de la place à des études sérieuses[2], de saisir les enjeux à l'œuvre dans l'entreprise d'Alexandre Dumas, dans sa mise en scène de la famille de France au cœur de ces années 1572-1574 si névralgiques pour notre histoire. Les écarts entre les documents à la disposition du romancier et le récit qu'il façonne avec *La Reine Margot* – autrement dit la part de création, littéraire et politique, qui lui revient – sont en effet riches de sens, tant pour la connaissance de Dumas lui-même que pour celle de l'essor du roman historique au XIXe siècle. Cette analyse devrait nous permettre de mieux comprendre ce qui est aujourd'hui en jeu dans l'adaptation

---

1   Cet article a paru dans *L'École des Lettres*, n° 13-14, juillet 1994, p. 81-105.

2   Entre 1928, date de la grande biographie, sérieuse quoique contestable, de Jean Hippolyte Mariéjol, et 1991, date de la soutenance de ma thèse, un seul travail digne de ce nom a été consacré à Marguerite : celui qu'Eugénie Droz a dédié en 1964 à la vie littéraire à la cour de Nérac, à partir de l'étude de son *Album* de poésie ; encore n'est-ce qu'une recherche périphérique par rapport à la reine et à son œuvre. Depuis 1991, citons : Gilbert Schrenk, 1991 ; Colloque *Marguerite de France, reine de Navarre et son temps*, Agen, 11-13 oct. 1991 (paru en 1994) ; Viennot, 1992, 2005 [1993], 1994.

de Patrice Chéreau, et de nous interroger sur les rapports qu'en cette fin de xxᵉ siècle, la société française entretient avec l'un des mythes les plus tenaces de son histoire.

MARGUERITE DE VALOIS,
PERSONNAGE DE LÉGENDE

Plusieurs facteurs prédestinaient Marguerite de Valois (1553-1615) à devenir l'une de nos grandes figures nationales et à faire la carrière posthume qui lui vaut aujourd'hui de revenir sur nos écrans. Tout d'abord son appartenance à la dynastie des Valois, sans conteste la plus brillante et la plus cultivée de la monarchie française, qu'incarnent notamment, depuis cette époque, François Iᵉʳ son grand-père et Marguerite de Navarre sa grand-tante. Sa position charnière, aussi, à l'extrême fin de cette branche et à l'orée de la suivante, puisqu'elle fut à la fois la dernière des Valois et l'épouse du Premier Bourbon. Position difficile : les règnes de ses frères Charles IX et Henri III furent marqués par de longues années de guerres civiles et religieuses, et l'arrivée au pouvoir d'Henri IV se fit dans le sang, la rebellion, la trahison.

La vie de Marguerite, bien entendu, est aussi responsable de sa célébrité : une vie à l'image de son temps, « pleine de bruit et de fureur ». Pièce maitresse de la politique de la Couronne après la Paix de Saint-Germain (été 1570), la princesse avait été unie le 18 août 1572 au roi de Navarre afin de sceller le rapprochement entre catholiques et protestants — rapprochement qui s'était soldé, six jours seulement après les noces, par le massacre de la Saint-Barthélemy. Une dizaine d'années plus tard, elle avait fait l'objet d'un bras de fer insensé entre son frère Henri III et son époux : l'affaire avait duré un an, défrayant la chronique, laissant de part et d'autre des traces indélébiles. Et à la fin du siècle, n'ayant pas eu d'enfants du vainqueur de l'histoire, elle avait dû être « démariée » pour qu'une autre donne à la France des héritiers, c'est-à-dire les moyens de clore les guerres civiles.

À ces ingrédients déjà fort dignes de frapper l'imagination, mais dont elle n'était pas maitresse, la reine avait ajouté des éléments tout à fait personnels, propres à laisser dans les consciences de ses contemporains l'image d'une femme peu banale. Dix ans durant, après la Saint-Barthélemy, elle avait soutenu l'alliance entre son mari et son jeune frère d'Alençon – soit entre protestants et catholiques modérés –, embrassant leur cause, entrant dans leurs complots (dont celui où La Mole trouva la mort), et récoltant ainsi la rancune tenace de sa mère Catherine de Médicis et d'Henri III. Après l'affront de 1583, Navarre l'ayant quasiment répudiée, elle avait décidé d'abandonner sa cause et, les guerres de la Ligue s'étant déclarées avec la mort d'Alençon et l'ouverture de la crise de succession à la couronne, elle s'était mise à guerroyer, presque à son propre compte, dans son comté d'Agen. L'aventure avait tourné court et la reine s'était repliée, pour un exil de vingt années, dans une forteresse auvergnate. Mais après son « démariage », au mépris de toutes les coutumes, elle était revenue s'installer à Paris, entretenant avec son ex-mari les meilleures relations du monde, s'attachant au petit dauphin Louis, organisant sa cour dans un palais en face du Louvre, se voyant confier la réception des ambassadeurs, bref, redevenant l'un des premiers personnages du royaume.

Cette vie-là n'avait pas laissé indifférent. Comme mécène et comme érudite, Marguerite avait soulevé l'enthousiasme des artistes, des savants, des gens de lettres et des philosophes de son époque ; en témoignent les innombrables traductions et textes divers qui lui furent dédiés[3], les œuvres qu'elle inspira chez des auteurs aussi éloignés que Shakespeare et Honoré d'Urfé, les éloges vibrants que lui consacrèrent des hommes aussi différents que Brantôme et Pasquier[4]. En revanche, comme alliée trop visible et trop honorée du Premier Bourbon, la reine avait cristallisé à son retour dans la capitale les oppositions au nouveau régime, et suscité de vives critiques ; c'est de cette époque, notamment, que date l'un des rares pamphlets écrits contre elle (mais qui est également dirigé contre son ancien époux), le très ordurier *Divorce satyrique*[5] – dont Dumas devait s'inspirer. Enfin, le faste de son train de vie, l'éclectisme de son entourage, la liberté de ses manières, l'ampleur de ses largesses envers

---

3   Voir https://www.elianeviennot.fr/Marguerite-dedicaces.html (consulté le 21 juillet 2021).
4   Marguerite est la Princesse des *Peines d'amour perdues* et la Galathée de *L'Astrée*, elle est la dédicataire des Œuvres de Brantôme et le sujet d'un de ses discours (*DRN*), elle est saluée par Pasquier dans une lettre à M. Mangot (1723, vol. 2, p. 666).
5   Voir ce volume, p. 163 et suiv. C'est de là que vient l'histoire des têtes de La Mole et Coconas récupérées par Marguerite et Henriette.

les pauvres et les jésuites, son engagement dans la Querelle des femmes[6] n'avaient pas manqué d'éveiller autour d'elle nombre de commentaires admiratifs ou amusés, qui ne s'étaient pas éteints avec sa mort.

C'est au cours du XVIIᵉ siècle, toutefois, que la reine Marguerite – ainsi qu'on l'appelait depuis son « démariage » – devient un personnage illustrissime. D'abord grâce à la publication de ses *Mémoires*, en 1628. Évènement politique aussi bien que littéraire : jamais prince ou princesse de la famille royale n'a pris la plume pour raconter sa vie, jamais aucune ni aucun aristocrate ne l'a fait avec une telle aisance, avec un tel panache. L'œuvre parle à toute cette noblesse en perte de vitesse et en quête d'identité, cette noblesse avide de gloire qui, comme l'avait fait Marguerite, ne cesse de s'opposer à la Couronne – et elle parle d'autant mieux que la langue de la reine est d'une modernité singulière. Les *Mémoires*, sans cesse réimprimés jusqu'au début du XVIIIᵉ siècle, ont des milliers de lecteurs et de lectrices, et font, de Mme de Motteville à Saint-Simon, de nombreux émules des deux sexes.

C'est aussi par les attaques répétées des historiographes de la monarchie absolue (Dupleix, Mathieu [fils], Mézeray, Péréfixe, Varillas), que la reine demeure célèbre tout au long du XVIIᵉ siècle. Chargés d'accabler les derniers Valois pour mieux démontrer la supériorité de leurs successeurs, chargés également, par un pouvoir qui se masculinise de jour en jour, de justifier la mise à l'écart des grandes dames (notamment les régentes et les Frondeuses), les hommes de Richelieu, de Mazarin et de Louis XIV font de la dernière reine de Navarre la quintescence de la dépravation de l'ancienne famille royale, et de la nocivité des femmes dans les affaires publiques. Une telle lecture soulève évidemment des polémiques parmi les survivants du siècle des Guerres de Religion, qui récusent la propagande du régime. Marguerite, comme ses consœurs, trouve parmi eux des défenseurs indignés, au nombre desquels figurent Sully et Bassompierre.

Tout ce bruit favorise, alors que les témoins disparaissent un à un, que les enjeux s'estompent, et que se poursuit la publication des Mémoires d'autres contemporains de la reine (Sully, Brantôme, Turenne, Nevers),

---

6   Devenue féministe dans les premières années du XVIIᵉ siècle, la reine anima jusqu'à sa mort une Cour où officiait notamment Marie de Gournay ; elle écrivit en 1614 une longue lettre où elle prenait la défense de son sexe, qui parut sous le titre : « Discours docte et subtil dicté promptement par la Reine Marguerite à l'autheur des *Secretz Moraux* » (reproduit dans *Mém.*).

l'adoption par la fiction de plusieurs grandes figures du XVIe siècle, mouvement dont *La Princesse de Clèves* est le meilleur exemple. Marguerite est ainsi mise en scène dans *La Ruelle mal assortie* (1644), une piécette libertine qu'on lui attribuera plus tard au mépris de toute vraisemblance[7], puis dans un récit à clefs, *Les Amours du Grand Alcandre* (1651). C'est ensuite un roman anonyme, *Mademoiselle de Tournon* (1678) qui brode à partir d'un épisode de ses *Mémoires*, et enfin *Le Duc de Guise surnommé le Balafré* (1694), qui fait des deux jeunes gens un couple éternellement uni.

Le XVIIIe siècle rompt brutalement avec cette célébration. Comme personnage romanesque, comme personnage historique, comme mémorialiste, la fille de Catherine de Médicis quitte la scène. Et elle n'est pas la seule. Les grandes dames de la Renaissance, celles qui, au vu et au su de tous, avaient joué un rôle politique de premier plan, disparaissent du domaine de la fiction dès la publication des *Illustres Françaises* de Robert Challe (1713), l'intérêt se déplaçant vers un passé moins lointain, tissé de galanteries de moins grandes conséquences. Dans le domaine de l'histoire, même éclipse. La participation des femmes à la vie politique française semble une marque de ces temps « gothiques » où les Lumières ne se faisaient pas encore sentir. On minimise leur rôle, on parle d'elles le moins possible, elles gagnent l'arrière-plan du récit historique, voire disparaissent. Le Premier Bourbon, par contre, gravit alors tous les échelons d'une gloire qu'on ne lui avait guère contestée jusque là sur les plans politique et militaire, mais qu'on refusait de lui reconnaitre sur le plan personnel, tant il avait paru « bourgeois », luxurieux, sans honneur. Nombreux sont ceux qui travaillent à l'établissement de ce culte. Cependant c'est Voltaire qui en construit les fondements les plus solides : dans la *Henriade* d'abord (1723), puis dans son *Essai sur les mœurs et l'esprit des nations* (1756). Le philosophe fait d'Henri IV le précurseur des temps éclairés, souverain tolérant mais incompris de son époque et mal aimé de son entourage, homme qu'anime un appétit viril bienfaisant car indissociable de l'appétit de vaincre, mais homme persécuté par sa belle-mère, ses épouses, ses maitresses… qui n'ont fait que l'entraver dans son action salvatrice.

Cette vision de l'histoire et de la modernité historique, qui lie aux siècles « despotiques » la présence des femmes dans la sphère publique, et qui consolide idéologiquement le monopole que les hommes se sont

---

7   Voir ce volume, p. 141 et suiv.

taillé dans les structures et la conduite de l'État moderne, aboutit assez logiquement en 1789, lorsque se réalise la « modernité politique », à l'exclusion totale du sexe féminin de la citoyenneté. L'ancienne puissance des grandes dames est alors exacerbée par les masculinistes, qui les tirent de l'obscurité où le XVIIIe siècle les avaient plongées afin de prouver, par leur exemple, que les femmes ne doivent pas se mêler aux affaires de la Cité. Il s'agit de montrer à quel point, lorsqu'on leur a donné du pouvoir, elles en ont mal usé, elles ont été nocives. La cible privilégiée de cette démonstration est évidemment celle qui occupe alors le trône, mais ce sont toutes les reines, et toutes les favorites, et toutes les grandes dames, qui sont reconvoquées au tribunal de l'histoire pour y être solennellement condamnées. Marguerite et sa mère sont ici en bonne place : non seulement dans un livre comme *Les Crimes des reines de France depuis le commencement de la monarchie jusqu'à Marie-Antoinette*, de Louis-Marie Prudhomme (1791)[8], mais aussi dans les divers ouvrages et pièces de théâtre qui fleurissent alors à propos de la Saint-Barthélemy[9]. Emblèmes de ces temps haïssables, où les femmes gouvernaient le monde, elles sont aussi – comme « l'Autrichienne » – les symboles d'une dépravation importée de l'étranger…

HÉROÏNE OU BÊTE-NOIRE :
LES CONTRADICTIONS DU PREMIER XIXe SIÈCLE

Les décennies qui suivent la tempête révolutionnaire sont pour l'ancienne reine de Navarre un temps fort contrasté. D'un côté, la nécessité de consolider le consensus autour de l'exclusion des femmes du pouvoir et de construire la séparation étanche de la société en deux sphères distinctes (publique et privée) continue de pousser les partisans de ce nouvel ordre à utiliser dans le débat politique l'exemple de certaines princesses soigneusement choisies. C'est ainsi que, proposant

---

8   Sur l'ouvrage et son attribution, voir Viennot, 2018.
9   Voir le dossier de la *Revue d'Histoire littéraire de la France*, sept.-oct. 1973 ; sur les textes qui font se rencontrer les reines de toutes les époques pour commenter l'actualité et condamner Marie-Antoinette, voir Viennot, 2016, chap. 4.

en 1801 son *Projet de loi portant défense d'apprendre à lire aux femmes*, le babouviste Sylvain Maréchal développe dans l'exposé de ses motifs « que Marguerite de Navarre, première femme de Henri IV, aurait été moins galante si elle n'avait pas su écrire » (Maréchal, 2007, p. 75-76), et il ajoute « qu'une femme poète est une petite monstruosité morale et littéraire ; de même qu'une femme souverain est une monstruosité politique » (*ibid.*, p. 105).

Telle est en gros l'opinion des divers érudits qui, de 1823 à 1842, sont chargés de rédiger des notices introductives aux quatre éditions des *Mémoires* de Marguerite qui paraissent alors. Telle est également l'avis des historiens qui évoquent, pour une raison ou pour une autre, la vie de la reine. Ironisant sur ses étranges incohérences, ils soulignent son talent de mémorialiste mais insistent sur son immoralité, la légèreté de ses mœurs, la confusion qu'elle aurait mise dans les affaires de l'État, les turpitudes de sa vieillesse... Ils sont en cela encouragés par la première publication, en 1834, des *Historiettes* de Tallemant des Réaux, qui connaissent un franc succès, et qui mettaient en scène, s'agissant de Marguerite, un personnage de vieille excentrique déjà totalement légendaire (Tallemant n'était pas né à la mort de la reine, et il avait écrit ses souvenirs plus de cinquante après). Un autre ouvrage, qui n'avait guère connu de célébrité particulière jusque là, devient lui aussi un *best-seller* à partir de l'année 1834 : les *Dames galantes* de Brantôme, autrement dit la seconde partie de son *Recueil des Dames*, qui formait avec le *Recueil des Hommes* l'un des deux grands volets de ses *Mémoires*. Le livre, qui s'émancipe dès lors de l'ensemble de l'œuvre, était dédié au duc d'Alençon, et l'on pense reconnaitre sa sœur Marguerite dans certaines anecdotes graveleuses mettant en scène d'anonymes « très grandes dames ». Dans ces deux textes (qui méritent de soigneux décryptages), les historiens découvrent ce qu'ils croient n'être qu'une illustration de la débauche nobiliaire d'Ancien Régime, et notamment de celle des femmes (Viennot, 2020a).

Jusqu'au milieu des années 1830, cependant, les obsessions des historiens et des hommes politiques ne contaminent pas encore le domaine de la fiction, où Marguerite émerge de nouveau avec une vigueur et une aura exceptionnelles. Elle est célébrée dans des poèmes chantés, comme en témoigne le *Chansonnier des Grâces* des années 1819 et 1821. Elle fait partie de la galerie de grands personnages évoqués en 1829 par Mérimée dans sa *Chronique du règne de Charles IX*. L'année suivante, elle devient une figure romanesque à part entière dans *Le Rouge et le Noir* de Stendhal, où elle est à la fois l'idole de Mathilde de La Mole (descendante de l'illustre décapité), et l'un des symboles de ces temps héroïsés qui s'opposent avec éclat à la piteuse Restauration. Elle est encore, en 1832 et 1836, l'héroïne de deux opéras très remarqués : le *Pré-aux-Clercs* de Hérold, et *Les Huguenots* de Meyerbeer. Une fois de plus, le sort de Marguerite est lié à celui de ses semblables. Car ce n'est pas seulement la reine qui fait un « *come-back* » prestigieux, mais d'autres souverains de son époque, comme dans *Hernani* (1830) ou *Le Roi s'amuse* (1832) de Victor Hugo, comme dans *Henri III et sa cour* d'Alexandre Dumas (1829). Et c'est surtout d'autres princesses qui reviennent avec elle sur le devant de la scène, à l'instar de Marie Tudor (*cf.* les œuvres de Hugo et Donizetti), Marie Stuart (Schiller, Scott, Lebrun), Lucrèce Borgia (Hugo), Catherine de Médicis (Balzac, Arnault), Ann Boleyn (Donizetti)...

Dans les différents drames, opéras, romans ou poèmes où Marguerite est mise en scène, c'est à peu près toujours la même figure qui est célébrée : une princesse jeune, altière, délicate, généreuse, intrépide, parfois amoureuse, toujours anachroniquement nommée « la Reine Marguerite » – nom qu'elle n'avait acquis que vers la cinquantaine, après son « démariage », mais sous lequel elle était passée à la postérité. Cette reine de Navarre-là semble avoir souterrainement traversé l'âge des Lumières et la Révolution : à peu de choses près, elle refait surface sous les mêmes atours que lorsqu'elle faisait les délices de l'aristocratie frondeuse. Mais l'éloignement dans le temps, et surtout la fracture révolutionnaire ont modifié les points de vue. Moins que des modèles à suivre, moins que des raisons d'entretenir une tradition, la génération romantique cherche, dans les héros et les héroïnes de la Renaissance, les témoins d'un âge d'or où tout était passion, où tout avait du goût. Dans l'espace rétréci (en frontières et en rêves) hérité de l'Empire, dans cette Restauration si riche et si platement bourgeoise, elle s'évade dans l'histoire à travers le drame ou le roman historique, en pleine expansion, et s'invente avec nostalgie un passé grandiose, chargé de toutes les démesures. Si les grandes dames y ont une place, ce n'est pas comme individus mais comme figures mythiques, comme emblèmes. Elles sont des princesses diaboliques, d'innocentes victimes, ou de puissantes souveraines. Elles sont ce que ne sont plus les femmes, dans les années 1830. Elles sont la métaphore de ce qui a disparu.

LA RUPTURE DUMASIENNE :
LA NAISSANCE DE LA REINE MARGOT

Alexandre Dumas hérite de ces différents legs lorsqu'en novembre 1844 il entreprend d'écrire *La Reine Margot*, premier roman d'une trilogie sur le siècle des Guerres de Religion[10]. Pourtant, c'est à un personnage presque entièrement nouveau qu'il va donner naissance. D'abord parce que le grand dramaturge du théâtre romantique est aussi un passionné d'histoire, et qu'il va opérer la fusion d'héritages qui jusque là se contrariaient, voire s'ignoraient. Ensuite parce que les dix années qui précèdent la rédaction du roman ont été marquées par une dégradation générale du jugement émis sur la reine, qu'expliquent le poids croissant du discours historique dans le champ des connaissances et, sur la scène sociale, la multiplication des attaques contre les femmes qui prétendent avoir une place dans la vie politique et/ou littéraire – toutes choses qu'avait incarnées Marguerite[11].

L'infléchissement majeur que Dumas imprime à l'image de la reine tient tout d'abord dans l'invention magistrale du sobriquet « reine Margot », que jamais personne avant lui n'avait utilisé, y compris du vivant de la reine. La nouveauté n'est pas dans le diminutif, que Charles – et lui seul – donnait à sa sœur[12], mais dans la trivialisation du titre, qui gagne le personnage tout entier. En devenant la reine Margot, l'altière reine Marguerite des dramaturges et des poètes perd de sa superbe, de sa distance, de sa royauté, pour devenir tout autre chose que la très grande dame qu'on avait l'habitude de mettre en scène, ou que suggérait la voix des *Mémoires* : elle crie au secours en voyant les soldats, cache ses amants dans des placards, soigne en minaudant La Mole blessé, possède en ville une maison de rendez-vous, lance des quartiers de viande sur la

---

10 Les deux autres romans de cette trilogie sont *La Dame de Monsoreau* (1846) et *Les Quarante-Cinq* (1847). Un quatrième roman, *La Fin des Valois*, aurait dû clore ce cycle.

11 La France de Louis-Philippe connaît en effet une forte montée des revendications féministes, en même temps qu'une progression non négligeable du nombre des femmes qui écrivent : voir Maïté Albistur & Daniel Armogathe, 1978, p. 281 et suiv. ; Christine Planté, 1989 ; Viennot, 2020b, chap. 7.

12 Nous le savons par un pamphlet, *Le Réveille Matin des Français* (1574). Nous savons aussi que Charles IX aimait donner des surnoms, peut-être en souvenir de la représentation d'une bergerie de Ronsard, en 1564, où la jeune princesse jouait le rôle de « Margot ».

tête de ses poursuivants, etc. Mue essentielle. Marguerite appartenait
à l'histoire, aux lecteurs et lectrices de Mémoires, aux historiens de la
Renaissance. Margot devient propriété du peuple de France tout entier :
petites gens du XVIᵉ siècle, qu'incarne l'aubergiste La Hurière lorsqu'il
vante « Mlle Margot » devant ses hôtes (*RM*, chap. IV, p. 56), lecteurs
et lectrices innombrables du feuilletoniste-romancier, qui vont adopter
sans détours cette princesse si accorte et si peu farouche.

C'est Dumas, également, qui fait de la reine de Navarre la « femme
la plus lettrée de son temps » (*ibid.*, chap. I, p. 19), ce qu'elle était loin
d'être en 1572. Pourvue d'une bonne éducation – la meilleure, sans
doute, de tous les enfants de Catherine – Marguerite connaissait plusieurs
langues vivantes et le latin depuis son enfance, mais elle ne s'initia au
grec que dans les années 1580, et elle ne gagna qu'à partir de la fin
du XVIᵉ siècle une solide réputation d'érudite. Les sources ne disent
pas, notamment, qu'elle répondit en latin aux ambassadeurs polonais
(chap. XLIII), mais simplement qu'elle fut la seule à n'avoir pas besoin
de traducteur. Le coup de pouce donné à l'histoire par le romancier
– anachronisme parmi d'autres – est ambigu. D'un côté, il contribue
sans aucun doute à rendre le personnage plus riche, plus attachant
que ne le voulaient les traditions romanesque et historique : la reine
de vingt ans se voit ici dotée de capacités et de savoirs qui la haussent
au-dessus des autres membres de la famille royale et lui permettent de
rendre service à son époux, dans l'épisode où elle s'adresse en latin à
De Mouy déguisé (chap. XLIII). D'un autre côté, il est clair qu'au-delà
de cette unique occasion, les connaissances de Marguerite ne trouvent
à s'investir que dans le domaine érotique : en témoignent ses apartés
en latin avec Guise, ses leçons particulières de grec avec La Mole, et
son attachement à la devise « *Eros Cupido Amor* », qu'elle partage avec
Nevers. Si l'on se souvient que le XIXᵉ siècle a voué une véritable haine
aux « bas-bleus », et qu'il a rêvé d'interdire aux filles d'apprendre à lire,
en s'appuyant justement sur l'exemple de Marguerite (Maréchal, 2007),
on est en droit de se demander si la reine et son amie ne servent pas
ici d'exemples du « mauvais usage de la science » que peuvent faire les
femmes, selon les misogynes du temps.

Ceci rejoint une autre altération du personnage : l'insistance mise sur
sa luxure. Avant Dumas, les historiens s'étaient appesantis avec délecta-
tion sur la vieillesse dévergondée que la tradition prêtait à Marguerite.

Par contre, romanciers, poètes et dramaturges avaient toujours préféré dépeindre la reine jeune sous les traits d'une femme fervente et passionnée, attachée à un seul amour : d'abord à Bussy d'Amboise, qu'elle avait aimé plusieurs années ; puis à Guise, qui ne l'avait pourtant courtisée qu'une saison, en 1570, et avec lequel l'idylle n'avait pas dépassé le stade du flirt ; et enfin à La Mole, bien qu'elle n'ait eu avec lui qu'une très brève liaison. Dumas dessine une autre image, beaucoup plus sensuelle et débauchée. La liaison avec Guise, sur laquelle s'ouvre le roman, montre une femme sûre d'elle, qui a aimé mais qui n'aime plus – elle n'a pourtant que dix-neuf ans. Les pages suivantes révèlent la relation incestueuse et purement charnelle qu'elle entretient avec son jeune frère d'Alençon (chap. VIII). Quant à ses résistances envers La Mole, elles ne sont dues qu'au peu d'estime dont, dans un premier temps, elle croit digne le jeune homme.

Et Dumas ne s'arrête pas là. Dès le début du roman, il « éclaire » son lectorat sur la « nature » de Marguerite, en parsemant son texte d'allusions plus ou moins limpides à sa luxure, comme les sous-entendus sur les « mystères terribles » (chap. II, p. 28) dont Thorigny est la dépositaire muette, ou encore la petite phrase de Charles parlant de sa pie Margot : « Ce n'est pas une raison parce qu'elle porte le nom de ma sœur [...] pour que tout le monde la caresse » (chap. VI, p. 75). À cela s'ajoute enfin le palmarès que dresse La Mole, lorsqu'au moment de succomber aux charmes de sa maitresse il évoque les rumeurs qui courent – et qu'elle ne dément pas – sur ses amants passés (chap. XXVI).

Enfin, dernière altération, et non des moindres, de la réputation posthume de Marguerite, Dumas la dépossède presque entièrement de son rôle politique – pourtant bien attesté par les documents historiques. Certes, le romancier fait d'elle, au soir de son mariage, une alliée déclarée de son époux, ce qu'elle fut en effet dès les mois qui suivirent la Saint-Barthélemy. Mais en quoi consiste son aide ? À rajouter des mots dans un discours latin (qu'elle profère en regardant son destinataire dans les yeux, ce qui attire l'attention de Catherine !) et, le reste du temps, à protéger Navarre en faisant croire que leur mariage est consommé – ce qu'il était évidemment.

De fait, son action est purement sentimentale, et la politique n'entre pour rien dans ses agissements. Avec ce sens de l'honneur à la fois indéniable et totalement perverti qui la caractérise, elle entend protéger les faibles contre les forts (comme elle l'explique à Guise, chap. II), être une bonne épouse (« Le devoir d'une femme est de partager la fortune de son mari », chap. X, p. 135), et aussi une maitresse sincère. Son seul héroïsme est d'ailleurs, comme chez Stendhal, d'aller récupérer la tête décapitée de son amant – invention puisée dans le *Divorce Satyrique* – avant de paraitre au bal la tête haute. Mais les services que la vraie Marguerite rendit à son époux sont absents du récit, ou détournés de leur objectif. C'est pour lui en effet, et non pour La Mole, qu'elle organisa une tentative d'évasion de Vincennes. Et c'est pour lui, à sa demande, qu'elle écrivit après son arrestation le plaidoyer de sa défense, ce *Mémoire justificatif pour Henri de Bourbon* qu'à son procès il lut devant la Cour, et qui lui valut de tirer, avec quelque élégance, son épingle du jeu...

AU-DELÀ DE MARGUERITE :
LES JEUX DE L'HISTOIRE ET DU ROMAN

Les quelques manipulations qui viennent d'être évoquées à propos du personnage de Marguerite ne sont qu'une infime minorité au regard de toutes celles que le romancier impose à la « pâte historique » à partir de laquelle il travaille. *La Reine Margot* présente en effet de nombreuses distorsions avec les faits que livrent à Dumas, ou à son collaborateur Auguste Maquet, les documents auxquels ils ont accès.

Des remaniements biographiques sommaires affectent ainsi une bonne partie des personnages. Charles IX, par exemple, ne mourut pas empoisonné mais de tuberculose, comme était mort son frère ainé François II, et comme devait mourir leur cadet François d'Alençon. De même, Sauve ne succomba pas en 1575 sous le fer d'un époux jaloux, comme il est dit dans l'épilogue, mais tranquillement, dans son lit, en 1617. René, par contre, décéda peu après la Saint-Barthélemy, mais c'est Côme Ruggieri, astrologue de la reine mère, qui fabriqua les statuettes de cire et fut arrêté pour sa participation à la conjuration de 1574 ; Dumas fait des deux hommes un seul et même personnage. Si Alençon ne fut pas des massacreurs du 24 août, ce n'est pas qu'il était, comme le suggère le romancier, indifférent à leur cause ou soucieux de ne pas se compromettre (*RM*, chap. IX) ; c'est qu'on se méfiait de lui, on ne l'invita pas à la « fête ». Il ne visa jamais la couronne de Navarre (il n'y avait aucun droit) et ne tenta jamais, à la chasse ou ailleurs, d'assassiner son frère. Henri de Navarre, lui, ne fit pas connaissance avec son épouse quelques jours avant son mariage, contrairement à ce qui est affirmé au chap. XI : ils avaient passé des années ensemble, à la cour de France, entre 1561 et 1568. Impliqué dans la conjuration, il ne fut pas arrêté à sa demande, mais bel et bien gardé à vue dès février 1574, puis arrêté le 24 mars, en compagnie de son complice Alençon. Les deux hommes font également partie, avec Guise, La Mole, Coconas et Maurevert, des personnages qui dans *La Reine Margot* ne bougent pas de Paris entre janvier et juillet 1573, alors qu'ils furent tous expédiés au siège de la Rochelle. Dumas n'y fait partir qu'Henri d'Anjou (le futur Henri III), de même qu'il lui fait quitter seul la capitale après l'ambassade polonaise, alors que cette fois-ci c'est toute la Cour qui se rendit en Lorraine, entre novembre 1573 et février 1574, afin de l'accompagner vers son nouveau royaume. De même, le romancier passe sous silence le voyage que la Cour fit, après la mort de Charles, pour aller accueillir à Lyon le souverain de Pologne devenu roi de France.

La Mole et Coconas sont également très retouchés. Tous les deux catholiques, ils n'avaient vingt-quatre ans ni l'un ni l'autre en 1572 (*RM*, chap. IV et IX). Le premier, âgé de quarante-quatre ans, était à la fois grand séducteur et grand dévot, et il courtisait alors la duchesse de Nevers — tout cela si l'on en croit Pierre de L'Estoile, l'une des principales sources du romancier. Il n'était pas en France au soir de la Saint-Barthélemy, mais à Londres, où il négociait, officiellement, le mariage d'Alençon avec Élisabeth Ire, et, officieusement (nous le savons aujourd'hui), l'entrée en guerre de l'Angleterre contre l'Espagne, destinée à faciliter l'entreprise que projetait en Flandres la couronne française. Ce n'est donc pas lui qui entra blessé dans la chambre de Marguerite et tomba avec elle tout en sang sur son lit, mais un certain Léran, que la reine ne connaissait pas, et dont elle ne reparle plus après avoir narré cet épisode dans ses *Mémoires*. Coconas avait trente-sept ans. Il était en France depuis 1569 au moins, et il avait sans doute servi d'agent double entre Catherine de Médicis et Philippe II. Les deux hommes se connaissaient bien : ils étaient haut placés dans l'entourage du duc d'Alençon, et c'est à ce titre qu'ils furent impliqués dans les complots de l'hiver et du printemps 1574, d'où le châtiment impitoyable qui leur fut réservé – et qu'aucun bourreau n'adoucit – avec quelques-uns des autres dirigeants du mouvement.

Deux femmes sont comme eux rajeunies, et singulièrement affadies. Charlotte de Beaune, baronne de Sauve, avait vingt-cinq ans en 1572, et elle était déjà une redoutable agente de Catherine de Médicis. Tous les documents laissent entendre qu'elle fut chargée par la reine mère de séduire à la fois son gendre et son fils d'Alençon à partir du moment où leur entente se révéla (janvier 1574); ceci pour les surveiller tout en semant entre eux la zizanie. Et il n'est pas exclu qu'elle ait été aussi, dès cette époque, la maitresse de Du Guast. Elle était donc loin d'être l'oie blanche que peint Dumas tout au long du livre. Henriette de Clèves, elle, avait onze ans de plus que Marguerite, ce que rien dans le livre ne permet de deviner. Son statut de grande héritière (c'est elle qui avait apporté le duché de Nevers à son époux) expliquait seul sa liberté de mouvement. Quant à sa participation aux complots des Malcontents, elle est dans le droit fil des engagements de toute sa vie : « centriste », comme la plupart de ses protagonistes, elle fut toujours du camp des modérés et joua un grand rôle dans l'arrivée au pouvoir d'Henri IV.

Des distorsions chronologiques nombreuses se surajoutent à ces remaniements. La plupart sont délibérées. Tout au long du roman, par exemple, Dumas charge le duc de Nevers d'une ambassade à Rome qui n'eut lieu que vingt ans plus tard, en 1593, pour le compte d'Henri IV[13]. Il fait aussi coïncider, à peu de choses près, les trois histoires d'amour Valois-La Mole, Nevers-Coconas, et Sauve-Navarre. Les faisant débuter en 1572, alors qu'elles sont postérieures de dix-huit mois et clairement liées aux complots des Malcontents[14], il les interrompt à quelques jours

---

13 Présent dans la capitale durant toute l'année 1572, le duc y resta à nouveau entre la fin du siège de La Rochelle et le départ pour la Pologne, où il suivit Henri d'Anjou.

14 Aucune des trois idylles n'est évoquée par les contemporains avant le début de l'année 1574. En décembre 1573, Marguerite est toujours l'alliée d'Anjou, à qui elle a promis son soutien politique à son départ pour la Pologne. Elle tient promesse en dénonçant à Charles IX et à sa mère la tentative de fuite d'Alençon et Navarre (« entreprise de Soissons », janvier 1574, prémice du complot destiné à permettre au duc de monter sur le trône après la mort de Charles et en l'absence d'Anjou), dont elle a eu connaissance. Ce n'est qu'ensuite, raconte-t-elle dans ses *Mémoires*, que son frère d'Alençon se rapprocha d'elle, lui proposa son alliance – et de fait la fit changer de camp (*Mém.*, p. 103). Il est probable que le duc d'Alençon et son favori, ayant eu vent de la dénonciation, voulurent gagner Marguerite à leur cause. Nevers était-elle déjà liée à Coconas ? Est-ce elle qui fit

d'écart, alors que la dernière se prolongea encore durant deux ans. Les deux derniers chapitres sont d'ailleurs l'objet d'accélérations et de distorsions nombreuses : le Béarnais ne s'enfuit pas de Paris en juin 1574 mais en février 1576, et il n'y remit pas les pieds avant d'être roi de France, en 1594. Henri III ne revint pas dans la capitale quelques jours après la mort de son frère ainé mais huit bons mois plus tard. Marguerite ne rejoignit son époux en Gascogne qu'en 1578, et la liaison de celui-ci avec Fosseuse n'intervint qu'un an plus tard encore. Quant au duel mortel – doublement mortel – de Maurevert et de De Mouy, il n'eut lieu qu'en avril 1583…

D'autres inexactitudes temporelles paraissent davantage dues à la rapidité de la rédaction du livre – cinq mois. Quelques exemples : l'élection du duc d'Anjou au trône de Pologne semble se dérouler vers mars-avril 1573 (chap. XXVIII), alors qu'elle date de mai et ne fut connue en France qu'en juin ; les ambassadeurs sont attendus deux ou trois jours après la « lettre de Rome » (chap. XXIX), alors que la délégation n'entra pas dans Paris avant août ; le souper scandaleux chez le prévôt Nantouillet, évoqué aux chapitres XXXV et XL, est signalé avant la réception des ambassadeurs, alors qu'il eut lieu après ; au chapitre XLV on est en été, mais quelques pages plus loin (chap. XLVII), on est « un an et demi » après la Saint-Barthélemy, soit en plein hiver ; quant à l'exécution des gentilshommes, elle eut lieu en avril 1574, soit dix-huit mois après le massacre, alors que Dumas la situe « deux ans et demi » après que s'ouvrit « le premier chapitre de notre histoire » (chap. LXI).

LOGIQUES DU ROMAN,
OU ARBITRAIRE DU ROMANCIER ?

Les raisons qui président à ces remaniements de l'histoire sont diverses. C'est l'unité de temps, à l'évidence, qui pousse Dumas à aligner les trois idylles sur les deux petites années qu'occupe l'intrigue,

---

le lien ? Les deux intrigants se chargèrent-ils de neutraliser les deux femmes ? Nous n'en savons rien. Quant à Sauve, elle fut probablement dépêchée auprès des deux beaux-frères après l'entreprise de Soissons.

à faire partir Navarre après la mort de son beau-frère, et à faire périr le même jour Charlotte, De Mouy et Maurevert. C'est l'unité de lieu qui lui fait conserver tout le monde à Paris durant le temps que dure le siège de La Rochelle – tout le monde hormis Anjou –, et escamoter les deux voyages que fit pour lui la Cour. C'est l'unité d'action qui l'invite, lorsque c'est possible, à faire jouer plusieurs rôles à un même personnage (René-Ruggieri, Léran-La Mole), tout en faisant des clins d'œil à ses lecteurs érudits (il affuble La Mole du nom de Lérac).

La plupart des remaniements correspondent toutefois à la convention romanesque. Le poison pour Charles IX, le couteau pour Charlotte, semblent des morts plus exaltantes que la tuberculose ou la vieillesse. La rencontre des deux héros, dans l'Auberge de la Belle-Étoile, la nuit même du massacre, appelle comme en écho la mort qui seule les séparera, de même que leur appartenance initiale aux deux camps opposés nourrit tous les développements ultérieurs sur l'amitié indéfectible qui les unira. Le rajeunissement général du personnel amoureux permet quant à lui de dessiner des couples idéaux, que meut l'affection seule, et qu'excusent la jeunesse ou l'inexpérience ; conserver les âges des protagonistes eût mis en évidence des aspects plus triviaux – des questions d'intérêt – et rendu improbable la domination de Marguerite sur La Mole ou celle de Navarre sur Sauve. L'ambassade du duc de Nevers, elle, est une manière élégante de laisser le champ libre à sa volage épouse ; le garder à Paris eût sans doute compliqué l'intrigue, et affaibli la démonstration qui est à l'œuvre dans le roman.

D'autres logiques, en effet, sont perceptibles dans les « retouches » effectuées par Dumas. La comparaison avec les informations historiques à sa disposition met notamment en évidence l'évacuation massive de la composante politique des conflits, réduite au choc des sentiments : l'amour, l'amitié, la haine, la folie, la volonté de pouvoir. Impossible de comprendre, à lire *La Reine Margot*, quelle politique, intérieure ou extérieure, mène la Couronne – il semble qu'il n'y en ait pas. Impossible de comprendre le traumatisme que crée la Saint-Barthélemy, ni le nouveau paysage politique qu'elle dessine : la vie reprend, rythmée par les mêmes obsessions. Impossible de comprendre pourquoi la reine mère échafaude plan sur plan pour faire assassiner un homme dont elle a accepté de faire son gendre, ni pourquoi lorsque s'offre la meilleure occasion de s'en débarrasser (au soir du massacre), elle lui laisse la vie sauve. Impossible de comprendre ce qui lie Alençon à son beau-frère :

la proposition d'échange de la couronne de Navarre est absurde historiquement. Impossible de comprendre en quoi consistent les complots du
printemps 1574, ni qui en sont les responsables : d'obscurs comparses,
De Mouy et Turenne, paraissent tirer les ficelles d'une agitation lointaine,
sans objet. Impossible de comprendre pourquoi La Mole et Coconas sont
arrêtés, torturés, mis à mort... Il semble que la France soit en proie à
des convulsions telluriques, à des combats de Titans, à des luttes entre
le Bien et le Mal, au sein desquels les grands de la terre s'agitent comme
des pantins, mus par des haines irréductibles, des vendettas immémo-
riales, des destins préparés depuis toujours.

La béance du sens que produit ainsi l'effacement des enjeux politiques et l'incohérence des motifs personnels est compensée, masquée,
par une prolifération de signes et de symboles qui égarent le lectorat et
mobilisent ailleurs sa possible curiosité. Jeu des doubles, par exemple :
deux arrivées à Paris, deux ambassades auprès des deux chefs des deux
partis, deux duels, deux séries de blessures, et pour les deux nouveaux
amis, deux histoires d'amour avec deux jolies femmes, et deux arrestations, et deux exécutions. Mais aussi l'histoire de deux rois et de leur
deux maitresses, deux scènes de chasse, deux maisons de rendez-vous
(dont une possède une double issue), deux manteaux rouges, deux cour-
riers en provenance de Rome, deux décès par poison (Jeanne d'Albret
et Charles IX), et jusqu'aux blessures, qui souvent saignent par deux
endroits, comme ce « double jet de sang » qui sort de la « double plaie »
de Maurevel, dans l'épilogue... Jeu des oppositions aussi, irréductibles,
chargées de symboles, qui renforcent les parallélismes : entre catholiques et protestants, entre clans ou familles (Guise contre Coligny, De
Mouy contre Maurevert), entre parents (la reine contre ses fils, la reine
contre son gendre, le gendre contre les fils, les fils contre les fils), entre
types d'êtres humains (pacifiques contre sanguinaires, monstres contre
innocents). Opposition des lieux, également : celle des lieux fermés (le
Louvre, les maisons) et des lieux ouverts (Paris, les forêts), qui s'opposent
presque terme à terme, dans un savant chassé-croisé de significations :
obscurité contre lumière, enfer contre paradis, lieux où l'on craint contre
lieux où l'on dort, chasse à l'homme contre chasse aux fauves, passions
contenues contre passions lâchées...

À ce brouillage du sens qu'opère le foisonnement des signes dans le
vide laissé par la politique, et que justifie en contre-point la thématique

de la magie, se superposent des « effets de réel » propres à l'esthétique
romantique, qui viennent authentifier la fiction romanesque, lui donner
le cachet du récit historique, lui servir de caution. Comment ne croirait-
on pas aux personnages décrits, à leurs espoirs, à leurs chagrins, quand
ils portent des noms inscrits dans les livres d'histoire ? Comment ne
croirait-on pas aux événements narrés, quand pas un mouvement de
foule, pas une visite, pas le moindre déplacement au sein de la capitale
n'est reporté sans que l'on sache le nom des rues suivies, leur emplace-
ment exact dans le Paris ancien, l'histoire des ponts, la place des gués,
la disposition des maisons, l'itinéraire des personnages ? Noms et lieux
familiers, du reste, où l'imagination voyage sans difficulté, mais où elle
se perd, aussi, là où elle croit le mieux se reconnaitre. Rien de mieux
décrit, apparemment, que le Louvre, avec son guichet, ses escaliers, ses
salles, ses chambres, ses fenêtres, ses cabinets. En réalité c'est un laby-
rinthe que la pensée est incapable de reconstituer, un dédale où tout
communique, où les escaliers secrets cachent des portes dérobées, où
les tentures sont habitées, où les clefs ne servent à rien, où l'on entre
comme on veut, d'où l'on sort sans raison par les fenêtres, et où l'on
lave inutilement, par terre, les taches de sang…

Est-ce à dire que Dumas n'est qu'un illusionniste ? Un écrivain pétri
de romantisme, pour qui l'essentiel est de faire rêver ? Un créateur, que
l'énergie, la couleur, la tension, le mouvement, intéressent davantage que
la compréhension des faits, que les leçons de l'histoire ? Un romancier
manichéen qui préfère simplifier les caractères et les situations, pour
pouvoir mieux les faire s'entre-choquer ? Tout cela est vrai, sans aucun
doute. Mais s'en tenir là serait réducteur. Ce serait oublier qu'Alexandre
Dumas ne fait pas que simplifier, amplifier, contraster, romancer : il
remanie profondément la matière historique, en négligeant souvent le
« romanesque » qu'elle contient au profit d'inventions qui s'éloignent du
réel : après tout, la rivalité Alençon-Navarre pour les faveurs de Sauve,
ou la rédaction par Marguerite du plaidoyer de son mari, eussent été des
motifs aussi « intéressants », littérairement parlant, que ceux que l'on
trouve, forgés de toute pièce, dans *La Reine Margot*. Ce serait oublier,
surtout, que si l'œuvre du romancier ne permet pas de saisir les enjeux
politiques à l'œuvre dans la France des années 1570, elle n'en délivre
pas moins, par-delà la fiction et comme bien malgré elle, un message
politique.

ALEXANDRE DUMAS, ÉCRIVAIN POLITIQUE

Dumas se voulait historien autant que romancier ou dramaturge ; certaines déclarations de ses *Mémoires* (1989) le confirmeraient, notamment, si le choix de ses sources et la réalité de son œuvre n'en témoignaient suffisamment. Or le choix de l'histoire n'est jamais neutre – et moins que jamais au XIXᵉ siècle, où elle constitue un enjeu politique central. L'époque est littéralement traumatisée par la Révolution. Comment appréhender ce qui s'est passé là, ce qui a mené là, ce qui en est sorti ? Le besoin de rêver, si net dans les premières décennies du siècle, se double d'un immense besoin de comprendre, et de justifier, qui sous-tend le colossal travail historique du siècle. Jamais on n'a tant édité, réédité, archivé, « produit » de l'histoire. On crée des sociétés savantes, on multiplie les cours et conférences, on organise une communauté influente. On « redécouvre » à tour de bras, et notamment la Renaissance, ce moment primordial où se forge l'absolutisme, et où se noue peut-être le drame de 1789. On réédite les *Mémoires* de Brantôme, Tavannes, Turenne, Sully, L'Estoile – et Marguerite. On exhume les poètes de la Pléiade (éditions de Nerval et de Sainte-Beuve). On commence à réunir les grandes correspondances royales : une partie de celle de Marguerite a été publiée en 1838, celle d'Henri IV est en préparation. On rend publiques les gigantesques *Archives curieuses de l'Histoire de France*, où figure le procès de La Mole et de Coconas (série I, vol. 8)... L'enjeu idéologique à l'œuvre dans cette entreprise est de première importance, et perceptible par tous, d'où les fractures qui se forment, et vont se creuser tout au long du siècle, notamment entre historiens républicains et monarchistes. Qui explique le passé détient la vérité sur le présent.

L'œuvre d'Alexandre Dumas est au cœur de cette ambition. Si *La Reine Margot*, au premier abord, semble un roman apolitique, un roman romanesque où la folie le dispute à la raison, où les passions s'affrontent sur fond « de bruit et de fureur », un roman sans message, écrit dans le seul but de distraire et d'instruire, elle est en fait porteuse d'une lecture de l'histoire qui s'inscrit dans un « camp », et qui s'impose d'autant mieux à travers la fiction que le parti-pris idéologique n'est nulle part affiché. Comme Hugo, comme Balzac, comme Barbey, mais plus discrètement qu'eux, Dumas est un romancier politique, animé d'une vision du monde qui, pour ne pas se dire explicitement, n'en participe pas moins aux combats de son temps.

Le choix de la Saint-Barthélemy comme épisode central de son roman illustre tout d'abord son adhésion profonde aux thèses défendues de longue date par l'historiographie protestante. Ainsi, c'est Charles qui commandite l'assassinat de Coligny – hypothèse historiquement absurde, que le romancier tente d'assoir en la mettant au compte de la perversité du roi, jaloux de son « cousin Guise » (chap. III). Ainsi encore, la responsabilité du massacre est clairement attribuée au duc et à Catherine, qui en parlent comme d'une « grande entreprise » projetée depuis longtemps (chap. VI, p. 71), et dont l'empoisonnement de Jeanne d'Albret n'était que l'ouverture. La vieille thèse de la préméditation de la Saint-Barthélemy est donc ici reprise dans la plus pure tradition huguenote.

La diabolisation des Valois-Médicis qui ressort de ces analyses est évidente. Catherine est le mal absolu : elle est prête à tuer pour rester au pouvoir, et elle tue effectivement, poules noires et gens. Charles est fou, pervers, violent, il se repait du sang de ses sujets comme de celui des animaux qu'il force dans les forêts. François d'Alençon n'est qu'un faible, mais Dumas évoque tout de même à son propos « cet amour du sang particulier à lui et à ses deux frères » (chap. XI, p. 138). Quant à Marguerite, elle ne s'éprend de La Mole qu'à partir du moment où elle le voit se battre jusqu'au sang avec Coconas, et elle entretient de macabres pratiques (elle conserve les cœurs de ses amants défunts), avec lesquelles elle renoue dès l'exécution de son bien-aimé.

Cette lecture caricaturale des événements et des personnages, c'est celle qu'a imposée, au fil des siècles, l'historiographie protestante, qui elle-même a nourri toute l'historiographie bourgeoise de l'Ancien Régime. Mais c'est surtout celle du magistrat parisien Pierre de L'Estoile, catholique modéré très influencé par la propagande huguenote, et dont les premières chroniques offraient une critique aussi cinglante que fantasmée de la monarchie française. Les quelques pages des *Mémoires et curiosités depuis l'an 649 jusqu'en l'année 1574*, parus en 1837 dans l'édition Michaud & Poujoulat de ses *Mémoires-Journaux*, fournissent presque toute la trame de *La Reine Margot*. Le reste vient des pamphlets protestants qui traditionnellement sont réédités avec cette œuvre, notamment le *Divorce Satyrique*.

L'autre influence notable qui guide Dumas est à l'évidence l'historiographie des Lumières (héritée de Voltaire et des innombrables éditions de l'*Histoire de France* d'Anquetil), qui se perçoit avant tout dans le culte voué au futur Henri IV. C'est lui, contrairement à ce que pourrait laisser penser le titre du roman, qui en est le véritable héros. Sur le plan de la luxure, le roi est ici totalement épargné. On chercherait vainement dans *La Reine Margot* les phrases désobligeantes, voire même simplement les informations objectives sur la multiplicité de ses amours, fussent-elles antérieures ou postérieures à l'action ; à peine trouve-t-on dans l'épilogue une brève allusion à Fosseuse. Des premières aux dernières pages, il n'aime que la belle Charlotte de Sauve, transformée pour l'occasion en amoureuse innocente et fidèle, ce qui présente l'avantage de masquer un aspect peu glorieux de la personnalité du héros national, à savoir qu'il aima surtout des femmes infidèles et peu scrupuleuses. Politiquement, il est blanc comme neige. Sa participation à la tentative de coup d'État de 1574 est passée sous silence, et ses errements politico-passionnels entre mars et mai sont mués en une altière neutralité, fruit d'une arrestation volontaire ; il n'est qu'un orphelin dont on a tué la mère, qui essaie d'échapper à la mort, et qui laisse à de lointains agents (De Mouy, Turenne) le soin de préparer son avenir. Mais c'est avant tout sur le plan de l'intelligence que Navarre est ici mythifié. Pas une machination qu'il ne déjoue, pas un regard qu'il ne surprenne, pas un mensonge ou un piège qu'il ne déchiffre. Il n'a pas le « courage physique », souligne Dumas (chap. x, p. 130), ce qui par opposition aux Valois sanguinaires prend un sens éminemment positif, mais il a bien mieux : il a la souplesse, il a la supériorité de l'esprit, et surtout il a le temps avec lui.

Le jeu des oppositions prend ainsi, au-delà du parti-pris esthétique, et accentué par lui, un sens politique, messianique, qui était la leçon de Voltaire, et qui sera celle de Michelet. Le Bourbon annonce des temps nouveaux, ceux ou la raison, l'intelligence, la tolérance, prendront le pas sur la passion, l'aveuglement, le gout du sang et de la haine. Ceux également (car les deux vont ensemble) où le gouvernement modéré des hommes écartera définitivement le gouvernement fanatique des femmes. Le duel Navarre-Catherine, qui vertèbre littéralement le roman, est à cet égard hautement symbolique : au-delà du changement dynastique qu'il annonce, il est la métaphore de l'évolution historique, du progrès humain, du passage des temps anciens aux temps modernes. L'acharnement que met la reine mère à vouloir éliminer son gendre (invention de Dumas) est à la mesure de son impuissance à le faire. Navarre est protégé par sa destinée, cette étoile sur laquelle se clôt le dernier chapitre – en fait, cette avancée inexorable de l'histoire qui, avec bien des cahots, assurera nécessairement le triomphe de la tempérance et de la *fraternité*. Charles ne fait en un sens que pressentir cette « vérité » lorsqu'à l'approche de la mort il entend laisser la régence à son beau-frère plutôt qu'à sa mère (invention de Dumas), et qu'il déclare : « Il faut sauver l'État [...], il faut l'empêcher de tomber entre les mains des fanatiques ou des femmes » (chap. LXIV, p. 606).

Si Dumas force la note par rapport à Voltaire ou Anquetil, c'est qu'il connait, lui, homme du XIXe siècle, ce qu'eux-mêmes ne pouvaient que pressentir (ou appeler de leurs vœux) : un nouveau régime est né, dont les femmes, toutes les femmes, ont bel et bien été mises à l'écart. Et certaines d'entre elles ne cessent, depuis 1789, de crier à l'injustice, de dénoncer le manquement flagrant au principe d'égalité inscrit dans les diverses constitutions, de clamer leur droit à participer à la vie de la Cité, elles qu'on veut à toute force confiner dans la sphère privée, dans la reproduction de l'espèce. Cet ordre nouveau, qui confisque au profit des seuls hommes toute la sphère publique, cet ordre qu'on impose – le Code Napoléon est fait pour cela – en dépit des idéaux bruyamment proclamés, il faut bien l'expliquer, le justifier. Et c'est à quoi s'attèlent ses partisans, parmi lesquels bon nombre d'historiens, en s'appuyant entre autres, comme on l'a déjà vu dans le passé, sur l'exemple des reines et des grandes dames. L'angle d'attaque est toujours le même : quand elles sont au pouvoir, elles gouvernent avec leurs passions, elles ne provoquent que catastrophes. C'est ce que disait Prudhomme ; c'est ce que commence à dire Michelet ; c'est ce que dit Dumas.

Face au Bourbon grandi, innocenté de tout, Catherine est le monstre du livre. Archétype de la mère abusive, femme tyrannique, obsédée, jalouse, manipulant à plaisir les innocents comme les pervers, jouant la comédie avec maestria, préméditant meurtre sur meurtre et concoctant elle-même ses poisons, elle va jusqu'à tuer sa propre progéniture – sans le faire exprès[15]... Autour de ces deux figures extrêmes, qui incarnent les pôles positif et négatif des valeurs dumasiennes, se rangent de part

---

15   Dumas va jusqu'à l'appeler, dans un lapsus bien significatif, « la belle-mère » au lieu de « la reine mère » (chap. LXV, p. 613).

et d'autre d'une invisible ligne de démarquation les personnages masculins et féminins du roman. Et c'est cette répartition qui rend compte, en dernier ressort, de la plupart des manipulations historiques que l'on relève dans *La Reine Margot*. Ainsi, Charles n'est diabolisé au début du roman que pour être lentement ramené à l'état d'être humain par la loyauté de son beau-frère ; et Dumas ne l'empoisonne que pour pouvoir le « racheter » par une agonie et une mort sublimes. Ainsi, La Mole et Coconas sont rajeunis et tenus à l'écart de la conjuration pour être transformés en purs symboles, l'un de l'amour fidèle, l'autre de l'amitié virile indéfectible. Même René se rachète de sa veulerie en choisissant le camp du futur roi – ce qu'aucun de ses modèles ne fit dans la réalité. Quant aux principaux responsables du massacre de la Saint-Barthélemy (Anjou, Guise, Nevers, Tavannes), ils sont curieusement « oubliés », réduits à l'état d'ombres dans ce roman où ils auraient dû tenir les premiers rangs, ce qui a pour effet de masquer leur culpabilité.

Les personnages féminins sont quant à eux définis par opposition aux personnages masculins avec lesquels ils forment couple, dans un rapport hautement dissymétrique. Marie Touchet, repos du guerrier de Charles, est aussi douce qu'il est furieux, aussi sainte qu'il est pervers, et sa présence dans le roman est aussi discrète que celle de son royal amant est écrasante. Charlotte est une frêle amoureuse : face à celui qui comprend tout, elle est celle qui ne comprend rien, qui peut seulement craindre et aimer, et elle n'échappe à la mort que tant que Navarre la protège. Nevers, comme Coconas, est une jouisseuse, mais elle n'a ni son panache ni sa supériorité morale : l'imitation qu'elle fait de son langage est emblématique de son impuissance à s'égaler à lui ; elle est d'ailleurs, en fin de parcours, détrônée par La Mole dans le cœur du Piémontais ! Seule Marguerite domine La Mole, et comme femme et comme personnage, mais c'est lui, c'est l'amour pour lui, qui a fait d'elle une figure positive… le temps du roman.

Un dernier personnage, paradoxalement, confirme cette répartition des genres : François d'Alençon, seul homme à n'être ni oublié, ni pardonné, ni racheté, ni couplé. Paradoxe apparent. Le duc n'est ni d'un côté ni de l'autre de la ligne de démarcation. Avec les parfums dont il s'innonde, avec ses « mains aussi belles et aussi soignées que des mains de femmes » (chap. XI, p. 137), il est un être hybride qui n'a droit ni au traitement privilégié des personnages masculins, ni aux bénéfices secondaires des personnages féminins. Privé de ses seuls vrais amis (La Mole et Marguerite), de sa vraie maitresse (Sauve), de son véritable allié (Navarre), privé de projet matrimonial (avec Élisabeth d'Angleterre) comme de projet politique (gouverner « au centre »), il est ici réduit à l'état de pantin, soumis au désir de sa sœur, dominé par sa mère, et pour finir négligé par le romancier, qui l'exclut de l'épilogue alors que la plupart des personnages y sont reconvoqués.

L'HÉRITAGE DE DUMAS,
OU LA POSTÉRITÉ DU MYTHE

Cette nouvelle version de l'histoire de France, nul doute qu'elle plaise à qui la lit. En témoigne le succès de l'œuvre, publiée en feuilleton tout d'abord – c'est-à-dire à des milliers d'exemplaires[16] – dans *La Presse*, du 25 décembre 1844 au 5 avril 1845. Ce succès est aussitôt relayé par les éditions et les réimpressions, au rythme de deux par an dans les dix ans qui suivent, puis d'une tous les quatre ans jusqu'à la fin du siècle, sans compter les très nombreuses traductions en langues étrangères[17]. L'adaptation du roman à la scène, dès 1847, continue également de populariser l'œuvre, d'autant qu'elle suscite plusieurs parodies. Que le public populaire soit enthousiasmé par un récit simpliste et beau, grandiose et flamboyant, où les cruels se tuent entre eux, où les malins triomphent, où l'amour se rit des conventions mais où l'on meurt parfois de les avoir bravées, rien de moins étonnant. L'histoire de France, ainsi réduite au choc entre l'ancien et le nouveau, à une affaire de famille entre la méchante reine mère et le gentil petit roi, est mise à la portée de tous.

Plus surprenante est l'influence qu'a sur les érudits la vision duma-sienne des derniers Valois, et notamment de Marguerite. En effet, si la reine n'inspire plus guère romanciers, dramaturges et compositeurs (qui, en France, abandonnent dès les années 1840 les grandioses reconstitutions

---

16 Les grands journaux de la période tirent facilement à 30 000 ou 40 000 exemplaires, chiffre qui doit au moins être multiplié par trois ou quatre pour atteindre le nombre des lecteurs et lectrices ; ce sont les feuilletons qui, en grande partie, assurent le succès des journaux (voir Max Milner et Claude Pichois, 1985, p. 33).

17 Voir le recensement de Claude Schopp (Dumas, *Mémoires*, p. 1301 et suiv.).

historiques), elle fait désormais rêver les historiens. Alors qu'aucune étude spécifiquement dédiée à la dernière reine de Navarre n'avait paru depuis 1777 (hormis les notices introductives à ses *Mémoires*), une trentaine fleurissent dans la seconde moitié du siècle, dont une bonne partie ne sont que des variations sur les grands thèmes dégagés par Dumas : sa culture, sa luxure. Leurs auteurs brodent à l'envi sur cette jeune femme savante et délurée qui semble incarner à elle seule l'héritage sulfureux des Valois-Médicis. Michelet lui invente un amant criminel ; Sainte-Beuve fait d'elle le prototype des femmes mémorialistes, autrices de livres « faits sans qu'on y pense, et qui n'en valent que mieux » (p. 148) ; l'éditeur de Brantôme, Lalanne, la voit dans toutes les anecdotes scabreuses du mémorialiste ; l'éditeur de Catherine, La Ferrière, délire sur les « promesses déjà très apparentes » de son corsage (p. 135)... Et dès la fin du XIXe siècle, la plupart de ces hommes sérieux, fidèles promoteurs, à les entendre, d'une histoire « scientifique », renonceront à savoir qui était Marguerite, adoptant significativement, pour la nommer, le sobriquet de « reine Margot ».

Le XXe siècle ne fera plus, dès lors, qu'accentuer cette dérive. Aucun grand historien, si ce n'est Jean-Hippolyte Mariéjol (1928), ne se penchera plus sur la dernière reine de Navarre ; aucun grand critique, aucun grand romancier non plus. En revanche, elle est adoptée par un nouveau genre, que Dumas a sans aucun doute aidé à se constituer : l'histoire romancée des grands personnages, à l'usage du grand public. C'est dans ces eaux mêlées qu'elle va traverser le siècle, dans l'inévitable compagnie de ses frères débauchés et incestueux, de sa mère folle de pouvoir, de son mari si fin, et de ses amants si nombreux. Que de *Reine Margot*, de *Vraie Reine Margot*, de *Folle Vie de la reine Margot*, de *Folles Amours de la reine Margot*, de *Vie tragique de la reine Margot*, de *Reine sans royaume* ou de *Reine des cœurs*, publiés en soixante ans ! Que d'articles hauts en couleur et vides de toute recherche dans les revues historiques à grand tirage ! Que de spectateurs pour la première adaptation du roman de Dumas par Jean Dréville (1954), avec la belle Jeanne Moreau dans le rôle-titre ! Chacun ajoute sa pierre. Régulièrement, on met un amant de plus à une liste déjà trop longue. Parfois on lui invente un fils. Dès le début du siècle, on trouve l'explication à son étrange conduite : elle était hystérique. Enfin, le coup de grâce lui est donné par Guy Breton, qui en fait l'une des grandes héroïnes de ses *Histoires d'amour de l'histoire de France* (1956).

Lui seul détrônera Dumas en terme de succès de librairie. Et c'est un nouveau personnage – nymphomane en dentelle, « tigresse privée de mâle » (vol. 3, p. 32) – qui va dès lors s'imposer dans l'imaginaire collectif des Français.

Il semble que la vraie Marguerite ait largué les amarres. D'ailleurs, on ne l'édite plus. Entre 1842 et 1968, une seule édition de ses *Mémoires* voit le jour, en 1920, comme si la confrontation entre l'image forgée et le contenu des textes risquait de faire douter du « discours historique » (qui se prétend tel, et qu'aucun historien, quasiment, ne récuse plus) produit sur elle. Dumas est bien à l'origine d'une dégénérescence qui dénie à Marguerite tout statut d'importance, et qui touche, au-delà d'elle, tous les derniers Valois. Si la reine Catherine a « résisté » tant bien que mal à la diabolisation de son image par le romancier, et trouvé dès la fin du XIXᵉ siècle quelques historiens pour la « réhabiliter », Charles IX demeure, jusqu'à aujourd'hui, l'un des rois les plus mal connus de l'histoire de France. Henri III, lui, a dû attendre les années 1980 pour trouver des biographes sérieux, mais l'édition de ses lettres, commencée dans les années 1920 seulement (alors que les grandes correspondances royales de la même période, celle de Catherine et d'Henri IV, datent de la seconde moitié du XIXᵉ siècle), n'est toujours pas terminée. Quant au duc Alençon (puis d'Anjou), il n'a trouvé que très récemment quelques défenseurs scrupuleux (Holt, 1986).

Mais Dumas n'est pas seul en cause. S'il a inauguré une voie, si, plutôt, il l'a fortifiée, légitimée, et si les hommes de son temps s'y sont presque tous engouffrés, il ne fait aucun doute que le XXᵉ siècle a poursuivi la tâche, avec, en toile de fond, toujours le même objectif, plus politique que littéraire : prouver que les grandes dames qui avaient eu du pouvoir étaient soit des fléaux, soit des gourgandines, et le plus souvent les deux ; prouver que la société qui avait permis ce scandale était décidément mauvaise. Et si les attaques se font plus vives après la seconde guerre mondiale, si la déliquescence se fait plus forte, le discours plus hargneux, c'est tout simplement que l'une des grandes œuvres de la Révolution – le rempart construit pour écarter toutes les femmes de la scène politique – vient de céder, puisqu'en 1944 elles acquièrent enfin le droit de vote et d'éligibilité. De même, si le ton s'améliore dans les années 1970, mais si l'agressivité revient en force, c'est que la France traverse une nouvelle phase dans la conquête de l'égalité entre les sexes.

L'espace manque, ici, pour montrer à quel point le traitement du rôle des femmes puissantes de l'Ancien Régime dans les discours historique et littéraire de ces cent cinquante dernières années fut lié à l'acuité ou à l'assoupissement des conflits portant sur l'accès aux droits civiques du « deuxième sexe », et ce serait nous éloigner de notre sujet ; mais les faits sont là, et l'essentiel est de constater que Marguerite est restée au centre de la démonstration.

C'est dans cette optique qu'il convient de juger l'œuvre de Patrice Chéreau. Qu'il faut considérer, notamment, la contribution (esthétique, dramatique, politique) qu'il apporte à l'édifice construit depuis Dumas, et, parallèlement, les leçons qu'il a retenues de ses grands ou moins grands devanciers. Le cinéaste ne s'est pas caché, en effet, de vouloir « bousculer le roman » : « pour faire de Margot le personnage principal », mais en conservant autour d'elle sa diabolique famille, de laquelle se détache le « seul individu "sain" de la collection, son mari » ; pour adopter « un style, une langue à la fois fluide, moderne mais crédible » (Jonquet, 1993, p. 13), mais en y ajoutant des scènes qui n'appartiennent qu'à nos (à ses ?) fantasmes, comme celle du viol public de Marguerite par ses frères...

C'est dans cette optique, également, qu'il faudra juger la réception de l'œuvre par le public et la critique, de même que le sort fait aux nombreuses rééditions du roman de Dumas qui voient le jour à cette occasion. Le contexte, en effet, est à nouveau fort différent, puisque ces derniers mois ont vu la réapparition vigoureuse de réflexions et de revendications portant sur la place des femmes en politique (notamment autour du concept de parité), et que, dans le même temps, des études novatrices ont été publiées sur le massacre de la Saint-Barthélemy[18]. En se divertissant du film ou du roman, le public français saura-t-il reconnaitre qu'il est là en présence d'une *fable historique* qui, pour être séduisante, et à coup sûr constitutive de notre identité nationale, n'en appartient pas moins à la fiction ?

---

18 Notamment Jean-Louis Bourgeon, 1992b (cet historien a mis en doute l'authenticité des *Mémoires* de Marguerite, c'est sa petite pierre au mythe ; voir ce volume, p. 115 et suiv.) et Denis Crouzet, 1994.

TROISIÈME PARTIE

HISTOIRE D'UNE AUTRICE

LES MÉTAMORPHOSES
DE MARGUERITE DE VALOIS,
OU LES CADEAUX DE BRANTÔME

On sait que les *Mémoires* de Marguerite de Valois sont dédiés à Brantôme[1]. On sait que Brantôme avait consacré à la fille d'Henri II et de Catherine de Médicis l'un des Discours dont sont constitués ses propres souvenirs, et qu'il devait finalement lui dédier l'ensemble de son œuvre. On sait moins, cependant, quels jeux de miroir ont présidé à ces « écritures croisées » et ce qu'ils ont induit dans l'œuvre de la reine comme dans sa vie[2]. Sans Brantôme en effet, et son fameux *Discours sur la reine de France et de Navarre*, pas de *Mémoires*, puisque c'est pour en rectifier les erreurs que Marguerite s'est mise à l'ouvrage. Mais sans Marguerite, et une demande précise formulée autrefois, pas de *Discours*, puisque Brantôme redoutait de confier à sa plume un sujet aussi « haut » que la vie de son égérie. C'est ce qu'avoue l'un de ses sonnets, qui permet de retrouver l'origine de ces écritures croisées :

> Vous me dites un jour que j'écrisse de vous.
> Eh, quel esprit, Madame, en pourrait bien écrire ?
> Un Ronsard y faudrait [*n'y réussirait pas*], avec sa grave lyre,
> [...] Votre sujet est haut... (Brantôme, 1991, p. 906).

Nous ne savons pas de quand date cette « commande ». Peut-être du temps du « salon vert » de la maréchale de Retz, la grande amie de l'une et la cousine de l'autre, chez qui se retrouvait tout ce que la cour des Valois comptait de lettrés et de poètes[3] ; ou bien d'un peu plus tard, du premier voyage de Marguerite en Gascogne, que Brantôme fit en sa

---

1   Cet article a paru dans Jean-Philippe Beaulieu & Diane Desrosiers-Bonin (dir.), *La Réflexivité chez les femmes écrivains d'Ancien Régime*, Montréal, *Paragraphes*, 1998, p. 83-94.
2   Un seul article a été consacré à ce sujet, celui de Gilbert Schrenck, 1991.
3   Voir Jacques Lavaud, 1936.

compagnie et dont il laisse dans son Discours une longue évocation. Ce que nous savons en revanche, c'est que la demande de la reine commença à « produire du texte » au début des années 1590, et que ce texte, ces textes en réalité, engendrèrent chez elle une véritable métamorphose.

Jusqu'au moment d'écrire les premiers mots de ses *Mémoires*, en effet, nous voyons Marguerite se débattre avec ses statuts de fille, de sœur, d'épouse, refusant d'être une femme, sachant à peine qu'elle en est une, se vivant comme un prince et non comme une princesse. D'où une vie peu commune, marquée par les écarts, la dissidence, puis l'exil. Mais d'où, aussi, une œuvre peu commune, avec un premier texte écrit vingt ans plus tôt pour le compte de son mari alors impliqué dans la conjuration des Malcontents : un plaidoyer rédigé à la première personne et signé Henri[4]. Vingt ans plus tard, en revanche, elle avait non seulement récupéré son identité de femme, mais elle était devenue féministe et elle publiait son dernier texte, un manifeste dans lequel elle prenait la défense de son sexe[5]. Entre temps, deux événements majeurs pour elle : l'annulation de son mariage avec Henri IV, et l'écriture de son autobiographie – la première qu'une femme ait écrite[6].

C'est cette étape intermédiaire, cet « arrêt sur l'image », que j'aimerais explorer ici, en montrant l'éventail des *moi* que Brantôme fit surgir pour le plus grand bonheur des lecteurs et lectrices des *Mémoires*, comme un feu d'artifice de possibles identités entre lesquelles la reine dut finalement choisir, une fois la fête terminée.

LA MISE EN ROUTE DES *MÉMOIRES*

Au début des années 1590, la France est en pleine guerre civile. Brantôme et Marguerite ne se sont pas vus depuis des années, mais ils vivent non loin l'un de l'autre, tous les deux en disgrâce, tous les deux

---

4   Le *Mémoire justificatif pour Henri de Bourbon*, écrit en 1574, est donné après les *Mémoires* dans la plupart de leurs éditions depuis le XIXᵉ siècle] ; on le trouve dans *Mém*.

5   Le *Discours docte et subtil, dicté promptement par la reine Marguerite*, écrit en 1614, figure également dans *Mém*.

6   J'ai analysé cette évolution de manière diachronique dans « Les ambiguïtés identitaires du *Je* dans les *Mémoires* de Marguerite de Valois », Viennot, 1995.

condamnés à l'immobilité. Reclus dans son château périgourdin, l'ancien capitaine dicte ses souvenirs. Repliée dans sa forteresse auvergnate, l'ancienne perle des Valois attend des jours meilleurs. Se souvenant vraisemblablement de la commande de son amie, Brantôme se met au travail ; parallèlement, il lui écrit, « ayant été si présomptueux, dit-il, d'avoir envoyé savoir de ses nouvelles » (*DRN*, p. 156). Et la reine lui répond, cette lettre tout d'abord, que Brantôme a insérée dans son *Discours* :

> Par la souvenance que vous avez de moi, qui m'a été non moins nouvelle qu'agréable, je connais que vous avez bien conservé l'affection qu'avez toujours eue à notre maison, à si peu qui reste d'un si misérable naufrage, qui, en quelque état qu'il puisse être, sera toujours disposé de vous servir, me sentant bien heureuse que la Fortune n'ait pu effacer mon nom de la mémoire de mes plus anciens amis, comme vous êtes. J'ai su que, comme moi, vous avez choisi la vie tranquille[7], à laquelle j'estime heureux qui s'y peut maintenir, comme Dieu m'en a fait la grâce depuis cinq ans, m'ayant logée en un arche de salut où les orages de ces troubles ne peuvent, Dieu merci, me nuire ; à laquelle, s'il me reste quelque moyen de pouvoir servir à mes amis, et à vous particulièrement, vous m'y trouverez entièrement disposée, et accompagnée d'une bonne volonté (*Cor.*, lettre 248).

La lettre, qui doit dater de 1591 ou 1592, traduit le sentiment de sécurité qui est alors celui de la reine : après des années d'errements, d'emprisonnement, d'intrigues, elle est à nouveau libre dans son château (son « arche de salut ») et elle a cessé de participer à la guerre civile (elle a choisi « la vie tranquille ») ; mais le ton de Marguerite et le choix de son vocabulaire témoignent aussi de l'arrêt du temps qui semble s'être produit pour elle.

Rassuré sur l'amitié toujours vivace de son amie, l'admirateur termina son *Discours*, l'agrémenta de quelques vers (dont un « quatrain pour elle-même » qui opposait la Nature et la Fortune) et l'envoya en Auvergne, vraisemblablement au cours de l'année 1593. La reine le lut très attentivement, comme on peut s'en douter, et comme en témoignent d'une part un sonnet de décembre 1593, et d'autre part l'ouverture de ses *Mémoires*. Ces deux textes disent grosso modo la même chose :

---

7   C'est-à-dire à la fois la vie sur ses terres (et non plus à la Cour) et la neutralité politique. Comme la plupart des anciens Malcontents passés à la Ligue en 1585, Marguerite s'en était détachée après l'assassinat d'Henri III. Contrairement aux capitaines cependant, elle ne s'était pas encore ralliée à son époux : pour l'instant, elle n'avait rien à offrir.

« Vous me décrivez telle que j'étais autrefois, mais je ne suis plus du tout ce personnage ; cependant je vais bien. » Des différences toutefois sont notables, qui rapprochent le sonnet de la lettre citée plus haut et qui le situent entre celle-ci et les premières pages des *Mémoires* :

> Ami, qui va cherchant dans la masse pierreuse
> De ce fatal rocher la grandeur qu'autrefois
> Tu as vu resplendir au palais de nos rois,
> Honorant et ornant leur perle précieuse,
> Ne t'y travaille plus ! La Fortune envieuse
> En celle de Crésus renouvelle la voix ;
> De l'instabilité, l'exemple tu y vois,
> De notre injuste siècle, une marque piteuse.
> Ainsi qu'en un vaisseau par l'orage agité,
> Le marchand effrayé tout son bien a jeté,
> Restant, pour se sauver, seul avec le pilote,
> De même en ce rocher, vrai vaisseau de salut,
> Où Fortune pour vent, Dieu pour pilote, elle eut,
> Dieu seul elle retient, toute autre chose elle ôte (*Mém.*, p. 293)[8].

Les analogies entre le sonnet et la lettre sont nombreuses. Ce sont d'abord des dénominations : Brantôme est bien toujours un « ami », et la forteresse auvergnate un vaisseau « de salut ». Ce sont aussi des thématiques : celle de l'orage, celle du naufrage, celle de la sérénité qui s'oppose au déchainement des évènements extérieurs, celle du secours de Dieu. En revanche, la posture hiératique et immobile qui dominait la lettre n'est rétablie dans le sonnet qu'*in extremis*, dans le dernier vers, et de manière assez abrupte, comme un effet de la volonté suprême de Marguerite de laisser cette image-là d'elle-même, alors que l'ensemble du poème est caractérisé par l'« instabilité ». À n'en pas douter, la lecture du *Discours* – l'évocation des cadeaux de la Nature et des affronts de la Fortune – a provoqué ce choc, et ce raidissement.

Une autre analogie perceptible concerne l'ambiguïté des identifications sexuelles. Elle se dit de manière ténue dans la lettre : Marguerite s'y définissait comme le « peu qui reste d'un si misérable naufrage », périphrase qui lui permettait de poursuivre son énoncé en se dotant du pronom sujet masculin *il* (« en quelque état qu'il puisse être… »), pronom que vient ensuite contredire un adjectif au féminin (« bien

---

8   Le jeu de mot sur « perle » (*margarita*, en latin) était très courant.

heureuse »). L'ambiguïté est beaucoup plus manifeste dans le sonnet. Là encore, c'est dans les derniers vers que se produit le rétablissement identitaire, avec l'apparition du pronom *elle*. Et là encore, ce rétablissement est abrupt, violent : les trois occurrences, concentrées dans les onze derniers mots, semblent martelées, tout en n'offrant au lecteur qu'un sujet distant, officiel, à la troisième personne. Dans les vers précédants, ce sujet s'exprime, ou plus exactement se masque, à travers une métaphore (la « perle précieuse » – que Marguerite n'est plus) ; une comparaison (le « marchand »), et de manière plus floue encore à travers une série d'expressions et de noms qui réfèrent à l'évidence au sujet, ou lui sont associés, mais dans un mode de relation qui n'est pas exprimé (« la grandeur » d'autrefois, Crésus, un « exemple » de l'instabilité, une « marque piteuse » de l'injuste siècle). Le bilan, en termes de polarisation sexuelle, ou genrée, est neutre : trois d'un côté, trois de l'autre, dans un va-et-vient qui montre la capacité de Marguerite à assumer ces diverses identités, et auquel met brutalement fin le coup de force final.

Les *Mémoires*, eux, s'ouvrent comme le sonnet par la dénégation de la splendeur vantée par le *Discours* de Brantôme, mais ils font directement allusion à ce dernier :

> Je louerais davantage votre œuvre, si elle ne me louait tant, ne voulant qu'on attribue la louange que j'en ferais plutôt à la philautie [*amour de soi*] qu'à la raison, ni que l'on pense que, comme Thémistocle, j'estime celui dire le mieux qui me loue le plus. C'est un commun vice aux femmes de se plaire aux louanges, bien que non méritées. Je blâme mon sexe en cela, et n'en voudrais tenir cette condition. Je tiens néanmoins à beaucoup de gloire qu'un si honnête homme que vous m'ait voulu peindre d'un si riche pinceau. À ce portrait, l'ornement du tableau surpasse de beaucoup l'excellence de la figure que vous en avez voulu rendre le sujet. Si j'ai eu quelques parties de celles que m'attribuez, les ennuis, les effaçant de l'extérieur, en ont aussi effacé la souvenance de ma mémoire ; de sorte que, me remirant en votre *Discours*, je ferais volontiers comme la vieille Madame de Randan, qui, ayant demeuré depuis la mort de son mari sans voir miroir, rencontrant par fortune son visage dans le miroir d'une autre, demanda qui était celle-là (*Mém.*, p. 70).

On observe tout d'abord ici que Marguerite ne se cache plus derrière des pronoms de la troisième personne. C'est bien un *je* qui s'exprime, dès le premier mot du texte, et qui prend à sa charge ce qu'elle a à dire, comme il le fera tout au long du récit. Du point de vue de l'histoire littéraire, le geste doit être souligné car il est fondateur. Si le *je* s'impose en effet dans les Mémoires justificatifs, récits pragmatiques faits pour être rendus publics immédiatement, s'il se glisse aisément dans ce qu'on appelle les « Mémoires pour servir à l'histoire » d'un grand personnage, il est plus difficile à assumer pour les « vrais mémorialistes ». Faire de sa vie, de sa personne, la matière d'un récit, et le faire hors de toute obligation, demande une bonne dose de prétention, que les audacieux tenteront longtemps d'atténuer en parlant d'eux à la troisième personne, comme Aubigné, voire à la seconde, comme Sully. Cette double centralité de l'objet et du sujet de l'écriture, Marguerite est la première à s'y installer avec aisance, et le succès de ses *Mémoires* sera décisif pour l'adoption de cette posture, qui deviendra une caractéristique du genre.

Si la reine tourne d'emblée cette difficulté, c'est grâce à Brantôme ; et c'est que la difficulté n'existe pas pour elle, ou pas vraiment. Certes, elle n'est pas en position de devoir se justifier ; mais elle n'est pas non plus face à l'Histoire, face à la postérité ; elle n'a pas décidé d'écrire sa vie. En revanche, elle a bien décidé, un jour, dans les premiers mois de l'année 1594 vraisemblablement, de répondre à Brantôme : c'est une conversation, en quelque sorte, qu'elle choisit de poursuivre[9].

LES DÉBUTS D'UNE MÉTAMORPHOSE
IDENTITAIRE

Ce que la reine choisit aussi, immédiatement, c'est de prendre ses distances avec le portrait du *Discours*, trop flatteur à son goût, ce qui pour elle revient à prendre ses distances avec son sexe – sensible, trop sensible, tout le monde le sait bien, à la flatterie... L'image est négative, et elle se renforce d'une comparaison avec Thémistocle, dont on ne sait pour l'instant s'il est ainsi tiré du côté des femmes, ou destiné à tirer Marguerite du côté des hommes, nous y reviendrons. Disons pour l'instant que le fait, pour la reine, de nommer son appartenance au sexe féminin, même si c'est pour s'en désolidariser, est une première sous sa plume, du moins pour ce que nous en savons dans l'état actuel des connaissances.

---

9   Bien des mémorialistes après elle reprendront cette posture qui facilite la mise en route du récit de vie, mais de manière parfois artificielle.

Dans les 456 lettres que j'ai pu retrouver d'elle en effet, et qui se répartissent, grosso modo, pour moitié avant la rédaction des *Mémoires*, pour moitié après, on ne trouve aucune occurrence du syntagme « mon sexe » avant 1594. La première apparait en revanche dès octobre de cette année-là, preuve que le *Discours* de Brantôme a véritablement déclenché un processus, qui s'est mis en route avec la rédaction du texte. Car si les premières occurences de « mon sexe » dans la correspondance sont toujours enveloppées de mépris, les connotations négatives qui y sont associées disparaissent au cours des années suivantes. Dès 1597, on voit la reine mettre en parallèle les services qui s'acquièrent sur les champs de bataille et ceux qu'elle rend au roi : différents, mais non moins valables. Et dès 1602, elle a compris que les femmes ne sont pas méprisables, mais qu'elles n'ont pas les mêmes marges de manœuvre que les hommes dans la société : autrement dit, qu'elles doivent, pour s'imposer, user de stratégies particulières. Aussi la voit-on rappeler la soumission que « mon sexe » doit au roi lorsque, par exemple, elle lui demande de grosses sommes d'argent…

À l'époque de la rédaction des *Mémoires*, toutefois, Marguerite n'en est pas là : elle se débat toujours avec un sexe qu'elle n'aime pas, et dont elle ne « voudrait pas tenir la condition ». Ce premier aveu, cette première dénomination du problème, coexiste dans le texte avec une myriade de positions possibles entre l'homme et la femme, ou ailleurs s'il se peut. Elle se compare bien, dans ces premières lignes, à « la vieille madame de Randan » ; mais pas plus que celle-ci ne se reconnaissait dans le miroir d'autrui, rencontré par hasard, nous ne reconnaissons la reine dans cette image de « vieille dame », et elle pas davantage vraisemblablement : elle n'était pas particulièrement liée à cette femme, et elle n'avait alors que quarante-et-un ans[10].

Les autres images du *moi* repérables dans les *Mémoires* sont tout aussi insaisissables. Ce sont tout d'abord, juste après ces lignes, deux comparaisons avec des villes disparues, Troie et Athènes, « puissantes villes, lorsqu'elle florissaient, bien que les vestiges en soient si petits qu'à peine peut-on remarquer où elles ont été » (*Mém.*, p. 70). C'est ensuite, au début du récit de vie proprement dit, une nouvelle comparaison négative,

---

10 Âge qui n'était pas forcément canonique au XVIe siècle, comme il allait le devenir : c'est à quelques années près celui qu'avait Diane de Poitiers lorsqu'elle devint la maitresse d'Henri II – qu'elle devait rester jusqu'à soixante ans.

à deux hommes cette fois, amenée elle-même par une réflexion sur la difficulté qu'il y a à se rappeler sa petite enfance, tâche sur laquelle la reine refuse de peiner. À ce moment là, estime-t-elle en effet,

> nous vivons plutôt guidés par la Nature, à la façon des plantes et des animaux, que comme hommes régis et gouvernés par la Raison. Et laisserai à ceux qui m'ont gouvernée en cet âge-là cette superflue recherche, où peut-être, en ces enfantines actions, s'en trouverait-il d'aussi dignes d'être écrites que celles de l'enfance de Thémistocle et d'Alexandre [...] (*ibid.*, p. 73).

Thémistocle refait donc surface, cette fois débarrassé de toute proximité avec les femmes, mais pas pour autant de l'ambiguïté sexuelle ou identitaire (pour une conscience du XVIe siècle en tout cas), puisque nous sommes là « chez les Grecs » ; et cela d'autant plus qu'Alexandre lui-même, il faut s'en souvenir, c'est non seulement le grand empereur dont Machiavel fustigeait la féminité, mais c'est aussi le prénom que portait dans son enfance (c'est-à-dire à l'époque dont parle Marguerite) son frère Henri III.

Or Henri III, dont nous n'avons toujours pas la preuve qu'il fût homosexuel mais qui donna prise à une telle interprétation de la part de ses contemporains, est au cœur du processus d'identification de la reine. Il est la personne, l'homme, en osmose avec qui elle avait construit son identité, au terme d'un processus qui ressemble à un « trouble collectif » (le terme étant à prendre ici comme appartenant au champ de l'optique et non à celui de la santé, morale ou physique). Les trois derniers enfants de Catherine, la « femme-roi », semblent en effet avoir connu des difficultés à se repérer dans les normes comportementales, si ce n'est sexuelles, de leur époque.

La gemellité de Marguerite et d'Henri III, leur osmose, se dit clairement dans les *Mémoires*, en particulier dans le long discours que la reine met dans la bouche de son frère après la bataille de Jarnac (1569), lorsqu'il lui demanda d'entrer dans son parti :

> Ma sœur, la nourriture que nous avons prise ensemble ne nous oblige moins à nous aimer que la proximité [*parenté*]. Aussi avez-vous pu connaitre qu'entre tous ceux que nous sommes de frères, j'ai toujours eu plus d'inclination de vous vouloir du bien qu'à tout autre ; et ai reconnu aussi que votre naturel vous portait à me rendre même amitié. [...] je trouve qu'il m'est nécessaire d'avoir quelque personne très fidèle qui tienne mon parti auprès de la reine ma mère. Je n'en connais point de si propre comme [*que*] vous, que je tiens comme un second moi-même (*ibid.*, p. 81-82).

L'alter ego d'Henri fait alors son entrée en politique : elle défend ses intérêts auprès de sa mère, celle-ci lui fait bon visage, tout se passe merveilleusement. Mais quelques mois après la collaboration cesse brutalement : à en croire la mémorialiste, Henri lui a brutalement retiré sa confiance, sous l'influence d'un favori, entrainant sa disgrâce auprès de sa mère ; désespérée, elle tombe très gravement malade. Connaitre la vérité historique s'avère ici fort utile, car en réalité c'est Catherine qui est à l'origine du revirement ; toutefois ce qui importe pour l'instant, c'est la manière dont la mémorialiste met alors en scène son frère :

> Après m'avoir fait une si grande trahison et rendu un telle ingratitude, [il] ne bougeait jour et nuit du chevet de mon lit, me servant aussi officieusement que si nous eussions été au temps de notre plus grande amitié. Moi, qui avais par commandement la bouche fermée, ne répondais que par soupirs à son hypocrisie, comme Burrus fit à Néron, lequel mourut par le poison que ce tyran lui avait fait donner, lui témoignant assez la principale cause de mon mal n'être que la contagion des mauvais offices, et non celle de l'air infecté.

Burrus et Néron : deux hommes politiques qui gouvernèrent ensemble, le premier conseillant l'autre, le second se débarrassant du premier au bout de quelques années pour régner seul.

L'histoire enseigne, toutefois, que Néron tua sa mère aussi… Et nous retrouvons la réalité. Car Marguerite savait parfaitement que la sienne était seule derrière sa disgrâce[11]. L'identification à Burrus, c'est-à-dire à Néron puisque la position d'alter ego est réversible, pourrait alors être pour la mémorialiste une façon de dire un désir plus profond, indicible évidemment, et que traduit peut-être une autre série de comparaisons tout à fait insolite. En effet, pour évoquer la joie de Catherine après Jarnac (la première victoire militaire de son fils Henri), elle écrit : « Ce qu'en ressentait ma mère, qui l'aimait uniquement, ne se peut représenter par

---

11 Le revirement de Catherine s'explique par les projets du clan Guise, qui voulait unir son héritier à Marguerite, ce qui aurait considérablement renforcé sa position mais qui n'était pas dans les plans de la reine mère ; or Marguerite (comme Henri du reste) était favorable à ce projet : sa mère ne pouvait donc plus la (les) mettre dans la confidence. L'attitude d'Henri dans la citation devient claire : il essaie réellement de consoler sa sœur, qui, de fait, ne cessera d'être son alliée qu'en 1574, lorsqu'elle prendra le parti de son plus jeune frère, lors de conjuration des Malcontents, destinée à l'installer sur le trône de France (en évinçant Henri). L'objectif de la mémorialiste, en lui mettant ce camouflet sur le dos, est de convaincre la postérité qu'Henri était *dès* 1569 un homme versatile, infidèle, perfide, dont il était naturel qu'elle finît par abandonner la cause.

paroles, non plus que le deuil du père d'Iphigénie » (*ibid.*, p. 80). Catherine est donc Agamemnon, Henri est donc Iphigénie ; la naissance symbolique du fils (Jarnac), c'est la mise à mort de la fille ; et le bonheur de la mère, c'est le malheur du père – coupable de la mort de sa progéniture. Tout s'inverse, mais tout est clair, à l'exception de la place de Marguerite dans ce chassé-croisé d'images : est-elle Iphigénie, la fille tuée ? Est-elle Électre, la fille absente, réduite en esclavage par sa mère ? Est-elle Oreste, qui se vengera en tuant sa mère et sauvera sa sœur survivante ? À l'heure où la mémorialiste commence d'écrire, tout est possible.

LES CHANGEMENTS INDUITS
PAR LA PERSPECTIVE DU « DÉMARIAGE »

C'est alors qu'entre dans la danse l'autre Henri, le numéro quatre, l'époux, le survivant, celui « qui maintenant est notre brave et magnanime roi » (*ibid.*, p. 89). C'est lui qui, à l'inverse d'Henri III, provoque sous la plume de la mémorialiste l'apparition d'identifications féminines. L'évocation du mariage, de la cérémonie elle-même, et surtout des toilettes splendides l'oblige d'abord à rappeler qu'elle fut traitée selon la coutume des « filles de France » (*ibid.*, p. 91) : la notation est positive. Elle cesse toutefois de l'être quelques pages plus tard, soit quelques jours après la consommation du mariage, et la Saint-Barthélemy, puisque le massacre n'eut lieu qu'une semaine après les noces. Devant l'ampleur de la catastrophe, en effet, Catherine de Médicis envisage de casser le mariage et elle demande à sa fille si celui-ci a été consommé :

> Je la suppliai de croire que je ne me connaissais pas en ce qu'elle me demandait. Aussi pouvais-je dire lors à la vérité comme cette Romaine, à qui son mari se courrouçant de ce qu'elle ne l'avait averti qu'il avait l'haleine mauvaise, lui répondit qu'elle croyait que tous les autres hommes l'eussent semblable, ne s'étant jamais approchée d'autre homme que de lui (*ibid.*, p. 100-101).

La comparaison n'est flatteuse ni pour l'un ni pour l'autre ; elle traduit en réalité l'humiliation associée par Marguerite au statut matrimonial, et la rancune qu'elle contracta d'avoir été jetée, au nom de la Raison d'État, dans les bras d'un homme qui ne partageait ni ses goûts ni ses valeurs, et qui devait en outre faire son malheur en la négligeant : en ne faisant pas, ou pas suffisamment, son devoir d'époux (alors que la rendre mère était la seule manière d'assurer son avenir politique), et en lui préférant régulièrement ses maitresses ; les plaintes à ce double sujet sont récurrentes dans les *Mémoires*. Le peu de cas que fit de cette femme, si belle dit-on, cet homme qui aimait tant les femmes, et qui était sur ce chapitre si peu difficile, me semble une confirmation de mon propos : nul doute qu'il devait ressentir, lui aussi, que « quelque part », cette femme-là n'en était pas une.

Aussi peut-on comprendre la joie de Marguerite, quand après des années de coexistence plus ou moins pacifique, puis d'incompréhension, puis d'humiliation et enfin de séparation, il lui propose de faire annuler leur mariage : alors que l'impasse était pour elle totale, l'horizon, tout à coup, s'ouvre à nouveau. Or ces propositions arrivent en même temps, à quelques semaines ou mois près, que le *Discours* de Brantôme. D'où son état d'esprit quand elle se met à l'œuvre : en rédigeant sa propre version de sa vie, elle entend fournir à son historien de quoi rectifier la sienne, mais elle ne pense pas pouvoir y consacrer beaucoup de temps :

> Je tracerai mes Mémoires, à qui je ne donnerai plus glorieux nom, bien qu'ils méritassent celui d'Histoire, pour la vérité qui y est contenue nument et sans ornement aucun, ne m'en estimant pas capable, et n'en ayant aussi maintenant le loisir. Cette œuvre donc, d'une après-dinée [*après-midi*], ira vers vous comme les petits ours, en masse lourde et difforme, pour y recevoir sa formation. C'est un chaos duquel vous avez déjà tiré la lumière ; il reste l'œuvre de cinq autres journées (*Mém.*, p. 72).

Cette modestie ne doit évidemment pas être prise au premier degré : c'est une esthétique, avant tout, qui s'affiche là, et une certitude : celle de la supériorité du récit de la personne qui fait l'Histoire sur celle qui la rapporte ; la première a pour elle la vérité, elle n'a pas besoin des artifices de l'écriture auquel l'autre a recours. Il n'empêche que Marguerite, en commençant la rédaction de ses *Mémoires*, se croit pressée par le temps ; elle s'imagine que la négociation avec Henri IV va être rapide, et elle se projette déjà dans l'avenir, ce qui n'est pas banal pour qui doit se plonger dans le passé. C'est ce qui explique, je crois, l'extraordinaire liberté du texte, l'exceptionnel bonheur qui s'y lit, et le peu de réflexivité, d'introspection qu'on y décèle.

Car ce que cherche Marguerite, une fois mise sur les rails de l'écriture mémorialiste grâce à Brantôme, ce n'est pas, comme tant de ses semblables, à expliquer sa vie, ses choix. Ce qu'elle entend prouver, tout au long de ces pages, c'est qu'elle était une alliée : une alliée fidèle, une alliée capable, mais une alliée méprisée, voire rejetée. Son frère ainé l'a congédiée, son frère cadet l'a mise dans des situations fâcheuses, son époux ne l'a jamais écoutée... S'ils s'étaient appuyés sur elle, pourtant, ils auraient été invincibles, comme la phalange macédonienne qu'elle évoque à leur propos. Telle est l'image que Marguerite forge d'elle-même dans ses *Mémoires*, au-delà du réseau d'images inconscientes évoquées jusqu'ici. Et ce n'est pas à Brantôme que s'adresse une telle démonstration : l'ami, l'admirateur, elle l'oublie en effet assez rapidement, comme le prouve la disparition progressive des apostrophes qui lui était destinées. Le *Discours* a servi d'événement déclenchant, le miroir tendu l'a conduite à l'écriture ; c'est ensuite à elle-même qu'elle se mesure, dans son passé qu'elle se ressource, qu'elle reprend confiance en elle-même – et qu'elle prend, finalement, le risque de changer.

Marguerite était donc une femme sur qui l'on aurait dû compter, c'est la démonstration de ses *Mémoires*. Quant à leur conclusion logique – qu'elle fût toujours cette femme – c'était au divorce de la faire. L'accord de la reine, en effet, était nécessaire pour l'annulation. Le donner, c'était permettre à son époux de se remarier, d'avoir des enfants légitimes, d'assurer la succession à la Couronne ; c'était mettre fin, véritablement, aux guerres civiles. C'était redevenir, mais cette fois de manière éclatante, indiscutable, une alliée.

Pas l'alliée d'un mari, cependant, mais l'alliée d'un frère. Ainsi le voulait le protocole ! Sitôt le mariage annulé, le roi lui écrit donc : « Je ne veux pas être dorénavant votre frère seulement de nom, mais aussi d'effets » (*Cor.*, lettre 320 bis). À quoi la reine répond : « C'est un vrai office de frère, et pardonnez-moi si j'use de ce mot, votre faveur m'y ayant transporté par le comble de tant de félicités » (*ibid.*, lettre 322). L'un comme l'autre sait bien, pourtant, qu'il y a là un symbole qui dépasse de très loin la question de l'étiquette. Pour Henri, c'est une nouvelle vie, une nouvelle épouse, de nouveaux enfants. Pour Marguerite, c'est une nouvelle identité, qui se marque d'ailleurs par un nouveau nom : elle sera désormais, pour ses contemporains, pour la postérité, la « reine

Marguerite[12] ». Cependant, tout n'est pas nouveau ici. De fait, ce sont pour elle les retrouvailles avec les seuls statuts féminins qu'elle ait jamais pu assumer : celui de « fille de France », celui de sœur de roi. Mieux encore : la revoilà sœur de son frère Henri – le double d'autrefois, le frère tant aimé, l'idole de sa jeunesse, ayant laissé la place à un nouvel Henri, qui a besoin d'elle, qui veut bien d'elle à ses côtés, et dont elle embrasse définitivement le parti.

Cette métamorphose ultime – avant que le mythe ne s'empare d'elle et ne lui en impose d'autres (Viennot, 2005) –, Marguerite la souligne avec une sorte de fierté, parce qu'elle est à la fois une victoire sur le destin et sur elle-même : « Vous m'êtes et père et frère et roi. La Nature, la Fortune et ma volonté m'ont randue telle » (*ibid.*, lettre 329). La Nature, la Fortune : ce sont certes des *topoï* de la Renaissance. Mais c'était bien, surtout, le thème de réflexion que lui avait proposé Brantôme avec son *Discours* imparfait… Et c'était bien le sujet sur lequel elle avait médité, en écrivant ses *Mémoires*, et en récupérant la fierté d'être une femme.

---

12 Jusqu'à l'invention de la « reine Margot » par Alexandre Dumas et à la popularisation de ce sobriquet par son roman, paru en 1845 (voir ce volume, p. 191 et suiv.).

L'HEUREUX VOYAGE DE FLANDRE

Temps du récit, temps de l'écriture, dans les *Mémoires* de Marguerite de Valois

En 1577, Marguerite de Valois quitte la France et entame un voyage diplomatique en Flandre pour le compte de son frère François, duc d'Alençon et d'Anjou, candidat à la couronne des Pays-Bas[1]. L'époque est alors, dans les deux contrées, extraordinairement confuse et violente, et le voyage est aussi, pour la princesse, une sorte de mise à l'écart de l'échiquier politique français, où, depuis la Saint-Barthélemy, elle ne parvient pas à trouver une place stable.

Pour la première fois de sa vie, elle doit mener seule une négociation, dans un contexte et avec des partenaires qu'elle ne connait pas. À la fin de sa mission, dont les résultats ne sont guère probants, elle doit fuir au galop un pays où sa sécurité est gravement menacée, et retrouver une France où aucun des problèmes qu'elle avait quittés n'est résolu. Et pourtant, relatant près de vingt ans plus tard cet épisode dans ses *Mémoires*, elle en fait un des passages les plus lumineux, les plus habités, les plus heureux de son récit. La solitude, l'inconnu, le danger se muent sous la plume de la mémorialiste en une invitation à voir, à comprendre, à sourire, tendue aux multiples lecteurs et lectrices avec qui elle converse en imagination : car elle est toujours seule, alors, et dans une impasse personnelle bien plus grave qu'à l'époque dont elle parle. Mais l'écriture crée du bonheur là où la vie a oublié de le faire, en permettant que soient revisités, réappropriés les temps difficiles, et que se reforme la communauté qui les traversa avec elle — pour l'éternité.

---

1   Cet article a paru dans Belinda Cannone (dir.), *Le Bonheur en littérature. Représentations de l'Autre et de l'Ailleurs*, Paris, Klincksieck, 1998, p. 97-109.

SOLITUDE ET DIFFICULTÉS :
LE VOYAGE COMME EXPÉRIENCE

Au début de l'année 1577, la fille d'Henri II et de Catherine de Médicis se trouve dans l'une des situations les plus inconfortables de sa vie. Mariée en août 1572 à l'héritier de Navarre par sa mère et son frère ainé Charles IX dans l'espoir de régler au sommet le conflit entre catholiques et protestants, elle incarne depuis, avec son époux, l'échec de cette tentative qui s'est transformée en tragédie nationale quelques jours seulement après leurs noces[2]. Dans les années suivantes, elle et lui ont cherché à rétablir leur situation en s'engageant aux côtés du duc d'Alençon, le plus jeune frère de Marguerite, et en participant en 1574 aux complots destinés à le mettre sur le trône. Des complots, non des querelles de palais : Charles IX étant à l'agonie, et Henri, le frère suivant, étant alors roi de Pologne, tout un parti s'est mobilisé derrière Alençon, qui n'avait pas participé au massacre (alors qu'Henri s'y était illustré) et qui s'engageait à assurer la neutralité confessionnelle (alors qu'Henri, ami du jeune duc de Guise, semblait incarner l'intolérance religieuse). Cependant les complots ont échoué et Henri est monté sur le trône, tandis que Marguerite et son époux voyaient leur situation se dégrader d'autant. Lui toutefois a retrouvé sa position de leader du parti huguenot depuis qu'il s'est sauvé de la Cour, en février 1576. Alençon également s'en est sauvé, quelques mois auparavant. Elle seule est demeurée à Paris, otage de ses alliés : Henri III l'a fait garder à vue quelques mois, puis il lui a rendu sa liberté de mouvements, mais il refuse de la laisser rejoindre son mari.

Bouché de ce côté-là, l'horizon commence en revanche à de s'éclaircir de l'autre. Si le trône de France, en effet, n'est plus à la portée du duc,

---

2   Le mariage eut lieu le 18 août, le massacre de la Saint-Barthélemy le 24. Les deux évè-
     nements sont intrinsèquement liés : les huguenots avaient convergé en masse vers Paris
     pour assister au mariage de Henri de Navarre et se rendre ensuite en Flandres porter
     main forte à leurs correligionaires, sous la houlette de Coligny (les Flamands des deux
     religions cherchant à se libérer de la tutelle espagnole). Leur installation dans la capitale
     catholique et hostile à la réconciliation des religions mit la ville en état de surchauffe.
     L'étincelle vint des ultra-catholiques alliés de l'Espagne, qui redoutait l'intervention en
     Flandres. Ils tentèrent d'abord d'assassiner Coligny, puis poussèrent à l'élimination des
     principaux chefs protestants, avant de laisser la populace se livrer au massacre, ou de l'y
     entrainer (voir Sutherland, 1973).

un autre pourrait lui échoir : celui des Pays-Bas. Bien que cette nation n'en soit pas encore une – c'est toujours un ensemble de provinces dont les plus méridionales sont sous tutelle espagnole – ses dirigeants luttent depuis des années pour s'autonomiser et les réunir en une seule entité, forcément pluri-confessionnelle puisque le sud est catholique et le nord protestant. Le prince français, par sa neutralité personnelle, par ses projets matrimoniaux avec Élisabeth Ire d'Angleterre, paraît un bon candidat, d'autant que la France seule peut prêter main forte à un tel projet et qu'elle est le pays qui y a le plus d'intérêt : la présence de l'Espagne à sa frontière nord en même temps qu'à sa frontière sud est pour elle une menace permanente. Marguerite a donc recentré ses activités politiques dans cette direction. Faute de pouvoir servir d'intermédiaire entre la France et la Navarre – c'est ce qu'on attend des princesses : qu'elles aident à consolider l'alliance nouée par leur mariage entre leur famille d'origine et leur famille d'adoption –, parce que les conflits religieux ont rendu cette voie impraticable, elle entend jouer ce rôle entre la Navarre et les Pays-Bas. Autrement dit continuer, comme elle le fait depuis l'hiver 1573-1574, à servir l'alliance entre son époux et son jeune frère.

Or, fin 1576, Alençon change de camp. Provisoirement certes, et par tactique, mais en tout cas il lâche ses alliés. En effet, devant la menace que constituent les regroupements qui se forment autour de lui et de son beau-frère depuis qu'ils sont libres, Henri III a choisi, pour les séparer, d'« acheter » l'un et de faire la guerre à l'autre. Avec le premier, il a signé la paix de Beaulieu, dite fort à propos « paix de Monsieur » tant les avantages concédés à Alençon sont énormes, et il lui promet tous les jours de l'aider pour son « entreprise de Flandre » ; en échange de quoi, le duc a accepté de participer à la guerre qui s'ouvre contre les huguenots, et même de prendre la tête des armées… La position de Marguerite devient intenable.

Ses amis lui conseillent alors de quitter la cour, et ceux d'Alençon d'en profiter pour aller faire sa campagne électorale en pays flamand. Un prétexte est vite trouvé, que suggère un partisan du duc :

> Si la reine de Navarre pouvait feindre avoir quelque mal, à quoi les eaux de Spa, où va Madame la princesse de La Roche-sur-Yon, pussent servir, cela viendrait bien à propos pour votre entreprise de Flandre, où elle pourrait faire un beau coup (*Mém.*, p. 141).

La reine, justement, souffre d'un érisipèle à un bras... Elle quitte
donc Paris en juin avec sa vieille amie et leur suite, et parvient dans
le Cambrésis en juillet. Commence alors un travail diplomatique qui
doit tenir compte de toutes les sensibilités présentes sur l'échiquier politique. Ainsi, les deux autorités qui la reçoivent à Cambrai sont d'une
part l'évêque, maitre du lieu, « qui ne reconnaissait le roi d'Espagne
que pour protecteur » bien qu'il soit « de la maison de Barlemont [...]
qui avoit le cœur espagnol » (ibid., p. 145), et le gouverneur de la citadelle, Monsieur d'Inchy, qui semble plus neutre. Marguerite parvient
à convaincre le second de l'intérêt de la candidature de son frère, et il
décide de l'accompagner tout le reste de son voyage.

Ainsi escortée, la reine se dirige vers Valenciennes, où la reçoivent
le comte de Lalain, son épouse, sa belle-sœur, son frère « et plusieurs
autres gentilshommes au nombre de deux ou trois cents » (ibid., p. 147).
La petite semaine passée avec eux, à Valenciennes puis à Mons, est
essentielle pour la mission qui lui a été confiée. Lalain, parent du comte
d'Egmont (héros de la résistance flamande décapité par les Espagnols
en 1568), est farouchement indépendantiste : « Bien qu'il eût maintenu
son gouvernement sans être entré en la ligue du prince d'Orange[3] ni
des huguenots, étant seigneur très catholique, il n'avait néanmoins
jamais voulu voir don Juan[4], ni permettre que lui ni aucun de la part
de l'Espagnol entrât en son gouvernement » (ibid., p. 148) Marguerite
entreprend avec eux des pourparlers qui aboutissent à l'engagement du
comte et de ses fidèles :

> Nous résolûmes qu'à mon retour je m'arrêterais chez moi à La Fère, où mon
> frère viendrait, et que là, Monsieur de Montigny, frère dudit comte de Lalain,
> viendrait traiter avec mon frère de cette affaire (ibid., p. 153).

La reine doit ensuite rencontrer don Juan, qui est alors à Namur.
Pourparlers officiels, festivités diverses : le gouverneur des Pays-Bas a
mis les petits plats dans les grands, organisé messes et festins, bals et
concerts. Puis il a accompagné la reine et son escorte jusqu'au bateau

---

3   Guillaume d'Orange-Nassau (1533-1584), ancien stathouder de Hollande, Zélande et
     Utrecht, dirigeait l'opposition anti-espagnole; depuis la Pacification de Gand (1576),
     il dirigeait dix-sept provinces du nord, majoritairement protestantes; il était devenu
     calviniste.
4   Don Juan d'Autriche (1545-1578), fils naturel de Charles Quint et de Barbe Blomberg,
     demi-frère de Philippe II d'Espagne, gouverneur des Pays-Bas depuis 1576.

qui doit les conduire à Liège. Mais la troupe est à peine montée à bord, que le gouverneur prend d'assaut la citadelle de la ville, qu'il ne contrôlait pas encore... Quant à la descente du fleuve, elle est perturbée par un orage diluvien qui manque de noyer toute la troupe. Enfin, elle s'installe à Liège, où la prise des eaux et les visites de la noblesse environnante occupent un séjour endeuillé par la mort d'une des suivantes de Marguerite.

Le temps du retour, cependant, est arrivé. Or la situation s'est détériorée dans la contrée, où don Juan a poursuivi ses offensives militaires : « Tout le pays était en feu et en armes » (ibid., p. 163), résume la mémorialiste. En France, par ailleurs, le duc d'Alençon est à nouveau au plus mal avec son frère, malgré ses victoires sur les huguenots. Il a donc jeté le gant et s'apprête à venir trouver ses alliés flamands, tandis qu'Henri III se repend d'avoir laissé partir leur sœur... L'entourage même de la reine commence à se ressentir de ces divisions. Sans passeport (l'envoyé chargé de le lui procurer n'est pas revenu), sans argent (son trésorier prétend qu'il n'y en a plus), elle décide de rentrer en France avec les moyens du bord, en faisant de longues étapes, « encore que l'une [des femmes qui l'accompagnaient] fût malade et l'autre vieille » (ibid., 165). Ce sont alors quatre jours d'une folle équipée, où la troupe passe d'un danger à l'autre, et qui se termine par une chevauchée quasi solitaire, la reine quittant le Cateau-Cambrésis au petit matin du 12 septembre avec les « premiers prêts » (ibid., p. 171), laissant en arrière le plus gros de son train pour se mettre en sécurité au Catelet, puis chez elle à La Fère. C'est là que, quelques jours plus tard, le duc d'Alençon vient la retrouver, et que les rejoint Montigny avec « quatre ou cinq des plus principaux [dirigeants] du Hainaut » (ibid., p. 173).

Le bilan du voyage est quant à lui difficile à estimer. Les personnalités gagnées à la cause du duc par Marguerite demeureront ses alliés : Monsieur d'Inchy lui livrera, en 1579, la citadelle de Cambrai, et le comte de Lalain restera son fidèle partisan. Pourtant, Alençon ne parviendra pas à son but. Jamais réellement aidé par la France, il connaîtra autant de victoires que de défaites et mourra quelques années plus tard, en 1585, miné par la tuberculose, après une grave série de revers.

L'HISTOIRE APPRIVOISÉE :
LE VOYAGE COMME RÉCIT

Le « voyage de Flandre » tient, dans les *Mémoires* de la reine, une place tout à fait particulière. En volume tout d'abord : les deux mois qu'il relate remplissent trente pages de l'édition critique[5], alors que l'allure générale de la mémorialiste est habituellement très rapide, et qu'elle ne consacre à chaque année de sa vie que quelques pages en moyenne. Mais c'est avant tout le contenu de ces pages qui en fait un moment clé de l'œuvre, en même temps qu'un modèle du genre des Mémoires lui-même, identifié avec raison par Marc Fumaroli comme un « carrefour des genres en prose » (Fumaroli, 1971). On y trouve en effet, outre un compte rendu d'activités, et comme entremêlés à lui, un journal de voyage, un roman d'aventure, et même une ébauche de roman psychologique.

Le compte rendu d'activité tourne essentiellement autour du travail diplomatique. Marguerite met l'accent sur sa manière d'aborder et de convaincre ses partenaires : une science qu'elle a apprise de sa mère, à l'école de laquelle s'est passée son enfance et son adolescence. Décrivant par exemple son premier soir à Cambrai, elle signale que l'évêque se retira dès la fin du souper, laissant le gouverneur de la citadelle l'entretenir durant le bal ; elle souligne :

> Voyant la belle occasion qui m'était offerte pour lui faire un bon service en
> son entreprise de Flandre, cette ville de Cambrai et cette citadelle en étant
> comme la clé, je ne la laissai perdre, et j'employai tout ce que Dieu m'avait
> donné d'esprit à rendre Monsieur d'Inchy affectionné à la France, et particu-
> lièrement à mon frère (*Mém.*, p. 102).

Ce sont toutefois les pourparlers avec les Lalain qui donnent à la mémorialiste l'occasion de décrire toute la finesse de cette science. Cherchant la meilleure occasion d'entrer en matière, elle attend le second soir de son séjour dans le Hainaut, où le comte a prévu une grande fête. Elle consacre alors le temps du festin, puis celui du bal, à faire connaissance et à se lier avec la comtesse, que sa simplicité et

---

5   Même chose dans l'édition Cazaux.

sa noblesse lui rendent très vite sympathique. Enfin, remerciant avec effusion, elle soupire contre la Fortune qui veut que « le ciel ne nous eût fait naitre, elle et moi, d'une même patrie. Ce que je disais pour la faire entrer aux discours qui pouvaient servir au dessein de mon frère » (*ibid.*, p. 150). La comtesse entend bien. Elle aborde le sujet des malheurs du temps, et de la division des partis hostiles à l'Espagne : si seulement le roi de France pouvait avoir envie « de r'acquérir ce pays, qui est sien d'ancienneté ! » (*ibid.*). Marguerite explique alors qu'il ne faut pas chercher secours de ce côté, mais bien de celui de son jeune frère, et son interlocutrice reçoit « avec beaucoup de contentement cette ouverture » (*ibid.*, p. 151)... Le tour est presque joué. Le soir, la comtesse parle à son époux, et le lendemain c'est ouvertement que le comte demande à conférer avec la reine. À la fin des pourparlers, bien décidé à approfondir cette alliance, il lui suggère même de gagner d'Inchy. Sans lui dire que c'est déjà fait, elle lui répond qu'il saura mieux s'y employer qu'elle, afin de lui laisser l'avantage de la tractation – dont le résultat est assuré.

Ces négociations sont ponctuées, dans le récit de Marguerite, de notations nombreuses et d'une précision quasi ethnographique sur les coutumes, les paysages, l'architecture, les particularismes des pays qu'elle traverse, qui recréent le rythme du voyage en s'intercallant dans la succession des déplacements, des surprises, des temps consacrés au repos et aux pourparlers. Elle commence ainsi par évoquer son cortège et les gens qui l'accompagnent, précisant le nombre de filles à cheval et de charriots, décrivant précisément la décoration de sa litière, comme pour mimer la lente traversée de la Picardie, « où les villes avaient commandement du roi de me recevoir » (*ibid.*, p. 145), sans qu'aucune d'elles ne soit précisée. En revanche, dès qu'elle est en terre étrangère – exotique –, elle s'efforce de traduire les impressions qui furent les siennes ou celles de son entourage, en fournissant à qui la lira les éléments nécessaires à la représentation des lieux et des situations (comparaisons, explications, généralisations...). Elle écrit ainsi :

> Je trouvai cette ville de Cambrai, bien qu'elle ne fût bâtie de si bonne étoffe que les nôtres de France, beaucoup plus agréable, pour y être les rues et places beaucoup mieux proportionnées et disposées comme elles sont, et les églises très grandes et belles, ornement commun à toutes les villes de Flandre (*ibid.*, p. 145).

Elle décrit également « Valenciennes, ville qui cède en force à Cambrai, et non en l'ornement des belles places et belles églises (où les fontaines et les horloges, avec industrie propre aux Allemands, ne donnaient peu de merveille à nos Français [...] » (*ibid.*, p. 147). Quant à Liège, c'est une ville « plus grande que Lyon, et [...] presque en même assiette (la riviere de Meuse passant au milieu) très bien bâtie » (*ibid.*, p. 158). En revanche, Spa n'est « qu'un petit village de trois ou quatre méchantes petites maisons » (*ibid.*).

Marguerite rapporte également ce qui touche aux individus, à leur manière d'être, à leurs mœurs. Au moment où commence le festin de Mons, auquel toutes les dames du pays ont été convoquées, elle explique que « le naturel des Flamandes [est] d'être privées [*ouvertes*], familières et joyeuses » (*ibid.*, p. 148). Et elle évoque longuement l'exemple de la comtesse de Lalain, qui fait en outre une chose encore bien rare : au milieu du festin, elle met son fils « entre nous deux sur la table, et librement se déboutonne, baillant son tétin à son petit » (*ibid.*, p. 149). Parfois, ce sont des éléments plus abstraits qu'elle explique, comme le mode de vie des chanoinesses de Sainte-Vaudrud, qui « ne logent pas en dortoir, mais en maisons séparées » et « s'habillent quatre fois le jour » (*ibid.*, p. 152), ou la spécificité de l'évêché de Liège, qui « s'obtient par élection » (*ibid.*, p. 157), ou encore le statut des bourgmaistres « qui sont comme consuls en Gascogne et échevins en France » (*ibid.*, p. 166).

Le roman d'aventure est de même habilement tissé dans la relation de voyage. Si par eux-mêmes la traversée de pays étrangers, la mission diplomatique difficile et le contexte géopolitique dangereux concourent à créer une atmosphère d'intrigues et de rebondissements, Marguerite excelle à entretenir qui la lira dans l'attente des irruptions de l'inconnu et des retournements de situation – dont il est clair que l'héroïne a triomphé puisque c'est elle qui en fait le récit. Dans la première partie du voyage par exemple, où l'aventure se résume à passer la frontière française et à rencontrer des notables inconnus, elle attire subrepticement l'attention sur des détails apparemment anodins mais qui en réalité connotent l'insécurité. Ainsi, lorsqu'à Cambrai elle relate l'accueil poli mais distant de l'évêque pro-espagnol, elle le décrit « très bien accompagné, mais de gens qui avaient les habits et l'apparence de vrais Flamands, comme ils sont fort grossiers [*rustiques*] en ce quartier-là » (*ibid.*, p. 145), ce qui peut être entendu positivement (bonne escorte, gens simples : rien à craindre) ou négativement (gens frustes, nombreux : on est à leur merci). Un peu plus loin, alors que l'évêque s'est retiré et qu'elle est au bal, entre les mains du sympathique Monsieur d'Inchy, elle souligne qu'il a, pour l'occasion, abandonné son poste, « imprudemment, ce me semble, vu qu'il avait la charge de sa citadelle » (*ibid.*, p. 146).

La suite du voyage est de la même façon pimentée de signes menaçants, alors qu'aucun danger réel n'est encore à l'horizon. Ainsi la différence entre l'escorte du bailli du Hainaut et celle du gouverneur des Pays-Bas fait-elle monter d'un coup la tension et craindre le pire pour Marguerite, en même temps qu'elle prépare à comprendre la fourberie de l'Espagnol, qui ne sera révélée que bien plus tard :

> Cette belle et grande troupe s'en étant retournée, ayant fait peu de chemin, je trouvai don Juan d'Autriche accompagné de force estafiers, mais seulement de vingt ou trente chevaux [*cavaliers...*]. Des domestiques de don Juan il n'y en avait de nom et d'apparence [*prestance*] qu'un Ludovic de Gonzague, qui se disait parent du duc de Mantoue. Le reste était de petites gens de mauvaise mine, n'y ayant nulle noblesse de Flandre (*ibid.*, p. 154).

L'entrevue toutefois se passe bien ; mais Marguerite ne laisse pas son lecteur se rassurer. Dès qu'elle embarque sur la Meuse, elle l'avertit :

> La Fortune envieuse et traîtresse ne pouvant supporter la gloire d'une si heureuse fortune qui m'avait accompagnée jusque là en ce voyage, me donna deux sinistres augures des traverses [*obstacles*] que, pour contenter son envie, elle me préparait à mon retour (*ibid.*, p. 156).

Le premier est une crise de nerfs qui terrasse l'une de ses demoiselles de compagnie, l'autre est la brusque montée des eaux de la Meuse. Mais ce sont toutefois, comme elle l'a annoncé, la fin du séjour à Liège et le voyage du retour qui contiennent l'essentiel du roman d'aventure, dont tous les ingrédients sont présents : contexte dangereux, serviteurs déloyaux, amies fidèles, méprises, ruses, courses-poursuites, actes d'héroïsme... À Huy, les habitants qui associent la reine de la Navarre et la prise de Namur sont saisis de panique :

> Soudain que nous fûmes logés, [ils] sonnent le tocsin et traînent l'artillerie par les rues, et la braquent contre mon logis, tendant les chaînes [*fermant la ville*], afin que nous ne nous puissions joindre ensemble, nous tenant toute la nuit en ces altères [*angoisses*] sans avoir moyen de parler à aucun d'eux (*ibid.*, p. 166).

À Dinant, c'est soir d'élections : « Tout y était ce jour-là en débauche ; tout le monde ivre, point de magistrats connus, bref, un vrai chaos de confusion » (*ibid.*) ; et par malheur on reconnait dans sa troupe un fidèle de l'évêque de Liège, ennemi héréditaire de la ville... La reine, qu'on ne connait pas et qui n'a qu'une petite suite avec elle, est agressée par la foule et ne doit qu'à la fermeté de son attitude d'échapper à un probable massacre. Le lendemain, des troupes espagnoles se présentent, soi-disant pour protéger la reine et son escorte, qui s'enfuient dans l'autre direction à travers la campagne, jusqu'au château de Fleurines, dont la châtelaine s'affole et s'enferme dans le donjon, « inexorable à nos prières » (*ibid.*, p. 170) ! Pour finir, ce sont les huguenots qui menacent, motivant la chevauchée impromptue qui clôt l'aventure, celle-ci se trouvant couronnée par les retrouvailles du duc et de la princesse : ils tombent dans les bras l'un de l'autre, pour un bonheur de « *deux mois, qui ne nous furent que deux petits jours* » (*ibid.*, p. 173).

La littérarité d'une telle séquence a parfois berné les biographes malveillants, qui ont cru y voir la confirmation d'une des mille accusations douteuses dont est fait le mythe de la « reine Margot »... Ne leur en déplaise, la romance de l'épisode ne se situe pas là. C'est au cœur du récit, en effet, que surgit l'histoire des amours de Mademoiselle de Tournon. Marguerite en annonce la relation en même temps que l'issue dès l'embarquement sur la Meuse, puisque le mal qui saisit la fille de sa dame d'honneur constitue le premier des deux « sinistres augures » donnés par la Fortune. « *J'en dirai la funeste histoire en son lieu, pour être remarquable* » (*ibid.*, p. 157), glose-t-elle, avant de revenir à son récit, c'est-à-dire à l'autre présage. « Son lieu », c'est le moment du décès de la jeune fille, qui intervient à Liège : l'histoire d'amour malheureuse, résumée depuis son éclosion jusqu'à sa fin, occupe alors habilement le temps mort de la cure.

En faisant ce qu'elle nomme elle-même une « *digression à* [s]*on discours* » (*ibid.*, p. 159), Marguerite insiste sur la force du psychisme et sur l'enchainement tragique des évènements qui mènent à l'issue fatale. C'est la sévérité de Madame de Tournon, son incapacité à comprendre le chagrin de sa fille après la rupture de ses projets de mariage, qui ont enfermé celle-ci dans le souvenir de l'homme qu'elle aimait, alors que lui a cessé de l'aimer ; et c'est « *le dépit, le regret, l'ennui* [*la douleur*] » (*ibid.*, p. 160) de constater un tel changement en lui quand elle le revoit en Flandre, associés à la contrainte « de faire bonne mine tant qu'il fut présent » (*ibid.*) qui précipitent la crise (« elle se trouve tellement saisie qu'elle ne put plus respirer qu'en criant et avec des douleurs mortelles » (*ibid.*) puis le décès (« la jeunesse combat huit ou dix jours la Mort, qui, armée du dépit, se rend en fin victorieuse », *ibid.*). Les funérailles constituent toutefois le moment fort de l'analyse psychologique, qui prend alors des accents proustiens. Car le jeune homme,

> quelques jours après mon partement [*départ*] de Namur, s'étant repenti de sa cruauté, et son ancienne flamme s'étant de nouveau rallumée (ô étrange fait !) par l'absence, qui par la présence n'avait pu être émue, se résout de la venir demander [en mariage] à sa mère (*ibid.*, p. 161).

Il ne parvient malheureusement à Liège que pour voir passer un cortège funèbre... Sa curiosité, ses demandes d'explications, sa stupeur, son évanouissement (« à ce mot il se pâme et tombe de cheval », *ibid.*, p. 162) forment un morceau d'anthologie : on comprend qu'un romancier du XVIIe siècle se soit emparé de l'épisode pour en faire un roman, *Mademoiselle de Tournon*[6].

LA SOLITUDE ACCOMPAGNÉE :
LE VOYAGE COMME ELIXIR

L'exceptionnalité du récit du voyage de Flandre dans les *Mémoires* de Marguerite a souvent poussé les commentateurs (dont aucun ne s'est réellement penché sur son œuvre du point de vue littéraire) à en déduire que cette ambassade constituait, pour reprendre les mots de Cazaux, « la seule grande entreprise politique à laquelle [elle] ait été étroitement associée » (Cazaux, p. 95). Cette lecture est à l'évidence tautologique, induite par le traitement même que réserve le texte à l'épisode ; car Marguerite fut associée à d'autres entreprises politiques, notamment la paix de Beaulieu et la Conférence de Nérac, pour ne

---

6 Anonyme, 1678. Le succès des *Mémoires*, publiés pour la première fois en 1628 et réédités à de multiples reprises jusqu'à la fin du siècle, contribua sans doute pour beaucoup à la vogue des romans historiques.

citer que celles qu'évoquent (trop rapidement certes) les *Mémoires*, et elle mena pour son propre compte, à la fin de sa vie, deux entreprises politiques majeures, qui sont d'une part son divorce d'avec Henri IV et d'autre part son retour d'exil à Paris, monnayé contre le don de ses terres à la Couronne[7]. Cette lecture réductrice conforte en outre, on le sent bien, la vision misogyne de plusieurs de ses biographes, pour qui cette femme-là n'a jamais rien fait de cohérent dans son existence et s'est principalement intéressée à sa libido – alors que c'est eux que celle-ci fascine et rend incapables d'y voir clair ; en l'espèce, le voyage de Flandre n'aurait été qu'un moment de triomphe personnel, aussi vain qu'inutile, et complaisamment rapporté par la mémorialiste pour se mettre en valeur.

En réalité, la piste de la mise en valeur personnelle ne mène qu'à une impasse. Si tel avait été l'objectif de Marguerite en écrivant ses *Mémoires*, leur allure générale serait beaucoup moins rapide, bien d'autres épisodes subiraient une expansion textuelle, et ses propres manifestations de bravoure seraient mieux soulignées – alors qu'un bon nombre (connues par ailleurs) ne sont pas mentionnées, que certaines ne le sont qu'à peine, et que les autres sont constamment attribuées à l'intervention divine. Il faut plutôt s'intéresser, pour comprendre la singularité du récit du voyage de Flandre (et, corrélativement, la brièveté du reste), à la situation d'énonciation de la reine. Se souvenir, notamment, car c'est ici central, qu'elle écrit son autobiographie pour répondre à son vieil ami, qui lui a fait parvenir son *Discours sur la reine de France et de Navarre, Marguerite*. Elle l'a lu, elle l'a trouvé fautif par endroit, et trop dithyrambique dans l'ensemble, mais le récit lui a plu : elle entend lui fournir ce qu'il n'a pas su, ou pas compris, afin qu'il reprenne son *Discours* et le perfectionne. C'est dans cet objectif qu'elle entame sa relation, en soulignant la dif-férence de *genre* qui existera entre les deux textes :

> Je tracerai mes Mémoires, à qui je ne donnerai plus glorieux nom, bien qu'ils méritassent celui d'Histoire, pour la vérité qui y est contenue nument et sans ornement aucun, ne m'en estimant pas capable, et n'en ayant aussi maintenant le loisir. Cette œuvre donc, d'une après-dinée [*après-midi*], ira vers vous comme les petits ours, en masse lourde et difforme, pour y recevoir sa formation. C'est un chaos duquel vous avez déjà tiré la lumière ; il reste l'œuvre de cinq autres journées (*Mém.*, p. 72).

---

7   Sur le démariage, voir ce volume, p. 27 et suiv. ; sur la reconquête parisienne, p. 63 et suiv.

Marguerite abandonne toutefois rapidement cette position un peu raide : c'est une conversation amicale qu'elle instaure avec Brantôme, pour qui elle déroule le fil de sa vie, chronologiquement. Par ailleurs, les logiques de la mémoire ne sont pas forcément celles de la volonté : il lui arrive de raconter des épisodes qu'elle avait décidé de taire, parce qu'il les avait suffisamment connus, ou au contraire d'oublier de faire les rectifications qu'elle avait annoncées. Les *Mémoires* sont donc une œuvre autonome, qui perd progressivement de vue son premier objet (ou son prétexte) et dépasse au final, en quantité comme en qualité, le *Discours* auquel ils étaient censés servir de complément. Pourtant, on peut estimer que c'est d'abord parce qu'elle s'adresse à son « historien » que certaines narrations sont « anormalement » réduites (le voyage en Gascogne de 1578, par exemple, auquel il avait participé, et dont il parlait longuement et justement dans le *Discours*) ou « anormalement » développées (la Saint-Barthélemy par exemple, qu'il n'avait pas vécue n'étant pas à Paris, et à propos de laquelle il se trompait). Or le voyage de Flandre était de loin l'épisode le plus étranger à Brantôme. Non seulement il n'y avait pas accompagné Marguerite et il ne connaissait personne qui l'eût fait, mais il n'avait jamais lui-même mis les pieds dans ce pays, et sa géopolitique lui était bien moins famière que celle du sud de l'Europe ; il ne soufflait d'ailleurs pas mot de ce périple dans son *Discours*.

On comprend mieux, dès lors, et l'extension de l'épisode dans les *Mémoires* de Marguerite, et la diversité de ce qui le constitue. C'est pour lui qu'elle décrit les rues, les fontaines, les places, les églises, les habits des gens, leur aspect, leurs coutumes. C'est pour lui qu'elle explique qu'« il y avait trois partis : celui des États, qui était des catholiques de Flandre ; celui du prince d'Orange et des huguenots, qui n'étaient qu'un, et celui d'Espagne, où commandait don Juan » (*Mém.*, p. 163). C'est pour lui, le Périgourdin, le grand voyageur, qu'elle compare Cambrai à Lyon et les bourgmaistres aux consuls de Gascogne. C'est avec lui qu'elle rit en évoquant l'émerveillement de

> nos Français, ne leur étant commun de voir des horloges représenter une agréable musique de voix, avec autant de sortes de personnages que le petit château que l'on allait voir pour chose rare au fauxbourg Saint-Germain (*ibid.*, p. 147).

De même, c'est à son attention qu'elle explique le détail de ses négociations, lui qui l'avait vue, à Paris, à Bordeaux, séduire ses interlocuteurs polonais ou gascons avec la seule magie de son charme et son verbe, comme il le rapportait dans le *Discours*. L'aspect galant lui-même de l'épisode, le délicat récit des amours de Mlle de Tournon, prend son sens dans ce cadre – même si la préférence du fringant gentilhomme allait aux *love stories* moins éthérées. Et c'est à lui que s'adressent les appartés, ces remarques glissées dans le texte où la voix du temps de l'écriture couvre un instant celle du récit, comme lorsqu'après avoir mentionné le risque pris par d'Inchy quittant sa citadelle, elle ajoute avec un sourire : « J'en parle comme savante à mes dépens, pour avoir plus appris que je n'en désirerais comme il se faut comporter à la garde d'une place forte » (*ibid.*, p. 146) La dernière guerre civile vient de se terminer, ils savent tous deux de quoi elle parle.

Ce sourire qui domine, on l'a vu, presque tout le récit du voyage de Flandre, parait donc lié à la complicité ancienne nouée avec Brantôme, et renouvelée par l'envoi du *Discours*. Mais le bonheur qui s'en dégage pourrait bien provenir d'un autre compagnonnage : celui d'Alençon, dont le Gascon avait été l'ami et le chambellan, et qu'il aurait dû – sans les aléas de la vie – suivre en Flandres (Lazard, 1995). C'est à lui, le frère aimé, aidé, soutenu, pleuré, lui le duc de Brabant, le fiancé malheureux de la reine Élisabeth, l'intrépide guerrier « plus né à conquérir qu'à conserver » (*ibid.*, p. 141), qu'est vraisemblablement dédié ce médaillon de trente pages, où elle se montre, pour Brantôme, vantant devant ses interlocuteurs et interlocutrices flamandes – et par ricochet, la posté-rité – le « brave prince » (*ibid.*, p. 146) « nourri aux armes et estimé un des meilleurs capitaines de notre temps » (*ibid.*, p. 151), « d'un naturel doux, non ingrat », et logiquement « suivi de tout ce qui est de meilleur en France » (*ibid.*) – c'est-à-dire, entre autres, de l'ami Brantôme...

Le voyage de Flandre apparait donc comme un épisode clé des *Mémoires*. Il permet à Marguerite, non pas de revivre son passé, comme on le dit ordinairement, et pas davantage de le transformer, mais bien de vivre et de transformer le présent. Un présent fait d'échec et de soli-tude : la reine vit en exil depuis presque huit ans quand elle entame la rédaction de ses souvenirs, claquemurée avec ses fidèles dans une forte-resse auvergnate, après avoir quitté son mari, guerroyé pour son propre compte, fui de place forte en place forte, et finalement s'être résignée à attendre un signe du vainqueur des guerres civiles. Le signe est arrivé

— avec l'espoir de mettre fin à la « traversée du désert » : l'ancien époux veut divorcer. Mais ce n'est pas avec lui, qui l'avait quasiment répudiée, qui l'a laissée errer une décennie durant, que Marguerite peut faire le point. C'est dans la solitude de son château, dans le tête-à-tête avec elle-même, dans le dialogue avec l'ami, dans l'évocation du frère mort, qu'elle peut se resourcer, reconstituer une nouvelle cellule, une nouvelle famille, l'un de ces trios qu'elle avait plusieurs fois été amenée à former, mais qui, dans la vie, s'étaient défaits sous les coups du malheur. Trio inséparable, cette fois, et promis à l'éternité : tandis qu'elle répond à Brantôme, celui-ci lui dédie le premier livre de ses *Dames*, et le second au duc. Présence à l'autre, au monde, à la postérité, que seule l'absence pouvait créer : ô étrange fait !

ENTRE AMITIÉ ET GALANTERIE,
UNE CORRESPONDANCE INÉDITE
DE MARGUERITE DE VALOIS

Parmi les nombreuses lettres longtemps inédites de la première épouse d'Henri IV figure une série jusqu'ici totalement inconnue, datant de la charnière entre les XVIᵉ et XVIIᵉ siècles, constituée de neuf missives adressées au baron et à la baronne de Fourquevaux, ainsi que d'une dixième les concernant[1].

L'intérêt de ces lettres est particulièrement grand. Sur le plan biographique d'abord, parce qu'elles appartiennent aux années d'exil que la reine passa en Auvergne, particulièrement mal connues[2] et sur lesquelles elles apportent des informations nouvelles ; elle éclairent notamment la manière dont elle vécut les derniers mois de son « divorce ». Sur le plan littéraire également, parce que ces lettres relèvent de la correspondance privée de la reine, peu représentée dans l'ensemble qui subsiste (fait de missives à caractère essentiellement politique ou semi-politique), et marquée par un style différent du reste : plus libre et rayonnant dans les échanges avec les femmes, plus précieux et recherché, souvent, dans les échanges avec les hommes[3]. Sur le plan documentaire et linguistique enfin, puisque toutes ces lettres sont de la main de la reine et qu'on peut y observer, au-delà d'un système orthographique riche d'enseignements pour l'histoire de la langue,

---

1   Cet article, commandé pour publication dans *Littératures classiques*, sous la dir. de Roger Duchêne, et rendu en 1996, n'a finalement paru qu'en 2011, sur mon blog, par suite de l'abandon du projet éditorial : <https-www.elianeviennot.fr>. Les lettres ont été éditées dans la *Correspondance*.

2   Malgré les travaux de Léo de Saint-Poncy, l'un des rares biographes de la reine à s'être penché sérieusement sur cette période (1887). Pour un bilan des connaissances récent, voir Viennot, 2005, postface.

3   Voir la vingtaine de lettres à la duchesse d'Uzès, et l'unique correspondance amoureuse que nous ayons d'elle, celle entretenue au début des années 1580 avec Jacques de Harlay de Champvallon ; voir également Viennot, 1996.

des marques significatives de son état d'esprit (monogrammes chiffrés, marques d'hypercorrection, etc.).

Ces lettres sont reproduites ici avec l'orthographe originale, à l'exception des *i* et des *u* (graphiés *j* et *v*) ; l'usage des majuscules, aléatoires, est modernisé ; des accents aigus, des signes de ponctuation, des traits d'union et des apostrophes, totalement absents des manuscrits, ont été ajoutés pour faciliter la lecture, ainsi que des parenthèses et des alinéas ; les lettres ou mots entre crochets pallient un élément manquant (caractères romains) ou explicitent un terme obscur (italiques). Deux lettres sont en mauvais état. Les points de suspension simples y figurent un mot manquant ; les doubles [.../...] une série de mots, voire une ligne ou deux.

Au moment où commencent ces échanges, c'est-à-dire à l'extrême fin du XVIe siècle, Marguerite a quarante-six ans et elle vit dans sa forteresse auvergnate d'Usson (Puy-de-Dôme) depuis plus d'une décennie, passant le plus clair de son temps à écrire, à lire, à prier, à converser et à recevoir des visites. Elle s'est séparée physiquement de son époux, dont elle n'avait pas eu d'enfant, au début de la dernière guerre civile (1585), et elle s'apprête à s'en séparer légalement, puisqu'il a entamé dès son arrivée au pouvoir (1593) une procédure en nullité, qui est sur le point d'aboutir[4]. C'est parce que la reine est en passe de recouvrer sa liberté et sa puissance que les Fourquevaux la contactent : ils cherchent à entrer dans sa domesticité. Elle, Marguerite de Chaumeilh, dame de Caillac, est d'une vieille famille du Quercy. En 1569, elle a été mariée (très jeune vraisemblablement) à Antoine de Buisson, seigneur de Bournazel, futur sénéchal et gouverneur du Rouergue. Veuve en 1590, elle s'est remariée l'année suivante. Elle connait la reine et en est appréciée depuis le premier séjour de celle-ci à Nérac (1578-1582). Lui, François Beccaria de Pavie (1563-1611), ne l'a jamais vue. Il a passé son enfance en Espagne, où son père, Raymond de Fourquevaux, était ambassadeur de France, et il a ensuite beaucoup voyagé, en Angleterre, en Terre sainte, et vraisemblablement plus loin en Orient. C'est un homme fort cultivé, auteur de romans (perdus), de poésies, de relations de voyage, qui devait passer les dernières années de sa vie à préparer la publication la correspondance de son père.

---

4   Voir ce volume, p. 27 et suiv.

L'APPROCHE DES FEMMES :
TROIS LETTRES DE L'ÉTÉ-AUTOMNE 1599

La première lettre de Marguerite semble du début de l'été 1599. La procédure de divorce, plus ou moins en panne jusqu'à la mort brutale, en avril, de la maitresse royale Gabrielle d'Estrées (que le Saint-Siège refusait de voir monter sur le trône de France), est alors en bonne voie. C'est le moment que choisit la baronne de Fourquevaux pour reprendre contact avec la reine, lui envoyant la fille qu'elle a eu de son premier mariage, et lui proposant de prendre chez elle un premier membre de la famille, leur nièce, Mademoiselle de Larroque. Le ton de Marguerite montre qu'elle est particulièrement contente de cette perspective.

> *A Madame de Fourquevaux.*
> Madame de Fourquevaux, si les inpresions qui se resoive[n]t an nostre ame avec plaisir i sont gravés d'un burin inmortel, pouvoi-je perdre la souvenanse de vostre agreable mesrite ? Vostre petite (digne creature de ce bel esprit qui vous fait admirer, qui a la verité me feroit tonber an [cette] aireur escusable, lui voiant tant de merques [*marques*] de vos divines actions que je croirois l'ame estre tirée des parans) n'a point fait renestre an moi, ni ausi peu [*pu*] resusiter de l'oubli les belles calités qu'aiant reconnu an vous m'ont tourjours esté presantes[5]. Mes bien a-t-elle ofert l'ocasion que je cherchois de longtans de vous renouveler les veux de mon amitié, qui se sont conservés ausi antiers que leur cause, comme divine, est ausi inmuable. Je tienderé a une felisité tres particuliere de me pouvoir autant promestre de vous, et de m'an voir l'asuranse continuée par vos belles et desirables lettres, voulupté souetée autant de moi que d'estre reconnue de vous par dignes et utiles esfais [*actes*] pour
>   Vostre plus afectionnée et fidelle amie,
>   Marguerite.
> J'ai veu par la lestre qu'escrives a Madame la Contese[6] que me voules tant obliger de me baller [*donner*] vostre niepse de Larroque. Elle poura venir, si vous plait, avecque Mademoiselle de Villeneuve, que ses parans m'ont priée de prandre au lieu de l'ainée. Vous croires que ne la mesteres james aupres de personne qui prise davantage ce qui vous apartient et se plaise plus a [le] lui tesmongner (*Cor.*, lettre 311).

---

5   Autrement dit : « elle ne m'a pas fait resouvenir de vous, puisque, depuis que je connais vos belles qualités, je les ai toujours gardées à l'esprit. »

6   Cette femme pourrait être la comtesse de la lettre suivante, alors de passage à Usson.

La seconde lettre doit être de quelques semaines postérieure à la précédente. Conservée dans les papiers des Fouquevaux, elle est adressée à une femme difficile à identifier, mais qui leur était à l'évidence très liée. Amoureuse du baron, elle s'était entremise pour favoriser le rapprochement de son amant avec la reine, et celle-ci se réjouissait d'avoir bientôt à son service un homme aussi cultivé. La lettre confirme ce que l'on savait, de manière indirecte jusque là, du libéralisme de Marguerite en matière de mœurs : que le baron mène une vie sentimentale complexe n'entame en rien l'estime qu'elle a pour lui ; que, dans son impatience à entrer en faveur, il lui envoie des vers l'amuse plutôt ; et que la comtesse connaisse avec lui des difficultés passagères ne l'inquiète pas outre mesure. L'essentiel est que tout le monde demeure en bons termes et que les affaires de cœur ne nuisent pas aux intérêts de chacun ou chacune.

La lettre témoigne également, comme les suivantes, des usages mondains que la reine encourageait autour d'elle, notamment l'habitude de donner des surnoms empruntés à l'Antiquité historique ou mythologique : une habitude contractée au début des années 1570 dans le « salon vert » de son amie la maréchale de Retz et qu'elle devait conserver jusqu'à la fin de ses jours, mais qui n'apparait que de manière rarissime sous sa plume[7]. Ici, c'est le baron de Fourquevaux qui reçoit le nom de César.

A ma cousine Madame la contesse de Courmaill[8].
L'ofise que m'aves randu a [*auprès de*] Cesar est celui ou me pouvies le plus obliger. Je vous prie m'antretenir tourjours bien avec lui car j'estime infiniment sa prudanse, et me plais a faire amitié avec telles personnes. Si je suis si heureuse de l'aquerir pour ami et pour frere, j'an estimeré ma condition favorisée du ciel. Vous ne m'escrives point si l'aves raquis, ou si il lest [*sic*] demeuré a la gouvernante[9] ; puisque n'an dites rien, c'et signe que vous estes restés parans [*proches*] outre vostre esperanse. Quoi que se soit, je vous prie, maintenes vous bien avec lui, et que la jalousie ne vous an fase despartir, car tourjours son amitié vous peut elle beaucoup servir. J'admire son antandemant, de conserver sa fortune si honorable contre l'anvie et les traverses [*difficultés*] de quoi il n'est exsant [*exempt*]. Son laquais m'a dit qui va a Ancause, et de la

7   Un certain Atlas (?) apparait dans une lettre à Champvallon (*Cor.*, lettre 124), et Atys (Saint-Julien) dans ses poésies (*Mém.*, p. 296). On sait par ailleurs qu'elle-même se donna (ou reçut) les surnoms de Callipante, Erye (ou Eryce), Minerve et Uranie.

8   Tel est du moins le nom qu'on croit lire sur le manuscrit ; l'apostrophe complaisante « ma cousine » n'est d'aucune aide : elle était courante.

9   Autrement dit : « s'il est à nouveau votre serviteur ou s'il est demeuré celui de la gouvernante », c'est-à-dire l'épouse du gouverneur, le duc Henri de Montmorency, autrement dit Louise de Budos, sa seconde épouse.

[à] Bagnieres. Vous aves bien la mine d'avoir quelque indisposition qui vous conviera de boire des eaux... Que si vous falloit faire la retraite an chalan[10], ce seroit bien pour desesperer !

An quelque lieu que soies, ce me sera tourjours plaisir d'antandre de vos nouvelles, atandant que le ciel dispose les choses comme je les souete : ou nous nous pourons voir[11]. Mes jusqu'alors, je vous prie ne le desirer, car ma condision ne le peut ancore permestre. Je reconnois par les vers l'inpatianse que l'on san a, et jeuge bien a quelle intantion ; il sufit que je le connois[se][12]. Cela ne m'anpaichera de vous conserver l'amitié que je vous ai voué avec toute fidelité. Je vous baise les mains.

VV[13]

Par vos dernieres [lettres], vous m'escrivies le Cardinal estre a Toulouse[14]. Je crois qu'an ce que m'escrivies, vous estes ausi bien avertie que lors. Je fais response a Cesar, si anclose. Je vous prie la lui faire tenir[15]. Ce laquais m'a ballé [*donné*] le paquet ouvert. Saches-an la cause de lui. Il i despaichera demain vostre homme et Remi (*Cor.*, lettre 313).

La lettre suivante, adressée à la baronne, est difficile à déchiffrer à cause de son mauvais état de conservation et de l'écriture déformée de Marguerite, qui souffre vraisemblablement de l'érisipèle qu'elle mentionne dans ses *Mémoires* et dans quelques-unes de ses lettres. Elle semble appartenir à cette fin d'automne, période d'intense correspondance avec les Fourquevaux, favorisée par leur nièce que la reine a prise comme

---

10 Un « chalan » est une barque à fond plat. Marguerite suggère sans doute que si la comtesse s'arrange pour rencontrer le baron aux bains, elle a toutes ses chances de revenir avec lui et sa suite par la route ; l'autre solution était la voie fluviale, très utilisée à l'époque : un affluant de la Garonne passait à une trentaine de kilomètres de Bagnères-de-Bigorre (Hautes-Pyrénées). Encausse-les-Thermes est dans l'actuelle Haute-Garonne.

11 Il faut certainement sous-entendre « plus à loisir », car il n'est pas pensable que la complicité qui se lit dans cette lettre ne soit que le résultat d'un commerce purement épistolaire. Cette hypothèse permet de supposer que la destinataire de cette lettre est à la fois la comtesse évoquée dans le post-scriptum de la lettre précédente, et la femme appelée Aglaure dans les suivantes.

12 Autrement dit : « l'essentiel est que je ne sois pas dupe de ses intentions. »

13 Marguerite jeune avait longtemps usé de monogrammes dans sa correspondance privée. Au vu des lettres qui subsistent, on pouvait penser qu'elle avait abandonné cette habitude vers le milieu des années 1580. Cette série de missives prouve qu'il n'en est rien. Le monogramme, entouré de quatre fermesses (signe d'affection décrit note 38), est fait de deux V qui se chevauchent, formant un X au milieu. Chacune des deux barres obliques extérieures est ornée de quatre petites ailettes orientées vers le bas.

14 Nous ne savons de qui il s'agit.

15 Marguerite ne fit pas ce qu'elle annonçait là : elle hésitait sur la conduite à tenir face à l'attitude ambiguë du baron de Fourquevaux, comme elle l'expliquera dans sa première lettre à ce dernier.

promis à son service (voir la première lettre). Celle-ci suit alors pas à pas l'avancée des travaux de la commission parisienne chargée d'instruire la procédure d'annulation, déposant devant l'un de ses délégués, cherchant elle-même des témoins, pressant les ministres du roi pour que les promesses qu'on lui a faites soient tenues... d'où la mention des « affaires » qui l'« agitent ».

> Pouroi-je laiser fermer le paquet de vostre niepse sans ce [...], [puis]que la courvée d'une longue despaiche [...] l'esprit et la main du plesir de vous antretenir par ma lettre ? Certes il ne se peut. L'afection portera la main (qui se forse an sa foiblese) pour paindre ce que le ceur resant trop mieux que l'esprit agité d'aferes n'est capable de les dicter. Juges, par ce contrast plus que par les paroles, ce que vostre mesrite peut sur moi, qui conserve si antiere, a quelque divertisemant que je puise avoir, la souvenanse de vos belles perfections, qui font que tourjours je vous tesmongne la perfection de mon amitié, qui n'a rien d'esgal que vos vertus et vos beautés, belles causes d'un si [.../...] m'ote la plume de la main. Je croi que cest pour se vanger de vous, sur qui i na peut avoir [.../...] (*Cor.*, lettre 315).

LE FAUX-PAS DU BARON (FIN DE L'ANNÉE 1599)

C'est à ce moment, au début du mois de décembre vraisemblablement, que le baron commet un impair mettant en péril la stratégie familiale et amicale tissée depuis plusieurs mois. Peut-être romanesque et sincèrement enflammé pour sa future patronne, ou simplement persuadé qu'un peu de galanterie ne peut qu'avancer ses affaires, il a délaissé les propos ambigus et les vers de ses premières lettres et il lui a fait, dans la troisième, une déclaration en bonne et due forme. La reine est abasourdie, et offusquée. Ce n'est pas comme serviteur qu'elle voulait s'attacher « César » (elle a pour cet office de jeunes favoris qui lui doivent tout et qu'elle éblouit facilement), mais bien plutôt, comme elle le dira peu après de Choisnin, « pour la réputation qu'il avait d'être docte » (*Cor.*, lettre 344). Elle a toujours aimé s'entourer de tels gens et, à quelques semaines de recouvrer tout son prestige, elle pense déjà à la cour qu'elle va reconstituer avec eux, en Auvergne pour l'instant, mais surtout à Paris, où elle compte bien revenir. Par ailleurs, elle les pieds

sur terre, et horreur du mélange des genres : que le baron, une fois des
siens, mette ses hommages à ses pieds, rien de plus normal ; mais qu'un
homme qui ne l'a jamais vue joue pour elle les amoureux transis est
risible. Et qu'il entende la mettre sur sa « liste », après la comtesse et la
« gouvernante », est scandaleux.

Il est loisible de constater, pourtant, que Marguerite prend des gants
pour faire passer ce message. La raison principale en est certainement
qu'elle ne veut pas s'aliéner Fourquevaux pour une sottise – qu'elle veut
croire inspirée par un esprit malveillant, en l'occurrence une femme de
son entourage. L'autre raison, à lire entre les lignes, mais aussi dans les
lignes (à travers le style précieux de ces lettres, leur longueur inhabi-
tuelle, leurs références littéraires, les mots barrés en vue d'un meilleur
choix, les marques d'hypercorrection qui caractérisent la graphie) est
que la reine est bel et bien troublée ; sans doute y a-t-il longtemps
qu'elle n'a eu un admirateur de cette envergure. Seules les missives à
Champvallon (lettré, lui aussi) et quelques rares passages stratégiques
de ses *Mémoires*, là où l'ampleur des enjeux fait adopter à Marguerite
une posture d'exhibition de sa culture qui lui est par ailleurs totalement
étrangère[16], sont comparables aux lettres qui suivent.

> *A Monsieur de Fourquevaut.*
> Monsieur de Fourquevaut, il faut croire qu'aux actions humaines il n'a[d]vient
> rien par soit [*sic*] ni par avanture, et que quelque Providanse divine les
> conduit. J'ai plusieurs fois pris la plume pour responde a vostre prumiere
> [lettre][17]. Quelque genie curieux [*soucieux*] de mon bien, qui (ainsi que les
> doctes Esbreux lise[n]t an leurs caracteres un sans [*sens*] contrere a celui que
> le veulgaire an tire[18]) lisoit an vos lettres une intansion qui ne m'estoit
> connue et, ne voulant que pour des ofanses je randise des grases, me l'otoit
> tourjours de la main, ou par quelque conpagnie ou despaiche survenante, ou
> par quelque rechute de maladie. Je ne sai si je dois aprouver le bon zelle de ce
> bon ange, bien qui le fit [*qu'il le fît*] pour ne vous laiser trionfer des courtoises
> paroles a quoi mon ingnoranse escusable m'obligoit [*m'aurait obligée*]. J'euse
> toutefois bien voulu que ma response feut alée jusqu'a vous, car peut-estre
> que, voiant conbien je me plaisois et resevois de gloire et de contantemant
> a la calité d'ami et de domestique que m'ofries par vostre prumiere lettre,

---

16 Voir l'article suivant.
17 Marguerite n'évoque pas la seconde ; peut-être se limitait-elle aux vers dont il était
question plus haut.
18 Allusion à la Kabbale ; Marguerite s'intéressait à l'ésotérisme et à l'hermétisme depuis
longtemps.

vous n'eusies voulu, par la troisieme, an vous ofansant, m'ofanser d'i ajouter celle d'une pation odieuse et desagreable, autant oposée a mon humeur que l'autre i avoit de la conformité.

Je reconnois que c'est un trait de cete jalouse déese, mon ansiene annemie[19], qui, par le desplaisir d'une si indiscrete ofanse, a voulu rabatre la joie que j'avois de l'aquisision d'un si digne ami, anvieuse de voir que j'an disputois de gloire avec le monarque – qui a esté plus glorieux [que moi, tant] pour les dignes amis de quoi il estoit asisté que pour la monnarchie qu'i[l] s'estoit conquise (aiant aquis l'un par son propre merite, et l'autre par la forse ou il n'avoit seul part). Et non sans raison ne lui vouloi-je ceder, voiant qu'antre tant de grans (ou les vertus que posedes vous donne[n]t a chois de telle fortune que pouves desirer), vous aies voulu faire election de moi pour i establir la vostre[20]. Ce qui m'obligeoit a randre, a vous et aux vostres, toutes les dignes marques de reconnoisanses que pouvies vous promestre de personne de ma calité [et] non ingrate.

Je m'an conserveré ancore l'esperanse et la voulonté, me promestant qu'estant desillé de[s] fauses persuations d'Aglaure[21] (qui a esprouvé au mespris de son cher fis mon humeur[22]), que [vous] banires le desain de cete fainte pation que dites que cete fainte image[23] a fait nestre an vous-mesme, aiant fait, par mes lettres, la preuve que desires de la diferanse qui li a antre un portrait muet, qui vous a laisé panser et consevoir ce qui vous a pleu, et un suget animé et parlant, qui avec la seule parole ranversera cet inutile machine [*intrigue*] – antreprise des fis de la terre[24], avec laquelle n'atainderies james au ciel que vous vous estes proposé, estant la presomption, l'indiscresion et l'amour pour moi, [des] eschelle plus propre a se presipiter que se lever.

Je n'ai james eu plus grant estonnemant que de vous voir euser de ce moien, vous que je m'estois imaginé pour la mesme prudanse et la mesme discretion [*vous que je m'étais imaginé la prudence et la discrétion mêmes*]. Je ne croi pas ausi que, sans desain, vous vous an feusies desparti, l'amour digne et perfait ne produisant james tels esfais : il donne de l'estime, du respaict, de la reveranse ; et [*mais*] cete lisansieuse fason de descouvrir ce que des jans ne deveroit [jamais] mestre au jour a personne telle [que moi], et mesme ne l'aiant

---

19 Junon, déesse du mariage, dont Marguerite s'était plainte à Champvallon, et que doit ulcérer son « divorce ».
20 Marguerite et Henri IV désiraient donc chacun s'attacher les services de Fourquevaux.
21 Il y a deux Aglaure dans la mythologie grecque : l'épouse de Cécrops, et leur fille. Ovide, qui est sans doute la source de Marguerite (*Métamorphoses...*, II, 555 et suiv., 739 et suiv.), n'évoque que la seconde, incarnation de la curiosité indiscrète.
22 C'est-à-dire « qui a essuyé ma mauvaise humeur, car je n'ai pas tenu compte de son cher fils ». Il est clair que ce dernier, dont l'identité n'est pas décelable non plus, est un favori de la reine.
23 Il s'agit d'un portrait de Marguerite, comme on le comprend un peu plus loin.
24 Plutôt qu'une allusion mythologique aux monstres issus de Gaïa (la terre) puis à Ouranos (le ciel), il faut probablement voir ici de simples métaphores opposant les intrigues de gens sans envergure aux grandes ambitions de Fourquevaux.

james veue, ne tesmongne q'une tres mauvesse opinion que l'on s'an a, et un extreme mespris. J'an veux rejeter la faute sur l'anvieuse malise d'Aglaure, de qui je ne seré ases vangée, la banisant pour james de cete conpagnie. Je le vous dis, sachant bien que vostre desain di venir n'estoit fondé que sur le desir de l'i voir, et jouir de cete exselante perfection sans l'oposition de ce qui est ches vous trop [*tellement*] plus digne et perfait[25]. Apres cete aireur, toute autre ne doit estre trouvée estrange.

Celle qu'aves conmise an vostre troisieme lettre ne retardera vostre venue, car je me plairois par presanse a vous faire reconnoitre que, sans ipocrisie ni artifise, mon humeur est telle que la lires isi, et que je suis autant desireuse de l'amitié et belle conversation des honnestes jans, que je mesprise toute recherche [*entreprise de séduction*]. Mes l'estast par ou je suis n'est ancore au terme de pouvoir voir mes amis, comme j'espere qu'elle[26] sera dans peu de mois; de quoi, si continues an voulonté d'i venir (ce que je ne croi, voiant que le naisan de vostre Egiptien[27] ne prant cete route), je vous an donneré avis. Et vous prie croire que je serois tres marie de priver vostre niepse[28], que je cheris plus que nule qui soit.

J'ai du plaisir de resevoir de vos lettres. Ce laquais i poura libremant venir. Mes, parse que ma condision, qui na james esté exsante [*exempte*] de la persecution de l'anvie, est ancore aconpagnée de personnes qui an sont ranplies, et d'extreme curiosité (et que le malheur de la maladie de vostre niepse et de la miene a porté [*eu pour conséquence*] qu'ele m'anvoia par une autre [*dame*] vos lettres, qui me dit davant toutes [*devant tout le monde*] que c'etoit de vous!), il sera bon que conmandies fort a vostre laquais de baller [*donner*] lui-mesme vos letres a vostre niepse, et que la conjuries de me les baller elle-mesme, et que le laques et elle dise[n]t que c'est de vostre fame. Ne prenes ses [*ces*] adreses [*ruses*] a vostre avantage! Je ne veux point nier que je ne soie ausi desireuse d'amis qu'annemie d'amans. Aglaure le sait, tant elle m'a fait beaucoup de tort de ne le vous avoir respresanté, car an vous le taisant, elle m'a mise au hasart de perdre un ami que j'onore et desire conserver an la calité que m'avies voulu donner tant de gloire de rechercher an ma maison. Elle me parla de la senechausée du cartier ou vous estes[29]. C'est chose de tres peu, mes lorsqu'elle vaquera, vous pouves vous asurer que je ne mi laiseré surprendre a neul autre.

Le suget de cete letre m'ainterdit di mestre mon nom. G'i mes un chifre pour cete fois de doubles vs [*doubles V*], afin que le mesties sur celles que

---

25 C'est-à-dire : « sans que votre épouse puisse s'y opposer ».

26 Marguerite avait d'abord commencé sa phrase par : « Mes *ma condision…* », d'où le féminin. Tant que sa situation matrimoniale n'est pas réglée, il serait malhabile pour elle d'afficher ses liens avec un homme dont le roi convoite le service.

27 La reine désigne vraisemblablement ainsi un récit de voyage que Fourquevaux tentait de faire publier.

28 Sous-entendu « de votre présence, si vous décidez de ne plus venir ».

29 Charge de sénéchal convoitée par le baron.

m'escrires quant ares [*aures*] a i craindre le chemain, ou les mains des personnes ou elle pouroit paser. Je desire estre reconnue de vous pour autant desireuse de vostre amité [*sic*] qu'annemie de ce qui l'exsede.

VV (*Cor.*, lettre 319).

La lettre suivante nous apprend que Fourquevaux répondit à cette admonestation par retour du courrier, tentant visiblement de se justifier et s'empêtrant dans ses explications. La reine demeure quant à elle sur ses positions et insiste pour que toute ambiguïté soit levée avant qu'il vienne à Usson — si comme elle l'espère il en a toujours l'intention. Toutefois elle est revenue sur son mouvement de colère et sa décision d'éloigner « Aglaure » : elle préfère démontrer au grand jour qu'il y eu erreur, et triompher en leur présence… La lettre est ultérieure à la proclamation de l'annulation du mariage (17 décembre 1599), puisque la reine dit devoir encore attendre la confirmation du jugement par Rome ; mais elle doit être du jour, ou du lendemain du jour où elle apprit la nouvelle (soit vers le 20), puisque sa lettre suivante est datée du 27 et que Fourquevaux avait eu le temps de répondre à celle-ci.

C'est bien, an s'escusant, [de] s'acuser. Mes j'atribue cete continuation au desain qui n'a permis de retrancher si tost ce cetile [*style*] pationné, pour ne descouvrir qui lan estoit la seule cause[30]. C'est ce mouvemant, que vous nonmes et panse[z] inconnu, qui ma tourjours esté fort aparant. Ce que j'an ai dit et escrit, et a Aglaure et a vous, m'est un tesmongnage ases sufisant pour vous donner ausi peu d'avantage sur ma creanse que sur mon afection. Ce mouvement inconnu est l'esperanse qu'avies de trouver ou faire apeler isi Aglore. Je ne me feré james ce tort de croire q'une ame qui a peu [*pu*] resevoir de la pation pour un si indigne et conmu[n] suget soit capable d'an resantir pour moi, les sienes et les mienes donnant et le prinsipe et les esfais trop diferans. Vous serez un jour contraint d'avouer cete verité, qui vous donnera regret d'avoir ofansé une honneste fame par une esfronterie plaine de si peu de respaict, qu'ancore que vos paroles an soit toutes ramplies, elles ne peuve[n]t escuser l'indiscresion et le mespris de [se] descouverir pationné pour [une] personne que non a [*l'on n'a*] james veue.

Que je fais de forse a moi-mesme de me conserver, apres cete ofanse, la voulonté de vous estre amie ! Que mon anbition de me voir, an calité de domestique[31], asistée de personne si digne, fait d'esfait a mon courage [*gloire*] et [a] mon

---

30 Autrement dit : « Vous vous excusez et vous vous accusez, mais vous persistez en partie dans votre style passionné parce que vous ne comprenez pas qu'il est le produit de votre dessein (entrer dans ma maison par la ruse). »

31 Cette apposition se rapporte au mot *personne*, qui suit.

inclination ! Et [elle] ne les surmonteroit, sans l'asuranse que j'ai de me randre plus vangée (et d'Aglaure et de vous) an presanse qu'an absance : il ni a desplaisir plus grant aux persones plaines d'artifises que de voir leur desain descouvert et ranversé. Si je ne vous voiois, vous et elle (qui tenes toux deux quan [qu'en] toutes les recherches que vous antreprenes, vous pouves dire comme Cesar : « Je suis venu, j'ai veu, j'ai vincu ») demeureries an cete creanse de moi qui [qu'il] n'a tenu qu'a la veue, et je me plairé a vous faire demeurer certain qui ne tient qu'a ma voulonté[32]. Et que james persone ne feut despainte de calité moins propre que je l'ai esté de ceux qui vous ont convié a cete temerere et innodite ofanse.

Je le diré ancore : c'est la presipitation d'un violant dessain qui vous a non seulement jeté hors de tout respaict, mes ancore hors des termes du jugemant, qu'un abile home doit avoir pour fabriquer une telle machine [intrigue]. Je ne me laiseré anporter a la juste pation de cete inescusable ofanse, comme vous avies fait a l'injuste dessir de la conmestre. Et lorsqu'i plaira a Dieu avoir mis une heureuse fin aux afaires qui m'anpaich[n]t de permestre pour ancores [quelque temps] que venies isi, je vous an avertiré par quelque voie, si vostre laquais n'est lors isi. Je panse que cete conclusion coulera [prendra] quelque mois, a cause qu'il faut avoir la confimation de Romme avant sela. Durant ce tans, ou ma condision me contraint de vivre dans les desfianses, je ne veux aprocher aucun que je desire conserver pour ami. Je me plairé beaucoup de vous obliger de m'estre tel, par toux les dignes esfais [actions] que vous peut randre celle qui desire le plus l'acroisemant et le bien de vous et des vostres, qui se tesmongnera tourjours ausi incapable d'amour que capable d'amitié.
VV
Vostre niepse ma ballé elle-mesme vostre lettre. Ses pales couleurs conmanse[n]t a lui donner treve. Je vous ai de l'obligation de la persuader de m'esmer. Je la lui [je l'y] convieré tourjours, par les mesmes ofises qu'elle pouroit atandre de sa mere (Cor., lettre 323).

LE RÉTABLISSEMENT DU BARON
(DÉBUT DE L'ANNÉE 1600)

Devant cette fermeté, le baron capitule. Pourquoi s'entêter, demeurer dans l'impasse, alors que Marguerite lui offre une porte de sortie des plus honorable, et que par ailleurs la situation désirée est à présent à portée de la main ? Fourquevaux fait donc amende honorable, et ravit

---

32 Sans doute faut-il comprendre : « Vous pourriez penser que l'absence seule (le manque de "vue") vous a empêché de triompher de moi, alors que c'est ma volonté qui est en cause, comme vous le constaterez en venant. »

sa correspondante, qui accuse aussitôt réception de ce changement d'attitude ; elle abandonne dès lors le monogramme chiffré, signe d'une clandestinité vaguement compromettante.

> A *Monsieur de Fourquevaut.*
> Monsieur de Fourquevaut, que la verité et la discretion sont vertus belles et esmables, et qu'elles paroise[n]t et esclate[n]t, au lustre de l'esfronterie et de la disimulation ! Leur agreable candeur m'a randue ausi satisfaite de vostre derniere lettre que j'estois ofansée des prumieres. An tel suget vos escris me plairont, et an telle humeur vostre presanse me sera desirable ; et l'avanseré autant que la Fortune me le permestera, n'an pouvant dire le jour [exact] pour estre chose despandante des esfais [*actions*] d'autrui.
> Vous me voules oter une creanse que je desirois me conserver[33], aimant trop mieux rester ofansée d'Aglaure, que je mesprise, que de vous, que j'estime. Bastre la coulpe ausi vous an sera beaucoup moindre, estant escusée [*sic*] de la puisanse que son amour a eu sur vous ; le blame est moindre, d'un[e] aireur que d'une malise. Je sai trop la digne resputation des vostres pour avoir pansé a vous taxser de quelque sinistre desain, non convenable a personne d'honneur et de telle calité que [vous]. Mes si Aglaure n'i eut eu part, je l'euse peu [*pu*] atribuer a l'artifise de quelq'un de mes annemis, qui m'avoit despainte telle qu'il vous aroit convié a esprouver mon humeur par cete fainte ; de quoi je baniré la souvenanse tant que me donneres ce contantemant de me faire paroitre qu'an aves ausi perdu la voulonté, pour mestre an son lieu celle [*la volonté*] qui me peut convier de vous demeurer
> Vostre plus afectionnée et fidelle amie,
> Marguerite.
> D'Uson, ce 27 desanbre 1599.
> Contes [*Comptez ?*] que je ne cherise vostre niepse a l'esgal de son beau mesrite ; sa bonté m'i abstraint [*astreint ?*] ; et pouves croire que je n'an ai neule a qui je n'euse plus de bien (*Cor.*, lettre 324).

Alors que l'annulation du mariage a été prononcée, que les lettres patentes fixant le revenu et le nouveau statut de Marguerite viennent d'être enregistrées (29 décembre 1599), alors que se rapproche le jour où la reine, tranquillisée, pourra dire à ses amis de la rejoindre, une complicité intellectuelle s'établit entre elle et le baron. Celui-ci a changé son fusil d'épaule, peut-être soulagé, finalement, de s'être dégagé à bon compte d'une aventure périlleuse, et il lui a livré le fond de son âme en même temps que ses remerciements. La reine retrouve alors, pour lui répondre cette lettre philosophique malheureusement très détériorée, des accents

---

33 Fourquevaux a cherché à disculper Aglaure.

proches de ceux dont elle chapitrait malicieusement Champvallon, et parfois même la veine lyrique des *Mémoires*.

Monsieur de Fourquevaut, je [...] james creu que cete douce filaftie[34] avoit l'anprise an vostre ame et m'an resjoui, car qui est posedé de l'amour de soi mesme est plus propre a resevoir l'utile conseil de ses amis, qui ne tant [*tend*] qu'a son bien. J'ai fait cete observation an plusieurs choses, mesme ancore an la description que faites des vertux estant an parfait [.../...] a moins de nos aireurs, nous an faire regeter la faute sur autrui. Ainsi, avec beaucoup d'injustise, atribues-vous a la Nature ce qui est de vostre propre desfaut, disant ces vertux estre plus atachées a vos afections qu'a la raison. Vous aves mieux seu que voulu dire, n'ignorant pas que ses abitudes, bien qu'eles aie[n]t pour suget nos afections, sont antieremant partisanes de la raison, comme resevant d'ele leur milieu et leur forme, ne sinpatisant avec nos afections que lorsqu'elles les ont moderées a leur mediocrité ressonable. L'otorité de ce genie de Nature, dit mons[.../...], qui a si bien descrit les vertux et leurs suget, n'est moins contraire an l'opinion que tenes, que toutes les vertux ne puis[n]t estre ansanble an un sujet, que la raison ofansée de cete prumiere eresie lui vous [*voue*] [.../...], voulant que ne pouvons poseder une vertu perfaite que ne les aions toutes [semblables].

Je savois bien que nos sans [*sens*] avoit acoutumé de ce tronper, an [.../...] exterieurs, mais ne croies pas quan ce qui est de la sianse, vostre beau jugemant i peut eirer [*errer*]. Car qui fait abitude de la disimulation an fait ausi du faux pour le vrai, malheur de quoi je soueteré mes amis exsans [*exempts*] et ne le voudrois croire an vous qui, par trois causes qui me sont si avantageuses, si glorieuses et si agreables, m'aves ofert comme a m'estre ami ; calité que je vous ai tant desirée et an quoi je me plairé tant de vous avoir, et de vous faire paroitre conbien j'estime l'onneur de telle aquisision, que je m'asure que, beniant [*bénissant*] mon conseill qui vous a fait faire un si heureux eschange (vous i voiant si resolu, comme un vrai penitant qui ne sese de batre sa coulpe et ne peut ases demandre [*sic*] pardon des odieux peché), j'an souete davantage vostre venue, mesme [*surtout*] a cete heure qui li a conpagnie qui vous i peut randre la solitude de ce rocher [*Usson*] agreable, posedant lheur de la presanse de Madamoiselle de Senetere[35], esprit si beau et qui a tant de convenanse avec le vostre que, pour le respaict de l'un et de l'autre, j[e] resever[o]is un perfait plaisir an si agreable conmunication.

---

34   Le concept de *philautie*, amour de soi, est d'origine néo-platonicienne. Ce terme rare était employé dans l'ouverture des *Mémoires* (*Mém.*, p. 69) mais il était alors utilisé dans son sens négatif : le sentiment qui porte à la prétention.

35   Madeleine de Senneterre, ou Saint-Nectaire, fille de François, comte de Saint-Nectaire et de Jeanne de Laval, avait été quelques années fille d'honneur de Catherine de Médicis. Tallemant des Réaux, qui lui a consacré une Historiette, dit qu'« après la mort de sa maistresse, elle s'en retourna en Auvergne, son pays » (p. 88). Elle avait donc rejoint la cour de Marguerite. Lettrée, elle écrivait, et l'on a notamment d'elle un gros roman, *Orasie*, paru en 1646.

> Je suporte avec inpatianse le retardemant que la Fortune aporte ancore a vostre venue parce qui lia la confirmation de Rome de ma separation, avant laquelle [.../...] cela la resolution du roi, je ne panse ancore banir ce qui me fait tenir mes amis banis de ce sejour. Je dis : ceux que je desire, comme m'aiant pour james conservée [telle], n'estant aux belles et doctes ames comme la votre que l'ont fait [.../...]. Intelijans [*intelligences*] qui non seulemant conprene[n]t la nature, les mouvemans et les infleuanses des cieux, mes qui s'eleve[n]t jusques a estre secrutateurs des misteres divins, et pour qui il la esté [.../...] l'esprit descouvre toutes choses, mesme les profondes, de Dieu. Ceux-la, dis-je, doive[n]t adorer dans le tanple, non an dehors des murs. Vives an cete creanse que je vous i desire plus que neul de mes amis, et que l'ocasion ne m'an sera si tost oferte que je [...] et ne vous an avertise, avant que gagnies cete bonne conpagnie. L'atante ne m'an randra [?] tant aprenandant que, n'i aiant vostre [.../...], vous n'i trouvesries suget digne de vous [.../...] cete heure desirée, plus lante [?] a son pas que Saturne[36], est hastée de moi par mile souhes ; et bien que la crainte soit tenue par quelques-uns pour un tesmongnage de l'afection antre amis, je la tiens pour suspaicte et pour odieuse. Je vous prieré n'an avoir point de moi an neul de vos desains, tant que vous me tiendres, comme je le desire et ne veux ni ne peux estre autre que
> Vostre plus afectionnée et plus fidelle amie,
>   Marguerite.
> D'Uson, ce prumier feuverier 1600 (*Cor.*, lettre 327).

La dernière partie de cette lettre peut être rapprochée de l'évocation que Marguerite faisait dans ses *Mémoires* de sa « première captivité » au Louvre (1576), à propos de laquelle elle remerciait la Providence divine de lui avoir donné le goût de la lecture et de la dévotion :

> lisant en ce beau livre universel de la Nature tant de merveilles de son Créateur, que toute âme bien née, faisant de cette connaissance une échelle de laquelle Dieu est le dernier et le plus hault échelon, ravie, se dresse à l'adoration de cette merveilleuse lumière, splendeur de cette incomprehensible essence, et faisant un cercle parfait, ne se plait plus à aultre chose qu'à suivre cette chaine d'Homère, cette agréable encyclopedie qui part de Dieu [et] retourne à Dieu même, principe et fin de toutes choses (*Mém.*, p. 133).

Elle convie ici Fourquevaux à participer à l'adoration divine « dans le temple », c'est-à-dire chez elle.

---

36 Autrement dit le temps.

LE RETOUR À PARIS
ET L'ASSASSINAT DE SAINT-JULIEN (1605-1606)

Les trois dernières lettres, un peu plus tardives, sont contemporaines du retour dans la capitale de celle qu'on appelle à présent la « reine Marguerite ». Les Fourquevaux sont entrés depuis longtemps à son service (d'où, vraisemblablement, l'arrêt de la correspondance à partir de l'année 1600), mais ils ne résident pas constamment à Usson. C'est le cas, notamment, en cette première partie de l'année 1605, où la baronne est rappelée en Auvergne par sa maitresse, alors que se prépare, depuis des mois, le voyage de retour.

> A *Madame de Fourquevaut.*
> Madame de Fourquevaut, bien que [.../...], trouvant ancore cete conmodité de Fauré, je me suis voulu donner ce contantemant [de vous écrire] pour an rechercher un plus grant, qui est le bien de vous voir ; vous conviant, si an aves eu le desir, comme me l'aves escrit despuis peu, me vouloir donner la felisité de vostre belle presanse, dans le vinte-sisieme de jeun prochain et non pas plus tost, pource que, jusques a ce tans la, j'ai des aferes qui ne me rande[n]t capable de si bonne conpagnie. Mes avec l'aide de Dieu je les aré [*aurai*] lors, dans ledit 26 de jun prochain, expediées, et seré apres tout[e] a mes amis, et prinsipalemant a vous, a qui j'ai desdié tout ce que mon ame a de milleur pour honorer et cherir la vostre belle, qu'admirant, je vous baise les mains.
> Vostre afecionnée et plus fidelle amie,
>   Marguerite.
> D'Uson, ce 2 mai 1605 (*Cor.*, lettre 362).

Madame de Fourquevaux s'étant rendue en Auvergne à la date prévue, Marguerite envoie au baron le billet suivant, qui sert à la fois de remerciement et de requête (toute théorique) pour un nouveau service que la reine attend de son amie : elle veut la garder à ses côtés pendant son voyage de retour à Paris, prévu pour les semaines suivantes. La pompe un peu gênée des premiers échanges a alors complètement disparu ; la reine a retrouvé ces tournures simples, gracieuses, aimables, ce sourire complice aussi, qui caractérisent si volontiers ses lettres amicales.

> A *Monsieur de Fourquevaut.*
> Monsieur de Fourquevaut, je ne me promestois pas que vous permisies a Madame de Fourquevaut de me donner le contantemant que je resois de sa belle presanse. Si je connoisois la deité qui m'a causé ce bien, je lui sacrifierois,

pour vous faire agréer le voiage que je lui ai prié faire avec moi. Je ne vous diré point conbien vous m'obligeries de m'asurer la continuation de ce bien, croiant que ce ne seroit le [bon] moien de vous i convier, mes bien vous prieré je croire que l'amitié que je lui ai vouée est avec tant de perfection qu'il n'i ara james chose qui despande de moi an quoi je ne recherche de servir au bien d'elle et des siens. An cete verité, je prieré Dieu qu'il dispose vostre voulonté a ce qui est du bien des vostres, et de mon contantemant.

Vostre plus afectionnée et fidelle amie,
        Marguerite.
D'Uson, ce 26 jeun 1605 (*Cor.*, lettre 364).

La dernière lettre est certainement l'une des plus intéressantes de la série. Non datée par la reine, elle peut l'être grâce à l'événement central qu'elle évoque, cette « perte » qui « aveugle ses yeux de larmes », autrement dit l'assassinat de l'un de ses favoris, Dat de Saint-Julien, perpétré le 5 avril 1606, et qui fit alors la une de l'actualité parisienne[37]. De ce fait divers, peut-être téléguidé par le comte d'Auvergne pour déstabiliser la reine à quelques jours de l'ouverture du procès qu'elle lui avait intenté[38], nous n'avions jusqu'ici que les témoignages des échotiers, quelques poèmes de circonstance, et trois ou quatre lettres où Marguerite demandait justice au roi (portées par le baron de Fourquevaux alors à ses côtés). On en apprend ici un peu plus sur la victime, dont on ne savait jusqu'ici que le nom, et sur l'attachement que la reine avait pour lui, dont on pouvait douter, à lire les poèmes dédiés à sa mort, qu'il fût passionnel, voire gaillard. Mais on en apprend surtout davantage sur la place qu'occupait la baronne dans la vie et la maison de la reine ; il apparait que celle-ci l'avait chargée d'une longue mission hors de Paris, et qu'elle entretenait avec elle une relation aussi forte intellectuellement qu'affectivement (le texte est d'ailleurs semé de fermesses[39]). Enfin, on

---

37 L'Estoile rapporte ainsi : « Le mercredi 5, fut tué à Paris un gentilhomme favori de la reine Marguerite, par un autre gentilhomme âgé de dix-huit ans seulement, qui le tua d'un coup de pistolet tout joignant la reine. Le meurtri se nommait Saint-Julien, lequel ladite reine aimait passionnément ; et, pour ce, jura de ne boire ni manger qu'elle n'en eût vu faire la justice... » (L'Estoile, 1875-1896, vol. 8, p. 214).

38 Sur la récupération du comté d'Auvergne par Marguerite, voir ce volume, p. 63 et suiv. Charles de Valois était emprisonné à la Bastille depuis novembre 1604. C'est de là qu'il mit tout en œuvre pour éviter le procès, puis pour le gagner ; Marguerite accuse nommément « un fils de Vermont » dans une lettre au roi (*Cor.*, lettre 385), c'est-à-dire son ancienne suivante, la Thorigny des *Mémoires*, restée auprès d'elle à Usson, et vraisemblablement « achetée » par Charles.

39 S majuscule barré obliquement, signifiant « grande affection ».

lit ici une étonnante profession de foi en ce couple idéal que formaient à ses yeux les Fourquevaux, le seul soutien qu'en son malheur elle semble alors avoir auprès d'elle. C'est dire l'importance de cette missive, écrite quelques semaines après la mort du « petit » et peu avant l'ouverture du procès (23 mai).

A Madame de Fourquevaut.

Madame de Fourquevaut, si lia aux amitiés, comme an tout animal ou animant [*être humain*], quelque baume naturel qui rejoingne les parties desunies, il lest tanps que cete vertu reunisante me redonne an vous ce que mon aparante mes forsée nonchalanse m'a fait desmeriter. Que si Saint-Jeraume consant q'un amour ofansé se doit courouser, courouses-vous, jetes vos plaintes, mes ne saises pas de m'aimer ! Courouses-vous, et ne peches pas ! Car ce seroit peché de n'aimer ce qui vous honore et cherit d'une afection redoublée, comme double est la cause qui me lie a vostre amitié, et par vous-mesme, et par autroui[40]. Que si vous venes a considerer a qui vostre absanse a plus nui, a vous ou a moi (a vous, qui aves presant des quatre pars les deux du seul objet qui contante vostre ame[41], ou a moi, qui par la creuauté d'une infortune sans exsanple me prive, vous retardant[42], du vif image qui peut plus soulager l'aigreur de ma perte), meue[43] plustost a pitié qu'a reproche, vous me dires (comme je l'avoue) ausi creuelle a moi-me[sme] que mes annemis, me desniant [*privant*] par nonchalanse ce que par anvie il m'ont oté.

Escuses ou pardonnes donc, vous respransant l'estast auquel, depuis vostre partemant [*départ*], j'ai esté : soudin que je feux de retour a Boulongne[44], les visites telles que les amies veues a vostre arivée ne me laisoit pas un momant a moi. Et estant arivée a Paris, cela mesme, et la venue du petit[45], m'ancherire[n]t ancore le tans, de sorte que les jours et les nuits avoit pour moi pris de nouvelles esles, et se desroboit si inperseptiblemant que, de ses deux

---

40 La thématique de l'androgyne, amorcée ici, est explicitée dans la dernière phrase de la lettre.

41 Ces expressions s'éclairent par la suite de la lettre : Marguerite évoque les deux fils de son amie, qui réunis à leurs parents font « quatre parts », le tout étant « l'objet » du bonheur de Mme de Fourquevaux.

42 Marguerite avait alors en cours un autre procès devant le parlement de Toulouse, pour récupérer le comté de Lauragais qui faisait également partie de l'héritage de la reine Catherine. Il est probable qu'elle avait envoyé la baronne sur place pour en surveiller le déroulement.

43 Ce participe passé est apposé au pronom « vous » qui est un peu plus loin.

44 En arrivant d'Usson, fin juillet 1605, Marguerite s'était installée au château de Madrid, à Boulogne-Billancourt (Hauts-de-Seine). Elle avait ensuite commencé à aménager l'Hôtel de Sens (4e arrondissement), fait un pélerinage à Chartres, puis était retournée à Boulogne en attendant la fin des travaux de sa demeure parisienne. Cette lettre permet de comprendre qu'elle y emménagea en février. C'est là qu'elle commença véritablement de réunir sa nouvelle Cour – d'où l'envol des « ailes du temps ».

45 Dat de Saint-Julien venait donc d'arriver dans la capitale.

heureux cours mois qui la pleu [*qu'il a plu*] a Dieu faire durer ma felisité, je tiens conte que je vous veux randre du tans, ne man devoir estimer contable[46], et cest article [*moment*] devoir estre pasé pour instant. Despuis la malheureuse fin de cet heuheureux [*sic*] tans jusqu'a cet heure, le trouble de mon ame a esté tel que je ne vous puis randre conte de moi-mesme, aiant noié dedans mes larmes le souvenir de toute autre chose, fors que du seul suget de mon dœil.

Venes donc le consoler, an m'aportant se vif image du corps et de l'esprit qui seul posedera pour james, apres Dieu, mon ceur et mes afections, protestation que je fais an mon ame ausi souvant que je voi quelque suget qui pouroit panser mesriter de tenir sa plase[47]. Et pour n'aveugler mes ieux des larmes qui ont aconpagné ma plume, je n'useré pour ce papier ce qui ne saisera james an ma pansée ; et vous prieré amener vos deux fis, dignes esfais de si perfaite cause, et ne me vouloir mal de vous avoir, et a eux, tant retardé le contantemant de vous revoir toux quatre ansanble, a quoi je partisiperé comme celle du monde qui honore le plus vostre beau mesrite, et comme tenant Monsieur de Fourquevaut pour l'un de mes milleurs amis, m'aiant, an m'asistant an mon malheur, tant fait connoitre sa sufisanse [*compétence*] et bonne voulonté, et, par la douceur de ses Meuses pleurantes avec moi[48], tant soulagé ma douleur, qui faut qui [*qu'il faut que*] j'avoue l'estime que j'an ai et l'obligation que je lui resans, que je desire reconnoi[t]re an tout ce que je seré propre a servir a son bien et contantemant. J'antans, sous son nom, le vostre : car c'et un[e] union d'un androgine tres perfait, a qui je suis pour james aquise pour

Vostre plus afectionnée et plus fidelle amie,

Marguerite (*Cor.*, lettre 393).

C'est sur cette expression de l'utopie platonicienne, autrefois rêvée par la reine pour son propre compte et celui de Champvallon, que se clôt la correspondance conservée par les Fourquevaux, témoignage d'une amitié fervente dont nous ne savions rien jusqu'ici, et dont on peut soupçonner qu'elle se poursuivit jusqu'à la mort. Si les échanges écrits se tarissent, en effet, preuve vraisemblablement que les trois compagnons ne se quittèrent plus que pour de courts laps de temps, le baron apparait encore après cette date, mentionné dans les lettres de Marguerite au roi, comme un fidèle porteur de ses messages dans les grandes occasions. Les formules

---

46 Autrement dit : « J'admets que je vous dois du temps, et je veux vous le rendre. »

47 Marguerite décrit les pensées qui l'assaillent quand elle rencontre une femme qui pourrait détrôner la baronne dans son cœur [j'avais mésinterprété ce passage dans la première publication, croyant qu'elle parlait de Dat de Saint-Julien ; il s'agit bien de Mme de Fourquevaux, qu'elle veut voir en chair et en os].

48 Cette mention des Muses de Fourquevaux prouve que le baron fit partie de ceux qui prêtèrent leur plume à la reine pour pleurer Saint-Julien ; jusqu'ici, seul Maynard avait pu être identifié (voir *Mém.*, p. 296 et suiv.).

qui l'évoquent, toutefois, rapides et passe-partout, ne pouvaient guère laisser soupçonner la qualité de l'attachement qui liait la reine à cet homme, et encore moins à ce couple qui semble avoir joué, au midi puis au soir de son existence, un rôle de modèle. Modèle de couple uni, bien assorti, fécond, sachant bâtir et mettre en œuvre des projets communs, partageant une culture commune, des bonheurs communs — idéal que la vie lui avait refusé, mais à l'existence duquel elle ne voulait pas renoncer à croire. On comprend mieux, peut-être, qu'elle ait refusé avec effroi de compromettre, pour une intrigue banale, cette foi essentielle.

ÉCRITURE ET CULTURE
CHEZ MARGUERITE DE VALOIS

La tradition fait de Marguerite de Valois, *alias* la reine Margot, la « femme la plus lettrée de son temps » (*RM*, p. 19), pour reprendre une expression d'Alexandre Dumas, qui a bien travaillé à l'ancrage de cette réputation dans l'imaginaire collectif[1]. Les représentations popularisées par le romancier (celle d'une femme adepte d'une philosophie de l'amour un peu courte, résumée par la formule Éros-Cupido-Amor, mais aussi celle d'une femme savante discourant en latin devant les ambassadeurs polonais et donnant à La Mole de troublantes leçons particulières de grec) ont en effet été reprises sans grand recul par la plupart des commentateurs jusqu'à nos jours, qu'ils soient des universitaires patentés, des vulgarisateurs sans prétention, des romanciers, ou même des cinéastes.

Ces images sont pourtant assez peu authentiques et il serait temps de s'en débarrasser – comme du sobriquet de « reine Margot », qui lui aussi est une invention de Dumas. Elles suggèrent en effet une jeune femme de vingt ans à la culture impressionnante, une sorte de prodige, ce qui n'est guère crédible si l'on se souvient que Marguerite de Valois eut une enfance et une adolescence constamment bousculées par les troubles civils, et ce qui rend mal compte du phénomène de l'érudition, surtout celle des femmes. En réalité, comme bien de ses semblables, la reine acquit son immense culture grâce à un isolement forcé : en ce qui la concerne, vingt ans d'exil en Auvergne. Ce n'est qu'à la fin de sa vie, au début du XVIIᵉ siècle, qu'elle éblouit tout ce que la capitale comptait d'érudits, et par ses connaissances dans les domaines les plus variés, et par les musiques dont elle agrémentait ses repas (Gioanni, 1996). En revanche, les contemporains qui assistèrent à l'ambassade

---

1   Cet article a paru dans Colette Nativel (dir.), *Femmes savantes, du crépuscule de la Renaissance à l'aube des Lumières*, Genève, Droz, p. 167-175.

polonaise, en 1573, ne disent pas qu'elle prononça son discours en latin, mais simplement qu'elle fut la seule de la famille à n'avoir pas besoin de traduction pour répondre à celui qui lui avait été adressé (voir notamment *DRN*, p. 131).

Images fausses, d'autre part, parce qu'elles évoquent une princesse dont la science ne semble guère s'être investie que dans le domaine érotique, alors que c'est avant tout en terme de production littéraire, comme on va le voir, et de promotion des créateurs, que la culture de Marguerite se traduisit ; aucune étude, pourtant, jusqu'en 1991, portant sur son œuvre, ou sur l'une de ses œuvres, ou sur son mécénat[2], alors que des milliers de petites phrases, des centaines de chapitres, des dizaines de livres depuis cent cinquante ans ont tenté de faire rêver sur sa libido.

Images fausses, enfin, parce qu'elles suggèrent une femme avide de faire étalage de ses connaissances, alors que la culture était pour Marguerite une nourriture vitale, dont elle se plut, certes, à faire bénéficier ses hôtes à la fin de sa vie, mais dont à quelques rares exceptions près elle ne fait pas usage en écrivant (ou du moins pas un usage visible, ostentatoire), de même qu'elle ne fait nulle part mention de son mécénat. Au point que nous serions incapables de soupçonner l'ampleur de l'une ou de l'autre à partir de son œuvre seule, si nous n'avions pas les sources extérieures : les témoignages de ses contemporains, ses comptes, les livres qui lui ont été dédiés, la liste de ceux qui composaient sa bibliothèque, etc.

Tous ces domaines seraient à explorer, pour la plus grande utilité de l'histoire littéraire en général, et de Marguerite en particulier. Dans cette contribution toutefois, c'est à cette relation complexe entre écriture et culture que je voudrais m'intéresser, en m'appuyant non seulement sur ses *Mémoires*, bien connus, mais sur l'ensemble de ses écrits. Sans tenir lieu d'une analyse qui reste à faire, et qui chercherait dans les textes les traces de ses lectures ou, plus largement, de sa culture, cette étude permettra, je l'espère du moins, de se faire une idée moins simpliste de la dernière des « trois Marguerites » dont s'enorgueillit à juste titre la Renaissance française.

---

2   Deux études s'approchent de ce dernier sujet : celle de Simone Ratel sur sa dernière cour parisienne (Ratel, 1924-1925) et celle d'Eugénie Droz sur sa cour de Nérac (Droz, 1964).

EXISTENCE ET VARIÉTÉ DE L'ŒUVRE

Nous pourrions partir de là : de l'existence de ses écrits, de leur variété, et de ce dont cette existence et cette variété témoignent en termes de culture. On sait que les princesses de la Renaissance, en Angleterre, en France, en Espagne, en Italie, eurent parfois une excellente formation. On sait que certaines s'adonnaient à la poésie et à la musique, activités admises dans l'aristocratie princière, et que la plupart eurent une pro-duction épistolaire non négligeable – même si nos connaissances ne vont guère, en ce domaine, au-delà de quelques noms. On sait que des femmes, en France, dépassèrent ces limites : Anne de France avec son testament politique et la nouvelle qui le suivait dans le manuscrit (Anne de France, 2007), Louise de Savoie avec son bref *Journal* (Pardanaud, 2008), Jeanne d'Albret avec le manifeste du parti huguenot (Jeanne d'Albret, 2007), la duchesse de Rohan avec sa satire d'Henri IV (Parthenay, 1666)[3]. Une seule toutefois saurait être comparée à Marguerite de Valois pour ce qui est de l'ampleur et de la diversité de ses écrits : sa grand-tante Marguerite de Navarre, qui elle aussi passe pour l'une des femmes les plus instruites de son temps – avec des inspirations et des choix diffé-rents mais une assurance dans le geste et une maitrise stylistique qui sont comparables.

Considérons tout d'abord les *Mémoires*, écrits en exil à la fin du XVIe siècle, son texte le plus connu, l'un des grands succès de librairie du XVIIe siècle et qui connut de constantes rééditions depuis. Elle est la première femme, on le souligne généralement, à s'être lancée dans l'aventure autobiographique, mais elle est en fait à l'origine des grands Mémoires aristocratiques du grand siècle, ceux des femmes comme ceux des hommes. Je ne reviendrai pas ici sur ce qui, dans l'histoire person-nelle de la reine, peut expliquer cette position singulière[4]. Je rappellerai simplement qu'elle innove véritablement en ce domaine (par l'emploi de la première personne, par exemple, devant lequel les mémorialistes

---

3   La plupart des références données ici ont paru après la publication de cet article. On trouvera un panorama des écrits des femmes de la Renaissance française dans Viennot, 2020c, chap. 3.

4   Voir Viennot, 1995 et dans ce volume, p. 105 et suiv.

reculeront souvent jusqu'à la seconde moitié du XVIIe siècle ; par le point
de vue adopté, qui renonce à la vision globalisante pour se concentrer sur
les épisodes vécus…). Et j'ajouterai que, si elle crée, c'est en connaissance
de cause, en sachant parfaitement où elle se situe dans l'évolution de ce
genre naissant qui commence seulement à se différencier de l'Histoire.
Dessinant une sorte de frontière entre les deux, elle souligne leur distinction non seulement de contenu mais de style : « Je tracerai mes
Mémoires, écrit-elle, à qui je ne donnerai plus glorieux nom, bien qu'ils
méritassent celui d'histoire, pour la vérité qui y est contenue nûment et
sans ornement aucun, ne m'en estimant pas capable, et n'en ayant aussi
maintenant le loisir » (*Mém.*, p. 72).

Les *Mémoires* témoignent en outre, par la variété des styles qui s'y
côtoient, de la diversité des lectures de Marguerite et, plus largement,
de la richesse des productions culturelles auxquelles la reine eut accès.
Contrairement à ce qu'elle annonce, en effet, son texte n'est pas exempt
de travail littéraire, et sa « nudité » est plus à comprendre comme un
choix esthétique (celui de la négligence apparente, de la simplicité) que
comme un engagement au pied de la lettre. Aussi trouve-t-on sous sa
plume non seulement des narrations mais des maximes, des discours
(au style direct ou indirect), des mises en scène théâtrales, une sorte de
journal de voyage avec des descriptions quasi ethnographiques et même
l'ébauche d'une nouvelle romanesque « à la manière de Mme de Lafayette »
comme dira Sainte-Beuve (1853, p. 148) – et qui effectivement donna
naissance, quelques décennies plus tard, à un roman (*Mademoiselle de
Tournon*, 1678). Cette diversité reproduit à l'évidence celle des sources,
écrites ou représentées, même si elle n'explique en rien la familiarité
de la reine avec ces différents types d'écriture, car c'est une chose que
de lire ou de voir, et autre chose que d'écrire.

Quittons les *Mémoires* pour évoquer rapidement le court *Mémoire
justificatif* écrit par Marguerite en quelques jours durant le complot de
1574 pour le compte de son mari le futur Henri IV, qui ne se sentait
pas de l'écrire, mais qui savait sa femme capable de le faire en touchant
juste. Il y aurait beaucoup à en dire, mais le sujet nous entraînerait trop
loin : dans les méandres de la culture politique de Marguerite, cette
culture acquise, semble-t-il, par « capillarité », depuis que, dès son plus
jeune âge, elle fut, dans l'ombre de sa mère, initiée à la politique de
l'époque : cette succession complexe de demi-paix et de fausses levées

d'armes, ces démêlées ritualisées ou sauvages des princes du sang et de
la Couronne, ces négociations en demi-teintes où l'on ne fait un pas en
avant que lorsque l'autre a fait une ouverture, comme les *Mémoires*, là
encore, en donnent un magnifique exemple à propos des pourparlers de
la reine avec le comte et la comtesse de Lalain. Il faudrait, ici, mettre
en relation étroite les angles d'attaque de ce petit texte avec ceux que
Marguerite mit en avant dans les négociations diplomatiques qu'elle mena
(pour son compte ou celui des autres) ; avec la manière dont elle se sortit
avec brio de son exil auvergnat après douze ans d'âpres négociations[5]...
L'analyse nous entraînerait d'autant plus loin que cette culture à forte
composante diplomatique est vraisemblablement à appréhender comme
un savoir spécifique des princesses, dont les intercessions sont rapportées
par toutes les correspondances et la plupart des Mémoires de l'époque,
mais qui constitue à ce jour un champ non défriché[6].

Plus facile – plus frayé – sera l'examen du *Discours docte et subtil*, ce
petit manifeste féministe produit au crépuscule de sa vie pour répondre
aux propos misogynes d'un jésuite, le père Loryot, dont la compagnie
était subventionnée par la reine. Marguerite ne s'était apparemment
jamais intéressée à la Querelle des femmes, ayant toujours eu le plus
grand mal à s'identifier à son sexe[7]. Aussi n'innove-t-elle pas, ici, ne se
situant nullement du côté de ceux et celles qui postulaient une égalité
de nature entre les sexes et dénonçaient la composante culturelle de
l'infériorité des femmes (Christine de Pizan, Montaigne, Gournay –
qui pourtant travaillait chez elle). En revanche, c'est avec une parfaite
connaissance des principaux *topoï* de la Querelle qu'elle se lance dans la
polémique, maniant avec aisance les arguments bibliques et aristotéliciens
de rigueur, brodant sur les thématiques connues de l'infériorité et de la
supériorité de l'un ou l'autre sexe, et retournant habilement les arguments
des misogynes – toute cette rhétorique lui étant parfaitement connue.

Les rares poèmes de Marguerite qui ont été à ce jour retrouvés[8]
ouvrent d'autres perspectives. Ils dénotent d'une part chez elle une
grande maitrise de l'écriture poétique dans des tons et des formes aussi
variés que l'élégie, le sonnet, l'épigramme, mais ils trahissent en outre

---

5   Voir, dans ce volume, p. 27 et suiv. pour la négociation de divorce, et p. 63 et suiv. pour
    la récupération du comté d'Auvergne.
6   Voir cependant les thèses d'Eugénie Pascal, 2004, et de Chloé Pardanaud, 2012.
7   Voir Viennot, 1995, et ce volume, p. 221 et suiv.
8   Voir Viennot, 1994, et *Mém.*, p. 277-311.

l'influence de la musique chez cette joueuse de luth remarquée, et, là encore, sa capacité à innover. La plupart de ses poésies sont en effet caractérisées par des tournures ternaires et des vers hétérométriques, qui deviendront assez courants dans le premier tiers du XVIIe siècle, mais qui étaient bien rares auparavant. Notons en outre qu'on la voit ici apostropher familièrement d'autres poètes ainsi qu'on le faisait si fréquemment dans les rangs de la Pléiade, comme dans l'épigramme adressée à Audiguier, et titrée « À mon valet, sur ses œuvres poétiques » (*Mém.*, p. 311). Il faut dire que Marguerite baignait dans cette atmosphère depuis son enfance (elle avait, à onze ans, joué un rôle dans une *Bergerie* de Ronsard) et qu'elle n'avait jamais cessé de faire travailler des poètes autour d'elle, voire de collaborer avec eux.

Enfin, ses lettres, très nombreuses – trois cents publiées à ce jour, près de cent cinquante inédites[9] – dont la plupart sont manuscrites, nous en disent long aussi sur sa culture. On y repère, par exemple, une orthographe plus sûre et moins erratique que celle de la plupart de ses secrétaires, une orthographe où quasiment pas un accord des participes passés (avec être ou avoir) n'est oublié, et qui va en se simplifiant avec l'âge. On observe aussi dans ses lettres – excepté lorsqu'elle est en position de demande, car alors son style se plombe –, une facilité et un bonheur d'expression qui rappellent par endroit les *Mémoires*, et qui ne sont pas, le plus souvent, le résultat d'un travail littéraire, puisqu'un brouillon d'une lettre à Henri IV, comparé à la lettre envoyée, montre qu'aucun mot n'a été modifié : la lettre a seulement été recopiée avec soin alors que le premier jet était écrit à la diable, et elle a été rallongée d'un paragraphe rédigé après coup, qui apparaissait griffonné en marge dans le brouillon (*Cor.*, lettre 255).

---

9   Ces lettres ont paru depuis dans le volume de sa *Correspondance*.

DE L'USAGE EXCEPTIONNEL DE LA CULTURE,
OU LA POSE EMBARRASSÉE

Tous ces exemples donnent un aperçu de la culture acquise par
Marguerite, de cet espèce de soubassement invisible mais d'une très
grande richesse et solidité qui lui permit non seulement d'apprécier mais
de produire, de créer, d'innover même, en plusieurs domaines. Je voudrais
maintenant m'intéresser à quelques cas très particuliers de visibilité de
son érudition, à l'usage exceptionnel qu'elle en fait à l'intérieur de certains
de ses textes. Quelques postures en effet sont repérables, dans lesquelles
la reine fait le choix d'exhiber ses connaissances : lorsque la situation
est solennelle, ou embarrassante, ou simplement inédite. Marguerite,
alors, pose, tente d'impressionner, et peut-être de se rassurer elle-même.

L'ouverture des *Mémoires* – moment toujours délicat comme l'a
souligné Philippe Lejeune (1975) – est à cet égard exemplaire. À peine
deux lignes sont-elles écrites que surgit le seul mot pédant de tous ses
écrits : *philautie*, amour de soi, qu'elle emprunte aux néoplatoniciens. À
la ligne suivante, c'est une citation de Thémistocle. Vingt lignes plus
loin, c'est Du Bellay, puis une allusion à « la destruction de Troie » et à
« la grandeur d'Athènes ». Thémistocle revient deux pages plus loin, en
compagnie d'Alexandre cette fois... et puis c'en est fini pour presque
tout le texte, à l'exception d'une citation de la Bible (*Mém.*, p. 82) et
d'une autre, venue de Tacite (*ibid.*, p. 86), qui n'ont pas le même statut.
La mise en avant des références culturelles apparait bien ici comme
une stratégie (consciente ou non) de légitimation, à la fois destinée à en
imposer et à se rassurer, au seuil d'une entreprise qui comprend toujours
beaucoup de risques.

Mais c'est dans ses lettres à Jacques de Harlay, seigneur de Champvallon,
dont elle tomba amoureuse en 1581, que Marguerite exhibe le mieux et
le plus systématiquement sa culture. Précisons le contexte. En Gascogne
depuis près de quatre ans, la reine avait tenté de faire de Nérac un foyer
culturel et un lieu de promotion du néoplatonisme, dont elle avait
vraisemblablement découvert les textes fondateurs quelques années
auparavant, lors de sa « première captivité » au Louvre (*Mém.*, p. 143).
Autant dire qu'en s'en faisant la grande prêtresse, elle avait essayé de

civiliser cet assemblage de guerriers aux mœurs rudes et aux plaisirs faciles qui composaient l'entourage du roi de Navarre, et qui, s'adaptant en surface, ne se ravirent souvent de la chose que parce qu'elle était synonyme de présence des femmes et de douceur de vivre, comme le diront Sully (1838, vol. 1, p. 28-32) et Turenne (1839, p. 43)[10]. Champvallon, grand seigneur cultivé et chambellan du frère cadet de la reine, venu avec celui-ci dans le sud-ouest pour négocier la paix de Fleix, apparut donc à Marguerite à la fois comme un interlocuteur valable, comme un disciple prêt à recevoir son enseignement, et comme un homme avec qui elle allait pouvoir vivre une passion amoureuse selon le modèle qu'elle affectionnait.

Les dix-huit lettres que nous avons d'elle à lui se caractérisent par une surabondance de références littéraires, bibliques et mythologiques. Jupiter et Junon, Vénus et Amour, Mercure et Aglaure, Phébus et Phaëton, Castor et Pollux, Écho et Narcisse, mais aussi Icare, Térée, le Sphinx, Énée, Achille, sont ici sollicités, de même que Salomon et Saint Paul, de même que Pétrarque et Platon. Marguerite fait davantage, en ce dernier cas, que citer un nom : elle discute l'opinion du philosophe grec, n'étant pas, dit-elle, « de l'opinion de Platon, qui tient l'amant, comme rempli d'une divine fureur, plus excellent que l'aimé. Car étant l'un et l'autre, je garderai toujours à ces deux qualités ce qui leur appartient, préférant toutefois la cause à l'effet » (*Cor.*, lettre 163). C'est néanmoins la philosophie des néoplatoniciens que Marguerite tient le plus à enseigner à l'homme qu'elle aime, et l'on trouve sous sa plume de nombreux développements didactiques au terme desquels elle avoue un véritable ravissement à reconnaitre la doctrine dans ses propres sentiments :

> Puisqu'il est tant vrai que l'amant se transforme en l'aimé, que je ne me puis plus que par vous posséder, je ne vis plus qu'en vous, et d'autre que de vous mon âme n'est régie. Ainsi s'accorde ma pratique à cette ancienne théorique et d'une si agréable expérience (*ibid.*, lettre 162).

L'importance accordée à la composante culturelle dans cette relation me semble à mettre en rapport avec l'ampleur des ambitions que se fixait la reine, avec l'importance, aussi, de l'enjeu, à la fois personnel et

---

10 Aubigné, qui partageait les vues de Marguerite et travaillait avec elle, mais qui développera par la suite une haine tenace pour son ancienne patronne, laissera de cette période un témoignage accablant (voir ce volume, p. 163 et suiv.).

intellectuel, et avec l'appréhension qu'elle ressentait sans doute face à ce qui allait se révéler un leurre. Placer la barre si haut, c'était en quelque sorte exiger de Champvallon qu'il soit digne de cet amour exception- nel qui ne pouvait pas avoir d'issue « ici-bas », et auquel elle assignait l'immortalité céleste de Castor et Pollux ; un amour qu'elle entendait ne pas sacrifier, cent ans avant *La Princesse de Clèves*, à ce qu'elle appelle « la fatalité d'un certain accident » (*ibid.*, lettre 170). Champvallon se montrant plus exigeant, et lui demandant par exemple d'« envoyer, comme l'on dit, Dieu en Galilée » (*ibid.*, lettre 173 bis), c'est dans les livres qu'elle trouve refuge, s'étonnant qu'il n'en fasse pas autant :

> Lorsque vous commencerez à vous en ennuyer et reconnaître avoir besoin de quelque différent passe-temps, je jugerai le défaut être en votre affection et non à l'exercice des sciences [*des études*], qui apportent toujours à une âme amoureuse quelque nouveau moyen de consoler sa peine, de nourrir son feu, et d'honorer et parfaire son dessein (*ibid.*, lettre 172).

La particularité de ces lettres, et aussi le fait qu'on n'en possède pas les originaux, a parfois amené les commentateurs à penser qu'elles avaient été écrites après coup, et en quelque sorte « trafiquées » par la reine. Les échanges qu'elle eut avec le baron de Fourquevaux, aux alentours de l'année 1600, montrent qu'il n'en est rien[11]. Elle retrouve, avec cet homme qui lui a brusquement déclaré sa flamme alors qu'il ne l'a jamais vue, ce même désir de citer des auteurs, ce même ton un peu donneur de leçon et jusqu'au mot *philautie* que l'on trouvait dans l'ouverture des *Mémoires*. Cette réapparition de références littéraires traduit cette fois non son appréhension – car il n'y a pas là d'enjeu – mais un mélange de plaisir et d'embarras qui l'éloigne de son expression naturelle : plaisir à constater qu'elle peut encore déclencher des passions, et embarras évident, parce qu'elle croyait pouvoir compter sur Fourquevaux alors qu'elle est au dernier stade, fort délicat, de son « démariage », et que la démarche du baron est à la fois totalement saugrenue et bien inopportune.

---

11 Voir ce volume, article précédent.

DE L'USAGE ORDINAIRE DE LA CULTURE,
OU LE TRIOMPHE DE LA DÉSINVOLTURE

Ces quelques lettres (dix-huit dans un cas, cinq dans l'autre) et les quelques pages des *Mémoires* évoquées plus haut ne sont toutefois pas grand-chose comparées au reste de l'œuvre, où triomphent au contraire une désinvolture manifeste vis-à-vis du savoir acquis, un usage naturel de connaissances complètement digérées, organiquement intégrées à la réflexion, à la parole.

Dans quelques très rares cas, tout d'abord, on trouve sous sa plume des références explicites qui ont un tout autre statut que celui qu'on vient de voir : il ne s'agit pas, alors, de se protéger ou d'impressionner quiconque, mais d'accentuer la connivence avec qui la lit, en faisant référence à un savoir commun qui n'a, pour la ou le destinataire de l'écrit, aucun caractère proprement savant. Ainsi, lorsque pour Brantôme auquel elle adresse ses *Mémoires*, elle veut traduire la stupéfaction qui fut la sienne après Jarnac, quand son frère ainé lui demanda de devenir son alliée, elle s'écrie : « Peu s'en fallut que je ne lui répondisse comme Moïse à Dieu en la vision du buisson : "Que suis-je, moi ? Envoie celui que tu dois envoyer" » (*Mém.*, p. 82). Ainsi encore lorsqu'elle s'adresse à Antoine La Pujade, l'un de ses poètes, qui n'avait pas reçu des Dieux, semble-t-il, le don de la parole : « Est-ce pour acquérir ce grand nom de Pimandre / Qu'en silence, et muet, allez toujours rêvant ? » (*Mém.*, p. 294), lui demande-t-elle, avant d'évoquer Pythagore, Harpocrate et Archimède. Toutes les références qui apparaissent là, et qui appartiennent à la tradition ésotérique, renvoient à des auteurs et des sujets qui étaient les mets ordinaires, si l'on peut dire, de la petite cour que Marguerite animait en Auvergne. Et c'est avec un sourire malicieux qu'elle interpelle ce poète taciturne – un sourire qu'on saisit d'autant mieux si l'on se souvient que la reine aimait énormément parler, et qu'elle voulait qu'on pratique autour d'elle l'art de la conversation.

Le plus souvent, toutefois, la culture de Marguerite surgit sous sa plume sans indices, sans référence explicite, et avec un souci d'exactitude bien approximatif. Comme les exemples suivants vont le montrer, l'on ne saurait mieux dire qu'à propos d'elle la phrase attribuée à Édouard

Herriot : la culture, c'est ce qui reste quand on a tout oublié… Ainsi, racontant à Antoine Séguier les mésaventures qu'elle avait eues avec l'un de ses secrétaires, elle souligne « qu'ayant le naturel comme le visage de More, il ne machinait que trahisons et vengeances » (*Cor.*, lettre 344). Le magistrat comprit-il l'allusion à la nouvelle de Giraldi Cinthio où allait puiser Shakespeare ? Peu importe, serait-on tentée de dire, elle n'était pas à son usage. De même sans doute, une phrase glissée dans une lettre à Champvallon, vient-elle manifestement des *Regrets* (ou des *Tristes* d'Ovide, dont Du Bellay s'était inspiré). Mais elle est si heureusement insérée dans la prose de la reine qu'il semble qu'elle se la soit entièrement réappropriée, qu'elle en use davantage pour elle-même que pour l'autre. Ayant fait sa lettre trop longue, elle écrit :

> Mon bel ange, excusez la rigueur de mon mal, qui a surmonté mon dessein (qui était bien de me contraindre) ; mais le prisonnier ne parle que de sa captivité, l'amoureux de sa passion et le misérable de son malheur. Il vaut donc mieux que je finisse (*ibid.*, lettre 173).

Souvent encore, elle cite mal, voire en se trompant. Ainsi évoque-t-elle, dans l'un des passages tragi-comiques les plus amusants des *Mémoires*, le « conseil de Jéroboam » (*Mém.*, p. 178) dont s'entourait Henri III à la fin des années 1570, faisant référence aux jeunes courtisans qui poussèrent *Roboam* à la sévérité envers les tribus du nord d'Israël, provoquant des soulèvements et le schisme du royaume. Ainsi encore, après avoir gagné un bras de fer avec Henri IV, qui voulait lui prendre une terre pour la donner au duc de Mayenne, elle allègue la « corneille d'Horace, que l'on voulait parer de mes plumes » (*Cor.*, lettre 351) – c'est de la corneille d'Ésope qu'il s'agit. Cette désinvolture parasite jusqu'aux moments solennels où la culture, comme nous l'avons vu, est mise en scène avec ostentation. Lorsqu'en ouverture des *Mémoires* elle veut expliquer à Brantôme que sa beauté a disparu, elle l'invite à venir constater la chose *de visu* ; vous direz alors, lui dit-elle, « comme souvent je l'écris par ces vers de du Bellay : *C'est chercher Rome en Rome, et rien de Rome en Rome ne trouver* » (*Mém.*, p. 70) – les deux vers sont faux. Et c'est dans les lettres à Champvallon, là où l'exhibition des connaissances est la plus forte, que la reine dévoile le mieux à quel point cette parade lui est anti-naturelle, et à vrai dire, la fatigue. On y trouve par exemple de longs développements didactiques brusquement interrompus et conclus par une phrase où, en substance, elle dit : « De toute façon, non seulement j'ai raison, mais j'ai bien l'intention de vous imposer ce que je veux ». Ainsi termine-t-elle sur une véritable pirouette une lettre consacrée à la théorie des sens autorisés ou non à participer à la passion amoureuse selon les néoplatoniciens :

> Que vous soyez ou philosophe ou amoureux, il faut que vous condescendiez à ma raison, qui trouve si parfaitement en vous le vrai sujet du vrai amour, qu'il m'astreint à parfaitement et éternellement vous aimer. Ainsi, remplie de cette divine et non vulgaire passion, je rends en imagination mille baisers à votre belle bouche, qui seule sera participante au plaisir réservé à l'âme (*Cor.*, lettre 171).

Un dernier exemple montrera le peu de soucis qu'elle avait de faire étalage de sa culture, c'est le *Discours docte et subtil*. En se lançant dans cette matière théologico-philosophique, Marguerite aurait pu, comme tous ses devanciers, accumuler les arguments bibliques, broder à l'infini sur les *exempla* qui servaient à démontrer la supériorité d'un sexe sur l'autre, y aller de sa liste de femmes savantes depuis l'Antiquité – comme le faisait par exemple Henri-Corneille Agrippa de Nettesheim dans l'ouvrage bien connu dont le *Discours* s'inspire. Pourtant, là aussi, Marguerite innove – c'est-à-dire qu'elle coupe court à l'habituelle logorrhée et ramasse en quelque pages l'ensemble des arguments issus de la tradition, pour donner de la valeur à l'introduction et à la conclusion de son texte, c'est-à-dire aux idées principales qu'elle veut transmettre à son lecteur, avec un bon sens qui vaut assurément toutes les références bibliques. Vous affirmez, écrit-elle ainsi au jésuite, que le sexe féminin est

> honoré de l'homme pour son infirmité et sa faiblesse ; vous me pardonnerez si je vous dis que l'infirmité et [la] faiblesse n'engendrent point l'honneur mais le mépris et la pitié. Et qu'il y a bien plus d'apparence que les femmes soient honorées des hommes par [*pour*] leurs excellences (*Mém.*, p. 270).

Ce bref aperçu de l'usage que Marguerite de Valois fit de son érudition dans ses écrits invite donc à réviser les rares jugements émis jusqu'ici sur son œuvre, et notamment celui de Sainte-Beuve, qui affirmait dans l'un de ses *Lundis* que, toute heureuse d'exhiber ses connaissances, la reine citait « couramment Burrus, Pyrrhus, Timon, le centaure Chiron et le reste » (Sainte-Beuve, 1853, p. 148). Allégation mensongère, puisque deux de ces noms sont inconnus de ses écrits, et que les deux autres ne surviennent qu'une fois sous sa plume[12]. Allégation, plutôt, tout droit sortie d'un fantasme masculin fort répandu au XIXᵉ siècle, celui du « bas-bleu » forcément insupportable.

Sainte-Beuve se trompait d'époque, et de personnage. L'invisibilité (ou la quasi invisibilité) de la culture de Marguerite dans ses écrits est en effet à replacer dans un double contexte : celui de la culture aristocratique des XVIᵉ et XVIIᵉ siècle, qui n'est pas la culture des clercs mais celle de gens qui n'avaient rien à prouver en ce domaine[13] ; et celui d'une œuvre, d'une esthétique, d'un style particuliers, que caractérisent le naturel, la simplicité, la vivacité, l'absence de pédantisme, et au bout du compte, la rapidité. Ses *Mémoires* sont alertes, son *Discours docte et subtil* est bref, ses lettres ne dépassent guère une page en moyenne, et lorsqu'elle écrivit, en collaboration avec ses poètes, des textes dont il reste deux versions (la sienne et l'autre), c'est toujours la sienne qui est la plus courte, la moins complaisante. Marguerite de Valois écrivait pour convaincre, pour gagner la partie, pour témoigner, pour ne plus pleurer, voire pour s'amuser – jamais pour démontrer qu'elle était savante, ce dont elle était assez persuadée.

---

12 Marguerite ne prononce qu'une seule fois le nom de Burrus dans ses *Mémoires* (p. 86) ; elle n'évoque qu'une fois Timon, dans une lettre à Henri IV (*Cor.*, lettre 166) ; elle ne parle jamais de Pyrrhus ni de Chiron – celui-ci venant de l'« Historiette » que Tallemant des Réaux lui a consacrée.

13 Songeons au prologue de l'*Heptaméron*, dans lequel l'autre Marguerite affirmait ne pas trouver dignes de figurer parmi ses devisants « ceux qui avaient étudié et étaient gens de lettres »… Ce choix esthétique, qui préfère la conversation au discours savant, qui croit à la fécondité du dialogue entre gens raffinés (par ailleurs fort savants) plus qu'au travail de la pensée solitaire, et qui refuse l'exhibition de la culture, est repérable dans les cercles mondains jusqu'à la fin du XVIIᵉ siècle.

SE DIRE, SE MONTRER, SE PENSER

Marguerite de Valois d'un ethos à l'autre

« Je louerais davantage votre œuvre, si elle ne me louait tant » (*Mém.*, p. 69), écrit Marguerite de Valois à Brantôme, son vieil admirateur, au tournant de l'année 1593-1594, après avoir lu son *Discours sur la reine de Navarre*[1]. Les premiers mots du texte majeur de la fille de Catherine de Médicis et d'Henri II posent ainsi d'emblée – sous la forme d'un embarras – la question de l'ego et de sa mise en scène.

Cette question est d'autant plus ardue, pour celle qui prend la plume afin de rectifier à la fois les erreurs factuelles du *Discours* et le portrait qui en émane, que son identité sociale, comme son identité profonde, sont alors en pleine redéfinition. Son époux, qu'elle n'a pas vu depuis près de dix ans, vient en effet de devenir roi de France – mais aussi de lui proposer le divorce : ils n'ont pas eu d'enfants ensemble et il doit fonder une lignée. Reine de Navarre depuis son mariage en 1572, reine de France virtuelle depuis quelques années, et officielle depuis quelques mois[2], elle s'apprête à se libérer du lien matrimonial (qui lui pesait) mais aussi de ses titres les plus prestigieux (auxquels elle tenait). Elle proposera de redevenir duchesse de Valois, simplement, mais Henri IV refusera de lui enlever son titre de reine : pour les quinze dernières années de sa vie, elle sera la « reine Marguerite ».

D'autre part, en 1593, elle a des comptes à régler avec son identité sexuelle, comme elle l'avoue dès la troisième phrase du texte : « C'est un commun vice aux femmes de se plaire aux louanges, bien que non méritées. Je blâme mon sexe en cela, et n'en voudrais tenir cette condition » (*ibid.*). *Alter ego* de son frère aîné, le roi Henri III, elle s'est

---

1   Cet article a paru dans *Tangence* [Rimouski, Québec], n° 77 (*Masques et figures du sujet féminin*), sous la dir. de Claule La Charité, hiver 2005 ; son titre initial était : « Parler de soi : parler à l'autre. Marguerite de Valois face à ses interlocuteurs ».

2   Le frère de la reine, Henri III, a été assassiné en 1589, mais Henri IV n'est accepté comme roi qu'après avoir abjuré (juillet 1593).

toujours comportée en prince ; elle vit d'ailleurs en exil en Auvergne, après avoir pris les armes contre toute sa famille. La longue négociation de son « démariage » et la plongée dans son passé (la rédaction de ses *Mémoires*) lui permettront de se réconcilier avec elle-même ; elle sortira de ces épreuves non seulement dotée d'un nouveau nom, mais d'une nouvelle identité : une personnalité rayonnante, ayant troqué son refus d'être une femme contre un refus de l'oppression des femmes, comme en témoignent et sa dernière cour (féministe), et son dernier écrit (le *Discours sur l'excellence des femmes*, ou *Discours docte et subtil*)[3]. En attendant, elle ne se reconnait pas dans le miroir tendu par Brantôme :

> me remirant en votre *Discours*, je ferais volontiers comme la vieille Madame de Randan, qui, ayant demeuré depuis la mort de son mari sans voir miroir, rencontrant par fortune son visage dans le miroir d'une autre, demanda qui était celle-là (*Mém.*, p. 70).

Une autre raison encore, et non des moindres, pourrait motiver son embarras : le genre des Mémoires, au sens où nous l'entendons maintenant, n'existe pas encore. Au contraire des aristocrates des deux sexes qui s'y illustreront au XVIIe siècle, suite au phénoménal succès des siens[4], il n'y a dans la culture de la reine ni modèle de Grand racontant sa vie par le menu, ni encore moins de Grande ; la seule femme ayant fait quelque chose d'un peu semblable, sa belle-mère, Jeanne d'Albret, avait un but précis et noble : défendre ses engagements politiques et confessionnels[5]. Aussi Marguerite de Valois ne sait-elle pas très bien où elle s'aventure, lorsqu'elle saisit la plume. Elle éprouve d'ailleurs le besoin de gloser ce qu'elle fait. « Je tracerai mes mémoires, à qui je ne donnerai plus glorieux nom, bien qu'ils méritassent celui d'histoire » (*ibid.*, p. 72), annonce-t-elle

---

3   Sur la question de l'identité sexuelle problématique de la reine, voir Viennot, 1995, et dans ce volume, p. 221 et suiv.

4   Le texte parut en 1628, soit quinze ans après la mort de la reine. Il connut une trentaine d'éditions jusqu'à la fin du XVIIe siècle, et de nombreuses traductions en anglais et en italien. Certains épisodes de l'œuvre, comme la vie de son autrice, inspirèrent des romans dès la seconde partie du siècle (voir Viennot, 2005, partie II, chap. 2).

5   À l'orée de la troisième guerre civile (1568), afin de justifier sa jonction avec Condé et Coligny, la souveraine huguenote fit publier un certain nombre de lettres aux grands dirigeants européens. Elle les compléta l'année suivante d'un récit autobiographique destiné à faire la preuve de sa fidélité à la Couronne – et des mauvais traitements de celle-ci (Jeanne d'Albret, 2007). L'*Ample Déclaration* fut republiée au XIXe siècle sous le titre de Mémoires (*Mémoires et poésies*, éd. de Ruble, Paris, Paul, Huart et Guillemin, 1893), mais il s'agit d'un (long) mémoire justificatif, puisqu'à portée pragmatique immédiate.

au bout de quelques lignes. Mais elle pense encore, à ce moment-là, à ces relations « pour servir à l'histoire de France », qu'écrivaient parfois diplomates et capitaines : une fois écrits, affirme-t-elle, elle les enverra à Brantôme « comme les petits ours, en masse lourde et difforme », afin que lui, son historien, réécrive sa *Vie* : « C'est un chaos duquel vous avez déjà tiré la lumière ; il reste l'œuvre de cinq autres journées » (*ibid.*). Mais quelques pages plus loin (et quelques faux départs), elle se décide à prendre en charge le récit. Désormais préoccupée de « la liaison des choses » (*ibid.*) et désireuse de remonter « au premier point où je me puisse ressouvenir y avoir eu quelque chose remarquable à ma vie » (*ibid.*, p. 73), elle s'installe dans son œuvre – dans ses Mémoires. Du coup, l'interlocuteur change de statut. Au lieu d'être un scribe à qui l'on indique laborieusement, du haut de son piédestal, ce qu'il devra écrire, il devient un confident, un ami à qui l'on raconte, à qui l'on explique, avec qui l'on se souvient, avec qui l'on plaisante – posture fondatrice du genre des Mémoires d'Ancien Régime.

Le génie (au sens que l'on donne à ce mot depuis la fin du XVIIIe siècle) n'y est sans doute pour rien ; j'ai montré ailleurs que ce choix était sans doute avant tout lié à la situation d'énonciation de la reine : au fait de *répondre* à une œuvre déjà là (et non d'en créer une de toutes pièces), à la logique d'explication qui s'installe naturellement entre deux personnes au vécu et aux amis communs, à la communauté de destin que ces deux exilés partageaient[6]. En revanche, son « génie » (au sens propre du terme) pourrait y être pour beaucoup. Quelque chose en elle, en effet, refusait de « poser », s'effrayait d'ennuyer. La démonstration a pu être faite à partir des usages de sa culture[7], mais ceci n'est à vrai dire qu'un aspect d'une question plus générale, celle des visages que l'on veut présenter de soi, et, plus profondément encore, celle des *moi* dans lesquels on s'assume, ou au contraire que l'on déteste. Les *Mémoires* constituent à cet égard un cas limite : dans le faux tête-à-tête avec Brantôme, dont elle maitrise la conduite, elle (re)crée la relation de la conversation amicale et oublie la question de sa mise en scène pour se plonger dans la narration de son passé ; ce faisant, elle se campe au fil du texte dans les personnages qu'elle préfère, ceux auxquels elle s'identifie spontanément. L'examen du reste de l'œuvre, et notamment de

---

6   Voir ce volume, p. 105 et suiv.
7   Voir ce volume, article précédent.

sa correspondance, permet toutefois de découvrir d'autres personnages, tout aussi constitutifs de sa personnalité, et de mieux comprendre non seulement la relation qu'elle entretenait avec eux, mais l'ampleur des choix effectués dans les *Mémoires*.

UNE VICTIME… PROTÉGÉE DE DIEU

Que Marguerite fût une victime, elle n'avait pas besoin que Brantôme le lui rappelle pour en être persuadée. Victime de la Fortune, disait-il en ouverture de son *Discours*, si « envieuse de la Nature (d'avoir fait cette princesse si belle) que, par dépit, elle lui a voulu courir assus » (*DRN*, p. 119) – une ennemie à laquelle elle avait toujours fait, cependant, « une audacieuse résistance » (*ibid.*)[8]. Marguerite partage volontiers cette vision des choses, comme le montre le retour du motif de « l'envieuse Fortune » dans ses *Mémoires* – par exemple lorsqu'elle évoque son mariage, « cet heureux état de triomphe et de noces » changé par cette méchante « en un tout contraire » (*Mém.*, p. 92), puisqu'il préluda à la Saint-Barthélemy. Toutefois, la main de la Fortune est souvent retenue, dans l'imaginaire de la reine, par d'autres puissances qui la protègent, notamment celles de Dieu et de la Providence, d'autant que « quelques-uns tiennent que Dieu a en particulière protection les grands » (*ibid.*, p. 107). Du reste, la Fortune n'est pas toujours mauvaise, et sous son mauvais jour elle ne s'acharne pas que sur elle.

En revanche, Marguerite se décrit persécutée, et cela depuis l'enfance, par son frère Henri. Dès la seconde anecdote qu'elle rapporte en ses *Mémoires* (on est en 1561, il a dix ans à peine, elle huit), il se révèle un être hargneux, voire haineux à son égard ; alors que la Cour est « infectée d'hérésie » (*ibid.*, p. 74), explique-t-elle, et que lui-même y est gagné par ses tuteurs, il lui arrache ses livres d'heures pour les mettre au feu et ajoute aux injures « les menaces, disa[n]t que la reine ma mère

---

8   Le mémorialiste ne s'en tenait pas à ce jugement (qui lui a valu d'être bien maltraité par la critique) : vers la fin de son *Discours*, il disait aussi : « Elle avait le courage grand ! Hélas, trop grand certes, s'il en fut onques ; mais pourtant cause de tout son malheur ; car si elle l'eût voulu un peu contraindre et rabaisser le moins du monde, elle n'eût été traversée comme elle a été » (*DRN*, p. 143).

me ferait fouetter » (*ibid.*, p. 75). En 1569, alors qu'il vient de faire ses premières armes, le vainqueur de Jarnac demande à sa sœur (avec des paroles pleines de flatteries) de soutenir sa cause à la Cour... avant de précipiter sa disgrâce, six mois plus tard, aux lendemains de la bataille de Moncontour. Gagné par les « beaux préceptes machiavélistes » (*ibid.*, p. 84) de l'une de ses âmes damnées, il ajoute la perfidie à la méchanceté, suggérant à leur mère que Marguerite devient une belle jeune fille, qu'elle est courtisée, qu'elle ne saura pas tenir sa langue, qu'elle doit être écartée. Après la Saint-Barthélemy, et surtout après le complot des Malcontents (1574), au cours du quel Marguerite rejoint le camp de son frère cadet, les choses empirent encore. Henri III est en effet saisi d'une « extrême jalousie contre [s]on frère d'Alençon » (*ibid.*, p. 105), d'autant qu'il estime sa sœur responsable de l'alliance qui s'est établie entre ce dernier et l'époux de Marguerite (tous deux comploteurs) ; il conçoit donc contre eux trois un « abominable dessein », qui « fut poursuivi avec autant d'animosité, de ruses et d'artifice qu'il avait été pernicieusement inventé » (*ibid.*, p. 107). Et en effet, la rancune, la méfiance, la perversité du roi s'abattent encore à diverses reprises sur l'héroïne des *Mémoires*, faisant planer leur ombre menaçante jusque dans les dernières pages que nous possédions du texte, où on le voit échafauder « un beau moyen pour me rendre aussi misérable qu'il désirait » (*ibid.*, p. 213) : il veut la faire revenir à la Cour, alors qu'elle vit en Gascogne, « à quoi pour parvenir, il me fit écrire par la reine ma mère qu'elle désirait me voir, que c'était trop d'avoir été cinq ou six ans éloignée d'elle » (*ibid.*).

Comme il ressort d'une lecture attentive du texte aussi bien que des sources historiques, cette éternelle persécution est en partie inventée par la mémorialiste. Henri III a bien voué à sa sœur une solide rancune, mais seulement après le complot des Malcontents (destiné à l'évincer du trône !) et surtout après l'installation de Marguerite dans son rôle d'opposante, ou du moins d'alliée du duc d'Alençon et de son mari – tous deux si souvent en conflit, voire en guerre avec la Couronne. Ce mensonge (qui lui coûte, d'où ses efforts pour excuser son frère en même temps qu'elle l'accuse, le montrer manipulé, « possédé » par de méchantes âmes) a deux raisons. D'une part, il est destiné à masquer une chose inavouable pour la reine, parce qu'incompatible avec la noblesse de son personnage : ce frère autrefois tant aimé, elle l'a bel et bien trahi au profit de son cadet, alors qu'il était loin, dans son royaume de Pologne, et que personne en

France, si ce n'est leur mère, ne pariait un kopek sur lui[9]. D'autre part, ce mensonge masque une autre réalité, plus difficile encore à regarder en face : le peu d'amour de sa mère pour elle.

S'il est une personne, en effet, dont Marguerite fut la victime, c'est bien Catherine de Médicis. Sans être maltraitante, c'est elle qui, toujours, décida de ses grâces et disgrâces. C'est elle, bien sûr, et Marguerite le sait, qui décida après Moncontour de l'écarter. C'est elle qui décida de la marier avec un hérétique, puis, devant l'échec de ce « coup », l'envoya rejoindre les huguenots qu'on allait mettre à mort, prenant le risque qu'ils se vengent sur elle. C'est elle, ensuite, qui mit sur pied la plupart des « abominables desseins » que la reine attribue à son frère à partir de 1575 (et notamment la « mission » de la baronne de Sauve, sa fidèle, chargée de séduire les deux beaux-frères). Et c'est elle, enfin, elle qui avait passé sa vie à être trompée par son époux, qui refusa de comprendre que sa fille n'était pour rien dans les frasques du sien, lui reprochant durement de fermer les yeux pour pouvoir en faire autant de son côté.

A-t-elle pardonné à cette mère indigne, à cette femme aliénée, quand elle écrit ses *Mémoires* ? C'est bien possible, d'autant qu'elle lui rend hommage à diverses occasions. En tout cas, il est clair que Marguerite charge Henri (coupable, du reste, à ses yeux, d'être le préféré de leur mère) d'une partie des méfaits de Catherine. Cependant, de même qu'elle ne parvient pas à accabler son frère, elle ne parvient pas toujours à dissimuler l'effroi que lui inspirait sa mère. Ainsi, cherchant à expliquer à Brantôme son état d'esprit lorsqu'en 1569 son frère l'appela à son aide, elle écrit que cette demande la sortit d'une sorte de non-existence, « pour avoir jusques alors vécu sans dessein » et « avoir été nourrie avec telle crainte auprès de la reine ma mère que, non seulement je ne lui osais parler, mais quand elle me regardait je transissais, de peur d'avoir fait chose qui lui déplût » (*ibid.*, p. 82). Par ailleurs, l'image de la victime sacrificielle surgit logiquement du récit de la nuit de la Saint-Barthélemy, lorsque la reine mère, s'étant résolue à faire exécuter les dirigeants huguenots, envoya sa fille rejoindre son mari – leur chef :

> Je voyais bien qu'ils se contestaient [*sa mère et les personnes discutant avec elle*] et n'entendais pas leurs paroles. Elle me commanda encore rudement que je m'en allasse coucher. Ma sœur [Claude] fondant en larmes me dit bonsoir,

9   Voir « Le mensonge des *Mémoires* », dans l'introduction à mon édition critique de l'œuvre (*Mém.*, p. 46-49).

sans m'oser dire autre chose; et moi je m'en vais, toute transie et perdue, sans me pouvoir imaginer ce que j'avais à craindre (*ibid.*, p. 98).

Un autre passage révèle encore mieux cette identité de victime sacrificielle. C'est – bizarrement (la chose aurait fait le bonheur d'un psychanalyste) – lorsqu'elle évoque, aux lendemains de la victoire de Jarnac, la fierté sans bornes de Catherine : « Ce qu'en ressentait ma mère, qui l'aimait uniquement, ne se peut représenter par paroles, non plus que le deuil du père d'Iphigénie » (*ibid.*, p. 80). Cette comparaison complexe, où tous les pôles sont inversés (Catherine/Agamemnon, Henri/Iphigénie, le bonheur de la reine / le malheur du roi, la naissance symbolique du prince / la mise à mort de la princesse), en dit long sur les sentiments de la mémorialiste ; mais elle laisse avant tout surgir le spectre d'une jeune fille sans défense, sacrifiée par sa mère sur l'autel de la politique.

Un autre texte de la reine donne libre cours à cette image, et avec d'autant moins de retenue que Marguerite n'y parle pas en son nom : la *Déposition du roi de Navarre* (ou *Déclaration*, ou *Mémoire justificatif pour Henri de Bourbon*)[10]. Dans ce court plaidoyer qu'elle écrivit en 1574, en pleine débâcle du complot des Malcontents, pour le compte de son mari accusé de haute trahison et sommé de s'expliquer devant une cour de justice, elle choisit de faire raconter sa vie au narrateur (pour montrer qu'il a toujours été fidèle) et de le faire s'adresser exclusivement à la reine mère (et non au reste de la cour). Ce faisant, elle lui fait endosser la défroque de la victime innocente, et surtout menacée de mort par celle-là même qui devrait lui tenir lieu de mère. Le locuteur se peint en effet ballotté d'une intrigue à l'autre dès le plus jeune âge, désespérément désireux de faire partie du groupe des enfants de Catherine (c'est-à-dire aimé d'elle et protégé par elle), et au lieu de cela privé de tous ses proches par divers assassinats – notamment lors de « la Saint-Barthélemy, où furent massacrés tous ceux qui m'avaient accompagné » (*Mém.*, p. 242). Plus tard, lorsqu'Henri est parti pour la Pologne (fin 1573), « il oublia l'amitié et bonne chère qu'il m'avait promises, et ne se souvint de vous supplier, Madame, que vous m'eussiez en votre protection » (*ibid.*, p. 245). C'est donc pour sauver sa peau, soutient l'accusé, et parce que les avis convergeaient de toutes parts « que l'on voulait faire une seconde Saint-Barthélemy » (*ibid.*, p. 243), qu'il a tenté de se sauver de la Cour – puisque c'est là toute la faute qu'il reconnaît.

---

10   Sur ces variations du titre, voir la note 3 du premier article de cet ouvrage.

La correspondance de Marguerite, enfin, donne lieu au surgissement de cette image, telle que vécue sur le moment. En mars 1584, par exemple, alors qu'elle vient de faire les frais d'un énième affrontement entre son époux et la Couronne – sans doute l'épisode le plus humiliant de sa vie –, elle écrit à sa mère, qui l'enjoignait d'écrire à Henri III pour « faire la paix » avec lui :

> Puisqu'il ne m'a pu aimer par les mérites de mon service et de ma très humble affection, j'espère, Madame, qu'ores que je suis accablée de tant de maux et d'ennuis, qu'il m'aimera par pitié ; et si les rois, comme l'on dit, sont semblables aux dieux, qui aiment les cœurs affligés, le mien lui devra être fort agréable (*Cor.*, lettre 204).

Mais dans sa lettre à son frère, Marguerite mentionne les « calomnies » de ceux qui « voulaient baptiser [s]on malheur exécrable, ce qu'il n'est pas », avant d'inviter le roi à davantage de raison : « Sire, votre jugement soit donc mon juge équitable. Quittez la passion, et vous plaise de considérer ce que, pour vous obéir, m'a fallu endurer » (*ibid.*, lettre 205).

Dix-huit mois plus tard, en octobre 1585, c'est à nouveau en direction de sa mère que surgissent les accusations les plus véhémentes. Alors qu'elle vient de s'installer dans une forteresse du Cantal après avoir dû fuir Agen, elle répond à Catherine, qui lui a expliqué « que ce n'était à [elle] à faire la guerre » (*ibid.*, lettre 236), qu'elle cherche seulement à ne pas « retomber en la puissance de ceux qui m'ont voulu ôter le bien, la vie et l'honneur », et elle la « supplie très humblement croire [qu'elle] n'y épargner[a] rien » (*ibid.*). Un an plus tard, enfin, elle est arrêtée sur ordre de sa mère et de son frère après une longue cavale. Bien qu'il ne paraisse pas vraisemblable que ces derniers aient désiré sa mort, c'est ce dont elle accuse explicitement Catherine, d'abord dans une lettre au gouverneur de Clermont :

> Monsieur de Sarlan, puisque la cruauté de mes malheurs et de ceux à qui je ne rendis jamais que services est si grande que, non contents des indignités que depuis tant d'années ils me font pâtir, [ils] veulent poursuivre ma vie jusqu'à la fin, je désire au moins, avant ma mort, avoir ce contentement que la reine ma mère sache que j'ai eu assez de courage pour ne tomber vive entre les mains de mes ennemis, vous protestant que je n'en manquerai jamais. Assurez l'en, et que les premières nouvelles qu'elle aura de moi sera ma mort. Sous son assurance et commandement, je m'étais sauvée chez elle ; et au lieu du bon traitement que je me promettais, je n'y ai trouvé que honteuse ruine ! [...] Elle m'a mise au monde, elle m'en veut ôter (*ibid.*, lettre 238).

Accusation reprise, encore plus directement, dans une lettre à sa mère :

> Madame, puisque l'infortune de mon sort m'a réduite à telle misère que je ne
> suis si heureuse que désiriez la conservation de ma vie, au moins, Madame,
> puis-je espérer que vous la voudrez de mon honneur (*ibid.*, lettre 239).

Ces derniers exemples montrent que la victime savait se défendre ! Du reste, de même que, dans les *Mémoires*, les mauvaises volontés de la Fortune sont bien souvent battues en brèche par Dieu, c'est en lui que la reine de Navarre met tous ses espoirs à l'automne 1586. En témoigne la fin de sa lettre à Sarlan (destinée, de fait, à sa mère) : « Patience ! Elle m'a mis au monde, elle m'en veut ôter. Si sais-je bien que je suis entre les mains de Dieu : rien ne m'adviendra contre sa volonté. J'ai ma fiance en lui et recevrai tout de sa main ». Manière de se donner du courage, certes, mais aussi de dénier à sa mère un quelconque pouvoir sur sa vie. De la même façon, le locuteur de la *Déclaration du roi de Navarre* avait beau se peindre en innocent persécuté, son ton était d'emblée celui de l'attaque, puisque le discours commençait ainsi :

> Madame, encore que par droit je ne sois obligé de répondre qu'à vos majestés,
> si ne craindrai-je [de parler] devant cette compagnie et toutes autres personnes
> que vous trouverez bon, disant vérité (*Mém.*, p. 239).

Un ton qui ne faisait que monter tout au long du discours, le plaidoyer se transformant en réquisitoire, et se terminant sur ce véritable rappel à l'ordre : « Qu'il plaise au roi et à vous, Madame, me vouloir dorénavant faire tant de bien et honneur que de me traiter comme étant ce que je vous suis » (*ibid.*, p. 250).

UNE ALLIÉE SÛRE, MAIS PEU ÉCOUTÉE

Aussi profondément ancrée qu'elle soit en elle, donc, l'image de victime est loin d'être celle qui plaît le plus à Marguerite de Valois. À coup sûr, elle préfère celle de l'alliée, qui pourrait d'ailleurs émerger d'une autre forme de victimisation : n'est-ce pas d'abord en lui donnant des alliés peu capables – à elle, qui l'était – que le sort s'est acharné sur elle ? Cette accusation lancinante domine les *Mémoires*. Mais notons d'abord le plaisir qu'elle eut toujours à être sollicitée pour son aide, l'enthousiasme avec lequel elle répondit toujours présente – sans toujours (c'est un euphémisme) songer aux conséquences que cela pouvait avoir pour sa propre carrière politique ou sa propre sécurité. Ainsi en est-il de la demande d'alliance formulée par Henri en 1569, acte fondateur, semble-t-il, à bien des égards, dont l'évocation nous vaut l'un des rares passages introspectifs du texte, tant cette intronisation a signifié pour Marguerite une sorte de « naissance à la vraie vie ». Ayant reconstitué ses paroles enjoleuses, elle analyse : « Revenue de ce premier étonnement, ces paroles me plurent ; et me semblait à l'instant que j'étais transformée, et que j'étais devenue quelque chose de plus que je n'avais été jusques alors » (*Mém.*, p. 83). La jeune princesse s'est donc empressée de faire ce que lui demandait son frère :

> J'obéis à cet agréable commandement, ne manquant un seul jour d'être des premières [au lever de la reine mère] et des dernières à son coucher. Elle me faisait cet honneur de me parler quelquefois deux ou trois heures, et Dieu me faisait cette grâce qu'elle restait si satisfaite de moi, qu'elle ne s'en pouvait assez louer à ses femmes. Je lui parlais toujours de mon frère, et le tenais, lui, averti de tout ce qui se passait avec tant de fidélité que je ne respirais autre chose que sa volonté (*ibid.*, p. 83).

D'où sa déception lorsqu'elle tomba en disgrâce, et même la grave maladie qui l'accabla alors, et qu'elle analyse comme le principal effet de sa souffrance.

De la même façon, il suffit que son frère d'Alençon lui demande son aide pour qu'elle accepte : « M'y voyant conviée par tant de submissions et de sujétion et d'affection qu'il me témoignait, je me résolus de l'aimer et embrasser ce qui lui concernerait » (*ibid.*, p. 103). Et de la même façon encore, son époux lui demandant d'écrire le texte de sa défense, elle accepte avec empressement :

> On députa commissaires de la cour de Parlement pour ouïr mon frère et le roi mon mari, lequel n'ayant lors personne de conseil auprès de lui, me commanda de dresser par écrit ce qu'il aurait à répondre, afin que par ce qu'il dirait, il ne mît ni lui ni personne en peine. Dieu me fit la grâce de le dresser si bien qu'il en demeura satisfait, et les commissaires étonnés de le voir si bien préparé (*ibid.*, p. 105).

Elle va même jusqu'à préparer une évasion pour Navarre ou Alençon (ils sont trop étroitement surveillés pour fuir ensemble), mais « jamais ils ne se purent accorder lequel c'est qui sortirait, chacun voulant être celui-là, et nul ne voulant demeurer, de sorte que ce dessein ne se put exécuter. » (*ibid.*) Marguerite se montre ainsi non seulement une alliée fidèle, capable et courageuse, mais la seule qui ait la tête froide !

Ce sous-entendu réapparait ensuite à diverses reprises sous sa plume, à propos de son seul époux. C'est en effet avec un bonheur sans mélange que Marguerite évoque les services qu'elle rendit à son petit frère, par exemple en « couvrant » sa première évasion du Louvre, en 1575 (ce qui lui valut quelques mois d'enfermement), en se rendant en Flandre deux ans plus tard pour défendre sa candidature au trône des Pays-Bas (voyage qui faillit mal se terminer), ou en organisant, début 1578, sa seconde évasion du Louvre (qui, heureusement, lui fit plus de peur que de mal)... Autant d'exploits qui n'ont rien rapporté à Marguerite, si ce n'est l'hostilité de sa mère et de son frère Henri III, puisque le duc d'Alençon n'a pas réussi à réaliser ses ambitions. Sans les relater aux dépens de ce dernier, elle montre en tout cas qu'il n'a pas tenu à elle qu'il échoue, et elle explique tout de même qu'il était « du vrai naturel de Pyrrus, n'aima[n]t qu'à entreprendre choses grandes et hasardeuses, étant plus né à conquérir qu'à conserver » (*ibid.*, p. 141). Il faut dire que le duc d'Alençon montrait ouvertement sa gratitude envers sa sœur.

Le roi de Navarre, en revanche, est l'objet d'accusations répétées. « Satisfait » du travail de sa femme (et avec raison : sa ferme prestation devant la cour de justice lui valut ses premières marques d'estime, aussi bien des catholiques que des huguenots), il aurait dû lui en savoir gré. Au lieu de cela, il passa les dernières semaines de son séjour à la Cour tout occupé à « la seule volupté de jouir de la présence de sa maitresse » (*ibid.*, p. 126) et, en février 1576, il « partit de cette façon sans me dire adieu » (*ibid.*, p. 127). Quelques années plus tard, alors qu'elle l'a rejoint en Gascogne, elle se met en quatre pour éviter la reprise des conflits – en vain. « Quoi que je pusse faire, explique-t-elle, pour les maintenir bien ensemble, le roi mon mari et lui [le maréchal de Biron, représentant du roi], je ne pus empêcher qu'ils ne vinssent en une extrême défiance et haine » (*ibid.*, p. 200) ; prélude à la septième guerre de religion. Marguerite n'épargne pourtant pas ses efforts : « J'en parlai au roi mon mari pour l'en empêcher, et à tous ceux de son conseil, leur remontrant combien peu avantageuse leur pourrait être cette guerre » (*ibid.*, p. 201), mais la volonté d'en découdre du parti huguenot est plus forte que ses admonestations :

> Encore que le roi me fît cet honneur d'avoir beaucoup plus de créance et de fiance en moi, et que les principaux de la Religion m'estimassent avoir quelque jugement, je ne pus pour lors leur persuader ce que bientôt après ils reconnurent à leurs dépens être vrai. Il fallut laisser passer ce torrent, qui alentit bientôt son cours quand ils vinrent à l'expérience de ce que je leur avais prédit (*ibid.*).

Cette posture d'alliée compétente et pourtant non écoutée s'affirme, à l'époque, dans la correspondance de Marguerite – preuve qu'il ne s'agit pas d'une construction propre aux *Mémoires*. En juin 1582, notamment, soit deux ans après l'inutile septième guerre de religion (qui valut à Marguerite d'être accusée de complicité par la Couronne), elle vient de rejoindre la cour de France ; les relations avec son mari sont alors tout à fait distendues (d'autant qu'il a fait un enfant à l'une de ses suivantes[11]), mais elle continue d'estimer que son devoir est de servir sa cause, et ses lettres la montrent l'informant presque au jour le jour des nouveautés intervenues dans l'entourage royal. Un jour, pourtant, Navarre lui reproche de mal l'informer et, qui pis est, de lui donner des conseils déplacés (en réalité, il est furieux qu'elle se soit séparée de sa suivante, ce qu'elle a fait à la demande expresse de sa mère). Prise entre deux feux, Marguerite lui rappelle alors vertement qu'elle n'a fait que son travail d'alliée :

> Je vous dirai donc, Monsieur, que, suivant votre commandement, étant arrivée en cette cour, je vous écrivis superficiellement ce que j'y avais pu voir et apprendre en si peu de temps, d'où il était malaisé de tirer aucune certitude en tant de diverses et si variables choses ; desquelles je vous représentais ce que premièrement s'en était offert à mes yeux. La crainte que j'avais de faillir, ne le faisant point, m'en fit user ainsi. Mais puisque l'avez reçu comme vos lettres me l'ont fait paraître, je me saurai bien retrancher de cette liberté [*de parler*] de laquelle j'usais, m'ayant dit que vous l'auriez agréable ; et si je vous ai conseillé de venir à la Cour, je n'ai suivi en cela que le conseil que l'on vous donna à l'assemblée [protestante] de Montauban (*Cor.*, lettre 156).

---

11   Rapportant la chose dans ses *Mémoires*, elle écrira : « Dieu voulut qu'elle ne fît qu'une fille, qui encore était morte » (*Mém.*, p. 212).

Une autre lettre, plus tardive, mais toujours antérieure à la rédaction des *Mémoires*, permet quant à elle de voir que cette représentation de soi comme alliée fidèle, compétente et même indispensable n'est pas uniquement de mise dans les relations avec ses proches : c'est celle qu'elle adresse à Philippe II d'Espagne en 1587, alors qu'elle s'est débarrassée de son geôlier (Canillac) depuis quelques mois — Dieu étant bel et bien intervenu, assez vite même, en la personne des Guises, qui l'ont rallié à leur parti. Deux ans plus tôt, quittant un mari décidément insupportable alors qu'il venait de devenir l'héritier présomptif de la couronne française suite à la mort du duc d'Alençon, la reine a rejoint objectivement (si ce n'est délibérément) la Ligue de tous ceux qui s'opposent à ce qu'un prince protestant monte sur le trône de France. Et depuis ce temps, elle attend que le bailleur de fonds de la guerre civile en France lui envoie de l'aide — c'est-à-dire de l'argent, dont elle a plus que jamais besoin. Pour le décider, elle doit non seulement l'assurer qu'elle veut poursuivre la lutte contre les hérétiques, mais le convaincre que ses capacités militaires sont intactes et qu'elle maitrise la situation. Elle relate donc ses déboires depuis sa fuite d'Agen, arrangeant habilement son récit pour transformer le chaos des deux précédentes années en une suite de revers explicables, puis elle présente un tableau des forces en présence après la bataille de Coutras (20 octobre 1587), où les armées d'Henri III ont été battues par le roi de Navarre et où le duc de Joyeuse a trouvé la mort :

> Voyant que la victoire qu'ont eue les hérétiques sur Monsieur de Joyeuse donne prétexte au roi mon frère de faire la paix [avec eux], et qu'il est parvenu à une partie de son dessein (qui était de rendre les huguenots si forts qu'il peut faire accroire au pape et à tous les catholiques qu'il faut qu'il leur accorde la paix à telles conditions qu'ils voudront), voyant que les propos de ladite paix sont déjà fort avant [*avancés*] et que Messieurs de Guise, n'étant assez forts, seront contraints y consentir, j'ai pensé ne devoir davantage attendre à vous en avertir, et vous supplier croire que, si c'est votre volonté y apporter le remède, que j'ai encore plus d'intelligences [*complices*], de places et d'hommes que je n'eus jamais (*Cor.*, lettre 242).

Il est probable que le roi d'Espagne ne crut pas un mot de tout ceci, puisque son aide ne vint jamais, alors qu'il continua d'alimenter les caisses des Guises. Et il est bien possible qu'il ait eu tort. Incapable de poursuivre la guerre, Marguerite songea désormais à sa propre survie : observant une neutralité prudente, elle renforça son pouvoir local de comtesse fieffée dans tout le sud du massif central et le sud-ouest de la France. Aussi son mari fut-il bien obligé, une fois arrivé au pouvoir, de compter avec elle, et surtout (du point de vue de la reine) de compter *sur* elle – d'autant que son installation sur le trône n'impliqua nullement la fin des conflits. Nous la voyons donc à nouveau adopter la posture de l'alliée, dès les premiers temps de la négociation de leur « démariage », et surtout après son aboutissement (déc. 1599), alors que les complots se multiplient contre le nouveau roi. Elle explique alors, avec force détails, les efforts qu'elle déploie pour conserver l'Auvergne à son service – et elle ne se prive pas, comme autrefois, de lui donner des conseils. En 1601, par exemple, elle dénonce les agissements de son neveu (fils de Charles IX et de sa maitresse Marie Touchet), engagé dans une conspiration qui le conduira bientôt en prison :

> Ce mal conseillé garçon tient plusieurs places en ce pays, des maisons qu'il m'usurpe du bien de la feu reine ma mère, qui sont presque aussi fortes que cette-ci [*sa propre forteresse, Usson*] : châteaux, rochers, attrois [*terrains fortifiés*], enceintes, qui, pour le bien de Son service [*du service de sa majesté*], seront mieux par terre que debout. Pour cette-ci, Elle s'assurera, s'il Lui plait, qu'avec l'aide de Dieu il n'y mettra jamais le pied (*ibid.*, lettre 333).

Cette série d'exemples témoigne à la fois de la prégnance de cette représentation de soi chez Marguerite de Valois, et de l'évolution qui l'a marquée. L'exil auvergnat – la défaite, donc, et les années – ont assagi la reine de Navarre. La femme qui écrit ses *Mémoires* n'est certes pas prête à reconnaitre qu'elle fut en son temps tout aussi « tête brûlée » que son frère et son époux[12], mais elle est consciente d'avoir aquis une expérience et une sagesse dont elle se targue volontiers, et qui est la base, désormais solide, de l'alliance qu'elle offre à son ex-mari.

---

12 Ceci ne revient pas à dire qu'elle ment lorsqu'elle rapporte avoir désespérément prêché la paix à son mari : Marguerite de Valois avait un intérêt personnel très vif à ce qu'il ne soit pas en guerre avec la Couronne, ce qui la mettait à chaque fois dans une position intolérable ; il faut lire le complot des Malcontents à cette lumière : pour elle, il ne s'agissait « que » de modifier l'ordre successoral (en imposant François d'Alençon, plutôt qu'Henri, à la succession de Charles IX).

UNE SAGE DEVENUE ENCORE PLUS SAGE

Nés d'une réaction à la lecture du *Discours* de Brantôme, les *Mémoires* signifient d'emblée une rupture entre le temps qu'il évoquait et celui qui est advenu. Les premières phrases du texte le disent, et les premières métaphores le répètent :

> Comme l'on se plait à lire la destruction de Troie, la grandeur d'Athènes, et de telles puissantes villes lorsqu'elles florissaient, bien que les vestiges en soient si petits qu'à peine peut-on remarquer où elles ont été, ainsi vous plaisez-vous à décrire l'excellence d'une beauté, bien qu'il n'en reste autre vestige ni témoignage que vos écrits (*Mém.*, p. 70).

Un sonnet écrit à la même époque et au même Brantôme, sorte de double poétique de l'ouverture des *Mémoires*, stipule la même différence entre présent et passé – un abime, quasiment –, tout en révélant ce qui, derrière la beauté, est réellement en cause[13] :

> Ami qui vas cherchant dans la masse pierreuse
> De ce fatal rocher[14] la grandeur qu'autrefois
> Tu as vu resplendir au palais de nos rois,
> Honorant et ornant leur perle précieuse[15],
> Ne t'y travaille plus ! La Fortune envieuse,
> En celle de Crésus renouvelle la voix ;
> De l'instabilité, l'exemple tu y vois ;
> De notre injuste siècle, une marque piteuse.
> Ainsi qu'en un vaisseau par l'orage agité,
> Le marchand effrayé tout son bien a jeté,

---

13 Aussi incroyable que cela paraisse, ce sujet intéresse bien peu cette femme que l'on disait si belle. On ne trouve dans sa correspondance aucune trace de cette préoccupation. Les rares occurrences du mot « beauté » se rapportant à elle-même surgissent presque exclusivement dans les lettres à Champvallon, c'est-à-dire dans un contexte platonicien (par ex. : « [Votre amour est] né tout divin (comme ayant tiré son origine du ciel et de ma beauté) », *Cor.*, lettre 170). Il est probable que Marguerite ne parle de sa beauté (passée) dans l'ouverture de ses *Mémoires* que parce que Brantôme en parlait abondamment dans son *Discours*.

14 Marguerite parle d'Usson, sa forteresse, construite sur un piton rocheux (près d'Issoire, dans le Puys de Dôme).

15 Jeu de mot sur l'origine latine du nom Marguerite (*margarita* : perle), dont les poètes avaient usé et abusé au temps de sa jeunesse.

> Restant pour se sauver seul avec le pilote,
> De même en ce rocher, vrai vaisseau de salut,
> Où, Fortune pour vent, Dieu pour pilote elle eut,
> Dieu seul elle retient, tout autre chose elle ôte (*Mém.*, p. 293).

De fait, c'est tout l'être qui a changé, et qui s'est avant tout chargé d'expérience : expérience de la politique, de la guerre, de l'amour, de la vie. Ce n'est pas que la petite fille, ou que la jeune fille, aient été dénuées de sagesse, mais c'est qu'il leur manquait le savoir des êtres et des choses, qui n'est venu qu'après. Ainsi se décrit-elle, dans la première anecdote qu'elle rapporte, relative à un échange avec son père, alors qu'elle n'a « qu'environ quatre ou cinq ans » : Henri II la « tenant sur ses genoux » et lui demandant qui elle veut pour serviteur, « de Monsieur le prince de Joinville (qui a depuis été ce grand et infortuné duc de Guise), ou du marquis de Beaupréau, fils du prince de La Roche-sur-Yon [...], tous deux âgés de six à sept ans » (*Mém.*, p. 73), elle choisit le second.

> Il me dit : « Pourquoi ? Il n'est pas si beau » − car le prince de Joinville était blond et blanc, et le marquis de Beaupréau avait le teint et les cheveux bruns. Je lui dis : « Pour ce qu'il était plus sage, et que l'autre ne peut durer en sa patience qu'il ne fasse toujours mal à quelqu'un, et veut toujours être le maitre. » Augure certain de ce que nous avons vu depuis (*ibid.*, p. 74).

Bien sage est donc cette petite fille : capable d'aller au-delà des apparences, de choisir « la vertu et la magnanimité qui reluisaient à son aspect » (évoquées après le nom du marquis) plutôt que l'irrésistible charme du futur duc. On remarquera toutefois que l'ombre de la mémorialiste est particulièrement marquée dans ce passage. Tout se passe comme si Marguerite (qui entre temps a perdu de cette sagesse première, d'abord en tombant amoureuse du duc, vers seize ans, puis en devenant son obligée, au temps de la Ligue − toutes choses qu'elle ne rappelle pas mais que Brantôme sait parfaitement) cherchait à mesurer le chemin parcouru, à soupeser ce qu'il faut d'encombres pour passer d'un stade à l'autre ; à souligner que la sagesse instinctive est impuissante, que rien ne remplace l'expérience acquise.

D'une manière un peu similaire, Marguerite se campe dans ses relations avec le duc d'Alençon et son mari non seulement comme leur alliée (plus) capable (qu'eux) mais douée d'une réflexion dont ils sont dépourvus. Voici par exemple comment elle se met en scène, à l'époque où la baronne de Sauve semait la discorde entre les trois alliés, s'adressant tout d'abord à son mari après l'une de leurs nombreuses brouilles :

> « [...] de ce mal, si faut-il que nous en tirions un bien. Que ceci nous serve d'avertissement à l'un et à l'autre pour avoir l'œil ouvert à tous les artifices que le roi pourra faire pour nous mettre mal ensemble. Car il faut croire, puisqu'il a ce dessein, qu'il ne s'arrêtera pas à cettui-ci, et ne cessera qu'il n'ait rompu l'amitié de mon frère et de vous. » Sur cela, mon frère arriva, et les fis par nouveaux serments obliger à la continuation de leur amitié. Mais quel serment peut valoir en amour ? (*Mém.*, p. 113).

Si l'essentiel du passage tend à démontrer que Marguerite était lucide, voire extra-lucide, et ses alliés dans le brouillard, la dernière remarque (qu'on imagine écrite dans un sourire désabusé en pensant à Brantôme – grand connaisseur en la matière – autant qu'à elle-même) change la focale. Avec le recul, la reine comprend pourquoi ses alliés ne pouvaient pas entendre ses conseils, et peut-être même pourquoi elle n'aurait pas dû les proférer ; pourquoi sa lucidité ne servait à rien, pourquoi son pressentiment était voué à se réaliser. Car la connaissance des puissances de l'amour, ce n'est qu'après qu'elle l'a acquise. On peut du reste imaginer que, si l'usage de la discrétion en ce domaine ne la retenait, elle pourrait écrire comme elle le fait à propos de matières militaires : « J'en parle trop savante à mes dépens, pour avoir plus appris que je n'en désirais comme il se faut comporter à la garde d'une place forte » (*ibid.*, p. 146).

Le plus souvent, en effet, Marguerite souligne ce que la vie lui a appris, c'est-à-dire ce qu'elle est devenue : une femme avisée, expérimentée, forte de toutes les « traverses » auxquelles elle a survécu, solide comme le roc. Autrement dit : ce qu'elle ne doit qu'à elle-même – et à la Fortune (on comprend mieux qu'elle ne lui en veuille pas vraiment) – alors que Brantôme chantait surtout la princesse surdouée, mais facilement trompable, que la Nature avait créée. Aussi ne recule-t-elle pas devant l'évocation de ses faiblesses, comme lorsqu'elle se prépare au récit de sa première disgrâce ; narrant les bons offices qu'elle faisait auprès de sa mère, à la demande de son frère, elle s'exclame :

> Trop jeune que j'étais, et sans expérience, je n'avais à suspecte cette prospérité ! Et pensant le bien duquel je jouissais permanent, sans me douter d'aucun changement, j'en faisais état assuré ! Mais l'envieuse Fortune, qui ne put supporter la durée d'une si heureuse condition, me préparait autant d'ennui à cette arrivée [*au camp, après Moncontour*] que je m'y promettais de plaisir (*Mém.*, p. 84).

La correspondance confirme le goût de Marguerite pour cette *persona*. Dès la première lettre adressée à Brantôme, à l'heure où ils reprennent contact au creux de la dernière guerre civile, elle nomme le changement intervenu dans sa vie depuis l'époque où, l'aide du roi d'Espagne ne venant pas, elle a décidé d'être neutre : « J'ai su que, comme moi, vous avez choisi la vie tranquille » (*Cor.*, lettre 248), lui écrit-elle en 1591. Les raisonnements qu'elle tient volontiers à son ex-mari après leur démariage relèvent également de cette posture, comme en fait foi le bref mais sérieux accrochage qui émaille leur nouvelle relation à la fin de l'année 1603, alors qu'Henri IV cherche à faire plaisir à tous ses anciens ennemis – bien souvent aux dépens de ses anciens amis. Le duc de Mayenne, frère du feu duc de Guise, lorgnant sur une terre de Marguerite, celle-ci résiste farouchement, rappelant inlassablement les termes de l'accord de démariage :

> Ladite déclaration de [15]99, mise au lieu de mon contrat de mariage, [...] porte ces mots : qu'il ne me peut être rien ôté ni retiré, durant ma vie, des terres, justices ni autres choses qui m'ont été délaissées pour mon dot. [...] Par quoi Monsieur du Maine ne peut requérir l'impossible de votre majesté, de qui il faut que Monsieur du Maine requière et attende ce qu'il a [à] espérer d'un roi et non d'un tyran ; car votre majesté ne peut forcer une personne libre à quitter ni à vendre son bien (*ibid.*, lettre 348).

Elle donne ainsi une leçon de (sagesse) politique au roi et à ses ministres – qui finiront par lâcher prise.

Dix ans plus tard, soit quelques mois avant sa mort, elle en donne une autre au jeune duc de Nevers, fils de l'une de ses meilleures amies, qui joue les nouveaux Malcontents aux dépens de Marie de Médicis, veuve de son ancien mari. « Pour avoir vu mon frère et le feu roi en même état que vous êtes, avec tant d'affaires et de peines », lui écrit-elle, « je ne conseillerai jamais personne que j'aime et honore comme vous de se mettre en pareille condition » (*ibid.*, lettre 455). Et à quelques semaines de là, c'est une autre leçon qu'elle donne au père jésuite Loryot, auteur d'une lourde somme assaisonnée de propos misogynes. Prenant la plume pour lui répondre (sur un point seulement : *Pourquoi l'homme rend tant d'honneur à la femme ?*), elle lui dit avec malice, avant de se lancer dans une démonstration de la supériorité des femmes appuyée sur Aristote (!) :

> Poussée de quelque ambition pour l'honneur et la gloire de mon sexe, je ne puis supporter le mépris où vous le mettez, voulant qu'il soit honoré de

l'homme pour son infirmité et faiblesse. Vous me pardonnerez si je vous dis que l'infirmité et faiblesse n'engendrent point l'honneur, mais le mépris et la pitié ; et qu'il y a bien plus d'apparence que les femmes soient honorées des hommes par [*pour*] leurs excellences (*Mém.*, p. 269-270).

UNE AMIE FIDÈLE

S'adressant au jeune duc de Nevers, Marguerite met en avant « l'affection que je dois à la mémoire de Madame votre mère ». L'argument n'est pas opportuniste. L'amitié entre les deux femmes était célébrée bien avant qu'Alexandre Dumas ne s'en empare pour en faire un motif romanesque de sa *Reine Margot*, bien avant, même, que Marguerite ne l'invoque en direction de son fils. Dès les années 1570, dans le « salon vert » de la maréchale de Retz, on chantait la complicité de ces trois femmes, dont les écrits de la reine témoignent en même temps qu'ils attestent la très grande valeur qu'elle attachait, en général, à l'amitié et à la fidélité en amitié.

Les *Mémoires* se font l'écho de cette ferveur dès les premières pages du récit, lorsque Marguerite raconte à Brantôme comment elle rencontra sa cousine Claude-Catherine de Clermont (Retz), dont elle dit aussi tôt que leur amitié est « si parfaite qu'elle dure encore, et durera toujours » (*Mém.*, p. 76). Il est probable qu'on trouverait trace de pareille déclaration concernant Henriette de Clèves (Nevers), si les *Mémoires* n'étaient pas interrompus en divers endroits, dont un, où elle l'évoque. Parallèlement, la reine se dépeint volontiers entourée de ses « amis et amies », comme lorsqu'elle prend conseil, dans les semaines qui précédèrent son voyage en Flandre ou lorsqu'elle réfléchit aux effets de la disgrâce, à propos de sa « première captivité » (1575-1576) :

> À la Cour, l'adversité est toujours seule, comme la prospérité est accompagnée ; et la persécution est la coupelle[16] des vrais et entiers amis. Le seul brave Grillon [*Crillon*] est celui qui, méprisant toutes défenses et toutes défaveurs, vint cinq ou six fois en ma chambre, étonnant tellement de crainte les cerbères que l'on avait mis à ma porte, qu'ils n'osèrent jamais le dire, ni lui refuser le passage (*ibid.*, p. 130).

---

16 En matière d'alchimie, la coupelle est le récipient où sont réalisés les alliages de métaux.

C'est la correspondance, toutefois, qui montre le mieux la « religion » que Marguerite de Valois se faisait de l'amitié. Pourrait en témoigner, d'abord, une lettre de 1579 à Jacques de La Fin, ancien complice du complot des Malcontents :

> J'écris à mon frère [d'Alençon] pour vous, comme m'avez dit. Si en meilleure occasion j'avais moyen de vous faire paraitre combien je vous suis amie, croyez que je le ferais encore de meilleur cœur. Je vous envoie deux lettres où il y a des chiffres dessus : celle ou il y a des [*monogramme*[17]], c'est pour votre ancienne maitresse[18] [*Retz*], et l'autre pour Madame de Nevers ; et celle où il y a « ma Sibylle », c'est pour Madame d'Uzès (*Cor.*, lettre 42).

Les lettres à ses amies sont quant à elles toutes remplies de mots amicaux et charmeurs, de protestations d'amitié. « Ma Sibylle (écrit-elle ainsi en février 1581), cette lettre est une preuve de l'envie que j'ai de vous complaire, car je me suis ennuit [*cette nuit*] trouvée si mal que, si ce n'était à ma vraie Sibylle, il me serait impossible de mettre la main à la plume » (*ibid.*, lettre 159). On décèle toutefois dans ces lettres des failles étonnantes, surtout si l'on se souvient que toutes ses amies étaient plus âgées qu'elle. Les assurant de sa fidélité, Marguerite n'hésite pas à dire sa dépendance, comme dans cette missive à la duchesse de Nevers, qu'elle appelle « mon cœur et mon tout » :

> Je vous ai écrit une lettre il y a quelque temps où librement je déchargeais mon cœur. Vous ne m'en avez point fait de réponse, je ne sais si l'avez reçue. Il y a plus de deux mois que je n'ai eu de vos lettres. Si l'oubli trouve place en votre âme, je ne ferai jamais état de rien. Je vous supplie, aimez-moi toujours, et que par vos lettres j'en reçoive quelque assuranse, car c'est toute la consolation de ma misérable vie (*ibid.*, lettre 56).

À l'évidence, l'affirmation du lien, dans la liberté absolue, est la plus belle preuve d'affection que puisse donner Marguerite. Elle explique du reste à la comtesse de Retz que l'amitié de ses amies est ce qui lui donne sa vraie valeur (ce qui pourrait être lu en regard du déficit d'amour maternel) : « En me possédant, vous possédez une chose si misérable qu'il ne s'y peut rien estimer de bon que la volonté que j'ai d'honorer et aimer celles qui, de leur amitié, m'ont voulue rendre digne » (*ibid.*, lettre 67).

---

17   X majuscule baré verticalement ; c'est le monogramme qu'utilise Marguerite pour la comtesse (*cf.* lettre 67).

18   Cette liaison était effective au temps du complot.

Les poésies, enfin, font apparaitre ce personnage aimant et fidèle, mais surtout sous l'angle de l'amie de cœur (il est vrai qu'il reste bien peu de poèmes de la reine). Dans une réfection tardive d'un texte écrit peu après la mort du seigneur d'Aubiac, son amant des années d'errance (exécuté sur ordre de sa mère en novembre 1586, juste après leur arrestation), elle reprend l'idée du mystère de l'absence présente, inspiré du néoplatonisme qui lui était cher (« Mon ami, n'étant plus, s'est éloigné de moi, / Et toutefois jamais nous ne bougeons d'ensemble. / Qui ne croit ce mystère est un amant sans foi », pouvait-on lire dans l'original, *Mém.*, p. 290 ?), et elle ajoute ceci, alors qu'elle raccourcit l'ensemble :

> Je suis chez lui là-haut, il est en cette place ;
> Anges, il vous dira ce qu'on fait en ces lieux !
> Humains, je vous dirai ce qui là haut se passe !
> Sur terre, il est en moi ; dans lui, je suis aux Cieux (*ibid.*, p. 292).

Marguerite insiste donc sur sa fidélité à la mémoire du défunt. Une fidélité qu'elle voulut en outre acter publiquement (quoique discrètement), puisqu'elle fit publier ce texte en 1599, dans les *Muses française r'alliées*, un recueil de poésies pour la plupart anonymes.

ET SURTOUT PAS UNE FÂCHEUSE

Je terminerai ce tour d'horizon des principales *personae* de Marguerite de Valois en revenant sur un trait évoqué en introduction : son horreur de la pose, son souci de ne pas lasser, de ne pas ennuyer. Le poème qui vient d'être évoqué en donne l'illustration. Destiné à la publication, il est deux fois plus court que son modèle : tout ce qu'il comportait de plaintes a disparu. Le *Discours sur l'excellence des femmes* en témoigne également. Des différents points que traitait le jésuite, et qui tous pouvaient donner matière à sérieuse mise au point, elle n'en prend qu'un ; encore lui répond-elle en quelques pages, sur un ton malicieux, là où il était d'usage de se livrer à de longues démonstrations, d'accumuler les exemples, là où François de Billon, avec son *Fort inexpugnable de l'honneur du sexe féminin* (1555), avait noirci plusieurs centaines de folios.

La verve des *Mémoires*, l'allure rapide qu'elle leur imprime, les réflexions malicieuses qu'elle y glisse à l'adresse de Brantôme, la variété des tons qu'elle y emploie, celle des genres mis à contribution (narrations bien sûr, mais aussi maximes, discours, épisodes théâtrâlisés, récit ethno-graphique, nouvelle romanesque « à la manière de Mme de Lafayette » comme dira Sainte-Beuve), peuvent également se mesurer à cette aune. Choix esthétique, évidemment, que corrobore l'absence de citations et de précisions temporelles, mais avant tout souci de ne pas *ennuyer*. Si ce verbe n'apparait qu'une fois dans tout le texte[19], il est en revanche très présent dans la correspondance :

> Pensant que sa parole vous sera moins ennuyeuse que ma lettre, je m'en remettrai sur lui (*Cor.*, lettre 61) ;
>
> Mais c'est trop ennuyer votre bel esprit de cet indigne sujet ! (lettre 291) ;
>
> Je n'ose user de si longue importunité, qui sur du papier l'ennuierait (lettre 294) ;
>
> Craignant ennuyer sa majesté, qui peut-être la lira, je n'ai osé m'étendre davantage (lettre 310) ;
>
> Ne me plaisant qu'à plaire à votre majesté, et non à l'ennuyer (lettre 427) ;
>
> J'eusse craint que, de le représenter à votre majesté par écrit, ma lettre eût été trop longue et trop ennuyeuse (lettre 453).

Le souci de ne pas ennuyer ses correspondants se traduit par ailleurs matériellement : ses lettres font un feuillet en moyenne. Elle tient parfois si fort à faire bref qu'elle finit sa lettre en remplissant la marge plutôt que d'écrire au dos de la première, soulignant la chose : « Pour ne retourner le feuillet j'use de cette incivilité » (lettre 342), écrit-elle à son ex-mari.

Elle s'excuse même, lorsqu'elle se sent entrainée dans des considérations qui n'ont pas lieu d'être ou qu'elle prend tout à coup conscience de la lourdeur de son style, avant de couper court. Ainsi met-elle fin à une lettre délicate au connétable de Montmorency – dix bonnes lignes de relatives et de complétives enchevêtrées formant une seule et même phrase –, en alléguant « cette trop longue et ennuyeuse guerre, qui remplit mon âme de tant d'ennui que, ne pouvant cette lettre que s'en ressentir, je

---

19   À propos de Mademoiselle de Tournon, décédée à Liège : « Ce triste office [*son enterrement*] étant achevé, me voyant en une compagnie étrangère, je ne voulais l'ennuyer de la tristesse que je ressentais de la perte d'une si honnête fille » (*Mém.*, p. 162).

la finirai » (*ibid.*, lettre 284). Parfois aussi, c'est le sentiment du ridicule qui la fait battre en retraite, et elle trouve alors une échappatoire pour se faire pardonner. C'est ainsi que quelques « cours de néoplatonisme » infligés à Champvallon s'achèvent sur de véritables pirouettes. Celui qui portait, par exemple, sur les sens autorisés ou non à participer à la passion amoureuse, elle le clôt en deux phrases, dont l'ironie démonte son propre discours :

> Que vous soyez ou philosophe ou amoureux, il faut que vous condescendiez à ma raison, qui trouve si parfaitement en vous le vrai sujet du vrai amour, qui m'astreint à parfaitement et éternellement vous aimer. Ainsi, remplie de cette divine et non vulgaire passion, je rends en imagination mille baisers à votre belle bouche – qui seule sera participante au plaisir réservé à l'âme (*ibid.*, lettre 171).

BIBLIOGRAPHIE

ŒUVRES DE MARGUERITE DE VALOIS

ÉDITIONS CRITIQUES DE RÉFÉRENCE POUR CET OUVRAGE

Marguerite de Valois, 1999, *Mémoires et autres écrits (1574-1614)*, éd. critique
par Éliane Viennot, Paris, H. Champion – abrégé *Mém.*
Mémoires : p. 69-214 ;
Mémoire justificatif pour Henri de Bourbon [ou *Déposition du roi de Navarre*,
ou *Déclaration du roi de Navarre*] : p. 239-250 ;
Discours docte et subtil dicté promptement par la reine Marguerite [ou *Discours
sur l'excellence des femmes*] : p. 269-273 ;
Poésies : p. 289-311.
Marguerite de Valois, 2018, *Correspondance (1569-1614)*, éd. critique par Éliane
Viennot [1998], Paris, Classiques Garnier – abrégé *Cor.*

ÉDITIONS ANCIENNES CITÉES

Guessard François, 1842, *Mémoires et lettres de Marguerite de Valois*, Paris, Renouard.
Cazaux Yves, 1971, *Mémoires de Marguerite de Valois, la reine Margot, suivis de
lettres et autres écrits*, Paris, Mercure de France.

ÉDITIONS DE *LA RUELLE MAL ASSORTIE*
(ATTRIBUÉE À TORT À MARGUERITE DE VALOIS)

1644, Charles Sorel, dans *Nouveau recueil des pièces les plus agréables de ce temps*,
Paris, Nicolas de Sercy, p. 95-122.
1842, François Guessard, [Paris] Imprimerie Crapelet (BnF 8° Y2 62251).
1855, Ludovic Lalanne, Paris, A. Aubry, 1855 (BnF Res Y2 3218).
1922, Jean-Hippolyte Mariéjol, Paris, La Sirène (BnF 8°Z 21587).
1971, Yves Cazaux, dans *Mémoires...* (voir *supra*, « Éditions anciennes citées »)
– abrégé *LRMA.*

SOURCES ANONYMES

Histoire des amours du Grand Alcandre, en laquelle, sous des noms empruntez, se lisent les advantures amoureuses d'un grand prince du dernier siècle, 1651, Paris, Vve Guillemet (sans doute de la princesse de Conti).

Le Divorce satyrique, ou les amours de la reine Marguerite de Valois, 1660, dans *Œuvres complètes d'Agrippa d'Aubigné*, éd. Eugène Réaume & François de Caussade, Paris, Lemerre, vol. 2, 1877, p. 653-684 – Abrégé *DS*.

Anonyme, 1678, *Mademoiselle de Tournon*, Paris, Claude Barbin.

Archives curieuses de l'histoire de France..., éd. Cimber & Danjou, Paris-Beauvais, 1834-1840.

AUTRES SOURCES

Anne de France, 2006, *Les Enseignements d'Anne de France à sa fille (1505), suivis de l'Histoire du siège de Brest*, éd. Tatiana Clavier & Éliane Viennot, Saint-Étienne, Publications de l'Université de S.-Ét.

Aubigné Théodore Agrippa d', 1873-1892, *Œuvres complètes*, éd. Eugène Réaume & François de Caussade, Paris, Lemerre (édition utilisée pour les *Poésies diverses*, *Le Caducée ou l'ange de la paix* [et le *Divorce satyrique*]).

Aubigné Théodore Agrippa d', 1874, *Le Printemps « poème de ses amours »* : *Stances et Ode...*, éd. Charles Read, Paris, Librairie des bibliophiles.

Aubigné Théodore Agrippa d', 1969, *Œuvres*, éd. Henri Weber, avec la collaboration de Jacques Bailbé & Marguerite Soulié, Paris, Gallimard « la Pléiade » (édition utilisée pour *Les Tragiques*, le *Discours par stances*, la *Confession catholique du sieur de Sancy*, *Les Avantures du Baron de Faenestè*).

Aubigné Théodore Agrippa d', 1981-2000, *Histoire universelle*, éd. André Thierry, Genève, Droz – abrégé *HU*.

Aubigné Théodore Agrippa d', 1986, *Sa Vie à ses enfans*, éd. Gilbert Schrenck, Paris, Nizet.

Audiguier Pierre Vital d', 1614, *Œuvres poétiques*, Paris, Toussainct du Bray.

Bayle Pierre, 1734, *Dictionnaire historique et critique*, Amsterdam, Compagnie des Libraires, vol. 4.

Brantôme Pierre de Bourdeille, abbé de, 1991, *Recueil des Dames, poésies et tombeaux*, éd. Étienne Vaucheret, Paris, Gallimard-La Pléiade ; le *Discours sur la reyne de France et de Navarre, Marguerite, fille unique maintenant restée et seule de la noble maison de france* est aux pages p. 119-158 – abrégé *DRN*.

Brantôme Pierre de Bourdeille, abbé de, 1864-1882, *Œuvres complètes*, éd. Ludovic Lalanne, Paris, Veuve Jules Renouard.

Catherine de Médicis, 1880-1909, *Lettres de Catherine de Médicis*, éd. Hector de la Ferrière & Baguenault de Puchesse, Paris, Imprimerie Nationale.

Colomiès Paul, 1675, *Mélanges historiques de M. Colomiès*, Orange, J. Rousseau.

Commynes Philippe de, 1836, *Mémoires sur les règnes de Louis XI et Charles VIII*, in *Choix de Chroniques et mémoires sur l'Histoire de France, avec notices biographiques*, par J.A.C. Buchon, Paris, Desrez.

Cosmopolite Eusèbe Philadelphe [Nicolas Barnaud?], 1574, *Le Réveille-matin des François*, s.l.

Desjardins Abel (éd.), 1859-1886, *Négociations diplomatiques de la France avec la Toscane, 1311-1610*, Documents recueillis par Giuseppe Canestrini, Paris, Imprimerie impériale, puis nationale.

Du Bellay Martin, 1821, *Les livres des mémoires de messire Martin Du Bellay...*, Paris, Foucault.

Dupleix Scipion, 1633, *Histoire de Louis Le Juste*, Paris, Claude Sonnius.

Ficin Marcile, 1578, *Discours de l'honneste amour sur le Banquet de Platon...* Traduits de Toscan en François par Guy Le Fevre de la Boderie, secrétaire de Monseigneur frère unique du Roy et son Interprete aux langues Peregrines. A la serenissime Reyne de Navarre... Paris, Jean Macé.

Henri IV, 1843-1876, *Recueil des Lettres Missives de Henri de Navarre*, éd. Jules Berger de Xivrey, Paris, Imprimerie Royale.

Jeanne d'Albret, 2007, *Lettres, suivies d'une Ample déclaration*, éd. Bernard Berdou d'Aas, Biarritz, impr. Atlantica.

La Marche Olivier, 1567, *Les Mémoires de messire Olivier de la Marche [...] comte de Flandres. Nouvellement mis en lumière par Denis Sauvage*, Gand, Gerard de Salenson.

Le Laboureur Jean (éd.), 1659, *Mémoires de Michel de Castelnau, sieur de La Mauvissière, illustrés et augmentés de plusieurs commentaires et manuscrits...*, Paris, Pierre Lamy.

Le Riche, 1971, *Journal de Guillaume et de Michel Le Riche...*, Genève, Slatkine Reprints.

L'Estoile Pierre de, 1744, *Journal de Henri III, roi de France et de Pologne [...] Nouvelle édition : accompagnée de remarques historiques, & des pieces manuscrites les plus curieuses de ce regne*, éd. Nicolas Lenglet Du Fresnoy, La Haye, Pierre Gosse.

L'Estoile Pierre de, 1875-1896, *Mémoires-Journaux*, éd. Brunet, Champollion..., Paris, Alphonse Lemerre.

L'Estoile Pierre de, 1992-2003, *Registre-Journal du règne de Henri III*, éd. Madeleine Lazard & Gilbert Schrenck, Genève, Droz.

Maréchal Sylvain, 2007, *Projet d'une loi portant défense d'apprendre à lire aux femmes* [Paris, 1801], *suivi des réponses de Marie-Armande Gacon Dufour et Albertine Clément-Hémery*, textes présentés par Bernard Jolibert, Paris, L'Harmattan, p. 75-118.

Mathieu Pierre, 1631, *Histoire de France soubs les règnes de François I, Henry II, François II, Charles IX, Henry III, Henry IV, Louys XIII [...], par feu M. Pierre Matthieu...*, Paris, Veuve Nicolas Buon, vol. 2, seconde partie, *Histoire de Louys XIII*.

Mézeray Eudes de [Armand Jean Du Plessis, cardinal duc de Richelieu], 1730, *Histoire de la mère et du fils...*, Amsterdam, Michel Charles Le Cene.

Mongez Antoine, 1777, *Histoire de la reine Marguerite de Valois*, Paris, Ruault.

Morgues Mathieu de, 1636, *Lumières pour l'Histoire de France, et pour faire voir les calomnies, flatteries et autres defauts de Scipion Dupleix*, s.l.

Parthenay Catherine de, 1666, *Apologie pour le Roy Henri IV...*, dans *Recueil de diverses pièces pour servir à l'histoire de Henri III*, Cologne, Pierre du Marteau.

Pasquier Étienne, 1723, *Œuvres*, Amsterdam, Libraires associez.

Richelieu : voir Mézeray.

Sully Maximilien de Béthune, duc de, 1838, *Memoires des sages et royales Oeconomies d'Estat...*, éd. Michaud & Poujoulat, Paris, Guyot Frères.

Tallemant des Réaux Gédéon, 1960, *Historiettes*, éd. Antoine Adam, Paris, Gallimard « La Pléiade ».

Turenne Henri de la Tour d'Auvergne, vicomte de, duc de Bouillon, 1839, *Mémoires*, éd. Michaud & Poujoulat, Paris, Guyot Frères.

ÉTUDES ET FICTIONS XIXᵉ-XXIᵉ SIÈCLE

Babelon Jean-Pierre, 1982, *Henri IV*, Paris, Fayard.

Bertière André, 1977, *Le Cardinal de Retz mémorialiste*, Genève, Klincksieck.

Bertière Simone, 1994, *Les Reines de France au temps des Valois. Le beau XVIᵉ siècle*, Paris, De Fallois.

Bordier Henri, 1879, *La Saint-Barthélemy et la critique moderne*, Genève/Paris, H. Georg / Fischbacher & Champion.

Boucher Jacqueline, 1994, « Le double concept du mariage de Marguerite de France, propos et comportement », dans *Marguerite de France, reine de Navarre et son temps*, Agen, Centre Matteo Bandello, p. 81-98.

Bourgeon Jean-Louis, 1989, « Pour une histoire, enfin, de la Saint-Barthélemy », *Revue historique*, n° 282-2, p. 83-142.

Bourgeon Jean-Louis, 1992a, « Qui est responsable de la Saint-Barthélemy ? », *L'Histoire*, n° 154, avril, p. 69-71.

Bourgeon Jean-Louis, 1992b, *L'Assassinat de Coligny*, Genève, Droz, 1992.

Breton Guy, 1956, *Histoires d'amour de l'Histoire de France*, Paris, Éditions Noir et Blanc.

Chichkine Vladimir, 2019, « À propos du *Divorce satyrique* (1607) : le manuscrit de Saint-Pétersbourg », dans Catherine Magnien & Éliane Viennot (dir.), *De Marguerite de Valois à la Reine Margot. Autrice, mécène, inspiratrice*, Rennes, Presses universitaires de R., p. 147-159.

Crouzet Denis, 1994, *La Nuit de la Saint-Barthélemy : un rêve perdu de la Renaissance*, Paris, Fayard.

Droz Eugénie, 1964, « La reine Marguerite de Navarre et la vie littéraire à la cour de Nérac, 1579-1582 », *Bulletin de la société des bibliophiles de Guyenne*, n° 80, juillet-déc., p. 77-120.

Dubois Claude-Gilbert, « Le divorce satyrique de la Reyne Marguerite », dans *Marguerite de France, reine de Navarre et son temps*, Agen, Centre Matteo Bandello, p. 99-106.

Dubost Jean-François, 1994, « La légende noire de la Reine Margot », *L'Histoire*, n° 177, mai, p. 8-16.

Dumas Alexandre, 1989, *Mémoires*, éd. Claude Schopp, Paris, Laffont.

Dumas Alexandre, 1994, *La Reine Margot*, postface et notes d'Éliane Viennot, Paris, Le Livre de Poche Classique – abrégé *RM*.

Fanlo Jean-Raymond, 1994, « "Meurtrière Vénus", Marguerite de Valois dans l'œuvre d'Agrippa d'Aubigné », dans *Marguerite de France, reine de Navarre et son temps*, Agen, Centre Matteo Bandello, p. 181-192.

Féret Pierre, 1876, « Nullité du mariage de Henri IV avec Marguerite de Valois », *Revue des Questions Historiques*, n° 20, p. 77-114.

Fumaroli Marc, 1971, « Les Mémoires du XVIIe siècle au carrefour des genres en prose », *Dix-Septième siècle*, n° 94-95, p. 7-37.

Garnier Armand, 1913, « Un scandale princier au XVIe siècle », *Revue du XVIe Siècle*, n° 1, p. 153-189, 355-391, 561-612.

Gioanni Florence, 1996, *La Société artistocratique française du XVIe siècle et la musique : le cas de Marguerite de Valois*, thèse du Centre d'Études Supérieures de la Renaissance, Tours.

Guessard : voir *supra*, éditions de *La Ruelle mal assortie*.

Holt Hack P., 1986, *The Duke of Anjou and the Politique Struggle during the Wars of Religion*, London / New-York / Melbourne, Cambridge University Press.

Jonquet François, 1993, « Adjani est la Reine Margot : enquête sur un tournage paranoïaque et mystérieux », *Globe-Hebdo*, n° 27, 11-17 août, p. 8-18.

La Charité Claude, 2011, « La construction du public lecteur dans le *Recueil des dames de Brantôme* et les dédicataires, Marguerite de Valois et François d'Alençon », *Études françaises* [Presses de l'Université de Montréal], n° 47-3, p. 109-126.

La Ferrière Hector de, 1885, *Trois amoureuses au XVIe siècle : Françoise de Rohan, Isabelle de Limeuil, la reine Margot*, Paris, Calmann-Lévy.

Lalanne : voir *supra*, éditions de *La Ruelle mal assortie*.

Lavaud Jacques, 1936, *Un Poète de cour au temps des derniers Valois, Philippe Desportes, 1546-1606*, Paris, Droz.

Lazard Madeleine, 1995, *Pierre de Bourdeille, seigneur de Brantôme*, Paris, Fayard.

Lejeune Philippe, 1975, *Le Pacte autobiographique*, Paris, Seuil.

Mariéjol Jean-Hippolyte, 1928, *Vie de Marguerite de Valois*, Paris, Hachette.

Mariéjol Jean-Hippolyte, 1922 : voir *supra*, éditions de *La Ruelle mal assortie*.

Michelet Jules, 1923 [1856], *Histoire de France*, vol. 12 (*La Ligue et Henri IV*), Paris, Calmann-Lévy.

Pardanaud Chloé, 2008, « L'histoire dans le mystérieux "Journal" de Louise de Savoie », dans Jean-Claude Arnould & Sylvie Steinberg (dir.), *Les femmes et l'écriture de l'histoire, 1400-1800*, Rouen, Publications de l'Université de R. et du Havre, p. 41-56.

Pardanaud Chloé, 2012, *Plumes royales. L'art d'écrire chez les souverains et souveraines de Navarre et de France au XVIe siècle*, thèse de l'Université de Saint-Étienne.

Pascal Eugénie, 2004, *Liens de famille, pratique de pouvoir, conscience de soi. Princesses épistolières au tournant du XVIIe siècle*, thèse de l'Université de Paris III.

Planté Christine, 1989, *La Petite Sœur de Balzac. Essai sur la femme auteur*, Paris, Seuil.

Ratel Simone, 1924 et 1925, « La cour de la reine Marguerite », *Revue du Seizième Siècle*, n° 11, p. 1-29, 193-207 et n° 12, p. 1-43.

Read Charles (éd.), 1874, « Notes et corrections », dans Théodore Agrippa d'Aubigné, *Le Printemps...* (voir *supra*, Aubigné, ce titre), p. 137-144.

Reid Martine, 2010, *Des femmes en littérature*, Paris, Belin.

Rouget François & Colette Winn, 2009, *Album de poésies de Marguerite de Valois*, Paris, Classiques Garnier.

Saint-Marc Girardin [Marc Girardin, dit], 1862, *Tableau de la littérature française du XVIe siècle...*, Paris, Didier.

Sainte-Beuve Charles Augustin, 1853, « La reine Marguerite, ses *Mémoires* et ses lettres », 7 juin 1852, dans *Causeries du lundi*, Paris, Garnier, vol. 6, p. 148-200.

Saint-Poncy Léo de, 1887, *Histoire de Marguerite de Valois, reine de France et de Navarre*, Paris, Gaume et Cie.

Schrenk Gilbert, 1991, « Brantôme et Marguerite de Valois : d'un genre à l'autre, ou les Mémoires incertains », dans Noémie Hepp (dir.), *La Cour au miroir des mémorialistes, 1530-1682*, Paris, Klincksieck, p. 183-192.

Sutherland Nicola-Mary, 1973, *The Massacre of St-Bartolomew and the European Conflict, 1559-1572*, Londres, Mac Millan.

Vaissière Pierre de, 1936, « Le *Divorce Satyrique* ou les Amours de la Reine Margot », *Revue des Questions Historiques*, n° 125, p. 131-139.

Vénard Marc, 1992, « Arrêtez le massacre », *Revue d'histoire moderne et contemporaine*, n° 39-4, oct.-déc., p. 645-661.

Viennot Éliane, 1994, « Les poésies de Marguerite de Valois », *XVIIᵉ Siècle*, n° 183, avril-juin, p. 349-375.

Viennot Éliane, 1995, « Les ambiguïtés identitaires du *Je* dans les *Mémoires* de Marguerite de Valois », dans Madeleine Bertaud & François-Xavier Cuche (dir.), *Le Genre des Mémoires. Essai de définition*, Paris, Klincksieck, p. 69-79.

Viennot Éliane, 1996, « Douze lettres inédites de Marguerite de Valois à ses ami-e-s », *Nouvelle Revue du XVIᵉ siècle*, n° 14/2, p. 261-281.

Viennot Éliane, 2005, *Marguerite de Valois, la « reine Margot »*, Paris, Perrin « Tempus » (réédition de *Marguerite de Valois. Histoire d'une femme, histoire d'un mythe*, Paris, Payot, 1993, augmenté d'une postface).

Viennot Éliane, 2006, *La France, les Femmes et le Pouvoir, 1. L'invention de la loi salique (Vᵉ-XVIᵉ siècle)*, Paris, Perrin.

Viennot Éliane, 2012, « En parler ou pas ? La loi salique dans les discours politiques féminins au XVIIᵉ siècle », dans Claude La Charité & Roxane Roy (dir.), *Femmes, rhétorique et éloquence sous l'Ancien Régime*, Saint-Étienne, Publications de l'Université de St-Ét., p. 37-59.

Viennot Éliane, 2016, *Et la modernité fut masculine. La France, les femmes et le pouvoir, 1789-1804*, Paris, Perrin.

Viennot Éliane, 2018, « Retour sur une attribution problématique : Louise de Kéralio et *Les Crimes des reines de France* », dans Huguette Krief, Marie-Emmanuelle Plagnol-Diéval, Michèle Crogiez Labarthe & Édith Flamarion (dir.), *Femmes des Lumières, recherches en arborescences*, Paris, Classiques Garnier, p. 111-135.

Viennot Éliane, 2020a, « Éditer les *Dames galantes* au temps du Code Napoléon », *Seizième Siècle*, n° 16, printemps, p. 159-167.

Viennot Éliane, 2020b, *L'Âge d'or de l'ordre masculin, 1804-1860*, Paris, CNRS Éditions.

Viennot Éliane, 2020c, « La fin de la Renaissance », dans Martine Reid (dir.), *Femmes et littérature. Une histoire culturelle*, Paris, Folio, vol. 1, p. 219-453.

Viennot Éliane, site Internet : https://www.elianeviennot.fr

OUVRAGES DE RÉFÉRENCE

Albistur Maïté & Daniel Armogathe, 1978, *Histoire du féminisme français du Moyen Age à nos jours*, Paris, Des femmes.

Barbier Antoine-Alexandre, 1879, *Dictionnaire des ouvrages anonymes*, Paris, Paul Daffis.

Catach Nina, 1968, *L'Orthographe française à l'époque de la Renaissance*, Genève, Droz.

Milner Max & Claude Pichois, 1985, *Littérature française*, vol. 7 (*De Chateaubriand à Baudelaire*), Paris, Arthaud.

Zuber Roger & Micheline Cuénin, 1984, *Littérature française*, vol. 4 (*Le Classicisme*), Paris, Arthaud.

INDEX DES NOMS DE PERSONNES

TABLE DES MATIÈRES

PREMIÈRE PARTIE

HISTOIRE DE FRANCE

DEUXIÈME PARTIE

HISTOIRE LITTÉRAIRE

TROISIÈME PARTIE

HISTOIRE D'UNE AUTRICE